TRELA

TRELA

BEATA GUCZALSKA

WYDAWNICTWO MARGINESY

Ja nie dbam. – Już skończyłem. Już na nic nie czekam.
Nawykłem do tych desek. Mogę precz. – Odwlekam.

STANISŁAW WYSPIAŃSKI, *WYZWOLENIE*

uczciwy człowiek

wspaniały aktor

zwłaszcza

Konrad w „Dziadach"

i w „Wyzwoleniu"

Z. Niwińska

ROZDZIAŁ PIERWSZY

Paradoksy Jerzego Treli

Najsilniej zapada w pamięć twarz Jerzego Treli. Charakterystyczna, bardzo wyrazista, nie do pomylenia z żadną inną. Twarz o ciemnym kolorycie, mroczna, z wiekiem coraz bardziej poorana bruzdami. Dwie poziome na czole, dwie pionowe wzdłuż nosa, bruzdy pod oczami i wokół ust. Wydatny, sporych rozmiarów nos, nieco zakrzywiony u nasady, usta z lekko wysuniętą dolną wargą, nadającą – wraz z opuszczonymi kącikami ust – tej twarzy wyraz goryczy, sceptycyzmu, zaciętości. Ale najważniejsze są oczy, pod bardzo ciemnymi, mocno wysklepionymi ku górze łukami brwi. Duże, jasnoszare, czasem przybierające odcień błękitu, czasem zieleni – w zależności od światła, od rejestrującej taśmy, a najbardziej od rodzaju roli. Czasem te oczy wydają się zupełnie ciemne, wbrew stanowi faktycznemu.

Ta szlachetna, nieco posępna – czasem nawet demoniczna – twarz jest przeważnie nieruchoma. Świetnie pasuje do jej charakterystyki sytuacja ze *Ślubu* Gombrowicza: Pijacy chcą pobić Ojca, dać mu w mordę, ale jakoś się nie udaje, bo ów „bardzo nieruchomą ma mordę. Mordę ma jak dom, jak ksiądz ma mordę!". W genialnej interpretacji scenicznej Jerzego Jarockiego ten pojedynek między Ojcem i Pijakiem rozgrywali Jerzy Trela i Krzysztof Globisz.

Z charakterystyczną, jedyną w swoim rodzaju twarzą (podobnie mocną i oryginalną twarz miał Gustaw Holoubek) związany jest głos. Niski, idący z głębi, jakby wydobywał się ze studni. Potrafi być potężny, brzmieć mocno i szeroko – zagarnia wtedy całą przestrzeń teatralną, wypełnia ją wibracjami niczym grające organy. Gdy jednak Trela w studiu nagrywa poezję, jego głos staje się bardzo intymny, ściszony – choć pod spodem wyczuwalne są drgania – i wydaje się, jakby na źródło dźwięków o ogromnej mocy ktoś narzucił gruby koc. Koledzy aktorzy z nutą zazdrości mówią, że przez ten głos wszystko, cokolwiek Trela powie, wydaje się od razu ważne, mądre, nadzwyczaj głębokie...

W szkole teatralnej sugerowano mu, że ma głos niepasujący do sylwetki, zbyt niski w stosunku do wzrostu, i należałoby go ćwiczeniami podwyższyć. Uparł się i naturalny głos obronił.

Istotnie, wyrazista twarz i ciemny barytonowy głos łączą się z niepokaźną sylwetką. Pierwsze podejście Treli do aktorstwa, wizyta w poradni dla kandydatów w szkole filmowej w Łodzi skończyła się komentarzem, że z takim wzrostem raczej nie ma co ubiegać się o przyjęcie. Tymczasem giganci tej sztuki często bywają niewysocy: Stefan Jaracz i Tadeusz Łomnicki, Charlie Chaplin i Al Pacino... Właśnie tacy są najczęściej na scenie gejzerami energii. Trela ma sylwetkę szczupłą i zwartą, w sumie drobną – czego na scenie, rządzącej się innymi prawami optyki, w ogóle nie widać. Porusza się dość sztywno, ruchy ma kanciaste – niewiele jest w nim typowej dla jego profesji giętkości i miękkości.

Twarz, głos, sylwetka są składnikami aktorskiego instrumentu, na którym gra się za pomocą talentu, przy wydatnym wsparciu osobowości. W odróżnieniu od wirtuozów muzyki, którzy otrzymują gotowego stradivariusa, aktor musi ten swój instrument sporządzić sam, obrobić wyjściowe warunki niczym rzeźbiarz kloc drewna. Rodzaj materii jest dany, musi być ona odpowiednio szlachetna, ale kształt, jaki się z niej wydobędzie, zależy od artysty. Mówi się, że w pewnym wieku człowiek odpowiada za swoją twarz – aktorów dotyczy to znacznie bardziej niż innych ludzi. Twarz Treli to twarz-znak, w jej bruzdach są wyryte pokłady doświadczenia i wiedzy o człowieku. Nie takiej, jaką da się przekazać w słowach; tej, która wrasta głęboko w duszę i jest widoczna w spojrzeniu, w ułamkowej reakcji, w grymasie ust. W barwie głosu i w rytmie ruchu.

Osobowość, dla której ciało aktora jest wehikułem, zdaje się ważniejsza niż talent. Co roku szkoły aktorskie opuszczają liczne talenty; niewiele z nich stanie się w świecie filmu i teatru aktorami wybitnymi. Osobowość jednak opisać najtrudniej. Można jedynie, dobierając odpowiednie słowa, stworzyć jej mglisty profil. W odniesieniu do Treli mogłyby coś mówić takie, jak: cierpliwość, wytrwałość, upór. Dokładność, rzetelność pracy, uczciwość, umiejętność odróżnienia prawdy. Mordercza pracowitość.

Konrad w *Dziadach* Mickiewicza w reżyserii Konrada Swinarskiego, Stary Teatr, Kraków 1973.

Pokora i umiejętność kompromisu – zawód aktora wiele jej wymaga, z czego nie zdają sobie na ogół sprawy widzowie. Aktor wypowiada wymyślone przez kogoś innego słowa, musi dostosować się do koncepcji reżysera, uwzględniać i realizować tegoż reżysera uwagi, nawet jeśli się z nimi nie zgadza... Reżyserzy pracujący z Trelą doceniają komfort tej pracy: wiedzą, że mają do czynienia z kimś, kto nie będzie bojkotował ich koncepcji, ale w najlepszej wierze działał dla dobra spektaklu; nie będzie wchodził w konflikty, a najwyżej coś mruknie pod nosem. Gdyby można osobowość Treli do czegoś porównać, to chyba do bryły szlachetnego kamienia. Ten kamień jest niezmienny, może być opoką albo przeszkodą. Można na nim budować, mając pewność jego właściwości.

Trela gra zastygłą w bezruchu twarzą, a to, co się dzieje wewnątrz postaci, komunikuje mikrozmianami trudnymi do zarejestrowania. Coś się nieznacznie zmienia w oku, w układzie ust, i naraz mroczne oblicze nabiera wyrazu ciepła, czułości, skrajnej rozpaczy, tajonego gniewu. Choć nie zawsze. Taką technikę stosuje w odniesieniu do pewnego rodzaju postaci. Gdy chce osiągnąć efekty groteskowe, komiczne, twarz nabiera ruchliwości, wydatne brwi idą w górę, usta wykrzywiają się w wyraziste grymasy. Jak wtedy, gdy jako szalony menel na krakowskich Plantach zamierza się na Anioła (Globisza): „Chcesz w ryj?”. Albo gdy jako Baszmaczkinowi, bohaterowi Gogolowskiego *Płaszcza*, usta drżą ze strachu przed wszechwładnym Gromotrubowem (Gajosem). Trela operuje tylko częścią możliwych środków, przeważnie w kontraście: uruchamia jedne, zamrażając inne rejony ekspresji. Nie narzuca zbyt wielu informacji o swojej postaci, mając świadomość, że jakiś rejon domysłu musi pozostać dla widza. Toteż przeważnie w rysunku kreowanych przez niego postaci pozostaje obszar niedopowiedzenia, tajemnicy, czegoś, co nie pozwala jej jednoznacznie sklasyfikować.

Wbrew jednolitemu wizerunkowi (Trela nie należy do aktorów – transformistów, jest właściwie całe życie taki sam) ma w swym dorobku role biegunowo zróżnicowane. Długo kojarzony z postaciami romantycznych bohaterów, zaczynał od komedii i groteski, i świetnie się w tych rejonach czuje – zagrał wiele ról komediowych, i swoją ponurą, nieruchomą twarzą jest w stanie rozśmieszyć do łez. Grywał bardzo często epizody, nie wzbraniał się występować w spektaklach telewizyjnych dla dzieci. Zagra Konrada z *Dziadów* i wiejskiego przygłupa, generała i cwanego pijaczka. W świecie teatru mawia się często, że dobry zespół teatralny to taki, którym można obsadzić *Wesele* Wyspiańskiego: potrzebna jest Panna Młoda i doświadczona życiowo Gospodyni, wyniosła mieszczka Radczyni i wiejska baba Klimina. Poeta, Ksiądz i Żyd, i wiejskie parobki. Słowem – pełna różnorodność typów, klas społecznych, temperamentów. Jeśli jednak ktoś jest z natury Poetą, nie zagra raczej wójta Czepca albo wiejskiego chłopaka Jaśka, który gubi złoty róg. Andrzej Łapicki nie mógłby zagrać ról Maklakiewicza, i odwrotnie. Chyba, że ktoś dysponuje skalą Jerzego Treli, który był Jaśkiem w *Weselu* Grzegorzewskiego (1977), Poetą u Wajdy (1991), Czepcem w kolejnej inscenizacji Grzegorzewskiego (2000). Odnieść by można do Treli słowa, jakimi w Szekspirowskim *Hamlecie* Poloniusz anonsuje przybycie trupy teatralnej: „Żaden Seneka nie jest dla nich za ciężki, ani Plaut za lekki"[1].

Kiedy ktoś próbuje scharakteryzować sposób gry Treli, pojawia się niezawodnie słowo „prawda". Jak dyskusyjna by dziś ta kategoria nie była, w odniesieniu do tego aktora trudno jej uniknąć. Tyle że nie jest to – a przynajmniej nie tylko – tak zwana prawda psychologiczna, wynikająca z drobiazgowych obserwacji, z zasad małego realizmu. Trela raczej nie odmalowuje postaci od zewnątrz, bawiąc się umiejętnością opracowywania realistycznych szczegółów. Dobiera się do nich od środka, to znaczy bierze postać na siebie. Zagrać oznacza w jego przypadku wziąć za swoją postać odpowiedzialność. Nie chodzi mu bowiem o aktorski popis umiejętności, o tak częste w tym zawodzie podejście „zobaczcie, jak ja to świetnie umiem zagrać", tylko o człowieka, który jest do odnalezienia w środku napisanej przez autora postaci. Tego człowieka nie odgrywa, lecz sobą reprezentuje.

Może dlatego odnosi tak często sukces w kluczowej dla każdego aktora kwestii, czyli uznania publiczności. Płynie ono stąd, że widzowie natychmiast identyfikują się z jego postaciami, przyjmują za własny ich punkt widzenia. Trela tak potrafi rozegrać swoją partię, by mieć zawsze widza po swojej stronie. Ma nadto dar ofiarowany nielicznym: skupia uwagę swoją obecnością. Na scenie może być wielu innych aktorów, wspaniała dekoracja – ale gdy wchodzi Trela, zatrzymuje się, przez chwilę milczy, całe skupienie i oczekiwanie publiczności koncentruje się na nim. Podobnie jest na różnego rodzaju spotkaniach czy wernisażach: Trela wchodzi po cichu, niby niezauważalnie, staje gdzieś pod ścianą – i zaraz wszystkich przyciąga szczególna aura, którą wokół siebie wytwarza.

W teatrze, filmie i telewizji Jerzy Trela jest obecny od ponad pięćdziesięciu lat. Zagrał w tym czasie około stu ról filmowych, blisko sto pięćdziesiąt w Teatrze Telewizji i setkę ról teatralnych, najważniejszych w jego karierze. W sumie około trzystu pięćdziesięciu. Role teatralne liczone są, jak filmowe, „na sztuki", ale trzeba pamiętać, że spektakle grane są wielokrotnie – po kilkadziesiąt, a czasem kilkaset razy. *Dziady* w reżyserii Swinarskiego były grane w ciągu dziesięciu lat trzysta sześćdziesiąt razy – tyle właśnie razy Jerzy Trela jako Konrad przez trzy i pół godziny scenicznej obecności podejmował trud spełnienia niezwykle wymagającej roli, angażującej bez reszty ciało i psychikę, żądającej także wielkiego wysiłku fizycznego. Nie da się policzyć, ile razy Trela wychodził na scenę, żeby zagrać przedstawienie, ale bez wątpienia te wyjścia można liczyć w tysiącach. Trzeba pamiętać również, że życie aktora to nie tylko granie – w filmie czy teatrze – ale także próby, nieraz długie i żmudne. W teatrze próby do spektaklu trwają dwa, czasem trzy miesiące, ale zdarza się, że i pół roku. Ze zwykłego rachunku, który nie ma w sobie nic z metafory, wynika, że Jerzy Trela większość życia spędził, wykonując zawód aktora. Na próbach teatralnych i na wieczornych przedstawieniach, na planie filmowym i w studiu telewizyjnym. Trzeba do tego dołożyć również pracę pedagogiczną, czyli trzydzieści parę lat uczenia młodych ludzi tajników aktorskiej sztuki. „Ludzie robią mnóstwo przyjemnych rzeczy, piją wódkę, podrywają dziewczyny, a Trela tylko gra, gra i gra. Maniak jakiś"[2] – mówi o nim Jan Nowicki.

Współpracował z większością polskich reżyserów teatralnych i filmowych. Aktor Swinarskiego i Jarockiego, Grzegorzewskiego i Kutza, grał też w przedstawieniach Wajdy i Lupy, a w latach ostatnich Piotra Cieplaka i Pawła Miśkiewicza. W filmie grał u Morgensterna i Kutza, Passendorfera i Wajdy, Jerzego Hoffmana i Stanisława Różewicza, Kieślowskiego i Falka, Agnieszki Holland, Filipa Bajona, Roberta Glińskiego, Radosława Piwowarskiego i wielu innych. Przyjmował role główne i drugoplanowe, ale również epizodyczne – nigdy się nie wzbraniał przed epizodem czy mniejszą rolą, jeśli uważał przedsięwzięcie artystyczne za ciekawe lub dostrzegał swoją przydatność. Niejednokrotnie te mniej znaczące role podejmował, grając „na kogoś", jak się mówi w teatralnym środowisku: po to, aby ktoś inny mógł spełnić swoją rolę pierwszoplanową albo zrealizować jakiś ambitny plan, w którym obecność Treli była elementem niezbędnym, choć mało spektakularnym. To według niego część zawodowej etyki: wiele razy koledzy grali „na niego", gdy ciągnął ogromne role główne.

Na scenie i w filmie partnerował chyba wszystkim wybitnym polskim aktorom. W Starym Teatrze, gdzie przepracował z górą czterdzieści lat, występował często z Anną Polony i z Anną Dymną, z Jerzym Stuhrem, Jerzym Radziwiłowiczem, Krzysztofem Globiszem. W spektaklach telewizyjnych zagrał z wielkimi aktorami wcześniejszego pokolenia, Gustawem Holoubkiem i Tadeuszem Łomnickim. U początku kariery filmowej zetknął się z młodymi wówczas aktorami, którzy ukształtowali oblicze artystyczne swojego pokolenia: Janem Englertem, Władysławem Kowalskim, Januszem Gajosem – przez długie lata filmowej kariery spotykał się na planie z niemal całą formacją aktorstwa polskiego; trudno byłoby powiedzieć, z kim nie grał.

Ta imponująca liczba ról (ich pełny wykaz musiałby się ciągnąć przez wiele stron) i uczestnictwo również w aktualnym życiu teatralnym i filmowym (ostatnia premiera teatralna z udziałem Jerzego Treli miała miejsce 26 czerwca 2015, w lecie artysta występuje z dwoma spektaklami na Festiwalu Szekspirowskim w Gdańsku; zimą widzowie mogli go zobaczyć w filmie *Ziarno prawdy*) nie przekłada się jednak na obecność w sferze medialnej – wydawałoby się nieodłącznej od tak niekwestionowanej pozycji artystycznej. A jednak Jerzego Trelę trudno znaleźć w kolorowych czasopismach, na plotkarskich portalach i na typowych dla celebrytów zdjęciach. Trela jest antygwiazdą i antycelebrytą. Nie zdradza żadnych szczegółów swego życia prywatnego, nie pozwala fotografować domu, rodziny, w udzielanych wywiadach mówi jedynie o sprawach, które dotyczą jego biografii artystycznej, współpracy zawodowej, kontaktów i relacji zrodzonych na planie filmowym albo w zespole teatralnym. Powtarza: „Za wszelką cenę staram się unikać wywiadów goniących za sensacją, bo to mnie mierzi i drażni. Moje życie osobiste jest moim, moja rodzina jest moją i to nie jest na sprzedaż"[3]. Nie jest gwiazdą, bo, jak twierdzi, „nie wiem, jak gwiazda chodzi, siedzi, gestykuluje"[4]. Uważa się za normalnego człowieka i śmieje się z obyczaju nazywania polskich aktorów gwiazdami: „mój kolega Nowicki powiedział: «Jak można być gwiazdą, jedząc kotlet schabowy z kapustą?»"[5]. Nie występuje również w reklamach i telenowelach, nie udziela się publicznie, nie bywa w miejscach szczególnego zainteresowania fotoreporterów. Próżno by szukać informacji o aktorze na plotkarskich portalach, próżno w księgarniach szukać książek o życiu opatrzonych jego nazwiskiem.

W jego aktorstwie jest żarliwość i pełna empatii identyfikacja z postacią – i może właśnie dlatego tak często podkreśla elementarną różnicę między życiem a sceną. „Teatr to jest pasja. A życie jest życie i co się będziemy oszukiwać. Życie ma swoje prawa, a scena swoje, i wszelkiego rodzaju slogany, że scena to życie, świątynia sztuki, są po prostu dęte, bałamutne. Patrzę na te rzeczy bardziej realistycznie. Sens teatru, sens tej pracy polega na czymś innym niż udawaniu świątyni lub udawaniu prawdy”[6]. „Często powtarzam: gdy gram króla, to po spektaklu zdejmuję koronę, sobolowy płaszcz i ubieram się w swoją wyświechtaną kurtkę. Czapka na głowę i idę do domu”[7]. Rolę zostawia w teatralnej garderobie, zdejmuje ją z siebie razem z kostiumem – inaczej, jak twierdzi, musiałby zwariować. Niecierpliwie prostuje, gdy pytania zaczynają dotyczyć nie jego, lecz postaci – przecież to rola, nie ja ją wymyśliłem, nie jestem tym i tym. Przypomina, że teatr jest iluzją, a prawda sztuki jest czymś zupełnie innym niż prawda życia.

Na scenie wielokrotnie grał pełne emocji postacie, wypowiadające się wzniosłym językiem – może dlatego poza sceną nie znosi patosu i słów na wyrost, a zwłaszcza tych, które próbują zacierać granicę między sztuką i życiem. Zapytany, co czuł, kiedy Swinarski zaproponował mu rolę w *Dziadach*, opowiada, że był właśnie na planie filmowym z ciupagą, grając zbójnika Bacusia w *Janosiku*. I żeby mógł grać w *Dziadach*, trzeba było, za radą Wiktora Sadeckiego, a wbrew scenariuszowi, biednego Bacusia ubić. Gdy mowa o próbach *Wyzwolenia*, przytacza anegdotę, jak to biedzili się ze Swinarskim nad wymienionym w tekście tajemniczym Automedonem, i wreszcie olśniony reżyser mówi: „Wiem! to jest taki proszek do mycia samochodów!”. Na pytanie, jak doszedł do tak wspaniałej roli, odpowiada, że po drabinie; „O czym pan myśli, wchodząc na scenę?” – „Żeby się nie walnąć w łeb”. Bo kiedyś siedział w ciemności pod jakimś elementem scenografii, i wychodząc, uderzył się o jej metalową konstrukcję tak, że aż go zamroczyło. Ten sceptycyzm, a czasem nawet sarkazm wynika chyba z założenia, że ogromna sfera ludzkich spraw, w tym może najważniejszych, jest niemożliwa do wypowiedzenia w słowach, a słowa dęte, puste, kłamliwe tylko jej szkodzą. Nie godzi się z praktykowanym w mediach założeniem, że da się w dwóch zdaniach, „króciutko” w porannej audycji powiedzieć „jak pracował Konrad Swinarski” albo „czym jest dla pana rola Konrada”. Za to bardzo chętnie, w rozmowach z kolegami, mówi z ciężkim akcentem swoją podbeskidzką gwarą: „Ty, słuchojże nooo...”.

Nie dziwi więc jego codzienny sposób bycia, całkowicie nieaktorski. W sposobie bycia aktorzy mają coś wspólnego: elokwencję, gadatliwość,

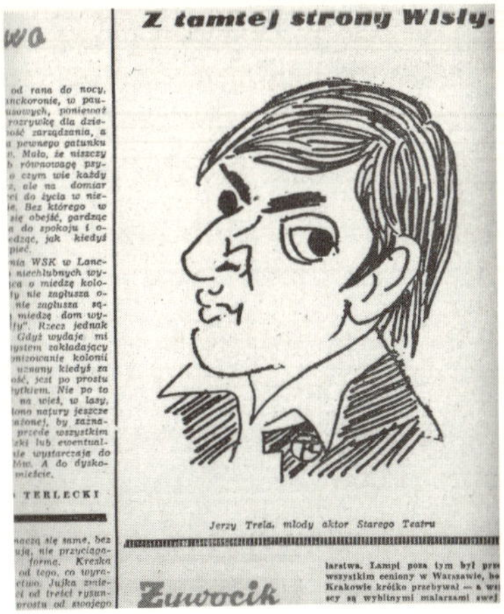

W karykaturze i jako zbójnik Bacuś w filmie *Janosik*.

nazbyt szeroki gest, odgrywanie wszystkich emocji w natężeniu przekraczającym normę. Otwartość, serdeczność, łatwość natychmiastowego zaprzyjaźniania się i poklepywania po ramieniu, kabotynizm łagodny albo nieznośny. Jerzy Goliński, aktor i reżyser, proponował kiedyś, by stworzyć skalę aktorskiego kabotynizmu, na której poziom zerowy nazywałby się „Trela". Bo Trela jest szorstki, jakby nieufny i pełen dystansu do otoczenia. Wzbudza respekt – trzeba go dość dobrze znać, żeby nie bać się jego surowego oblicza, trzeba go znać jeszcze lepiej, by dostrzec jego wrażliwość i niespotykaną empatię w stosunku do otaczających go ludzi. Oraz ogromne poczucie humoru – Jerzy Trela chętnie komunikuje się ze światem poprzez anegdoty. Także na własny temat. Na przykład kiedyś ktoś chciał mu zrobić przyjemność, mówiąc „Ten Trela to w ogóle się nie starzeje!", a Goliński na to: „Co on się ma starzeć, jak on jest stary od dziecka...". Rzeczywiście, kiedy miał trzydzieści dwa lata, mówiono, że jest „za stary na Hamleta", chociaż tę rolę grało wielu aktorów dobrze po czterdziestce... Trela był zawsze dojrzalszy od rówieśników, a pojawiające się już za młodu bruzdy na twarzy cenił jako środek wyrazu aktora.

Legendarna jest w środowisku jego solidność. Wiadomo, że jak już obieca coś zrobić, dotrzyma słowa. Wielokrotnie podejmował się pracy – mimo nawału innych zobowiązań, przemęczenia, chronicznego braku czasu – tylko dlatego, że widział, jak ważny jest to dla kogoś projekt, ile od jego zgody zależy. „Ile razy prosił: «A dajcież mi spokój», ale ostatecznie dawał się ubłagać reżyserowi, bo ten dobrze wiedział, że jak ma w obsadzie Jurka, to połowa sukcesu zapewniona"[8]. Kiedyś na planie spektaklu telewizyjnego, przerażony własnym nieprzygotowaniem i poziomem zawodowym partnera, chciał uciekać w Bieszczady, ale przesądził argument lojalności: „Nie, najwyżej trupem padnę, a nie mogę Kutzowi zrobić zawodu"[9]. Nigdy nie wprowadza atmosfery konfliktu, niepotrzebnego napięcia, rywalizacji – przeciwnie, często w sytuacjach konfliktowych bywa pośrednikiem i negocjatorem.

Wręczając Treli Nagrodę imienia Zelwerowicza – bardzo wysokie wyróżnienie w środowisku aktorskim – Zofia Rysiówna powiedziała: „Tam, gdzie gra Trela, tam jest teatr narodowy". Zapytany, gdzie jest teraz Treli teatr narodowy, aktor odpowiada: tam, gdzie wielka literatura, gdzie Wyspiański, Mickiewicz, Fredro, Gombrowicz, Mrożek, Kołakowski. Istotnie trudno byłoby znaleźć na polskich scenach kogoś, kogo trafniej niż Trelę można by nazwać ambasadorem polskiej literatury. Jej medium, artystę, który przemienia zastygłe na kartkach litery w istniejące tu i teraz życie sceniczne – organiczne, spełniające się we wspólnocie widzów i aktorów. Tak się złożyło, a może taki był profil jego talentu, że najsilniej zaistniał w rolach protagonistów wielkiej polskiej literatury.

Jerzy Trela jest aktorem w najbardziej elementarnym, źródłowym znaczeniu, to znaczy aktorem teatralnym. Dziś wielki aktor teatralny często musi się zgodzić na brak popularności, zrezygnować ze sławy, nie mówiąc już o pracy za znacznie mniejsze niż w filmie pieniądze. Ale środowisko artystyczne doskonale wie, że to jest właściwe spełnienie profesji aktora, prawdziwy sprawdzian jego talentu i charyzmy. W teatrze aktor przez czas trwania przedstawienia jest władcą stworzonego świata i panem sytuacji, musi skupić uwagę widowni tu i teraz, na dwie albo trzy godziny zapanować absolutnie nad duszami oglądających. Jeśli mu się to udaje, jest prawdziwym zwycięzcą. Rola teatralna wymaga opanowania ogromnego materiału – nie tylko tekstowego, to zazwyczaj problem czysto techniczny. Także sytuacyjnego i emocjonalnego: trzeba uruchomić w jednej chwili to wszystko, co się mozolnie budowało przez miesiące prób. W porównaniu z filmem, gdzie pracuje się krótkimi ujęciami, które zawsze można powtórzyć, jeśli coś nie wyjdzie (nie ma takiej szansy w teatrze), gdzie rola zależy w dużej mierze od tego, jak umieszczono kamery i jak zmontowano film – aktor w teatrze jest prawdziwym królem tworzonej opowieści. W teatrze nic się nie da połatać nastrojową muzyką, zdjęciowymi i montażowymi trickami. Aktor jest oko w oko z publicznością, która dostrzega bezwzględnie wszystko.

Trela w okresie swojej największej aktywności zawodowej bardzo dużo grał w filmach – jak właściwie wszyscy liczący się wówczas aktorzy. Nie dzielono ich wtedy na serialowych, filmowych i teatralnych – po prostu dlatego, że zupełnie inaczej wyglądały realia funkcjonowania kultury przed rokiem 1989. Nie produkowano tasiemcowych seriali, z którymi wykonawcy wiązali się na lata. Aktorzy nie byli celebrytami, pokazującymi się nieustannie w mediach w przeróżnych kontekstach i sytuacjach, bo po prostu zjawisko takie, jak i samo słowo, nie istniało. Absolutna większość aktorów pracowała na etacie w teatrze, który miał wobec pracowników własne wymagania.

Można było jednak do pewnego stopnia wybierać. Marginalizować role teatralne, kombinować zwolnienia do filmu. Albo odwrotnie: odrzucać propozycje filmowe, bo nadarzała się okazja pracy z wybitnym reżyserem w teatrze. To właśnie przypadek Treli: nie szedł do filmu, kiedy role proponowali mu Jarocki, Swinarski, Grzegorzewski. Miał poczucie, że praca w teatrze z wybitnymi osobowościami to coś cenniejszego niż udział w zdjęciach, który kończy się po paru miesiącach i nie daje możliwości zdyskontowania własnego wkładu twórczego w bezpośrednim kontakcie z publicznością.

Powtarza więc: w teatrze jestem, w filmie bywam. Trzeba przyznać, że film nie dał mu takiej możliwości spełnienia, jak teatr. Obsadzano go najczęściej „po warunkach": zawadiacki partyzant o proletariackim pochodzeniu, oficer milicji o ponurym obliczu, kierownik budowy, żołnierz... Produkcje, w których miał szanse na pełnowymiarową, pogłębioną rolę, nie odnosiły sukcesu albo bywały przerywane decyzją władz. Zdarzyło się jednak Treli zagrać parę ról, które zapadły w pamięć widzów. Chilon Chilonides, jedyna naprawdę dramatyczna, pełnowymiarowa postać w *Quo vadis* Kawalerowicza. Krakowski menel Szajbusek w dwóch częściach *Anioła w Krakowie*. Inspektor Leon Wilczur w *Ziarnie prawdy*, który zna życie, chociaż mówi niewiele. Ci, co sięgają dalej wstecz, pamiętają wsłuchującego się w wewnętrzny głos Jana, bohatera *Anioła w szafie*, buntowniczego sztygara Grelę w *Magnacie* i górnika Skargę w filmie *Śmierć jak kromka chleba*. Miłośnicy polskiego kina mogą pamiętać młodego Trelę z *Kolumbów* i *Stawki większej niż życie*, z filmu Kutza *Znikąd donikąd*, ze *Spokoju* Kieślowskiego. Ale kto zna Trelę ze sceny, wie, że we wszystkich rolach filmowych aktor uruchamia zaledwie niewielką cząstkę swojego talentu – nie ujawnia jego prawdziwej skali. Dostosowuje swoją grę do wymogów medium. Jest w filmie aktorem charakterystycznym, umie przekonująco, paroma wyrazistymi kreskami zarysować sylwetkę swojej postaci, nie wzbudza jednak rezonansu porównywalnego z tym, jaki wywołuje w teatrze. Śledząc Trelę jedynie filmowego, nie dałoby się stworzyć jego pełnowymiarowego wizerunku.

Chociaż wyłącznie filmowy Trela także ma swoich admiratorów. W pierwszej części dokumentalnego filmu Andrzeja Maja o aktorze, z roku 1998, mówią o nim jego krajanie, starsi ludzie z jego rodzinnych podkrakowskich Leńcz. „Dobry aktor. Z tego co widziałem na telewizji, to bardzo dobry. Jak coś gra, to tak... naturalnie. A nie sztucznie. Bo wielu aktorów jest takich, co to mówią, że dobry, a widać, że to ino miną nadrabia. A to ma się grać ze środka. Z serca"[10]. Niejeden mógłby pozazdrościć takiej pochwały, sformułowanej przez mieszkańca najbliższej człowiekowi ojczyzny – rodzinnej wsi.

W prologu słynnej książki *Nieznośna lekkość bytu* Milan Kundera zauważa, że w parach wszystkich opozycyjnych kategorii, które odnotowywała już starożytność, łatwo wymienić pozytywną i negatywną: światło jest lepsze od ciemności, ciepło od zimna, a byt od niebytu. Co jest jednak lepsze, lekkość czy ciężar, nie sposób rozstrzygnąć. I właściwie pozostaje to kwestią życiowego wyboru, a może wrodzonych predyspozycji. Jerzy Trela jest z rodzaju tych artystów – i ludzi – którzy swoje życie wiążą z kategorią ciężaru, a więc: trudu, sensu, uporu, dokładności, powagi. Nawet jego ogromne poczucie humoru jest raczej sarkastyczno-ironiczne, stając się komentarzem i kontrapunktem wszelkiego serio, nie służy zaś żywiołowej zabawie. Trela umie żartować, nie jest jednak pewne, czy umie się po prostu wygłupiać. Mówi o sobie, że zawsze dźwiga na plecach jakiś kamień: „no, tak mam, że czasem zakładam sobie tobół na plecy, ktoś musi, nie?"[11]. Wachlarz jego możliwości aktorskich jest ogromny, lecz chyba nie czułby się na miejscu we francuskiej salonowej komedii albo współczesnej zwariowanej farsie.

„Piękna jest ta cisza. Zawsze lubiłem ciszę, a żyję w hałasie, w huku, jazgocie. No, ale tak sobie wybrałem"[12] – mówi, patrząc na drzewa. Od dzieciństwa nie znosił uczyć się tekstów na pamięć, i nie znosi tego do dzisiaj aktor, który musiał przyswoić sobie ponad trzysta ról. Nie chciał być kolejarzem jak jego ojciec, a pół życia spędza w pociągach, jeżdżąc ze spektaklami i na plany filmowe. Wydaje się kruchy, ma z konieczności bliskie kontakty z medycyną, ale zawodowy terminarz jest szczelnie wypełniony. Podróżuje i gra, zamiast odpoczywać na zasłużonej emeryturze, a pytany, skąd czerpie na to wszystko siłę, mówi: z bezsiły. Kiedy już naprawdę nie ma sił, pojawia się przekorna moc, by się nie poddać, spróbować się przełamać – mimo słabości. Jeśli życie artysty złożone jest z paradoksów, to Jerzy Trela doświadcza tej reguły w stopniu najwyższym.

Kiedy przemierza Kraków – w nieodłącznej czapce z daszkiem, kurtce, z wielką czarną teczką, lekko przygarbiony, idąc krokiem skupionym, nie nazbyt pospiesznym – trudno odgadnąć w nim wielkiego aktora. Wygląda raczej na emerytowanego sędziego albo lekarza – kogoś, kto wie o życiu zbyt wiele, żeby się łudzić, że można na jego temat wypowiedzieć jakieś adekwatne słowa, dlatego woli milczenie. To do jego aktorstwa nawet pasuje: sędzia, który musi wymierzyć światu sprawiedliwość, choć wie, że to niemożliwe; lekarz, który powinien świat uleczyć, chociaż choroba jest śmiertelna.

„Trela to zjawisko, człowiek dotknięty palcem bożym, nieświadomy wartości swego talentu. Korzysta z niego podobnie jak Aztekowie, którzy złota używali do wyrobu najprostszych narzędzi. Jest szalenie skromny i pokorny. Jurek to zwyczajność przy nadzwyczajności”[13], powiedział o nim jego przyjaciel, nieżyjący już wybitny aktor Jerzy Bińczycki. Wiele lat wcześniej Konrad Swinarski, charakteryzując aktora, stwierdził: „Trela należy do ludzi, którzy nie pchają się na scenę ani do telewizji. Może nie jest to najlepsza cecha aktora, ale w tym przypadku stanowiła dla mnie gwarancję, że jego zainteresowanie się rolą ma w sobie coś z zawodowego ekshibicjonizmu, ale «do wewnątrz», to znaczy, że interesuje go grana postać i współpraca ze mną w zupełnie inny sposób niż większość aktorów dzisiaj w Polsce. I nie pomyliłem się, obsadzając go, bo był wspaniałym partnerem do odkrywania roli. On ją współwymyślił i współtworzył”[14].

Wielki aktor, który nie jest gwiazdą. Dał swoje oblicze setkom postaci, ale zawsze pozostał sobą – żadnej z nich nie pozwolił sobą zawładnąć. Wybitny artysta, który pamięta o zwykłych sprawach ludzi wokół. Jakość absolutnie wyjątkowa.

ROZDZIAŁ DRUGI

Ta nasza młodość...

Jedno z pierwszych zachowanych wspomnień przyszłego artysty świadczy o wrażliwości na zmysłową urodę świata, na jego kształt plastyczny. „Pierwszy obrazek jest taki: jesień, ten moment, kiedy drzewa w górach zaczynają zmieniać kolory. Lubiłem na to patrzeć, potem nieraz próbowałem malować. To są moje pierwsze «zapatrzenia»"[1].

Potem, gdy jako trzynastolatek znalazł się w szpitalu, z nudów zaczął rysować portrety pacjentów. „Był na sali facet, który powiedział, że nie będę rozdawał obrazków za darmo. Za każdy brał 10, 20 złotych i dawał mnie. To były moje pierwsze pieniądze"[2].

Po ukończeniu szkoły podstawowej zamiast do technikum kolejowego, co było życzeniem matki, trafił do liceum plastycznego – przy wsparciu Bronisława Chromego, również pochodzącego z Leńcz artysty rzeźbiarza, wówczas już absolwenta Akademii Sztuk Pięknych.

Z punktu widzenia artystycznego rozwoju była to niezwykle szczęśliwa decyzja. Państwowe Liceum Sztuk Plastycznych, założone w 1946 roku, było placówką niezwykłą, skupiającą w gronie pedagogów wybitnych krakowskich plastyków i działającą na zupełnie innych zasadach niż cała reszta ówczesnego szkolnictwa średniego. Jej pierwszym dyrektorem był Włodzimierz Hodys, wybitny historyk sztuki, a także współzałożyciel Piwnicy pod Baranami. „Facet, który znał na pamięć wszystkie muzea w Europie i z grupami uczniów jeździł w latach pięćdziesiątych za granicę, do Rzymu, Wiednia czy Grecji, żeby im te muzea pokazać!"[3]. Szkoła była enklawą, której stalinizm i socrealizm nie dotyczył.

Uczeń Państwowego Liceum Sztuk Plastycznych w Krakowie, koniec lat pięćdziesiątych.

W 1955 roku dyrekcję objął na długie lata Józef Kluza, malarz i nietuzinkowy pedagog, angażujący się niezwykle w życie uczniów i szkoły – to za jego sprawą liceum otrzymało w 1969 piękną siedzibę w stylu Bauhausu, zaprojektowaną specjalnie na jego potrzeby: otoczony ogrodem gmach główny wraz z pracowniami.

Ale wcześniej, przez dwadzieścia parę lat, szkoła musiała działać w wynajętych lokalach – były to prywatne mieszkania w krakowskich kamienicach, główna siedziba mieściła się w kamienicy przy zbiegu ulic Lea (wówczas Dzierżyńskiego) i Urzędniczej. Nie było więc typowych szkolnych klas, dzwonków na przerwę i wielu rzeczy, które wspierają szkolny rygor. Od swoich pedagogów artystów uczniowie otrzymywali lekcje niezależności: wspierano ich w lekceważeniu mundurków, tarcz i innych przejawów podporządkowania systemowi. Uczono, że najważniejsza jest sztuka, wolność, osobista niezależność, a wszelkie sprawy związane z polityką, zbiorowością, obowiązującymi trendami społecznymi, są w gruncie rzeczy nieistotne. Kształtowano odwagę w podejmowaniu decyzji, umiejętność słuchania siebie. „Nikt nas nie zmuszał do bycia artystami, natomiast wyrabiano w nas wolną wolę w wyborze tego, co się chce robić w życiu. Myśmy byli od początku wychowywani w poczuciu, że świat do nas należy. Nigdy nic nie dało mi tyle, co te pięć lat tam. Właściwie wszystko czym jestem, co myślę, zostało tam ukształtowane”[4] – wspomina Tadeusz Nyczek, jeden z absolwentów liceum.

Szkoła była elitarna, dostać się do niej było trudno, egzaminy wstępne i składane własne prace plastyczne odsiewały większość kandydatów. Każdy rocznik obejmował tylko jedną klasę, i to dość nieliczną (dwadzieścia parę osób to niewiele wobec znacznie liczebniejszych norm w pozostałych liceach). Dodatkowo były wspólne pracownie, łączone zajęcia – co sprawiało, że pięć roczników uczniów (szkoła była pięcioletnia, jako że dawała także wykształcenie zawodowe) tworzyło zintegrowaną wspólnotę, w której podziały na starszych i młodszych nie istniały. Ta wspólnota czuła swoją wyjątkowość – „uważaliśmy się za coś lepszego od wszystkich pozostałych szkół średnich, nie tylko jako artyści – również z racji zupełnej odrębności naszej szkoły”[5]. Do tej szkoły po prostu chciało się przychodzić.

Oprócz warsztatu artysty plastyka, nabywanego pod okiem krakowskich malarzy i grafików (obok Józefa Kluzy uczyli tam również Witold Damasiewicz, Adam Hoffmann, wielki znawca również literatury i psychologii), uczniowie przez cały okres pobytu w szkole mieli intensywne

Po lewej: Obóz harcerski, 1957. Jerzy Trela drugi od prawej w szeregu, pierwszy z prawej Janusz Zakrzeński. *Po prawej:* Jerzy Trela w latach szkolnych.

wykłady z historii sztuki, na poziomie akademickim. Historia sztuki bardzo skutecznie otwiera horyzonty, istnieje ponad podziałami na kultury narodowe, ponad partykularną historią poszczególnych zbiorowości, ograniczającą szerszą perspektywę widzenia.

Nie przypadkiem zatem do grona absolwentów Państwowego Liceum Sztuk Plastycznych zaliczają się wybitni artyści różnych dziedzin: Franciszek Starowieyski, Roman Polański i Ryszard Horowitz, scenografowie Jan Polewka i Joanna Braun, malarze Jacek Waltoś i Zbylut Grzywacz, wieloletni szef plastyczny „Przekroju" Stefan Berdak i wielu innych. Także aktorzy: oprócz Jerzego Treli Zofia Kucówna i Mieczysław Voit.

Wspomnienia Jerzego Treli z okresu szkoły koncentrują się jednak nie na projektach plastycznych, ale na tym, co było wstępem do dalszej drogi, czyli na recytacji wierszy.

„Od dziecka nie znosiłem uczenia się wierszy na pamięć. W liceum, jak na złość, mieliśmy polonistkę zauroczoną recytacją. Co tydzień zadawała jakiś wiersz. Ja polecenia bojkotowałem. W efekcie miałem w dzienniku siedem dwój, groził mi niedostateczny na semestr. Koledzy zaczęli mnie

W liceum plastycznym: Jerzy Trela, Georgette Jensz i Władysław Trebunia.

namawiać: naucz się czegoś i zgłoś się. Przygotowałem więc *Śmierć Pułkownika* [Adama Mickiewicza – wszystkie przypisy nieoznaczone inaczej pochodzą od Autorki]. Gdy powiedziałem wiersz, profesorka wpisała do dziennika czwórkę, ale ołówkiem. Po jakimś czasie zaproponowała mi udział w konkursie recytatorskim. Powiedziała: «Masz taki piękny głos, że możesz odnieść sukces». Przypomniałem sobie tę czwórkę wpisaną ołówkiem i... zgodziłem się. Zakwalifikowałem się aż do eliminacji regionalnych i stałem się największym sukcesem recytatorskim pani profesor. Od tej pory byłem stałym elementem artystycznym wszystkich akademii. Dzień Kobiet, Dzień Dziecka – najpierw przemówienie, potem ja ze *Śmiercią Pułkownika*. Aż koledzy dopadli mnie na korytarzu i zapowiedzieli, że mi wleją, jak nie zmienię repertuaru. Nauczyłem się *Sokratesa tańczącego* Tuwima i miałem już dwa wiersze na zmianę"[6]. Tak więc, jak podsumowuje, został aktorem za lenistwo i za karę musi się całe życie uczyć na pamięć tekstów, czego nie cierpi.

Wielu aktorów opowiada tego rodzaju anegdoty związane z początkiem kariery, które komunikują przypadkowość wyboru. Na przykład Tadeusz Łomnicki latami opowiadał anegdotę, że został aktorem właściwie przez przypadek, bo szedł na egzamin do studia aktorskiego (nazywanego wówczas, zgodnie z przedwojennym nazewnictwem, „studium dramatycznym") z własnymi utworami literackimi, przekonany, że będzie się kształcił na dramaturga. Co naturalnie nie było całkiem zgodne z prawdą – jak twierdzili świadkowie – przede wszystkim dlatego, że trudno było w tłumie kandydatów nie zorientować się, o co się starają.

W przypadku Jerzego Treli konkursy recytatorskie były oczywiście prawdziwe, lecz chyba nie one przesądziły. Ważniejszy był kontakt z artystami, którzy stawiali sztukę na pierwszym miejscu w życiu, przed wszelkimi wartościami materialnymi. Sztuka, jeśli się ją wybierze i uprawia w sposób czysty, nie używając jej jako wehikułu do zdobycia innych wartości – pieniędzy, sławy, towarzyskiego uznania – może dać najbardziej satysfakcjonujące spełnienie własnej egzystencji. Druga nauka polegała na tym, że sztuka jest przede wszystkim kwestią formy: faktury, barwy, kształtu, zaś artystyczna wizja nie uda się, jeśli zabraknie konkretu technicznych rozwiązań.

Licealni koledzy po maturze wybierali studia plastyczne – na krakowskiej Akademii Sztuk Pięknych – lub humanistyczne. Sytuacja rodzinna Jerzego Treli na to nie pozwalała: po szkole trzeba było znaleźć pracę, zacząć na siebie zarabiać. Absolwent liceum plastycznego sporo rzeczy potrafi, toteż przyszły aktor trafił do Teatru Lalkowego Miś w Nowej Hucie, przy Zakła-

W Teatrze Lalkowym Miś w Nowej Hucie, 1962.

dowym Domu Kultury. Teatrzyk był wprawdzie półamatorski, ale stanowił dobrą szkołę zawodu. Trela zetknął się z prawdziwą sceną, w pracowni plastycznej robił lalki i maski, wymyślał dekoracje. Także grał – animując lalki albo w żywym planie. Teatrzyk miał ambicje wystawiania również poważnego repertuaru. Do tego nurtu należał *Płaszcz* Gogola – Trela grał w tym spektaklu krawca. Na festiwalu teatrów lalkowych w Puławach zobaczyli go Zofia i Władysław Jaremowie, szefujący krakowskiemu teatrowi Groteska, i zaprosili do współpracy.

Groteska powstała w 1945 jako teatr dla dzieci, jednak przez całe lata funkcjonowania była w pierwszym rzędzie teatrem formy plastycznej; eksperymentowano tu z różnymi rodzajami przekazu opartego na komunikacji wizualnej. Jaremowie wywodzili się z przedwojennego środowiska awangardy, pracowali w teatrze Cricot, prowadzonym przez młodszego brata Władysława, Józefa Jaremę (ich siostrą była słynna malarka Maria Jaremianka). W Grotesce najważniejszy był artystyczny – przede wszystkim plastyczny – wyraz tworzonych przedstawień, niezależnie od tego, czy były przeznaczone dla dzieci, czy dla dorosłych widzów, bo i takie spektakle tworzono. Wyraźne ukierunkowanie na awangardę sprawiało, że Jaremowie szukali odpowiedniego materiału w literaturze, toteż już w latach pięćdziesiątych wystawiano tu Gałczyńskiego i Mrożka, a później Różewicza.

„Jeśli idzie o styl, to składało się nań pomieszanie różnych form: teatru żywego aktora, karykaturalnej ludzkiej maski, maski zwierzęcej, aktora imitującego zwierzę... Maski to oczywiście nie jest żadna nowość, ale za dyrekcji Jaremów Groteska stworzyła oryginalny, nowoczesny teatr plastyczny, w którym maska miała podkreślać karykaturalność postaci, a nawet jej absurd"[7]. Pierwsze przedstawienia, w których zagrał Trela, to reżyserowane przez Zofię Jaremową *Gdyby Adam był Polakiem* według Gałczyńskiego ze scenografią Kazimierza Mikulskiego oraz *Męczeństwo Piotra Ohey'a* – w obu przypadkach były to wznowienia, ze zmienioną obsadą, spektakli sprzed kilku lat.

Chociaż w Grotesce powodziło się Treli całkiem nieźle, myślał o studiach artystycznych. Jako że działał przez kilka lat na pograniczu sztuk plastycznych i teatru, wahał się pomiędzy Wydziałem Rzeźby krakowskiej ASP a szkołą teatralną. Koledzy namówili go na egzaminy do PWST, a sam Trela twierdzi, że po prostu egzaminy były wcześniej i postanowił

PAŃSTWOWA WYŻSZA SZKOŁA TEATRALNA

IM. LUDWIKA SOLSKIEGO

TEATR STUDENTÓW PWST

KRAKÓW, UL. WARSZAWSKA 5

PREMIERA MARZEC 1969 **GODZINA 19.15**

STANISŁAW WYSPIAŃSKI

SĘDZIOWIE

ALEKSANDER FREDRO

ŚWIECZKA ZGASŁA

Udział biorą:

Teresa Kamińska, Urszula Popiel, Olga Sitarska, Barbara Sokołowska, Maja Wiśniowska, Halina Wyrodek, Andrzej Bogusz, Jacek Bartyzel, Marian Dziędziel, Jerzy Fedorowicz, Mikołaj Grabowski, Jerzy Jończyk, Zygmunt Józefczak, Andrzej Kierc, Adam Kopciuszewski, Rudolf Moliński, Adam Sadzik, Janusz Szydłowski, Henryk Talar, Leszek Teleszyński, Jerzy Trela, Wiesław Wójcik

PRACA DYPLOMOWA STUDENTÓW IV ROKU WYDZIAŁU AKTORSKIEGO
przygotowana pod kierunkiem pedagogiczno-reżyserskim **prof. TADEUSZA BURNATOWICZA**

SCENOGRAFIA:
BARBARA STOPKA

WSPÓŁPRACA:
adiunkt **JERZY BĄCZEK**

MUZYKA:
STANISŁAW RADWAN

Bezpłatne bilety wstępu wydaje Sekretariat Uczelni – Kraków, ul. Bohaterów Stalingradu 3/5 III piętro w godzinach 10–13. – Telefon 566-04

spróbować. Myśl o zawodowym aktorstwie pojawiała się już wcześniej – pojechał nawet do poradni dla kandydatów łódzkiej szkoły filmowej, gdzie był również Wydział Aktorski, ale tam „wyszła jakaś wielka baba i powiedziała od razu, że nie mam szans, bo jestem za niski".

Kolejna legenda dotyczy egzaminów do krakowskiej szkoły teatralnej, które ponoć odbywały się w tajemnicy przed Zofią Jaremową, w przerwie pomiędzy spektaklem dopołudniowym a wieczornym, w napięciu przyszłego aktora, czy aby zdąży do pracy. „Na egzaminy przygotowałem cztery teksty – wymaganych było osiem – bo nie byłem do końca zdecydowany. Chciałem też zdawać na ASP. Staję przed komisją, mówię pierwszy tekst, drugi, trzeci, kończę czwarty – *Sokrates tańczący* Tuwima – nic więcej nie mam. I słyszę tubalny głos: «A dajcież wy mu już święty spokój!». Myślałem, że to koniec, ale nazajutrz okazało się, że jestem drugi na liście. A głos należał do Zofii Jaroszewskiej"[8]. Ten „koniec" mógł być dla kandydata decydujący: upominała się o niego armia, nieprzyjęcie na studia oznaczało mniej więcej tyle, że w bardzo niedługim czasie wypadnie się pakować do wojska, na dwa lata. Na szczęście znalazł się na liście przyjętych; wyprzedził go w punktacji tylko Leszek Teleszyński, obdarzony nieprzeciętnymi warunkami fizycznymi...

W szkole teatralnej zawiązują się przyjaźnie i alianse nie tylko osobiste, ale przede wszystkim twórcze, ważne później przez całe zawodowe życie. Dla Treli bardziej decydująca niż skład uczących go pedagogów okazała się grupa studiujących z nim, a także na starszym roku, adeptów sztuki aktorskiej.

Jesienią 1965 roku studia aktorskie wraz z Jerzym Trelą rozpoczęli: Mikołaj Grabowski, Marian Dziędziel, Urszula Popiel, Henryk Talar, Halina Wyrodek, Andrzej Kierc, Leszek Teleszyński, Jerzy Fedorowicz, Zygmunt Józefczak, Janusz Szydłowski, Wiesław Wójcik, Teresa Kamińska – znana później pod nazwiskiem Marczewska. Z racji wieku i dojrzałości – Trela rozpoczął studia w wieku dwudziestu trzech lat, był starszy od swoich kolegów średnio o cztery, a nawet pięć lat – zaprzyjaźnił się z rocznikiem o rok starszym, na którym studiowali bliżsi mu wiekiem Wojciech Pszoniak i Krzysztof Jasiński, a także Olgierd Łukaszewicz, Jan Łukowski, Mieczysław Franaszek, Jerzy Schejbal, Aleksander Gierczak. To właśnie spośród tej grupy rekrutowali się założyciele Teatru STU.

W latach sześćdziesiątych krakowska Państwowa Wyższa Szkoła Teatralna była placówką z pewnymi tradycjami (założono ją w 1946 roku, a pierwszym dyrektorem został Juliusz Osterwa, który wkrótce po otwarciu szkoły zmarł), ale pogrążoną w pewnym zastoju. Dość trudne były warunki lokalowe – uczelnia dysponowała jednym piętrem budynku przedwojennej szkoły sióstr urszulanek przy ulicy Starowiślnej (wówczas Bohaterów Stalingradu); pozostałe kondygnacje zajmowała Akademia Muzyczna. Jedynie przedstawienia dyplomowe przygotowywano w drugim budynku, przy ulicy Warszawskiej 5. Nie działał wówczas Wydział Reżyserii, założony w roku 1955 – jego funkcjonowanie zawieszono w roku 1962, a właśnie współpraca studentów reżyserii i aktorstwa stanowi tradycyjnie siłę napędową twórczych poszukiwań. Pośród kadry pedagogicznej dominowali aktorzy pracujący na co dzień w Teatrze im. Juliusza Słowackiego – solidni rzemieślnicy, przekazujący z poświęceniem tajniki warsztatu, lecz niekoniecznie otwarci na nowe poszukiwania teatralne. Rektorem szkoły był wówczas Bronisław Dąbrowski, dyrektor Teatru Słowackiego, dziekanem Wydziału Aktorskiego pracujący tam Eugeniusz Fulde. Ten ostatni był źródłem niekończących się anegdot, opowiadanych do dziś przez absolwentów krakowskiej PWST. Typowy aktor charakterystyczny przedwojennego chowu wywodził się ze szkoły Zelwerowicza i trochę go przypominał. Jako dziekan starał się być bardzo surowy i srogi, co w zestawieniu z rozmaitymi śmiesznostkami nie zawsze było skuteczne. Studentom, których uczył, nieraz dawał solidnie w kość – zarówno złośliwością, jak i nietuzinkowymi metodami.

„Był to niebywale zorganizowany człowiek, prowadzący dokładną, kolorowaną ewidencję wszystkich swoich poczynań pedagogicznych. Pierwszą jego zasadą było: ośmielić.

«Aktor – powiadał studentom – nie może się wstydzić» – i tu ściągał spodnie, wywołując stłumiony pisk pań i zesztywnienie panów. Oczom widzów ukazywały się granatowe spodenki gimnastyczne. «Tak – powiadał, naciągając spodnie – aktor nie może wstydzić się siebie. Aktor musi także znać swoje wady. I tak – ja nie mam brewek, a pani, pani Halinko, talentu»"[9] – wspomina jego ówczesny asystent Jerzy Święch. Przez lata jego urzędowania studenci drżeli przed słynnym „pocałunkiem Gienia" – kiedy dziekan całował studenta w czoło, był to nieomylny znak rychłego wyrzucenia ze szkoły. W pamięci Jerzego Treli zachował się taki obrazek: „Mieliśmy w szkole jakąś imprezę bodaj na półmetek naszych studiów.

Bankiet trwał całą noc, z dziekanem, z żoną Fuldego Kasią Meyer, która nas uczyła wiersza – do piątej rano. I oczywiście większość z nas zaspała, wbiegaliśmy spóźnieni. A dziekan, z którym żeśmy całą noc spędzili, nie wylewając za kołnierz – a pojemność miał Fulde mocną – stał o godzinie ósmej na schodach z zegarkiem, z taką cebulą w ręku, wyszykowany, wypachniony Przemysławką (była taka woda, którą czuć było aż do szkoły muzycznej na dół, już było wiadomo, że Fulde jest w szkole) i sprawdzał, kto ile się spóźnił"[10]. Chyba jednak żadnych konsekwencji ta surowość Fuldego, odgrywana nieco na pokaz, nie miała. Choć niektórzy spośród absolwentów nie wspominają ówczesnego dziekana ze szczególną sympatią.

Nauka aktorstwa polegała wówczas w dużej mierze na wprowadzaniu w tajniki warsztatowe, demonstrowaniu rozmaitych szczegółów, z których mogła się złożyć wiarygodna całość. Po latach, w dyskusji *Porozmawiajmy o aktorstwie* opublikowanej na łamach „Teatru", Olgierd Łukaszewicz przywoływał „podziw dla Eugeniusza Fuldego, który uczył konkretów, często warsztatowych tricków: jak należy przygotować zapałki do zapalenia, jak płakać na zawołanie. Prowadził ćwiczenia z charakteryzacji (dziś już zapomnianej)". Krzysztof Globisz, także uczeń Fuldego, podsumowywał: „To są szczegóły, od których zależą także najważniejsze sprawy w teatrze. Trzeba mówić i uczyć także detali – choć marzą nam się wielkie wzloty ducha – bo teatr ma tylko wtedy szansę, kiedy będzie się zajmował szczegółami".

„Ale jak właściwie uzupełniali się Burnatowicz, Fulde, Kaliszewski?" – pytał w powyższej rozmowie Olgierd Łukaszewicz. A Trela odpowiadał: „Uczyli różnie, ale od każdego z nich się uczyliśmy. Dziś z perspektywy czasu – bardzo cenię to, czego uczył nas Kaliszewski. On prowokował, uczył dochodzenia do celu. Sam był silną osobowością, nietypowym aktorem i profesorem. Podchodził do zawodu teoretycznie. Ale jego wpływ dotyczył także sfery pozateatralnej. Burnatowicz natomiast uczył szczegółu"[11].

Tadeusz Burnatowicz był aktorem starej daty (rocznik 1900), grywał szerokim gestem i tubalnym głosem, w koturnowym stylu, najlepiej czuł się w rolach klasycznych. Ale odpowiednio prowadzony potrafił zaskoczyć zupełnie inną ekspresją: kiedy Jerzy Goliński robił *Powrót do domu* Pintera, udało mu się tak naprowadzić Burnatowicza, że „zagrał to genialnie: był współczesny, ściszony, bez żadnego koturnu, bez tego bagażu dawnego teatru. Był na wskroś współczesnym, wzruszającym człowiekiem na scenie".

Burnatowicz uczył więc konkretu, którego czasem nie umiał teoretycznie uzasadnić – kierował się właściwą aktorom swojego pokolenia intuicją, która rzadko zawodziła. Jerzy Trela wspomina, jak kiedyś profesor uparł się, że „mam rzucić książką na sylabę, na «e» – nie na koniec słowa, nie na początek, tylko dokładnie na «e». I w końcu mi się udało rzucić na «e». Był w tym, jak się później okazało, sens związany z konstrukcją myślową zdania, z jego składnią, co Burnatowicz po swojemu wyczuwał".

Kaliszewski reprezentował nie tylko inne pokolenie, ale również inny sposób myślenia o sztuce teatru: podchodził do niej bardziej intelektualnie, dokonywał analiz. Choć studenci narzekali, że się „znęca", a zadowolony jest dopiero wtedy, gdy się go naśladuje, niewątpliwie przekazywał szersze i bardziej nowoczesne spojrzenie na aktorstwo. W pierwszych kontaktach oschły i zdystansowany, zaprzyjaźnił się później ze studentami, którzy pod jego opieką realizowali jedno ze swoich przedstawień dyplomowych: *Kondukt* i *Klatkę*, dwa teksty Bogdana Drozdowskiego ujęte w ramy jednego spektaklu.

Mimo że absolwenci wspominają do dziś swoją szkołę z sentymentem, wielu z nich zdawało sobie sprawę z jej anachroniczności. Przykładem – opinia Wojciecha Pszoniaka: „Szkoła reprezentowała jeszcze staroświecki styl myślenia o teatrze jako miejscu, które tworzy się przez butaforkę, styropian, przyklejane wąsy. To było koncentrowanie się na rzemiośle, nie na sztuce. Mimo że byłem jeszcze młodym chłopakiem, czu-

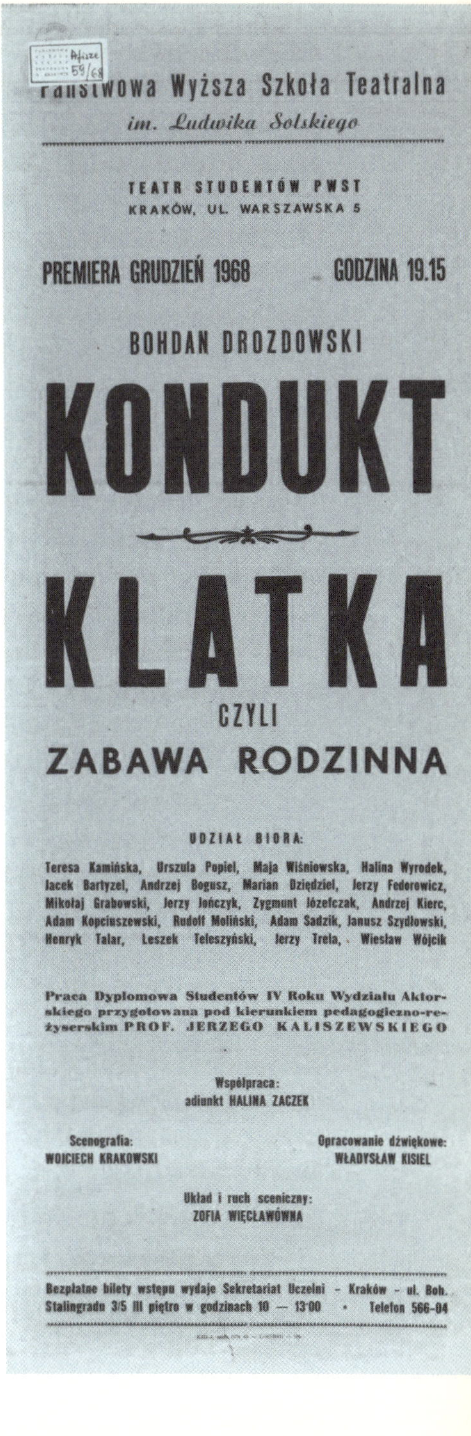

Państwowa Wyższa Szkoła Teatralna
im. Ludwika Solskiego

TEATR STUDENTÓW PWST
KRAKÓW, UL. WARSZAWSKA 5

PREMIERA GRUDZIEŃ 1968 GODZINA 19.15

BOHDAN DROZDOWSKI

KONDUKT

KLATKA

CZYLI

ZABAWA RODZINNA

UDZIAŁ BIORĄ:

Teresa Kamińska, Urszula Popiel, Maja Wiśniowska, Halina Wyrodek, Jacek Bartyzel, Andrzej Bogusz, Marian Dziędziel, Jerzy Federowicz, Mikołaj Grabowski, Jerzy Jończyk, Zygmunt Józefczak, Andrzej Kierc, Adam Kopciuszewski, Rudolf Moliński, Adam Sadzik, Janusz Szydłowski, Henryk Talar, Leszek Teleszyński, Jerzy Trela, Wiesław Wójcik

Praca Dyplomowa Studentów IV Roku Wydziału Aktorskiego przygotowana pod kierunkiem pedagogiczno-reżyserskim PROF. JERZEGO KALISZEWSKIEGO

Współpraca:
adiunkt HALINA ZACZEK

Scenografia:
WOJCIECH KRAKOWSKI

Opracowanie dźwiękowe:
WŁADYSŁAW KISIEL

Układ i ruch sceniczny:
ZOFIA WIĘCŁAWÓWNA

Bezpłatne bilety wstępu wydaje Sekretariat Uczelni - Kraków - ul. Boh. Stalingradu 3/5 III piętro w godzinach 10 — 13·00 • Telefon 566-04

łem, że taki teatr, jakiego uczył nas stary aktor Eugeniusz Fulde, długo nie pociągnie"[12]. Szkoła krakowska koncentrowała się na dykcji, wymowie, poprawnym mówieniu wiersza – ćwiczenia ciągnęły się godzinami, a studenci nie do końca byli przekonani, że od prawidłowego wymawiania samogłosek i czystości spółgłosek zależy ich życie w sztuce. Brakowało twórczego fermentu, traktowania teatru przede wszystkim w kategoriach sztuki. Brakowało możliwości wypróbowania własnych mocy kreacyjnych.

Czy tylko z powodu tych braków studenci – głównie z rocznika 1964–1968 – pod wodzą Krzysztofa Jasińskiego postanowili zrobić coś w pełni własnego, niezależnego od szkolnych recept? Zapewne, choć sprzyjała im również atmosfera, trudna do zdefiniowania, ale zauważalnie wpływająca na postawy młodych ludzi tamtego czasu.

Druga połowa lat sześćdziesiątych to narodziny i dojrzewanie zjawisk objętych później wspólną kategorią kontrkultury. Na całym świecie do głosu dochodziło pokolenie urodzone tuż po wojnie lub w jej końcówce, pokolenie nieobciążone wojennymi doświadczeniami, ale zbuntowane wobec skostniałego układu społecznego, który uniemożliwiał realizację marzeń i ideałów. Marzeń o wspólnocie, równości i pokoju, o równouprawnieniu i swobodnym dostępie do dóbr kultury. W Stanach Zjednoczonych tworzy się ruch hippisowski, idolami młodzieży stają się grupy muzyczne i charyzmatyczni wokaliści, festiwal Woodstock gromadzi tysiące uczestników. Zespół Living Theatre – w nazwie podkreślony jest związek z życiem, w odróżnieniu od martwych i nastawionych na zysk mieszczańskich scen Broadwayu – działa jak komuna i wspólnota, tworząc spektakle metodą kreacji zbiorowej: bez wyjściowego tekstu, bez jednego reżysera, narzucającego swoją wizję reszcie. Amerykanie na wygnaniu w Europie wędrują od miasta do miasta, od kraju do kraju, ciągnąc za sobą tłumy fanów i wyznawców. W maju 1968 roku dochodzi do rewolty francuskich studentów, domagających się na ulicach Paryża praw i swobód należnych młodości. Młode pokolenie z hukiem wstępuje na dziejową scenę, nie chcąc dłużej dostosowywać się do pełnych konformizmu reguł swoich rodziców i mentorów.

W Polsce rzecz jasna z powodów politycznych tego rodzaju manifestacje nie mogły mieć miejsca, ale poczucie własnej pokoleniowej odrębności, buntu wobec społecznej i kulturalnej stagnacji, narastało. Kulminacją tych nastrojów były manifestacje i protesty studenckiej młodzieży w Warszawie na początku roku 1968: najpierw zakończone aresztowaniami demonstracje w sprawie przywrócenia spektaklu *Dziadów* Dejmka, potem podczas słynnego marcowego wiecu na Politechnice Warszawskiej.

W obrębie kultury teatralnej tendencja do przemawiania własnym głosem, poza kontrolowanymi przez władze ramami teatru publicznego, zyskała najpełniejszy wyraz w szerokim nurcie teatru studenckiego. Wygasała albo traciła na znaczeniu pierwsza fala teatru alternatywnego, wybujałego na fali odwilży w połowie lat pięćdziesiątych, jak warszawski STS, gdański Bim-Bom czy krakowski Teatr 38. Toteż druga połowa lat sześćdziesiątych przyniosła nowy, jeszcze intensywniejszy nurt rozmaitego rodzaju grup i przedsięwzięć, z których większość miała byt efemeryczny, były jednak i takie, które – nieraz w całkowicie zmienionej formule – przetrwały do dziś. Do nich należy przede wszystkim poznański Teatr Ósmego Dnia i właśnie Teatr STU.

Krzysztof Jasiński studiował aktorstwo, ale od początku dla kolegów widoczna była jego pasja niezależności i organizowania życia twórczego według własnego planu. Do szkoły raczej wpadał, niż w niej przesiadywał, zajęty innymi sprawami. Zdarzyło się szczęśliwie, że oprócz grona kolegów aktorsko uzdolnionych i pełnych chęci, żeby wypowiedzieć się własnym głosem, w gronie zapaleńców znalazł się również człowiek na tyle artystycznie dojrzały, by objąć funkcję reżysera. Był to Jan Łukowski, student Wydziału Aktorskiego obdarzony licznymi talentami i mimo bardzo młodego wieku wypracowujący własną wizję teatru i wyrazisty światopogląd, zdolny przekazać swoje pomysły kolegom. Z tej nader szczęśliwej konfiguracji osobowej powstał w lutym 1966 roku Teatr STU.

Warto wspomnieć, że istniało wówczas w Krakowie, jak i w każdym większym mieście uniwersyteckim (Warszawa, Wrocław, Poznań, Łódź, Gdańsk) kilka innych studenckich teatrzyków, najczęściej mających krótki żywot. Różnicą zasadniczą był status ich uczestników: we wszystkich pozostałych przypadkach wykonawcy byli amatorami, rekrutowali się głównie spośród studentów wydziałów i kierunków humanistycznych – polonistyki, dziennikarstwa, historii – nie brakło jednak teatrów studentów politechnik. Teatr STU skupiał przyszłych profesjonalistów, którzy chcieli przede wszystkim zbadać w praktyce własne pomysły twórcze. O ile więc większość studenckich teatrzyków produkowała przede wszystkim

Z Krzysztofem Jasińskim.

kabarety, najczęściej polityczne, i rozmaite składanki śpiewno-skeczowe, o tyle STU zaczął od przedstawień mających przede wszystkim walor artystyczny.

Wystartowali z wielkim impetem: w ciągu pierwszego sezonu przygotowali dziewięć premier. Były to wprawdzie pozycje małoobsadowe, także monodramy, ale wszystkie spełniały kryteria artystycznych propozycji. Nie mieli własnego lokalu, funduszy, a nie do końca określonym zapleczem organizacyjnym był patronat Zrzeszenia Studentów Polskich, zajmującego się wtedy studencką kulturą. Patronat ów był konieczny, by prowadzić jakąkolwiek działalność – i okazał się zresztą całkiem pomocny. Wsparcie finansowe zrzeszenia nie wiązało się, o dziwo, z wymogami ideologicznymi – przynajmniej uczestnicy tego ruchu nie pamiętają żadnej formy nacisku czy cenzury. Za pośrednictwem ZSP grupa otrzymała pierwszy bardzo skromny lokal, przy ulicy Brackiej 15 – właściwie było to zrujnowane mieszkanie.

„Pamiętam pewne zdarzenie z okresu, gdy Teatr STU nie posiadał jeszcze swojego stałego miejsca. Przy Brackiej mieliśmy do wyremontowania takie niewielkie pomieszczenie w suterenie, istną ruinę. Przyjechaliśmy tam w nocy z jakiejś chałtury w Chrzanowie. Krzysztof cały czas opowiadał o tym, jak wyobraża sobie nasz teatr. Gadaliśmy o tym do późna w nocy. Ja w końcu sobie przysnąłem. W pewnym momencie obudził mnie głos

Teatr STU, *Pamiętnik wariata* Gogola, 1966. Od lewej: Mieczysław Franaszek, Jan Łukowski, Jerzy Trela.

z podwórka. Był świt. Zobaczyłem Jasińskiego stojącego na kupie gruzu, mówiącego: «Ja tu kurwa zrobię teatr». No i zrobił"[13].

Pamiętnik wariata, opowiadanie Mikołaja Gogola zaadaptowane dla sceny, był jednym z pierwszych przedstawień STU – premiera odbyła się w kwietniu 1966 roku.

„Łukowski, przenosząc na scenę opowiadanie Gogola, z lat trzydziestych ubiegłego stulecia, wykorzystał i wzmocnił zawartą w tekście dramaturgię zwierzeń bohatera. Rozbijając monolog Popryszczyna na trzy głosy, nie tylko uwydatnił potęgowanie się szaleństwa «małego człowieczka», który w swojej świadomości przywłaszczył sobie tytuł «radcy tytularnego»"[14].

Postać głównego bohatera została więc rozbita na trzy osoby, co w znakomity, skrótowy sposób ilustrowało rozpadanie się jaźni popadającego w szaleństwo człowieka – a zarazem to zwielokrotnienie pokazywało skalę owego szaleństwa, obejmującego już nie tylko jednostkę, ale całą pognębioną społeczność. Przejmująco brzmiał zwłaszcza końcowy monolog bohatera umieszczonego w szpitalu wariatów:

„Boże, co oni ze mną wyprawiają! Leją mi na głowę zimną wodę! Nie widzą, nie słuchają mnie, głusi są na moje błagania! Co im zrobiłem? Za co mnie męczą? Czego chcą ode mnie, biednego człowieka? Cóż ja im mogę dać? Nic nie mam. Jestem już bez sił, nie mogę wytrzymać tych wszystkich katuszy, głowa mi płonie, w oczach wszystko wiruje. Ratujcie mnie! Zabierzcie mnie stąd! Dajcie mi trójkę lotnych jak wicher koni!".

Trzy wersje rozbitej osobowości bohatera ucieleśniali w widowisku Mieczysław Franaszek, Jan Łukowski i Jerzy Trela. Ten ostatni zwrócił od razu uwagę publiczności swoją niecodzienną wyrazistością.

„Nasz teatr – i takim pozostał zresztą do tej pory – posiada niezwykle intensywny kontakt z publicznością. Spektakle *Pamiętnika wariata* i *Kobiety-demona* rozgrywały się w bardzo małym i wąskim planie: trzech aktorów wokół łóżka u Gogola, podest i schody u Masocha, publiczność wypełniająca szczelnie salkę klubu Pod Jaszczurami, siedząca bardzo blisko aktora. Oczywiście musiało to wpływać na jego zachowanie. Trela przypominał niedźwiedzia, przygotowującego się do jakiegoś «mruknięcia głębszego». Cały czas szukał tonacji. Na próbach, na przykład, nie można było przewidzieć, jaki będzie ostateczny kształt roli. Dopiero pierwszy kontakt z publicznością przynosił odpowiedź na to pytanie. Wtedy Trela olśniewał działaniami, których nie spodziewaliśmy się. Odbywało się to w ten sposób, że zaczynał od skupienia, od pomruku, rzeczywiście jak niedźwiedź, mruczał, szukał swoim niskim głosem, pomrukiwał, pomrukiwał, i nagle bogatym, kolorowym tonikiem budował frazę, która potem w oddechu z publicznością tworzyła niesłychany klimat"[15].

Parę miesięcy później początkujący jeszcze Teatr STU został zaproszony na Międzynarodowy Festiwal Teatralny do Erlangen w Niemczech Zachodnich – były to prezentacje teatrów młodych twórców, zarówno ze szkół teatralnych, jak i grup studenckich.[16] To było spore wyróżnienie, a dla większości zespołu – pierwszy wyjazd na Zachód. „Niebo a ziemia. Raj w porównaniu z szaro-czarną, ohydną dziurą, w jakiej wówczas żyliśmy"[17], wspomina Wojciech Pszoniak, jeden z uczestników wyjazdu – prezentował tam inny spektakl STU, *Lekcję* Ionesco.

Debiutanci w wielkim świecie byli mocno stremowani: międzynarodową społecznością, otwartością kontaktu, ale i wymaganiami publiczności. Grupę występujących przed *Pamiętnikiem* tureckich studentów wygwizdano i obrzucono pomidorami. Krakowianie zagrali swój spektakl i... wygrali festiwal. Dostali główne nagrody aktorskie i nagrodę za reżyserię. Sytuację dodatkowo komplikował fakt, że grupa reprezentująca krakowską PWST, ze swoim oficjalnym spektaklem dyplomowym, zajęła bardzo odległe miejsce, gdzieś na szarym końcu.

Jerzy Trela przyznaje, że właściwie to wydarzenie przesądziło o jego dalszej drodze zawodowej. Na pierwszym roku studiów jeszcze wcale nie był przekonany, że chce być aktorem – dość sceptycznie odnosił się do szkolnych praktyk. Na festiwalu poczuł po raz pierwszy, że panuje nad publicznością, że potrafi coś istotnego jej przekazać – i to dało mu nieznaną wcześniej satysfakcję, poczucie spełnienia. Z *Pamiętnikiem wariata* jeździli po Polsce i Europie, uczestnicząc w festiwalach i przeglądach teatrów studenckich i zdobywając nagrody: w Lublinie, Łodzi, Krakowie i Zagrzebiu, gdzie otrzymali Grand Prix na VII Międzynarodowym Festiwalu Teatrów Studenckich.[18]

Jan Łukowski z wielką intensywnością reżyserował w Teatrze STU kolejne przedstawienia: *Jeszcze pożyjesz* Bułata Okudżawy, *Piękny i nieczuły* Jeana Cocteau, *Jesienny wieczór* Friedricha Dürrenmatta. I wreszcie spektakl kabaret *Kobieta-Demon,* według powieści *Wenus w futrze* austriackiego pisarza z przełomu wieków XIX i XX Leopolda von Sacher-Masocha. O ile jednak autor na serio, choć w nieco grafomańskim stylu, usiłował obnażyć kobiecy demonizm, o tyle młodzi twórcy potraktowali jego tekst parodystycznie, jako źródło świetnej zabawy, przypominającej chwilami aurę dramatów Witkacego.

„Minęły lata, a jeszcze pokładam się ze śmiechu z drugiej w STU premiery Łukowskiego. Była to teatralna estrada *Kobieta-demon,* wypełniona «seksualnymi zaleceniami» Leopolda von Sacher-Masocha. Był luty 1968 roku: Partia gotowała się do rozprawy z Żydami, a my tymczasem, za sprawą Jasia, tak uzasadnialiśmy naszą fascynację ideologią masochizmu: «W zadawaniu cierpień i tortur psychicznych, kobieta – sadysta czy kobieta – kat, realizując poetycki postulat jakoby śmierć nadawała odpowiedni kształt miłości, znajduje pełną rekompensatę i przyjemność poniżania». «Prawdziwa kobieta na tym spektaklu śmiać się nie będzie» – głosił program do przedstawienia, które co wieczór było grane w Jaszczurach przy pełnej widowni”[19].

W przedstawieniu wzięli udział studenci PWST: Jerzy Trela, Mieczysław Franaszek, Janusz Szydłowski i Danuta Maksymowicz, a obok nich zdolny i zainteresowany teatrem student krakowskiej polonistyki Jerzy Stuhr. „Co oni we dwóch [Stuhr i Trela] wyprawiali, to się w głowie nie mieści. Ja potem przez długie lata miałem Jurka za wspaniałego komika, którego trochę zmarnowali tymi poważnymi rolami..."[20] – opowiada Tadeusz Nyczek.

Działalność w Teatrze STU nie była zbyt przychylnie traktowana przez władze szkoły teatralnej – przynajmniej przez niektórych jej przedstawicieli. Oficjalnie studenci szkoły nie mogli brać udziału w żadnych teatralnych przedsięwzięciach pozaszkolnych, chyba że za specjalnym pozwoleniem. Dotyczyło to jednak zazwyczaj pojedynczych osób, zwłaszcza młodych aktorek, które jakiś reżyser chciał obsadzić w filmie. Ten przypadek był inny – zaangażowana była duża grupa studentów, a ich dokonania interpretowano nieraz jako wyraz buntu wobec macierzystej uczelni, często – jako zwycięską konkurencję młodości nad rutyną.

Konstanty Puzyna, krytyk, naczelny redaktor „Dialogu", wówczas bardzo wpływowa osobistość w świecie teatru, w późnych lata sześćdziesiątych zwrócił się ku teatrom alternatywnym, ku kontrkulturze, w których widział źródło autentycznej żywotności sztuki teatru. Także Teatrowi STU przecierał szlaki, pisząc o jego przedstawieniach pochwalne recenzje. Ale równocześnie niepochlebnie wyrażał się o produkcjach Teatru Słowackiego – nieraz w jednym tekście porównując dokonania adeptów i ich nauczycieli, oczywiście na korzyść tych pierwszych. Dla obu stron sytuacja była dość niewygodna i dochodziło na tym tle do konfliktów, drobnych i poważniejszych.

Jerzy Trela musiał być pilnym studentem, otrzymywał bowiem stypendium naukowe, uzależnione od wyników w nauce i zaangażowania studenta, a niebagatelne w jego sytuacji życiowej: w 1967 roku urodził mu się syn, miał więc na utrzymaniu rodzinę. „Niestety, moje legalne początkowo związki z raczkującym Teatrem STU stawały się coraz bardziej nielegalne. Do tego stopnia, że odebrano mi stypendium naukowe za udział w TV [krakowska telewizja pokazała w jednym z programów migawkę z *Kobiety-Demona*]. Nie wyobrażałem sobie, abym mógł bez tego wsparcia finansowego, mając już rodzinę, ukończyć szkołę. Poszedłem zdesperowany do dziekana Fuldego, oznajmiłem, co o nim myślę, i że rezygnuję ze szkoły. Zaskoczony dziekan zaczął się przede mną tłumaczyć, że to nie on odebrał mi stypendium. Musiał to zrobić, ponieważ wpłynął do niego taki wniosek, który zresztą mi pokazał.

Po chwili milczenia zaproponował mi pewien układ: stypendium zostanie mi wstrzymane na trzy miesiące, a później otrzymam je w całości. Zaproponował mi również pożyczkę w wysokości 20 złotych (równowartość obiadu), bo tylko tyle miał przy sobie. Te dwa gesty wzruszyły mnie i zostałem w szkole. Po trzech miesiącach stypendium mi zwrócono, a ja zwróciłem dług"[21].

Jak z powyższej anegdoty wynika, starsi profesorowie wyczuwali już nadchodzącą siłę młodości, z którą musieli się liczyć – a młodzi czuli się coraz pewniej w swoich oczekiwaniach. I właściwie także od strony szkoły przyszło rozwiązanie problemu: prodziekan wydziału Edward Dobrzański, wówczas trzydziestoparoletni, wpadł na pomysł, aby założyć Koło Naukowe, w ramach którego będzie można kontynuować prace nad przedstawieniami, pokazywanymi później pod marką STU. Przepływ był obustronny, bo również niektóre powstające w ramach zajęć szkolnych sceny i przedstawienia wchodziły do repertuaru teatru.

„Bracka 15, tutaj ukształtowała się pierwsza Rodzina STU. Jurek Stuhr kuł bruzdy w ścianach pod nowoczesne instalacje elektryczne, Jurek Trela wynosił gruz, a Krzysztof Miklaszewski szorował podłogi. Włodek Staniewski miał tam wesele, Franek Muła i Włodek Jasiński tam po prostu mieszkali, potem wprowadził się Xięciu – Andrzej Kuczmiński i Jan Sawka. Jan Polewka pierwszy zrobił dekorację do *Pożądania schwytanego za ogon*, w którym Jurek Stuhr zagrał swoją pierwszą, główną rolę, a Staszek Bysiewicz wyposażył scenę w jedwabną kurtynę napędzaną silnikiem magnetofonu. Przez Bracką 15 przewinęły się nas setki, aż się spaliła. Ja też tam jakiś czas mieszkałem. Popijałem wiśniówkę z Jaśkiem Łukowskim. Przychodził Wiesiek Dymny. Przyjeżdżał Jerzy Grotowski. Odbywały się pierwsze wigilie i pierwsze STU-lecia"[22].

Dla wszystkich, którzy przeszli w młodości przez tego typu zaangażowanie – również dla Jerzego Treli – pewne sprawy w rozumieniu teatru, ukształtowane właśnie tam, były później przez całe życie naturalne i oczywiste. W pierwszym rzędzie traktowanie teatru jako wspólnoty, przedsięwzięcia grupy ludzi, w której każdy jest odpowiedzialny za całość: za siebie i za innych, za organizację pokazu i ustawienie dekoracji, za relację z publicznością. Mimo podziału ról – ktoś był reżyserem, ale również aktorem, ktoś pomagał w adaptacji tekstu, ale w ową adaptację wnosili swój wkład również aktorzy – jasne było, że właściwie przedstawienia są efektem twórczości wszystkich zaangażowanych. Stąd wypracowane w ten sposób poczucie, że aktor nie jest wyłącznie wykonawcą, lecz pełnoprawnym współtwórcą przekazu.

Kondukt Bohdana Drozdowskiego, przedstawienie dyplomowe w PWST, 1969.
Od lewej: Jerzy Trela, Teresa Kamińska, Wiesław Wójcik, Leszek Teleszyński.

Druga nauka wynikała z okoliczności: ponieważ grano w małych salkach, bez zaplecza technicznego, z ubogim zestawem rekwizytów, kostiumów, bez wsparcia całej maszynerii teatralnej, trzeba było intensywnie kombinować, w jak sposób przekazać złożone, niejednoznaczne treści – stąd w wielkiej cenie była trafna metafora teatralna, zdolna pomieścić intelektualnie różne znaczenia. To niewątpliwie rozwijało kreatywność, dawało też poczucie, że teatr jest materią całkiem inną od życia i nie ma co szukać i próbować przenosić na scenę naturalistycznych prawd, wynikających ze skrupulatnej obserwacji.

Trzecią istotną sprawą, dobrze wypróbowaną w przedstawieniach STU, był żywy kontakt z publicznością – tym lepszy, im bardziej działania sceniczne i interpretacja literackiego tekstu odnosiły się do najbardziej aktualnej rzeczywistości, do doświadczeń dzielonych przez wspólnotę widzów i aktorów. Trzeba więc szukać w tekście treści wzbudzających rezonans u widzów – żadne uniwersalne, akademickie interpretacje, nawet dogłębne i mądre, nie zastąpią żywego, intensywnego kontaktu między sceną i widownią, który jest fundamentem przeżycia teatralnego.

Zaangażowani w działalność STU stopniowo kończyli studia: najpierw rocznik Jasińskiego, Pszoniaka i Łukaszewicza zrobił świetny dyplom z *Pluskwy* Majakowskiego, w reżyserii Jerzego Jarockiego – to było wydarzenie. Jerzy Trela jako student trzeciego roku zagrał w nim małą rólkę, ale później zastępował wyjeżdżającego już gdzieś do filmu Olgierda Łukaszewicza. W 1969 zakończył edukację rocznik Treli. Więzy szkolnych przyjaźni trwały jeszcze długo po studiach, ujawniając się nieraz w dość komicznej formie.

„Jak mi się urodził syn – byłem wtedy na drugim roku – to mi koledzy zaczęli mówić «Tatuś», i tak byłem całą szkołę Tatusiem. I jeszcze dobrych parę lat po szkole szliśmy gdzieś w nocy w parę osób, z Bogdanem Hussakowskim, lekko zawiani. Leszek Piskorz szedł pierwszy, a Bogdan mnie szarpał za rękaw, życzliwie – ale nagle Leszek Piskorz się odwrócił i myślał, że Hussakowski mnie bije. I Piskorz doskoczył do Hussakowskiego: «Tatusia będziesz bił?». I chciał mu wlać, a że był wychowany na Grzegórzkach, to umiał to robić, ale na szczęście obeszło się bez rękoczynów".

Wiosną 1969 trzeba było zadecydować o dalszej drodze: praca w STU czy regularna droga aktorska w zawodowym teatrze. Krzysztof Jasiński otwierał swój teatr na amatorów, zainteresowanych sceną studentów różnych kierunków – żeby ich przygotować do poetyki obowiązującej w STU otworzył własne Studio Aktorskie.

„Po studiach my z dyplomami opuściliśmy Teatr STU i całą grupą – byli w niej Jan Łukowski, Mieczysław Franaszek, Janusz Szydłowski, Elżbieta Karkoszka, Olgierd Łukaszewicz, Jan Młodawski, Jerzy Fedorowicz, Janusz Nowicki – przeszliśmy do teatru Rozmaitości. Tam przez rok udało nam się istnieć jako samodzielna grupa Proscenium.

„Oprócz angaży do teatru Rozmaitości (dzisiejszej Bagateli) dostaliśmy też od dyrektor Gryglaszewskiej pozwolenie na użytkowanie salki na II piętrze, w której mogliśmy przygotowywać nasze spektakle. Pod nazwą grupa Proscenium powstały dwa spektakle: *Nos* Gogola i *Sól* – zbiór fragmentów poezji i prozy, m.in. Babla i Sałtykowa-Szczedrina. To już było po '68 roku i jeśli można mówić o jakimś komentarzu do wydarzeń marcowych, to właśnie *Sól* była takim spektaklem. To był prawdziwy głos pokolenia. Spektakl szedł tylko dzięki temu, że sala mogła pomieścić niewielką liczbę osób. Na festiwalu w Lublinie zdarzyło się coś niesamowitego. Publiczność przeniosła nas na rękach z sali teatralnej do miejsca, gdzie odbywał się bankiet. To był bardzo spontaniczny gest. O ile do salki w Rozmaitościach

mogło wejść najwyżej 100 osób, to w Lublinie zobaczyła nas ponad tysięczna publiczność. Od tamtego czasu już więcej nie zagraliśmy *Soli*... Na szczęście jeszcze w *Nosie* zdążył mnie zauważyć Konrad Swinarski"[23].

Plany całkowicie odrębnego funkcjonowania grupy w łonie zawodowego teatru okazały się w praktyce dość trudne, aktorzy byli angażowani także do inny przedstawień, co utrudniało samodzielną, studyjną pracę. Ale mimo to mieli mnóstwo planów na przyszłość, związanych z nieformalnym liderem grupy – Janem Łukowskim. Wprawdzie Łukowski, chcąc spełniać się przede wszystkim jako reżyser, do czego miał widoczne zdolności, podjął studia reżyserskie w warszawskiej szkole teatralnej – tylko tam był w tym czasie Wydział Reżyserii – krążył jednak stale między stolicą a Krakowem, gdzie realizował przedstawienia z kolegami (*Nos* i *Sól* podpisał jako reżyser).

Dwudziestego drugiego lipca 1970 Jan Łukowski zginął w wypadku samochodowym pod Koszalinem. „Nadmorska przejażdżka grupy kolegów z warszawskiej reżyserii zakończyła się na przydrożnym drzewie, a jedyną ofiarą był Janek"[24]. Miał dwadzieścia cztery lata.

Jerzy Trela przyznaje, że przeżył wtedy prawdziwy szok. Cała grupa poczuła się opuszczona, rozbita. Dalsza jej praca bez Łukowskiego nie miała sensu. Po latach Trela ocenia, że „Łukowski to była osobowość artystycznie bliska Swinarskiemu. Podobna wrażliwość, podobne myślenie, patrzenie na świat. To było moje pierwsze zauroczenie reżyserem. Miał bardzo silną, niezwykłą osobowość przy ogromnej wrażliwości". Obdarzony charyzmą, talentem, wdziękiem – był pod każdym względem pięknym człowiekiem, także fizycznie.

Ze śmiercią Łukowskiego skończyła się młodość Jerzego Treli.

Jan Łukowski w *Pamiętniku wariata*.

ROZDZIAŁ TRZECI

Trzy razy Konrad

Wiosną 1970 roku na spektakl grupy Proscenium *Nos* przyszedł do teatru Rozmaitości Konrad Swinarski. Po przedstawieniu odwiedził młodych aktorów, w paru ciepłych słowach skomentował ich pracę. Był to niemały zaszczyt: Swinarski otoczony był już wówczas aurą wyjątkowości i wybitności. Dla Jerzego Treli to spotkanie miało rangę szczególną: już parę miesięcy później okazało się, że w zespole Starego Teatru, dokąd przeszedł z początkiem sezonu 1970/1971, będzie z tym słynnym reżyserem pracował.

Miejsce Konrada Swinarskiego w zespole Starego Teatru, zwłaszcza w latach 1970–1975, trudno opisać, trudno też z czymkolwiek porównać – takiego rodzaju relacje łączące reżysera z aktorami w zawodowym teatrze publicznym właściwie się nie zdarzają. Fenomen tej relacji w dużej mierze zaważył na wyjątkowości sceny, jedynej w swoim rodzaju w latach siedemdziesiątych.

Swinarski był nie tylko wybitnym artystą i charyzmatycznym liderem współpracujących z nim aktorów, ale również kimś najbliższym, związanym z teatralnym otoczeniem więzami bardzo głębokiej przyjaźni i miłości. Wyjątkowość jego osobowości polegała na darze wyzwalania w ludziach wokół pozytywnych sił: kreatywności, zaangażowania, wiary w sens własnej pracy. „Miał tę cudowną zdolność wmawiania każdemu aktorowi, że jest w spektaklu najważniejszy... Kiedy wchodził do Starego Teatru, wszystkie twarze, od zespołu technicznego po aktorów, się rozjaśniały”[1].

Ci, którzy fachowym okiem oglądali jego przedstawienia, dostrzegali, że najbardziej niezwykłą w nich rzeczą – oprócz wspaniałych koncepcji inscenizacyjnych – jest rodzaj współpracy z aktorem, prowadzący do spektakularnych efektów: rzadko kiedy udawało się w teatrze zbudować role

Z Konradem Swinarskim, lata siedemdziesiąte. Jedyne zachowane prywatne zdjęcie Treli z reżyserem.

aż tak gęste, wielowymiarowe, złożone pod względem znaczeń i emocji. Z zewnątrz mogło to wyglądać jak efekt tajemniczego wpływu na dusze aktorów albo wynik zastosowania jakiejś nieznanej, olśniewającej w skutkach metody pracy.

Zygmunt Hübner, reżyser i legendarny dyrektor teatrów (to za jego dyrekcji w Starym Swinarski zaczął tam pracować), tak tłumaczył wyjątkowość efektów współpracy Swinarskiego z aktorami:

„Konrad żył sztuką, którą robił lub do której się przygotowywał. Nie znał wtedy godzin, nie znał nocy i tą swoją pasją potrafił zarazić zespół. Nie spotkałem reżysera, dla którego aktorzy gotowi byliby zrezygnować z wolnego czasu, dodatkowych zajęć, odpoczynku, nawet snu, nie pytając o zapłatę. Dlaczego? Dlaczego nikomu innemu nie udaje się to, co jemu? Oczywiście, wierzyli, że praca z Konradem gwarantuje sukces, ale takie wytłumaczenie grzeszyłoby prostactwem i krzywdziło aktorów. Konrad nadawał sens ich pracy, a zatem ich życiu. Potrafił wyczarować postać z niczego, z dwóch linijek tekstu, z niemej obecności na scenie. Dla niego nie było nieważnych ról, nieważnych epizodów, nieważnych słów i aktorzy dobrze o tym wiedzieli. Wiedzieli również, że Konrad wierzy w aktora, z którym pracuje, i dlatego nie zadowoli się rezultatem połowicznym, nie zrezygnuje, póki nie wydobędzie tego, co w człowieku najgłębsze, najbardziej wartościowe.

Po próbie *Żegnaj, Judaszu* Ireneusza Iredyńskiego w Starym Teatrze, 1971. Jerzy Trela, Anna Polony, Konrad Swinarski, Jerzy Nowak, Henryk Giżycki, Jerzy Bińczycki.

Konrad pozostawał wierny aktorowi także po premierze, nie zmieniał swojego stosunku do niego w zależności od recenzji, bronił go przed krytyką. Sądzę, że dlatego nie powodował konfliktów nawet wówczas, gdy podejmował decyzje niepopularne lub trudne. Pamiętam, jak jednemu z seniorów Starego Teatru skreślił całą rolę na krótko przed premierą. W innym przypadku nie obyłoby się bez interwencji albo przynajmniej zakulisowej afery. Była to decyzja bolesna dla aktora, a jednak przyjął ją bez sprzeciwu. Rozumiał, że nie jest ona wymierzona przeciwko niemu, że nie jest ona rezultatem tak częstej beztroski reżyserów, którzy nie liczą się z aktorami"[2].

Miał głęboko egalitarny stosunek do świata i wynikającą z niego otwartość wobec każdego, niezależnie od wieku, rangi, zajmowanej pozycji. Był wielkim artystą na skalę europejską, a zachowywał się jak brat łata, Kondzio, którego każdy może poklepać po ramieniu. Potrafił równocześnie tak motywować do pracy, tak uruchamiać mechanizmy twórcze, ożywiać uśpione albo nieuświadomione wewnętrzne treści, że prawie każdy aktor był zdolny stworzyć w jego przedstawieniu rolę przekraczającą dotychczasowe możliwości. Rolę na miarę wyobrażeń, a nie dotychczasowej zawodowej rutyny.

Błyskotliwie inteligentny, pełen ironii i poczucia humoru Swinarski, odnoszący międzynarodowe sukcesy, uwielbiany przez współpracowników, był zarazem postacią głęboko tragiczną. Zarówno historycy teatru, jak i ludzie uczestniczący w teatralnym życiu okresu powojennego zgodziliby się z opinią, że był najwybitniejszym twórcą teatralnym ostatniego półwiecza w Polsce – przynajmniej w obszarze regularnego, zawodowego teatru, który był wszakże podstawową i najszerzej dostępna formą tej sztuki (dwaj pozostali wybitni twórcy, Kantor i Grotowski, działali w innym nurcie teatru). Ale wielu obserwatorów teatru uważa, że mógł zostać także wielkim twórcą europejskim – na miarę Brooka, Strehlera, Petera Steina. Terminował u Brechta, zrobił wiele spektakli na Zachodzie, głównie w Niemczech. Miał szansę pracy w wielu krajach i wielkie uznanie.

Nie potrafił jednak zadbać o swoją międzynarodową karierę; więcej nawet: systematycznie niszczył jej możliwość. Nie kończył rozpoczętych spektakli, wycofywał się ze współpracy. Powodem były przede wszystkim problemy natury psychicznej, nerwice, lęki, także choroba alkoholowa. Nie umiał uporać się z bagażem, którym obarczyła go historia.

Swinarski, urodzony w 1929 roku, był synem majora Wojska Polskiego, zaś jego matka, Irmgarda Swinarska, pochodziła ze śląskiej, właściwie niemieckiej rodziny. Ojciec zmarł jednak w roku 1935, matka z naturalnych powodów utrzymywała przede wszystkim kontakty z własną rodziną, a z synami rozmawiała głównie po niemiecku. Przynależność do narodowości niemieckiej, w czasie wojny tak decydująca, była w jej przypadku dość naturalna. Dawała przywileje, ale – jak się później okazało – była także obciążeniem. Starszy brat, Henryk, w wieku siedemnastu lat wstąpił do niemieckiego wojska i zginął na froncie. Matka w 1945 roku została osadzona w obozie dla zdrajców narodu, gdzie zmarła, prawdopodobnie z głodu i wycieńczenia.

Bycie „synem folksdojczki", „Niemcem" tuż po wojnie i długo później (czemu sprzyjała antyniemiecka propaganda) naznaczało w sposób jednoznacznie negatywny – rzecz jasna, nie w obszarze relacji prywatnych czy artystycznych. Swoje pochodzenie Swinarski całe życie starannie ukrywał we wszelkich kontaktach oficjalnych (pisane wówczas przy każdej okazji życiorysy miały całkiem inną funkcję niż dzisiejsze CV, służyły weryfikacji „właściwego" politycznie profilu).

Swinarski „miał silne poczucie winy, bo matka właściwie była Niemką i chciała nią pozostać. I on odczuwał to jakoś tak, że wszystkich zdradził... ojca zdradził z matką, matkę zdradził z Polską, potem Polskę z Niemcami, kiedy pojechał do Brechta..."[3].

Drugim ogromnie kłopotliwym, również skrywanym faktem – o którym mówi się dopiero od niedawna – była homoseksualna orientacja reżysera. Warto przypomnieć, że w czasach PRL-u homoseksualizm nie był oficjalnie karany, ale – za przykładem Związku Radzieckiego – traktowany bardzo wrogo, jako patologia społeczna, postępowanie naganne i napiętnowane. Wokół homoseksualizmu, który oficjalnie nie miał prawa bytu w sferze publicznej, wytwarzano bardzo negatywną aurę. Pracownikom Służby Bezpieczeństwa informacje o orientacji seksualnej służyły do szantażowania, zastraszania i kompromitowania, toteż nikt nie afiszował się z odmiennymi skłonnościami dobrowolnie, a każda wypowiedziana głośno sugestia mogła mieć rangę donosu. Toteż nie przypadkiem cała ta sfera pozostawała środowiskową tajemnicą, której nikt nie naruszał. Dla Swinarskiego jednak była niewątpliwie kolejnym uwikłaniem, składającym się na jego psychiczne problemy. Bliscy mu ludzie odczuwali mocno jego wewnętrzne cierpienie, rozdarcie, niespełnienie każące mu wciąż gdzieś pędzić w niemożliwym do realizacji pragnieniu.

Wielki artysta Swinarski, duchowy przewodnik i mistrz, był w wielu sytuacjach całkowicie bezbronny. To wyzwalało poczucie wzajemnej odpowiedzialności: w kwestiach sztuki, intelektu, rozwoju osobistego odpowiedzialność za najbliższy mu zespół aktorów ponosił Swinarski, w wielu kwestiach czysto ludzkich to aktorzy czuli się odpowiedzialni za niego.

Na te szczególne więzy złożył się i fakt, że dla Swinarskiego zespół Starego Teatru stał się właściwie rodziną. Należał do tych artystów, którzy nie mają nic poza własną sztuką – nie miał życia rodzinnego (relacja z żoną, Barbarą Witek-Swinarską, była bardzo specyficzna, trudno powiedzieć, że tworzyli rodzinę), nie miał własnego domu – mieszkał w gościnnym pokoju na poddaszu Starego Teatru. Nie dorabiał się, zarobione za granicą pieniądze przepuszczał – wolał siedzieć i rozmawiać z aktorami w knajpie. Wybitność połączona z bezbronnością miały swój udział w tej wyjątkowej relacji.

Po przejściu Treli do Starego Teatru, co nastąpiło jesienią 1970 roku, obsadził go w dwóch swoich spektaklach: *Żegnaj, Judaszu* i *Wszystko dobre, co się dobrze kończy*. Nie były to jednak główne role, pierwsza z nich to typowa rola drugoplanowa, następna stanowiła właściwie epizod. „Epizod był żmudny i mało wymagający. Głównie stałem na scenie, co nie dawało żadnej satysfakcji. Miałem do wygłoszenia raptem kilka zdań, ale musiałem tam sterczeć. Trudno, dla Swinarskiego warto było postać. Nigdy nie zapomnę momentu, kiedy Konrad podszedł do mnie po premierze i powiedział, że dziękuje i bardzo mnie przeprasza, że tym razem zaproponował mi tylko tyle. Obiecał, że wkrótce mi to zrekompensuje. Byłem kompletnie zaskoczony. Miałem wtedy na koncie raptem kilka ról”[4].

W czerwcu 1972 roku Swinarski wrócił do Krakowa z kolejnych niedokończonych za granicą prób w stanie całkowitego kryzysu psychicznego. Trafił wówczas na dłuższą kurację do kliniki psychiatrycznej przy Kopernika, prowadzonej przez wybitnego psychiatrę, profesora Adama Szymusika. Odwiedzający go dyrektor Gawlik przyniósł nabierającemu sił reżyserowi książkę – wydanie *Dziadów* Mickiewicza.

Dziady stały się dla Konrada Swinarskiego projektem odrodzeniowym, jednym z czynników przezwyciężenia kryzysu. Podjęcie ogromnego przedsięwzięcia teatralnego, jakim okazała się inscenizacja dramatu, zmobilizowało wszystkie jego twórcze siły – przedstawienie było wielkim sukcesem. Konrad Swinarski stał się niekwestionowaną wielkością, najwybitniejszym polskim reżyserem teatralnym. Na *Dziady* przybywały pielgrzymki z całej

Sceny z *Dziadów* w reżyserii Konrada Swinarskiego, Stary Teatr, 1973.

Polski, napisano o nich setki artykułów. Przedstawienie przekroczyło wymiar wydarzenia teatralnego – stało się fenomenem socjologicznym.

Zanim jednak rozpoczęły się próby, sprawa obsadzenia głównej roli zdawała się problematyczna. Warto pamiętać, że postać Gustawa-Konrada jest obciążona w polskim teatrze wielką tradycją, kreowali ja najwięksi mistrzowie sceny. Ostatnim, który ją zagrał przed inscenizacją w Starym, był Gustaw Holoubek w słynnym przedstawieniu Dejmka w Teatrze Narodowym w Warszawie – ten spektakl i pamiętna rola przeszły bardzo szybko do teatralnej legendy, tym silniej że zostało zakazane przez cenzurę z początkiem 1968 roku, po kilku przedstawieniach. W Starym Teatrze nie było wówczas aktora tej rangi. Niektórzy, włącznie z samym zainteresowanym, uważali, że mógłby tę rolę zagrać Jan Nowicki, po brawurowym sukcesie w roli Stawrogina w *Biesach*. Ale Swinarski i Nowicki nie dogadywali się, różnice osobowościowe blokowały możliwości bliskiej współpracy. Zaistniał projekt obsadzenia w tej roli Ryszarda Cieślaka, głównego aktora Grotowskiego – Swinarski śledził z podziwem poczynania Teatru Laboratorium, bliskie mu były próby dotarcia do głębszych, bardziej osobistych rejonów twórczości aktorskiej. Ten pomysł jednak się nie powiódł.

Wybór Jerzego Treli był dla środowiska dużym zaskoczeniem. Uważano go za aktora charakterystycznego, nawet komicznego, operującego groteską, deformacją, ironią. Wywołującego śmiech, poczucie absurdu, rysu-

Konrad w *Wyzwoleniu* Wyspiańskiego w reżyserii Konrada Swinarskiego, Stary Teatr, 1974.

jącego na scenie sylwetki wykrzywione, budzące rozbawienie podszyte grozą. Zgodnie z tym wizerunkiem obsadzał go Jerzy Jarocki, w *Szewcach* i *Matce* Witkacego, przedstawieniach mających premiery w 1971 i 1972 roku.

Nie tylko rodzaj aktorstwa wydawał się oddalać go od postaci Gustawa-Konrada. Uważano, że Trela nie ma tak zwanych warunków – jest zanadto plebejski, szorstki, ma przyciężką wymowę, niedostatecznie giętką dla romantycznego wiersza. „Człowiek o warunkach faceta spod budki z piwem", napisano o nim, doceniając zresztą intuicję reżysera. Swinarski znał go jednak z wcześniejszej pracy, mógł go zatem obserwować, i rozpoznać pewną wewnętrzną dyspozycję, niedostrzeganą wcześniej: Trela, również prywatnie, był człowiekiem głęboko skrywającym wrażliwość, boleśnie doświadczaną w starciu ze światem – dlatego łatwiej mu było komunikować się za pomocą groteski i ironii. Były one maską dla tej wrażliwości.

Swinarski dostrzegł w nim to, co pozostawało nierozpoznane przez otoczenie: wewnętrzną czystość, prostolinijność. I determinację w dąże-

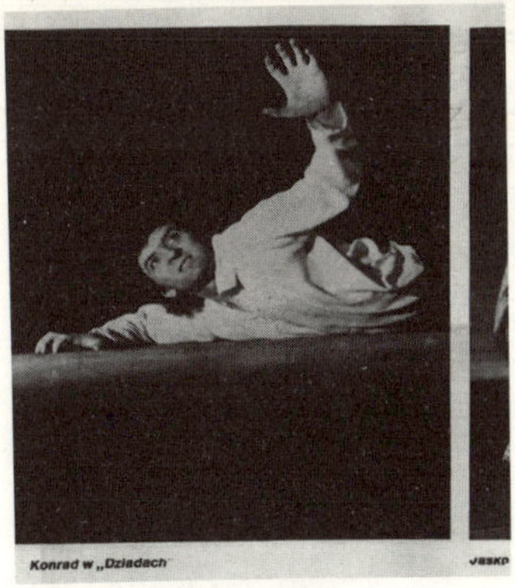

Sceny z *Dziadów*, 1973.

niu do celu. Także ludzką normalność, zwyczajność nieskażoną aktorskimi nawykami. Nie pierwszy i nie ostatni raz Swinarski wykazał się niezwykłą intuicją w obsadzie.

„Propozycja, bym zagrał Konrada, bardzo mnie zaskoczyła. Z wielu powodów. Pierwszy, zasadniczy, to ten, że mojej psychice daleki był nie tyle teatr romantyczny – bo nie widziałem teatru romantycznego – ile literatura romantyczna. [...] W tym okresie rozmiłowany byłem w Dostojewskim. [...] Zacząłem rozważać, czy i jak jest możliwe, żeby normalny człowiek powiedział:

> Teraz duszą jam w moją ojczyznę wcielony
> Ciałem połknąłem jej duszę,
> Ja i Ojczyzna to jedno.
> Nazywam się Milijon – bo za milijony
> Kocham i cierpię katusze"[5].

Miał zastrzeżenia wobec literatury romantycznej, która wydawała się nieco „zużyta" przez obowiązkowe lektury, cytaty i barierę wyobrażeń, które narosły wokół romantycznego bohatera. Podzielił się swoimi obawami ze Swinarskim: „powiedziałem o swoich oporach, o tym, co myślę o koturnowości, patosie romantycznym. Swinarski odpowiedział mi, że myśli tak samo. I w tym momencie zrozumiałem, dlaczego mnie obsadził. W jego zamyśle Konrad miał być po prostu człowiekiem – mówił Trela. –

SWINARSKI

JAN PAWEŁ GAWLIK

19 sierpnia 1975 w katastrofie lotniczej pod Damaszkiem zginął Konrad Swinarski. Leciał z ramienia Starego Teatru zaproszony do Shiraz przez organizatorów festiwalu dla nawiązania tzw. kontaktów i zorientowania się w możliwościach pokazania naszych krakowskich *Dziadów* **w miejscowej scenerii. Powód był błahy — skutek tragiczny.**

Śmierć ta wywołała wstrząsające wrażenie w świecie teatralnym, a jej absurdalne okrucieństwo również wśród publiczności świadomej wielkości tego twórcy wywołało głębokie, zdumiewająco powszechne poruszenie. Dotknęła wszystkich, którym nie obojętny jest stan i kierunek rozwoju świadomości i kultury narodowej. Wszystkich, którzy w teatrze widzą coś więcej niż szansę relaksu. Dla których teatr jest obiektywizacją społecznej świadomości. Miejscem, w jakim nasze odczucia i wyobrażenia spotykają się ze sobą w zbiorowym przeżyciu. W refleksji odnoszącej się najczęściej do moralnej i egzystencjalnej strony życia. A Konrad Swinarski był właśnie twórcą, który tak rozumianą świadomość teatru — świadomość sceny i świadomość widowni — umiał idealnie organizować. Trafiał bezbłędnie nie tylko w poczucie formy i zdolność rozumienia proponowanej estetyki, trafiał równie celnie w głębokie pokłady naszego historycznego doświadczenia i podświadomości społecznej. W potrzebę ciągłości i tożsamości narodowej. W to miejsce, w którym odczucia historyczne i świadomość zbiorowości krzyżują się i splatają z odczuciem niepowtarzalności jednostkowego losu. Z odczuciem lub przeczuciem tragiczności podległej umieraniu, przemijającej egzystencji.

Zafascynowany życiem, niezwykle uczulony na wszystkie jego właściwości i odmiany, podporządkowujący swoje jednostkowe emocje i świadomość obiektywnej i sprawdzalnej rzeczywistości, był fanatykiem prawdy. Prawdy w jej najprostszej, podstawowej formule. Rozumianej jako zgodność z rzeczywistością. Tyle że rzeczywistość jego świata bywała złożona, bo świat był bogaty. I właśnie ta prosta, elementarna, chciałoby się powiedzieć, prawda dialektycznie skomplikowanego świata w postawie życiowej i teatrze Konrada Swinarskiego stawała się zawsze jedynym układem odniesienia. Instynkt i potrzeba prawdy leżały u źródeł wielkości Jego sztuki, ponieważ bogata rzeczywistość artystyczna, którą tworzył, odkrywcza forma i pojemność myślowa jego teatru z pewnego punktu widzenia były nie tylko przejawami zgodności realizacji z zamysłem, ale przede wszystkim świadectwem głębokiej łączności i zależności tego zamysłu z wewnętrzną i naturalną harmonią rzeczy. Czyli właśnie z immanentną prawdą wyobrażonego sobie, stwarzanego w abstrakcji teatru. Ucieleśnienie i realizacja na scenie tej wizji odbywały się zawsze z poszanowaniem wszelkich naturalnych praw i harmonii teatru. W ten sposób porządek myślowy jego inscenizacji, cały ich walor poznawczy i historyczny, charakteryzował się wielostronną zgodnością z rozmaitymi płaszczyznami rzeczywistości — inaczej nie doświadczalibyśmy niewątpliwej wielkości tego teatru w sposób tak oczywisty. Przez wielostronną i rzetelną prawdę swojej sztuki Konrad Swinarski łączył wyrafinowanie i bogactwo teatru z jego jasnością i prostotą. Jego teatr elitarny stał się w ten sposób teatrem powszechnym, a

•

Przez wielostronną i rzetelną prawdę swojej sztuki łączył Swinarski wyrafinowanie i bogactwo teatru z jego jasnością i prostotą... Sceny z „Dziadów" w Starym Teatrze im. H. Modrzejewskiej w Krakowie

przykład *Dziadów* w Starym Teatrze, granych już ponad 150 razy i wykupionych w dalszym ciągu na dwa następne lata, świadczy wymownie o słuszności tego spostrzeżenia.

W tym jednym punkcie bywał nieprzejednany, ponieważ wśród podobnych postaw i odczuć biło żywe źródło jego teatru. Poza tym cały był człowiekiem kompromisu. Rozmiłowany w niezależności myślenia i działania, wrażliwy na wszelkie przejawy prawości i godności znał równocześnie całą złożoność życia. Przyjmował je też z dobrodziejstwem inwentarza, zafascynowany jego wielostronnością i bogactwem. A ponieważ miał przy tym niezwykły, zniewalający urok i wdzięk osobisty, ponieważ wykazywał ogromną umiejętność adaptacji w różnych środowiskach i kręgach kulturowych — wszyscy uważali go za swojego. Było w nim coś z brata łaty — tyle że w dyskretnie dystygnowanej formie. Forma ta wytwarzała jednak nieomal niedostrzegalny, ledwie zaznaczający się dystans między nim a otoczeniem. Rodzaj odrębności wystarczający do zdominowania towarzystwa i zaznaczenia w nim rzeczywistej niezwykłości tego człowieka, którego zawsze słuchało się uważnie, bo zawsze było ważne to, co mówił. Nawet gdy dawał się czasem ponieść nieokiełznanej fantazji. Gdy zaczynał mówić to, co na dobrą sprawę — nigdy nie istniało. Ale to w najściślejszych gronach. Dla najbliższych przyjaciół. Gdy bywał rozluźniony i miał charakterystyczną dla siebie potrzebę mówienia. Zawsze wydawał mi się przy tym człowiekiem rozrzutnym. Tak jak nie skąpił nigdy swoich pieniędzy, tak nie skąpił nigdy swoich myśli. Jego ogromna wiedza i niezwykłość zawsze były jak gdyby do dyspozycji rozmówcy, przez co miał niebywałą łatwość kontaktu.

Sam Konrad również lgnął do ludzi. Byli mu niezbędni jako tło i źródło otaczającej go serdecznej atmosfery, bo jedynie w sprzyjającym klimacie, wśród przyjaznego oddania i wzajemnego zrozumienia dojrzewała najlepiej i owocowała najpełniej jego sztuka. Przyzwyczajony tak naturalnie do dominowania i wywyższenia, przynajmniej w świecie myśli i w królestwie twórczości, był przy tym człowiekiem rzeczywiście i głęboko skromnym. Nie lubił nazbyt natrętnej reklamy. Stronił od wszystkiego, co z natury rzeczy nie jest i nie może być autentyczne. Miękki, wnikliwy, niechętny jakimkolwiek rygorom poza rygorami tworzenia i istotnymi kryteriami rzeczywistości — łatwo fascynował się ludźmi i, jak to często bywa, pociągały go przeciwieństwa. Może dlatego miał tak rozbudzone poczucie dialektycznej dwoistości życia? Nieustannego przenikania się w nim wartości i jej zaprzeczenia. Tego, co prawe z tym, co skażone. Tego, co wielkie z tym, co skarlałe. Dialektyka ta, najsilniej odczuwana w antymonii śmieszności i wzniosłości, komedii i tragizmu, dobra i zła, stała się jednym z podstawowych kanonów jego teatru. W teatrze Konrada Swinarskiego istnieją obok siebie, przenikają się i uzupełniają wzajemnie wszystkie te odczucia i stany. Tworzą one rzeczywiste bogactwo tego teatru — odległe od uproszczeń, fascynujące swoim bogactwem.

Ale fenomen jego twórczości nie daje się w pełni wyjaśnić ani fetyszem wyobraźni, ani kluczem dialektyki. Może chronologia rzuci nam na tę sprawę odrobinę światła? Urodzony 4 VII 1929 r. w Warszawie, w 1947 r. rozpoczął studia w katowickiej Szkole Sztuk Plastycznych. Potem przeniósł się do Łodzi i w tamtejszej Państwowej Wyższej Szkole Sztuk Plastycznych ukończył scenografię w 1951 r. W tym samym roku rozpoczął w Warszawie studia reżyserskie. Debiutował w Kaliszu *Żeglarzem* Szaniawskiego

Swinarski przekonywał, że nie mogę niczego powielać, powtarzać, naśladować, bo to jest pewna przegrana, że muszę szukać w sobie przede wszystkim, w sobie odnaleźć tego Konrada. Chciał wyzwolić we mnie tyle tej pewności siebie, żeby uwierzyć. Jego zamierzeniem było, żeby to był po prostu człowiek. Każdy przeciętny młody człowiek lat 70., który buntuje się nie tylko przeciwko niewoli narodu, nie tylko przeciwko porządkowi świata, przeciwko Bogu, ale buntuje się przeciwko niewoli własnej, przeciw zniewoleniu. Jakby próbuje wyzwolić sam siebie z siebie"[6].

I przyznawał, że ta propozycja napawała go lękiem: „bałem się, czy taki ciężar udźwignę"[7]. Po pierwsze – ciężaru ogromu tej roli, ogromu tekstu i wpisanych weń emocji. Po wtóre – zmierzenia się z teatralną tradycją, po trzecie wreszcie – stworzenia innego oblicza narodowego bohatera, który ma być niekoturnowy i zrównany z Bogiem, ale przede wszystkim ludzki.

Przygotowania do *Dziadów* zostały – we fragmentach – zarejestrowane przez ekipę telewizyjną, powstał z tego materiału film dokumentalny.[8] Podczas pierwszych, analitycznych prób zgromadzony jest cały liczny zespół – widać, że w projekt zaangażowani byli wszyscy. Za stołem Swinarski, obok niego starszyzna teatralna – panowie w marynarkach, pod krawatami. Roman Stankiewicz, Wiktor Sadecki, Jerzy Nowak, Roman Wójtowicz. Zabierają głos, wtrącają jakieś pytania. Obok, nieco z tyłu, panie: słuchają w milczeniu, skupione, choć od czasu do czasu któraś z nich poprawia fryzurę, przygładza brwi. Pośród nich wierci się na krześle Jerzy Stuhr, w modnej, czarnej, błyszczącej kurteczce i golfie; wyciąga szyję, świadomy obecności kamery. Dalej Jerzy Radziwiłowicz: ubrany sportowo, w ciemnych okularach, wyciągnął nonszalancko nogi, jakby demonstrując swobodę, której chyba nie odczuwał. Obaj, Stuhr i Radziwiłowicz, są nowicjuszami, właśnie przyjętymi do zespołu po ukończeniu studiów. Trela siedzi milcząco, skoncentrowany i widocznie onieśmielony rolą, jaka mu przypadła – jakby trochę się wstydził wobec doświadczonych, starszych kolegów. Widać jego skupienie i osobność. Roman Stankiewicz czyta kwestie Guślarza, śmiesznie brzmiące w tej współczesnej, zawodowej sytuacji – toteż Swinarski parska śmiechem, wtórują mu inni. Ale jest to śmiech wyraźnie asekuracyjny, rozładowujący zbyt napiętą, poważną atmosferę.

Słowa Swinarskiego brzmią bardzo serio, są sformułowaniem dogłębnych przemyśleń. Odkrywa dwa najistotniejsze motywy interpretacyjne, będące w kontrze do tradycji wystawiania *Dziadów*. Pierwszy trop dotyczy Nowosilcowa – Swinarski widzi w nim pełnowymiarową postać, a nie jedynie figurę politycznego dręczyciela Polaków, często przedstawianą groteskowo. Mówi, że Nowosilcow jest przeciwstawiony Konradowi: dla pierwszego z nich bogiem jest kariera, dla drugiego – wolność. Obaj mają swoje racje, równie silne.

O głównym bohaterze mówi zaś: „Uważam, że Mickiewicz napisał Konrada jako epileptyka. Bo to, co jest w tej postaci nawiedzeniem, co jest jego spójnią z światem pozaziemskim, ma wszelkie cechy z jednej strony poetyckiej wzniosłości, uniesienia poetyckiego, ale ma też wszelkie cechy chorobowe. Mnie ta choroba fascynuje, przede wszystkim dlatego, że ją przez tyle lat pomijano jako coś wstydliwego, bo przecież jeżeli epileptyk byłby bohaterem narodowym, to nie byłoby bohatera narodowego”[9]. Odkrywa to, co jest zapisane w tekście: słowa Mickiewicza „patrz, to wielka choroba, patrz, on usta kąsa” odnoszą się wprost do ataku epilepsji, który nawiedza Konrada po Improwizacji. Swinarski w tym momencie słusznie przewiduje pewne kłopoty w odbiorze tak przedstawionego bohatera: rzeczywiście zarzucano mu, że decyzja obarczenia chorobą Konrada obniżyła rangę jego fundamentalnego sporu ze Stwórcą. Swinarski tymczasem uważał, że właśnie to jest drama-

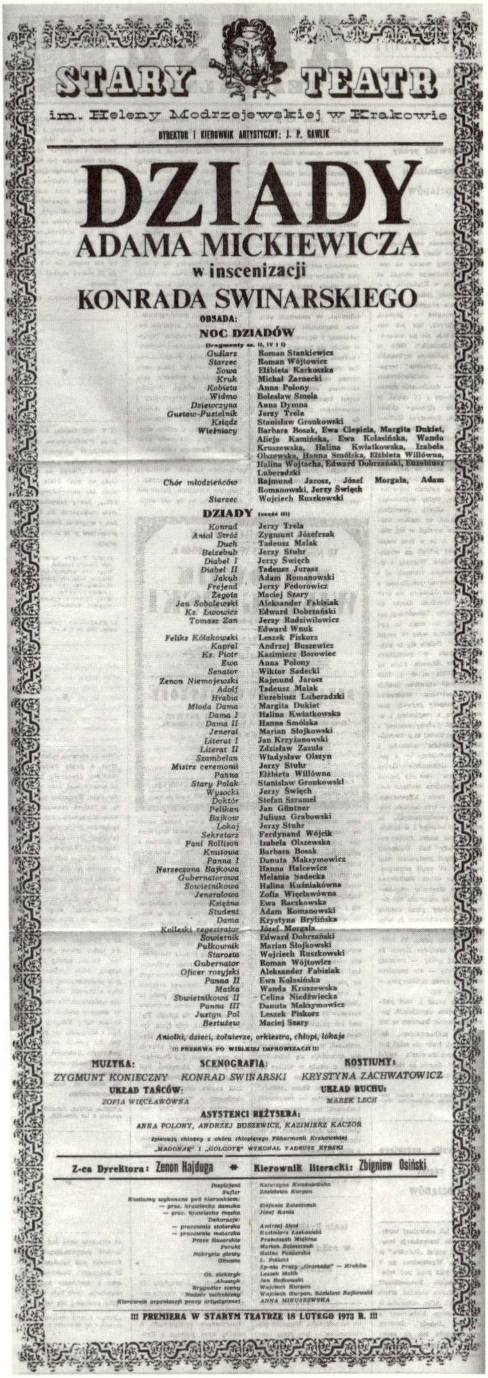
STARY TEATR
im. Heleny Modrzejewskiej w Krakowie
DYREKTOR I KIEROWNIK ARTYSTYCZNY: J. P. GAWLIK

DZIADY
ADAMA MICKIEWICZA
w inscenizacji
KONRADA SWINARSKIEGO

OBSADA:

NOC DZIADÓW
(fragmenty cz. II, IV i I)

Guślarz – Roman Stankiewicz
Starzec – Roman Wójtowicz
Sowa – Elżbieta Karkoszka
Kruk – Michał Żarnecki
Kobieta – Anna Polony
Widmo – Bolesław Smela
Dziewczyna – Anna Dymna
Gustaw-Pustelnik – Jerzy Trela
Ksiądz – Stanisław Gronkowski
Wieśniacy – Barbara Bosak, Ewa Ciepiela, Margita Dukiet, Alicja Kamińska, Ewa Kolasińska, Wanda Kruszewska, Halina Kwiatkowska, Izabela Olszewska, Hanna Smólska, Elżbieta Willówna, Halina Wojtacha, Edward Dobrzański, Euzebiusz Luberadzki
Chór młodzieńców – Rajmund Jarosz, Józef Morgała, Adam Romanowski, Jerzy Święch
Starzec – Wojciech Ruszkowski

DZIADY (część III)

Konrad – Jerzy Trela
Anioł Stróż – Zygmunt Józefczak
Duch – Tadeusz Malak
Belzebub – Jerzy Stuhr
Diabeł I – Jerzy Święch
Diabeł II – Tadeusz Jurasz
Jakub – Adam Romanowski
Frejend – Jerzy Fedorowicz
Żegota – Maciej Szary
Jan Sobolewski – Aleksander Fabisiak
Ks. Lwowicz – Edward Dobrzański
Tomasz Zan – Jerzy Radziwiłowicz, Edward Wnuk
Feliks Kółakowski – Leszek Piskorz
Kapral – Andrzej Buszewicz
Ks. Piotr – Kazimierz Borowiec
Ewa – Anna Polony
Senator – Wiktor Sadecki
Zenon Niemojewski – Rajmund Jarosz
Adolf – Tadeusz Malak
Hrabia – Euzebiusz Luberadzki
Młoda Dama – Margita Dukiet
Dama I – Halina Kwiatkowska
Dama II – Hanna Smólska
Jenerał – Marian Słojkowski
Literat I – Jan Krzyżanowski
Literat II – Zdzisław Zazula
Szambelan – Władysław Olszyn
Mistrz ceremonii – Jerzy Stuhr
Panna – Elżbieta Willówna
Stary Polak – Stanisław Gronkowski
Wysocki – Jerzy Święch
Doktór – Stefan Szramel
Pelikan – Jan Güntner
Bajkow – Juliusz Grabowski
Lokaj – Jerzy Stuhr
Sekretarz – Ferdynand Wójcik
Pani Rollison – Izabela Olszewska
Kmitowa – Barbara Bosak
Panna I – Danuta Maksymowicz
Narzeczona Bajkowa – Hanna Halcewicz
Gubernatorowa – Melania Sadecka
Sowietnikowa – Halina Kuźniakówna
Jenerałowa – Zofia Więcławówna
Księżna – Ewa Raczkowska
Student – Adam Romanowski
Dama – Krystyna Brylińska
Kolleski registrator – Józef Morgała
Sowietnik – Edward Dobrzański
Pułkownik – Marian Słojkowski
Starosta – Wojciech Ruszkowski
Gubernator – Roman Wójtowicz
Oficer rosyjski – Aleksander Fabisiak
Panna II – Ewa Kolasińska
Matka – Wanda Kruszewska
Sowietnikowa II – Celina Niedźwiecka
Panna III – Danuta Maksymowicz
Justyn Pol – Leszek Piskorz
Bestużew – Maciej Szary

Aniołki, dzieci, żołnierze, orkiestra, chłopi, lokaje
!!! PRZERWA PO WIELKIEJ IMPROWIZACJI !!!

MUZYKA: ZYGMUNT KONIECZNY
SCENOGRAFIA: KONRAD SWINARSKI
KOSTIUMY: KRYSTYNA ZACHWATOWICZ
UKŁAD TAŃCÓW: ZOFIA WIĘCŁAWÓWNA
UKŁAD RUCHU: MAREK LECH

ASYSTENCI REŻYSERA:
ANNA POLONY, ANDRZEJ BUSZEWICZ, KAZIMIERZ KACZOR

śpiewają chłopcy z chóru chłopięcego Filharmonii Krakowskiej
„MADONNĘ” I „GOLGOTĘ” WYKONAŁ TADEUSZ RYBSKI

Z-ca Dyrektora: Zenon Hajduga * Kierownik literacki: Zbigniew Osiński

Inspicjent – Katarzyna Kwaśniewska
Sufler – Zdzisława Kurpan
Kostiumy wykonane pod kierunkiem:
— prac. krawiecka damska – Stefania Zaleszczuk
— prac. krawiecka męska – Józef Kania
Dekoracje:
— pracownia stolarska – Andrzej Skoś
— pracownia malarska – Kazimierz Łaskawski
Prace ślusarskie – Franciszek Miękina
Peruki – Marian Zaleszczuk
Nakrycia głowy – Halina Paniarska
Obuwie – L. Policht, Sp-nia Pracy „Gromada” — Kraków
Gł. elektryk – Leszek Malik
Akustyk – Jan Rojkowski
Brygadier sceny – Wojciech Kurpan
Nadzór techniczny – Wojciech Kurpan, Zdzisław Rojkowski
Kierownik organizacji pracy artystycznej – ANNA MIKUSZEWSKA

!!! PREMIERA W STARYM TEATRZE 18 LUTEGO 1973 R. !!!

tyczne: walka człowieka naznaczonego chorobą, słabością, człowieka podlegającego najbardziej ludzkim ograniczeniom, o własną wolność.

Obrazy z prób sytuacyjnych pokazują, jak wielką operacją – na każdym poziomie funkcjonowania teatru – były te *Dziady*, także na poziomie technicznym i logistycznym, i jak burzyły ustalone reguły. Po raz pierwszy spektakl teatralny został rozegrany w całym budynku teatru, nie tylko w sali teatralnej. Zaczynał się właściwie już na schodach prowadzących od szatni na górne foyer – siedzieli tam statyści w roli proszalnych dziadów, jakich można było jeszcze niedawno spotkać na stopniach kościołów w dzień odpustu. Część II, czyli obrzęd dziadów, rozgrywała się na górnym foyer – widzowie stali wokół stołu zastawionego jadłem, przyniesionym na ofiarę dla duchów, byli niejako uczestnikami obrzędu. Część III grano już w głównej sali teatru, ale jej przestrzeń została rozbudowana: przez całą widownię, prostopadle do sceny, rozciągał się podest, na którym rozgrywały się najważniejsze sceny. Rozgrywały się w bardzo bezpośrednim sąsiedztwie widzów.

Dla Konrada–Treli rola była wielkim wysiłkiem psychofizycznym, wystawiającym organizm na niebezpieczeństwo rozmaitych urazów. W cytowanym filmie dokumentalnym w pewnym momencie Swinarski zirytowany przerywa próbę, bo w dalszym ciągu, mimo kolejnych próśb, nie ma ochraniaczy na kolana dla Jurka Treli, który, próbując, musi wielokrotnie uderzać kolanami o podest. Kamera pokazuje także długie ćwiczenia Treli i Stuhra nad skokiem Belzebuba, prowadzone przez trenera Marka Lecha. Fragmenty przymiarek do różnych sytuacji ujawniają fizyczny, cielesny wymiar pracy Treli: skupieniu nad właściwym wypowiedzeniem tekstu towarzyszy ogromna koncentracja ruchowa, jako że poetyckie frazy przypadają na momenty ryzykownych upadków. Widać, że aktor się nie oszczędza i niczego nie markuje, nie stawia żadnej tamy swojemu zaangażowaniu nawet podczas prób.

W przedstawieniu Gustaw-Pustelnik zjawia się podczas obrzędu jako Widmo – wbrew tradycji (i sugestii autora dramatu) nie ma granicy między częścią II a IV, która rozgrywa się w tym samym miejscu i w obecności ludu. Gustaw ukazuje się na stole ofiarnym, zajmuje miejsce Guślarza. Jest ubrany w siermiężny, płócienny płaszcz, jak jeden z gromady – co

Kostiumy Gustawa i Guślarza oraz projekt dla Ducha/Anioła Czarnego z *Dziadów* autorstwa Krystyny Zachwatowicz, 1973.

nabiera szczególnego znaczenia wobec wyeksponowanego żądania przywrócenia dziadów. Prosi o to jako jeden z tych, którzy je odprawiają, nie artysta ujmujący się za ludem. Od początku nie ma więc rysów stereotypowego romantycznego bohatera.

Część IV została mocno okrojona. Wątek romantycznej miłości, choć pozostał, jest jedynie sygnałem, punktem odniesienia, nie zaś tematem długich partii monologowych. Gustaw nie pogrąża się w sobie, przyszedł tu raczej na rozprawę, sąd – nie tyle z Księdzem, co z doświadczeniem własnym. Ksiądz nie jest jego właściwym, dorównującym mu siłą argumentów rozmówcą, choć Gustaw wdaje się w żarliwą dysputę. Oskarża, atakuje urządzenie świata, ale cały czas balansuje na skraju wewnętrznego załamania, na granicy obłędu. Znać, że powściąga gwałtowne emocje wielkim wysiłkiem. Jest zdeterminowany i silny – nie dziw, że boją się go dzieci: kiedy wznosi nóż, w ułamku sekundy wzbudza prawdziwą grozę.

Chyba najsilniej zapamiętanym fragmentem przedstawienia była Wielka Improwizacja, odegrana bardzo dynamicznie na podeście zbudowanym

so-
my,
w

em
i
SP.
te-
va-
ea-
w
ak-
ko:
lki
ać.
po-
ro-
ea-

że
ea-
ku

ym
ści,
w
z
vo-
ię-
aj-
w
się
re-
nę
w

ole
im
my
oż-
la,
en-
ten
ia-
pa
w
TU
oń-
ziś
- z
ią-
ym
w:
ła-
ih-
m,
Fe-
w-
iu-
w
to-
la-
ki
za
u-
ny
gu
Go-
ną

NOSI W SOBIE SWÓJ OBRA

w poprzek widowni. Jerzy Trela jako Konrad rzeczowo i zdecydowanie rozmawia z Bogiem – utrzymuje kontakt wzrokowy z wyższym światem, do którego przemawia, jakby to był świat realny. W szeroko rozwartych oczach (Trela podczas Improwizacji prawie nie mruga) czai się obłęd, gorączka, nadciągające szaleństwo. Coraz szybszy jest naprzemienny rytm otwartych dłoni i zaciśniętych pięści. I nadchodzą epileptyczne ataki – nie są odgrywane wprost, lecz znaczone upadkami. Pierwszy, po słowach „I najmocniejsze czucie", zdradza napięcie emocji, którego już nie daje się opanować. Tajemnicze moce biorą górę i zostają przezwyciężone. Konrad podnosi się, wraca do słów. Upada do tyłu, na plecy, wyginając naprężone ciało w łuk. Nie są to zwykłe upadki: to jakaś siła go przewraca, jakby z zewnątrz. Na słynnej fotografii, zestawianej często z fotografiami Cieślaka w roli Księcia Niezłomnego, Trela leży na podeście w bardzo dziwnej pozycji: ciało jest wykręcone, głowa nienaturalnie odchylona, wygięta jakimś paroksyzmem. Wyrzucona w górę w geście obronnym dłoń ma rozwarte, napięte palce.

Z tego ostatniego upadku, po niedopowiedzianym słowie, podjętym przez Belzebuba („Carem!") Konrad podnosi się jeszcze, lecz starcza mu sił tylko na to, by podpełznąć kawałek – na kolanach i łokciach. Potem omdlewa. To wstrząsający moment, wtóruje mu pełna ekspresji muzyka i utarczki diabłów. Cała treść dysputy z Bogiem gdzieś niknie, zostaje tylko to pokonane, ogłuszone wewnętrzną eksplozją ciało, usiłujące wyrwać się z otchłani, choćby na czworakach. Potem, w scenie egzorcyzmów, z Konradem splata się Belzebub: Trela i Stuhr, plecami do siebie, zahaczają się rękami – tak powstaje niesamowity stwór, dwugłowy i czteronogi, mówiący podwójnym głosem. W tej pozycji siadają i wstają, Belzebub pochyla się i unosi na plecach Konrada – balansują, utrzymując chwiejną równowagę. Wreszcie, gdy Konrad–Belzebub, zmuszony przez Księdza Piotra zdradza ratunek dla Rollisona („Wina... Chleba!"), Konrad zrzuca z siebie szatana. Jerzy Stuhr wybija się ze stojącej pozycji i przelatuje w tył, ponad głową Treli. Uwolnienie ma tu bardzo materialny, dosłowny sens.

Swinarski w rozmowie z Janem Błońskim na temat *Dziadów* i *Wyzwolenia* mówił: „Ja w jednym i drugim przypadku sięgałem po prostu do tego, co z autorów miało, jakby to powiedzieć, fizyczność i cielesność. Uważam, że tych utworów nie można dzisiaj grać jako utworów poetyckich. [...] Życie burzy co chwila takie konwencje i każde zetknięcie się z teatrem wymaga dzisiaj poszerzenia tego języka". Błoński podsumowuje: „A zatem Ty bohatera romantycznego chcesz nie odcieleśnić, uogólnić, ale jakby z powrotem wciągnąć go, wbić w ciało..."[10]. Dokładnie o to Swinarskiemu chodziło – i wydaje się, że Jerzy Trela spełnił to oczekiwanie. Nasycił Konrada cielesnością, nie trywializując go w żadnym stopniu i nie naruszając poetyckiego potencjału dramatu.

Dzień premiery był dla Jerzego Treli prawdziwym momentem inicjacyjnym – wprowadzeniem na wyższy, znany tylko nielicznym poziom aktorstwa, gdzie zdarza się stan kontrolowanego transu. W tym dziwnym stanie skupienia psychicznego wydaje się, że dochodzi do głosu i kieruje człowiekiem na scenie jakieś inne „ja", i aktor staje się medium: postaci, własnej wyobraźni, niesamowitej energii zrodzonej ze wspólnotowego rytuału teatralnej zbiorowości.

„Dzień przed premierą ktoś mi powiedział, że w Krakowie widziano Gustawa Holoubka. Od rana byłem chory. Przyszedłem do teatru, wyszedłem na scenę i... muszę przyznać, że premiery nie pamiętam. Po prostu nie wiem, co się działo. Poza jednym momentem. Kiedy wchodziłem w prologu na podest, zauważyłem, że wystają mi mankiety od koszuli. Były za długie. Garderobiany pomylił się, dał mi za dużą koszulę. Mankiety wylazły i wisiały tak, że nie było widać dłoni. Byłem bez rąk. Nie wiedziałem, co robić. Jak miałem grać? Przede mną cały prolog, scena więzienna, improwizacja i dopiero potem przerwa. Co robić? Nie zdawałem sobie sprawy, że w człowieku mogą istnieć takie stany emocjonalne i taka siła, że błyskawicznie, dwoma ruchami urwałem jeden, drugi mankiet i rzuciłem na podest. Koszula była z dobrego jedwabiu, przedwojenna, szyta mocnymi nićmi. Przebrnąłem przez Improwizację, przebrnąłem przez resztę przedstawienia. Jak? Nie wiem. Dopiero wiersz *Do przyjaciół Moskali* wypowiadałem z uczuciem wielkiej ulgi"[11]. Dopiero na następnych przedstawieniach zaczął się „czas nauki. Uczyłem się grać, rozplanowywać rolę, rozkładać siły i emocje"[12].

Dziady Swinarskiego doczekały się wielu opisów, a także osobnej książki.[13] Obszerne analizy i omówienia ukazywały się po premierze, ale i długo później. W roku 1983, po dziesięcioleciu scenicznej eksploatacji, zostały zarejestrowane, i były emitowane wielokrotnie w telewizji.

Uroczystość odsłonięcia pamiątkowej tablicy w Wilnie, 1992. Jerzy Trela wygłasza Improwizację z *Dziadów* w celi Konrada (w której więziony był Adam Mickiewicz) w wileńskim klasztorze ojców bazylianów.

Dla Jerzego Treli rola Konrada, zagrana w ciągu dziesięciu lat trzysta sześćdziesiąt razy, stała się czymś więcej niż tylko teatralną rolą. Zrosła się z jego aktorskim wizerunkiem na długo, dała mu też okazję do przeżyć, które przekraczały granice teatru – albo raczej doświadczały szczególnym, rzadko występującym zespoleniem życia i teatru.

Zespół Starego Teatru został zaproszony z przedstawieniem *Dziadów* do Londynu; występy miały się odbyć w kościele, w Southwark Cathedral. Aby wypróbować taką autentyczną, nie teatralną przestrzeń, zorganizowano przedstawienie w kościele dominikanów – za zgodą dwóch stron: biskupa krakowskiego Karola Wojtyły i pierwszego sekretarza partii Józefa Klasy. „Jak mówiłem Wielką Improwizację, stało się coś metafizycznego, może dlatego, że zetknąłem się z murami kościoła, a nie z atrapą teatralną. Gdy krzyknąłem w kierunku ołtarza: «Daj mi rząd dusz!», echo poniosło te słowa, poszły po nawach, zadudniło i jakby piorun we mnie uderzył”[14]. „Poczułem coś niesamowitego, przestraszyłem się. To była metafizyczna chwila. Takie momenty zdarzają się czasem w teatrze”[15]. Podobne napięcie czuł, gdy grali w londyńskiej katedrze spektakl dla tamtejszej Polonii – widział, jak ludzie zasłaniają twarze programami teatralnymi, aby ukryć łzy.

Taką „metafizyczną chwilę” mógł przeżyć raz jeszcze blisko dwadzieścia lat później – na początku lat dziewięćdziesiątych. W roku 1992 został zaproszony do Wilna na uroczystość odsłonięcia pamiątkowej tablicy w budynku dawnego klasztoru ojców bazylianów, gdzie mieściła się słynna

„cela Konrada", czyli cela, w której przez parę miesięcy przebywał aresztowany Adam Mickiewicz. Improwizacja wypowiedziana w takim miejscu, wobec niewielkiego zgromadzenia ludzi, w dużym stopniu litewskich Polaków, nabrała innego niż w teatrze wymiaru.

Rola w *Dziadach* pozwoliła mu doświadczyć splotu życia i teatru również w inny sposób, pozornie bardziej zabawny, choć dla aktora – w chwili tego doświadczenia – niewątpliwie trudny. Swinarski był mistrzem dialektyki, zawsze dążył do pokazania zjawisk na przecięciu różnych perspektyw, za wszelką cenę szukał wielowymiarowości – zarówno konkretnych sytuacji, jak i ludzkich motywacji. W *Dziadach* wymyślił, że chłopska gromada, rozpoczynająca przedstawienie obrzędem dziadów, jest obecna również w czasie Improwizacji – z tyłu sceny chłopi śpią, chrapią, a niektórzy się posilają, tłukąc głośno jajka na twardo. Miało to stanowić kontrast dla wzniosłych słów Konrada i obnażać obojętność ludu wobec duchowych rozterek bohatera. (Ten lud w finale przedstawienia zdejmuje i kradnie Konradowi, zsyłanemu na Sybir, buty). Podczas prób aktorowi trudno było pogodzić się z tym reżyserskim konceptem.

„Ja czuję straszny lęk, pierwszy raz w życiu gram taką rolę, w pamięci mam genialnego Holoubka, a Swinarski wyskakuje z jajkami. Mówię mu: «Nie dam rady, publiczność zajmie się jajkami i mnie nie ma w tym momencie». On na to, że jajka mają zostać i że koło dziesiątego przedstawienia przyznam mu rację. Na siódmym – kiedy już poczułem się swobodniej i mogłem patrzeć na widzów – zrozumiałem, o co szło. Mówię: «Ja kocham cały naród!», i nagle słyszę szeleścik. Zerknąłem, a pani siedząca blisko podestu wyjmuje z torebki kiełbasę. Zauważyła moje spojrzenie, schowała kiełbasę, potem zerkam kątem oka, a ona znów ją przygryza – przedstawienie trwało cztery godziny, musiała coś zjeść. I o to chodziło z jajkami: gadał dziad do obrazu, a obraz ani razu..."[16]. To była zapamiętana na długo lekcja: nawet największe zaangażowanie aktora, najbardziej żarliwy i angażujący emocjonalnie tekst dramatu nie zawsze są w stanie zagarnąć publiczność, skupić ją tak, by współuczestniczyła z procesem toczącym się na scenie.

W niespełna rok później Swinarski zdecydował się wystawić *Wyzwolenie* Wyspiańskiego – w pewnym sensie powtórzył drogę autora, który najpierw dokonał scenicznego opracowania *Dziadów*, które wystawiono po raz

Od
Konrada
do Masynissy

TEATR

TEATR • TELEWIZJA • ESTRADA

15

R 15 (604) ROK XXIX 1 — 15 SIERPNIA 1974 • WYCHODZI DWA RAZY W MIESI

pierwszy w teatrze krakowskim w roku 1901, a potem napisał *Wyzwolenie*. Dramat uchodzi za tekst wieloznaczny, pogmatwany, stawiający wielkie trudności w scenicznej realizacji. Głębia myśli sąsiaduje tu z fragmentami określanymi jako grafomańskie, a przenikliwy, pełen ironii osąd rzeczywistości – z dyskusyjnymi ideami. Formuła dramatu jest nowatorska: zderzają się tu ze sobą różne poziomy i formy rzeczywistości. Rzecz dzieje się na scenie teatru krakowskiego w roku 1902 – a więc akcja dramatu jest czasowo tożsama z akcją sceniczną, ale na scenę wchodzi Konrad z Mickiewiczowskich *Dziadów*. Mimo że jest postacią literacką, rozmawia z Reżyserem przygotowywanego widowiska, z Muzą – główną aktorką teatru. Na jego życzenie montuje się widowisko, w którym odgrywana jest, na sposób symboliczny, Polska. W drugim akcie Konrad stacza walkę z Maskami, które w tradycji scenicznej interpretowano różnie: od myśli samego Konrada po konkretne postacie historyczne. *Wyzwolenie* jest więc poetycką i filozoficzną odpowiedzią Wyspiańskiego na arcydramat Mickiewicza, a jego bohater ma być człowiekiem nie idei, ale czynu – reprezentuje wolę i „żywota prawo", ma być człowiekiem z krwi i kości.

Swinarskiemu ten tekst dawał możliwość osobistej wypowiedzi: sam czuł się uwikłany w sytuację „wielkiego twórcy": pragnął być najwybitniejszym polskim reżyserem, ale równocześnie tego typu uznanie budziło w nim ducha przekory, z właściwą sobie ironią odnosił się do tego rodzaju własnej formy. Bohater dramatu również stacza walkę z mitami – nie tylko narodowymi, ale również z własnym mitem artysty, który grozi unieruchomieniem, a więc – w sensie artystycznym – śmiercią.

Sceniczna tradycja *Wyzwolenia* nie była najlepsza „Nie wydaje się, by wiele osób rozumiało je w całości; dotyczy to zarówno publiczności, jak i twórców. *Wyzwolenie* gra się jednak często, coraz częściej – gdyby oceniać polski teatr lat ostatnich wedle ilości premier tego dramatu, trzeba by rzec, iż nie boi się trudności. Nie boi się lub sprytnie je omija. Z *Wyzwolenia* da się wykroić sztuczkę względnie jasną i prostą. Zjawia się więc na scenie skrócone, przeinaczone"[17], pisała Marta Fik, znana z surowych, ale przenikliwych i trafnych sądów. Dyrektor Gawlik nie krył obaw: większość znanych mu

Dyrektor Starego Teatru w latach 1970–1980 Jan Paweł Gawlik.

Scena z *Wyzwolenia* w reżyserii Konrada Swinarskiego, 1974.

inscenizacji dramatu była artystyczną porażką. Obawiał się, że wielkie organizacyjnie przedsięwzięcie nie będzie w stanie powtórzyć sukcesu *Dziadów*; ponadto w tym samym sezonie Andrzej Wajda przygotowywał z wielkim rozmachem *Noc listopadową*, z wieloma partiami śpiewanymi, oratoryjnymi, z pamiętną rolą Jana Nowickiego jako Wielkiego księcia Konstantego.

Reżyserowi wybór protagonisty wydawał się logiczny (na początku XX wieku w teatrze krakowskim obie role, Konrada z *Dziadów* i z *Wyzwolenia*, zagrał ten sam aktor, Andrzej Mielewski) – choć Trelę powtórnie zadziwił. Obawiał się bliskości obydwu bohaterów i nie dostrzegał początkowo sensu tego połączenia. Te obawy reżyser skwitował krótko: „Jak się powiedziało A, to trzeba powiedzieć B". Oblicze Konrada z *Wyzwolenia* było podobne i zarazem niepodobne – tak samo jak oba dramaty. Konrad stworzony przez Wyspiańskiego jest dalszym etapem myślenia o polskim bohaterze narodowym, wyrosłym z czasów współczesnych autorowi i w wielu sprawach polemicznym wobec Mickiewicza. Swinarski dążył do wydobycia różnic i zaznaczenia odrębności obu postaci, dlatego uruchamiał w aktorstwie Treli rejony nieużywane w *Dziadach*. Konrad jest tutaj ironiczny wobec teatralnego światka, do Muzy i Reżysera odnosi się nieco zjadliwie – lecz ma również sporo dystansu wobec siebie. I rozwiniętą samoświadomość.

TEATR

TEATR • TELEWIZJA • ESTRADA

9

9 (574) ROK XXVIII 1 – 15 MAJA 1973 • WYCHODZI DWA RAZY W MIESIĄCU

Konrad zjawiał się na scenie w tym samym miejscu, w którym bohater *Dziadów* z niej schodził, i w tym samym ubraniu. Wchodzi na pustą scenę, oświetloną tylko jednym, opuszczonym nisko reflektorem, przypominającym lampę nad stołem operacyjnym. Scena pogrążona jest w szarości, schodzą się na nią robotnicy teatralni. Zanim zacznie się montaż pełnego fałszywego blichtru widowiska pokazującego „Polskę współczesną", Konrad próbuje znaleźć wsparcie dla swych dążeń w grupie robotników – lecz oni nie mogą zrozumieć, o co mu chodzi, pytają o zapłatę.

Wraz z pojawieniem się Reżysera i Muzy Konrad musi się skonfrontować ze światem teatralnym, jawnie sztucznym, zepsutym rutyną i kabotyństwem. Ale ten świat teatru jest równocześnie dla bohatera wehikułem, który chce zaprząc w dzieło przemiany, musi więc – pomimo wewnętrznego sprzeciwu – za jego pośrednictwem dokonać próby zbudowania nowego teatru. Tu wchodzi w dyskusję z Muzą, która uważa teatr za czystą konwencję, opartą na kunszcie artystów sceny, umiejących zaczarować widzów.

Muzę brawurowo zagrała Anna Polony, parodiując z lekka manierę aktorską dawnej epoki. „To jest prawdziwa protagonistka Konrada. Im bardziej on jest prawdziwy, im naturalniej cierpi, im dosadniej żyje – tym ona musi być sztuczniejsza, bardziej sceniczna, teatralna, operetkowa, gwiazdorska, nieautentyczna. Dla aktorki jest to rola chyba najtrudniejsza – zagrać aktorkę. I aktorkę wyszydzić. Anna Polony dokonała tego w sposób mistrzowski. Dzięki niej Swinarski mógł pokazać tę połowę polskiej duszy narodowej, która jest kabaretem. Dzięki Konradowi – tę, która jest szaleństwem"[18].

Swinarski czytał *Wyzwolenie* poprzez kontekst okoliczności jego powstawania. Brał pod uwagę biografię Wyspiańskiego, piszącego dramat w okresie choroby („Mam zawsze wrażenie, iż jest w nim zawarty rachunek sumienia śmiertelnie chorego mężczyzny" – powiedział w jednym z wywiadów), ale również historyczne realia Krakowa początku XX wieku. Stąd w drugim akcie Maski stały się figurami konkretnych ludzi z czasów Wyspiańskiego: cesarza Franciszka Józefa, kardynała, hrabiego Tarnowskiego, Daszyńskiego, Feldmana; tych, którzy otaczali Wyspiańskiego. Sytuacja z *Dziadów* zostaje jakby odwrócona: teraz to Konrad wydaje się człowiekiem przytomnym, świadomym własnego celu, choć w procesie jego formułowania. Podąża za własną myślą, nie pozwalając się złapać w jednolitą formułę. Maski, nieco marionetkowe i odrealnione (cały akt rozgrywa się w czarno-białej tonacji, wszystko jest pozbawione natural-

Wyzwolenie w reżyserii Konrada Swinarskiego, 1974.

nych kolorów) osaczają Konrada, zamieniają się w lekarzy, wpychają go w szaleństwo: wkładają mu kaftan bezpieczeństwa i krępują na szpitalnym łóżku, jakby chciały zatrzymać, unieszkodliwić ruch niezależnej myśli. Doprowadzony do ostateczności, wyczerpany i zdesperowany Konrad–Trela usiłując zebrać myśli, wypowiedzieć to, co jest w ostatecznym rachunku najważniejsze, formułuje słowa Modlitwy:

> Chcę, żeby w letni dzień,
> upalny letni dzień
> przede mną zżęto żytni łan,
> dzwoniących sierpów słyszeć szmer
> i świerszczów szept, i szum,
> i żeby w oczach mych
> koszono kąkol w snopie zbóż.
> Chcę widzieć, słyszeć w skwarny dzień
> czas kośby dobrych ziół i złych
> i jak od płowych zżętych pól
> ptactwo podnosi się na żer.[19]

Sceny z *Wyzwolenia* w reżyserii Konrada Swinarskiego, 1974.

Te słowa, które dla Konrada mają moc ocalającą, budziły podczas spektaklu wielkie emocje: zdarzało się przy nich płakać i widzom, i aktorom. Swinarski wiedział, że świat zawiłych relacji łączących różne poziomy rzeczywistości przedstawionej i skomplikowane racje intelektualne, przekazywane w kunsztownych wywodach, muszą zostać zrównoważone efektem czystego wzruszenia. Trela wydobył potężny ładunek liryzmu z roli granej szorstko, na przemian ironicznie i gniewnie.

Podobne emocje wywoływał finał, dramatyczny i gorzki. Przedstawienie się zakończyło, maszyniści wynoszą dekoracje. Przygasają światła, aktorzy wychodzą z ról, choć pozostają jeszcze w kostiumach potrzebnych do oklasków. Schodzą ze sceny, na której pozostaje tylko Konrad. On jeden nie wyszedł z roli: oślepiony jak Edyp, z krwawymi smugami na twarzy, zaplątany w teatralną kurtynę, tnie szablą na oślep powietrze. Jej przygasające błyski kończą przedstawienie.

Premiera *Wyzwolenia* miała miejsce 30 maja 1974 – od razu było wiadomo, że powstało dzieło wybitne. Dla wielu widzów pozostało najważniejszym przeżyciem teatralnym. Mówiono i pisano o nim w kategoriach duchowej prawdy, uczciwości, tragizmu, odbierano żywo jego demaskatorską pasję. Choć nie zyskało takiej sławy jak *Dziady*, znawcy teatru cenili je wyżej – dotyczyło to także roli Konrada, która lepiej i pełniej demonstrowała talent i możliwości aktora. O sile teatralnej spektaklu świadczyć może fakt, że mimo hermetyczności tekstu i problematyki zdobył on główną nagrodę

W nocy, z 9 na 10 lipca 1899 roku, na podwórzu karczmy we wsi Jabłonica w powiecie delatyńskim, znaleziono ranną dziewczynę. Nazajutrz dziewczyna, Jewdocha Abramczuk, wydała na świat martwe dziecko, a 12 lipca zmarła, zabierając do grobu tajemnicę swojej śmierci. Jewdocha nie chciała wskazać winnego. W wyniku drobiazgowego śledztwa o zbrodnię oskarżono niejakiego Natana Marmarosch. Nie zdołano mu jednak niczego udowodnić i po procesie, który toczył się w dniach 5 i 6 czerwca 1900 roku, w sądzie okręgowym w Stanisławowie, Marmarosch został uniewinniony. Sprawa nabrała wielkiego rozgłosu, pisała o niej prasa.

Pod wrażeniem wydarzeń w Jabłonicy Stanisław Wyspiański napisał sztukę „Sędziowie". W wersji Wyspiańskiego karczmarz Samuel wraz ze swoim synem Natanem ukartowali zbrodnię, aby pozbyć się Jewdochy, która mogłaby przeszkodzić w ambitnych planach Natana. A więc osią dramatu jest afera kryminalna.

W sztuce Wyspiańskiego Natan jest również uznany za niewinnego przez głupkowatych sędziów. Lecz ponad sądem ludzkim istnieje wyższa sprawiedliwość — istnieją prawa moralne, które zwyciężyć muszą podłość. Wyrazicielem tego prawa i tej sprawiedliwości staje się młodszy syn karczmarza, czternastoletni Joas, jednocześnie sędzia i odkupiciel win brata.

Film „Sędziowie" powstał w zespole „X". Reżyseria — Konrad Swinarski. Operator — Edward Kłosiński. W rolach głównych: Samuel — Wiktor Sadecki, Joas — Roman Burkot, Natan — Jerzy Trela, Jewdocha — Elżbieta Karkoszka, Dziad — Bolesław Smela, Urlopnik — Jerzy Radziwiłłowicz, Jukli — Jerzy Nowak. W pozostałych rolach wystąpili: Krystyna Feldman, Juliusz Grabowski, Stefan Szramel, Krzysztof Litwin, Stanisław Gronkowski, Lech Michalski, Zbigniew Filus, Ewa Ziętek, Hanna Sobolewska. Zdjęcia realizowano w scenerii naturalnej, na terenie starej warownej karczmy niedaleko Krakowa. (jas)

Kadr z filmu telewizyjnego *Sędziowie* według Wyspiańskiego w reżyserii Konrada Swinarskiego, 1974. Jerzy Trela jako Natan, Roman Burkot jako Joas, Wiktor Sadecki jako Samuel.

na festiwalu teatralnym BITEF w Belgradzie, wówczas jednym z najważniejszych w Europie.

O roli protagonisty przedstawienia pisano:

„Jerzy Trela grał go z pasją i spokojem równocześnie. Był to Konrad nie tylko z literatury, nie tylko widmo z mickiewiczowskich *Dziadów*, był to także realny człowiek z początku XX wieku; był to Polak, żyjący wtedy w Krakowie, walczący o swoje życie, o rację swojego istnienia, o rację i prawdę istnienia zbiorowości zwanej narodem. Te znane nam z lekcji szkolnych rzeczy zostały jednak na scenie nie zagrane, lecz przeżyte. To ważne. Bo przecież cały ten dramat jest walką pomiędzy sceną i ulicą. Między prawami kłamstwa sztuki a prawami realizmu istnienia. Im bardziej fantomy sztuki, złuda sceniczna była w tym przedstawieniu wyszydzana, karykaturowana, tym bardziej prawdziwym, niescenicznym, musiał być Konrad. I Trela tak to zagrał. W drugim akcie, w walce z Maskami, jest to aktorstwo o sile prawdy takiej, jaką spotykałem dotychczas tylko w teatrze Grotowskiego"[20].

„I wreszcie solista przedstawienia Swinarskiego – Konrad Jerzego Treli – mordercza rola wymagająca ogromnego napięcia psychicznego i fizycznego wysiłku. Trela, pewniejszy siebie po *Dziadach*, a więc głębszy, bardziej zwrócony do wewnątrz, dźwiga odpowiedzialność za cały proces dochodzenia do prawdy bohatera Wyspiańskiego, za cały jego tragizm i całe jego szaleństwo. Jest autentyczny, dociekliwy i przejmujący. Zwłaszcza w scenie modlitwy, gdy wydaje się zadręczony przez Maski – fałszywych lekarzy"[21].

Konrad Swinarski, Anna Polony.
Po przedstawieniu *Dziadów*.

Aktor nie ukrywał, że była to dla niego rola formująca, może najważniejsza w życiu – jedna z niewielu takich, z którą mógł się w pełni identyfikować. Przyznawał, że słowa modlitwy Konrada wypowiadał jak swoje własne. Zmagania się z ograniczeniami, narzucanymi Konradowi przez otaczających go ludzi, reprezentujących różne ideologie, i w równym stopniu zmaganie się Konrada z samym sobą – traktował jak własne.

„*Wyzwolenie* Wyspiańskiego to niesamowita kopalnia wątków, myśli, spirala obsesji, wątpliwości i pragnień... Praca nad *Wyzwoleniem* była pasjonująca – razem ze Swinarskim próbowaliśmy dotrzeć do istoty dramatycznego przesłania, do samego spodu, dokopać się, wgryźć w najgłębsze pokłady myśli autora i zrozumieć, o co chodzi. Chcieliśmy rozwiązać łamigłówkę myśli Konrada. To było jak smakowanie najwyższego gatunku sztuki"[22]. Gdzie indziej aktor mówił wręcz o „konradyzmie" jako bliskiej mu postawie: pędowi ku wolności, ale rozumianej przede wszystkim jako wolność osobista, także jako proces wyzwalania się z siebie, z własnych uwikłań. Ta osobista wolność musi być warunkiem podstawowym wszelkiej innej wolności, także narodowej.[23]

Latem 1974 roku, wkrótce po premierze *Wyzwolenia* Konrad Swinarski nakręcił film telewizyjny – ekranizację innego dramatu Wyspiańskiego, *Sędziowie*. Parę lat wcześniej realizował tekst na scenie Starego Teatru –

w interpretacji skorzystał z pracy nad tamtym przedstawieniem, jednak obsada była zmieniona. Trela zagrał Natana, starszego syna Samuela – Żyda, karczmarza, właściciela tartaku i wielu innych interesów. Natan, w odróżnieniu od młodszego, wrażliwego Joasa, to „nowy człowiek", torujący sobie bezwzględnie drogę w świecie rodzącego się kapitalizmu. W obliczu kłopotów Samuel nakłania Natana, by zabił swą kochankę, służącą w karczmie Jewdochę. Zdesperowana dziewczyna oskarża Natana, że kazał jej zabić ich nowo narodzone dziecko – pogrążona w rozpaczy nie ma nic do stracenia, gotowa jest ujawnić ciemne interesy Samuela i Natana. W finale, dotknięty ręką Boga umiera ukochany młodszy syn, oskarżywszy wcześniej ojca i brata przed składem sędziów o zabójstwo, które usiłują ukryć.

Natan w ujęciu Treli jest posępny, nerwowy, a jego pozorna odwaga w dokonaniu morderstwa to tylko skrywane tchórzostwo. W jego urywanych, niepewnych gestach widać strach: przed ojcem, przed krzywdą Jewdochy, przed własnym sumieniem. Trela nadał tej postaci wewnętrzne rozedrganie, maskowane cynizmem i pozorną twardością. W filmie, który do dziś pozostaje najlepszą realizacją dramatu, Treli partnerowali znakomici aktorzy: Wiktor Sadecki, Elżbieta Karkoszka, Jerzy Nowak. I Jerzy Radziwiłowicz, wówczas bardzo młody aktor, w roli Urlopnika, prostego żołnierza, który próbuje pomóc swojej siostrze, a staje się ofiarą ciemnych machinacji. Zestawienie Radziwiłowicz–Trela, pierwszy raz wówczas użyte, było później wielokrotnie wykorzystywane w teatrze, także przez innych reżyserów: kontrast ich osobowości, a zarazem pewien rodzaj dopełniania się, dobry wzajemny kontakt na scenie, tworzyły niejeden raz znakomity efekt teatralny. Choć do ich najważniejszej scenicznej konfrontacji nie doszło.

Na pierwszym Festiwalu Polskich Filmów Fabularnych w Gdańsku, jesienią 1974 roku, *Sędziowie* zdobyli nagrodę główną w kategorii „film telewizyjny". Po premierze filmu zapytano Swinarskiego, co teraz będzie robił. „No i właśnie wtedy rzucił tak, jakby żartem, tę wiadomość, że będzie robił *Hamleta*. Ja stałem obok, Konrad odwrócił się do mnie i powiedział, śmiejąc się: «Trela musi zagrać Klaudiusza, wreszcie jakąś rolę psychologiczną po tych wszystkich Konradach, trzeba mu dać jakąś odtrutkę psychiczną». To były żarty oczywiście, ale bardzo wymowne"[24]. W roli Hamleta Swinarski obsadził Jerzego Radziwiłowicza – jak się później okazało, dramatyczne starcie Klaudiusza i Hamleta miało być osią przedstawienia.

Właściwie cały sezon 1974/1975 próbowali tego *Hamleta*, z przerwami na wyjazdy Swinarskiego, który równolegle reżyserował inne przedstawienia. Koncepcja przedstawienia rozrastała się, także przestrzennie – akcja miała się rozgrywać już nie tylko w teatrze, ale rozszerzać na plac Szczepański, gdzie miały stacjonować wojska Fortynbrasa. Miał być ten *Hamlet* dramatem historii, ale wpisanym w kosmiczny porządek pór roku, zmieniających się w scenerii od wiosny do zimy. Miał być także egzystencjalnym dramatem młodego człowieka zmagającego się z własną tożsamością, z seksualną nieokreślonością.

W krakowskiej interpretacji *Hamleta* miało się dokonać znaczące przewartościowanie postaci, polegające przede wszystkim na wydobyciu i obronie racji Klaudiusza. Także przedstawieniu Horacego jako cynicznego karierowicza, usiłującego posłużyć się Hamletem, na dowartościowaniu postaci Rozenkranca i Gildensterna. Krótko mówiąc, Klaudiusz miał być władcą nowoczesnym, zdolnym zakończyć wojny i doprowadzić Danię do rozkwitu – pomimo zbrodni, jaka na nim ciążyła. Zaś Hamlet był raczej agresywnym neurotykiem, siejącym zniszczenie, człowiekiem destrukcji – pomimo jego niewątpliwej racji moralnej. Reżyser, kierując się zasadami filozoficznej dialektyki, z ducha Hegla, dążył do zrównoważenia pozycji Hamleta i Klaudiusza – tylko wtedy konflikt dramatyczny staje się interesujący, nie wówczas, gdy uciśniona szlachetność zmaga się z perfidią. Toteż chciał wydobyć informacje mówiące o talentach politycznych Klaudiusza, o jego umiejętności utrzymania politycznej równowagi i pokojowych stosunków z krajami ościennymi. Lecz aby osiągnąć tę względną równowagę, Klaudiusz musiał posługiwać się skrytobójstwem, podsłuchem, tajną policją.

„Miało powstać przedstawienie o dialektyce procesu historycznego, w którym prymitywna w istocie i oparta na przemocy, na polityce miecza postawa starego Hamleta ustępowała bardziej nowoczesnej idei państwa opartego na silnej władzy, dobrej dyplomacji i harmonijnym rozwoju wszystkich"[25].

W konfrontacji z Hamletem, nadwrażliwym, wybuchowym młodzieńcem szamoczącym się i z problemami wyrastającymi z jego wewnętrznej odmienności, i z próbą narzucenia obcej mu roli mściciela, Klaudiusz miał być ostoją spokoju i porządku. Hamlet sieje wokół zniszczenie, lecz ma moralne prawo do zemsty. Klaudiusz chce pokoju, ale ciąży na nim niedająca się wymazać zbrodnia, z efektów której w dalszym ciągu korzysta. W rezultacie obaj giną zmiażdżeni nieusuwalnym wewnętrznym konfliktem.

„Klaudiusz to człowiek mądry, w pewnym sensie szlachetny, otwarty, inteligentny, pragnący pogodzić to, co ludzkie, z władzą. I tragedia Klaudiusza polega na uświadomieniu sobie, że istnieje konsekwencja czynu popełnionego, i mimo całej mądrości nie jest w stanie zapobiec nieubłaganym konsekwencjom losu. Bo jego próba innego rządzenia, otwarcia innych możliwości władania państwem rozpoczęła się od – zbrodni. Także nieustanne próby podania ręki, porozumienia się z Hamletem obciążone są poczuciem winy, że przecież tego człowieka pozbawił ojca"[26] – tak Jerzy Trela relacjonował poczynione z reżyserem ustalenia.

Projekt *Hamleta* był zadziwiająco śmiały, radykalny i obrazoburczy – także ze względu na pojawiające się w nim wątki obyczajowe, naruszające mocno ówczesną teatralną normę. Wydawało się, że Swinarski sumował w nim wszystkie swoje doświadczenia, że było to kolejne bardzo osobiste przedstawienie. Premiera nigdy się nie odbyła.

Dziewiętnastego sierpnia 1975 roku Konrad Swinarski zginął w katastrofie lotniczej – leciał samolotem czeskich linii lotniczych, który rozbił się na pustyni niedaleko Damaszku. (Niektóre źródła podają, że samolot został zestrzelony).

Sezon w Starym Teatrze już się rozpoczął, przygotowywano się do premiery *Hamleta*, wyznaczonej na październik. Anna Polony mierzyła suknię Gertrudy w pracowni krawieckiej, gdy zadzwonił telefon z fatalną informacją. Trelę i Radziwiłowicza wiadomość dopadła po południu, w klubie SPATiF-u na placu Szczepańskim, który był właściwie ich drugą, nieformalną siedzibą – tam się przenosili po próbach, by przy stoliku dalej obgadywać kwestie teatru i życia, wygłupiać się, plotkować... Ten moment wspomina Jerzy Trela jako absolutny szok: nie wiedzieli, co robić, czuli, że zawalił się świat. Po dziewięciu latach w wywiadzie aktor mówił: „Nawet jeszcze teraz, gdy mówię «śmierć», to słowo zdaje mi się za słabe – to było nieszczęście, katastrofa, nie umiem tego nazwać"[27].

Wyzwolenie było wpisane w repertuar w najbliższych dniach; aktorzy nie chcieli grać przedstawienia – wiedzieli, jak osobistą wypowiedzią było dla jego twórcy. Wydawało im się, że nie udźwigną emocjonalnego ciężaru niektórych dialogów.

W trzecim akcie sceniczne postacie rozmawiają pod nieobecność głównego bohatera, który gdzieś zniknął:

GŁOS 1:

A cóż Konrad?

GŁOS 2:

Mam najzupełniej wrażenie, jak gdyby wśród nas był.

GŁOS 1:

Jeno nie widzimy go.

GŁOS 2:

Owszem, widzimy go, chociaż go nie ma. Dowodem rozmowa, czyli że niejako obecną jest jego myśl.

GŁOS 1:

Dusza.

[...]

GŁOS 1:

Cóż się z nim dzieje?

GŁOS 2:

Co się z nim dzieje? On sam niknie i ginie, rosnąc w nas. Zapala płomienie, przy których gaśnie sam, bo płomieni tych jest ogrom i burza, i płonący las.

GŁOS 1:

A on zginie w dymie.[28]

Nie zdarza się, aby teatr tak dosłownie przekładał się na najbardziej aktualną, bolesną sytuację życiową – trudno było takie słowa wypowiedzieć jako po prostu fragment roli. Dyrektor Gawlik wymusił jednak na zespole zagranie przedstawienia, dzień później; dziś przyznają, że to była dobra decyzja. „To przedstawienie po jego śmierci było niesamowite, chyba najlepsze, jakie zagraliśmy. Między nami a widownią coś się działo, był to z jednej strony koszmarny, a z drugiej nieprawdopodobny wieczór wspólnego przeżycia z widownią czegoś, co wykraczało poza teatr", wspomina Jerzy Trela.

Wyzwolenie grano przez dziesięć lat – ostatnie przedstawienie odbyło się, kiedy zespół obchodził dziesiątą rocznicę śmierci Swinarskiego.

Najbliższych współpracowników i przyjaciół naznaczył sobą na trwałe.

Okładka płyty z rejestracją spektaklu *Wielkie monologi*. We wrześniu 2013 roku Jerzy Trela nagrał w kościele w Bobowej wielkie monologi z dramatów Mickiewicza i Wyspiańskiego.

ROZDZIAŁ CZWARTY

Stary Teatr

Propozycja dołączenia do zespołu Starego Teatru, złożona Jerzemu Treli przez Jana Pawła Gawlika, była z rodzaju tych, które wpływają zasadniczo na bieg zawodowego życia, choć z początku mogą wydawać się przypadkowe. Gawlik znał Trelę z teatru Rozmaitości – był tam kierownikiem literackim w latach 1968–1970. Dla aktora propozycja przyszła w samą porę – miejsce w Rozmaitościach po śmierci Jana Łukowskiego i rozpadzie nieformalnej grupy artystycznej stawało się problematyczne.

Stary Teatr już wówczas był sceną o wielkiej renomie. W latach pięćdziesiątych i sześćdziesiątych kierowali nim kolejno dwaj świetni dyrektorzy: najpierw Władysław Krzemiński, a po nim Zygmunt Hübner, którzy dobrymi decyzjami personalnymi i repertuarowymi zbudowali świetny zespół. Po rezygnacji Hübnera, który odszedł w 1968 roku w proteście wobec ingerencji cenzury, nastał dwuletni okres zawieszenia i stagnacji, aż w 1970 roku powołano na stanowisko dyrektorskie krytyka (i, jak się później okazało, sprawnego menedżera) Jana Pawła Gawlika. Nowy dyrektor, bazując na osiągnięciach poprzedników i odpowiednio rozwijając potencjał Starego, doprowadził do rozkwitu sceny.

Uzupełniając wiosną i latem 1970 roku zespół, Gawlik przyjął wielu nowych aktorów, odnowił także współpracę ze Swinarskim, zerwaną przejściowo z powodu dyrekcyjnych zawirowań.

W latach siedemdziesiątych krakowski Stary Teatr wyrósł na najważniejszą scenę w Polsce. Istniały w tamtym czasie teatry, które mogły konkurować ze

POLITYKA

NR 11 (889) ROK XVIII WARSZAWA, 16 III 1974 R. CENA 4 ZŁ

Drożdże

NAGRODA „POLITYKI"
ZA DZIAŁALNOŚĆ
KTÓRA STAŁA SIĘ
ZACZYNEM MYŚLENIA

Po raz trzeci przyznaliśmy – w 17 rocznicę powstania pisma – nagrodę „Drożdży". Po rozpatrzeniu 22 kandydatur, zgłoszonych przez Czytelników i redakcję (w roku ubiegłym wpłynęło 71 wniosków) kolegium „Polityki" przyznało „Drożdże 1974":

dyrektorowi i reżyserom Starego Teatru im. H. Modrzejewskiej w Krakowie

JANOWI PAWŁOWI GAWLIKOWI
JERZEMU JAROCKIEMU
KONRADOWI SWINARSKIEMU
ANDRZEJOWI WAJDZIE

za nowatorską działalność teatralną, która wzbudziła szeroki

Wystarczy przywołać tytuły: „Dziady" oraz słynne przedstawienia szekspirowskie „Sen nocy letniej" czy „Wszystko dobre, co się

Jan Paweł GAWLIK

Jerzy JAROCKI

Fot. Zdzisław JANKOWSKI

Konrad SWINARSKI

Fot. Krzysztof MALSKI

Fot. ARCHIWUM

ne: nową interpretację wielkiego dziedzictwa narodowego i światowego — stające się zaczynem fermentu artystycznego i myśla-

w teatrze?" – da się zerwać z zasadą „plus minus średnio"

Twórcy świetności Starego Teatru.

Starym pod względem liczby sławnych nazwisk (choćby warszawski Teatr Dramatyczny pod dyrekcją Gustawa Holoubka) lub rozgłosu (jak Teatr Narodowy Adama Hanuszkiewicza, śmiało sięgający po szokujące ówczesną publiczność rozwiązania). Stary Teatr wytworzył jakość specyficzną, przekraczającą sumę dokonań pracujących tu artystów.

Krakowska scena wyróżniała się zespołowością działań. Wizje rzeczywistości bywały w Starym Teatrze złożone, a tę złożoność można było oddać tylko wówczas, gdy równie mocno brzmiały głosy wszystkich zaangażowanych: aktorów, scenografa, autora, reżysera. Spektakle współtworzone były także przez miejsce i czas. Wielość tych głosów i respektowanie ich odrębności musiały złożyć się na polifoniczną całość.

Repertuar danego teatru jest jednym z najważniejszych składników jego profilu. W latach siedemdziesiątych Stary Teatr słynął ze swoich inscenizacji romantyków, Szekspira i Dostojewskiego. Wcześniej, jeszcze w latach sześćdziesiątych, za dyrekcji Hübnera, grano tutaj z powodzeniem ambitny repertuar współczesny: Geneta i Dürrenmatta, Frischa i Ionesco, a także polskich autorów: Witkacego, Różewicza i Mrożka. Polski romantyzm na tej scenie bywał zaś obrazoburczy: *Nie-Boska komedia* Krasińskiego w reżyserii Swinarskiego (1965) była jednym z większych teatralnych skandali. Późniejsze inscenizacje nigdy nie miały charakteru narodowego obrzędu uświęcającego polskość – przeciwnie, zawsze zawierały także tony ironiczne, prześmiewcze, gorzkie.

Profil Starego Teatru w tamtym okresie określiła w decydującym stopniu twórczość trzech wybitnych reżyserów, mocno różniących się między sobą. Jarocki, Swinarski i Wajda mieli różne upodobania repertuarowe, sposoby pracy i temperamenty twórcze. Każdy był osobnym artystą, budował odrębny świat wedle własnej wizji – a jednak ich przedstawienia jakoś współgrały, odpowiadały sobie nawzajem, układając się w system powiązań, luster i komentarzy. Odruchowo rywalizowali ze sobą, windując poziom artystyczny teatru, a ich przedstawienia wchodziły ze sobą w twórczy dialog.

„Wajda dostawał wszystko, stwarzając wrażenie: ja nie wiem – to musicie wy... Jarocki wszechmoc osiągał, stawiając żądania, zdawałoby się, niemożliwe. W rezultacie przewracał mury, plany, obsady. Dla Konrada praca nie kończyła się nigdy – granica między prywatnością a grą stawała się nieuchwytna – i przekraczana była w obie strony nieustannie. Uczestnicy zatracali się w tym, czy gra jest po to, aby ujawnić ich prywatność – czy też ich prywatność wymaga gry”[1].

Również zespół aktorski Starego Teatru postrzegano jako wielką, osobną wartość, siłę zdolną wesprzeć reżysera albo mu się przeciwstawić – w żadnym razie jako grupę aktorów zależnych od koncepcji i inspiracji reżysera. Wpływy były tu wzajemne: ani Swinarski, ani Wajda nie osiągnęliby tak wspaniałych rezultatów, gdyby nie wysoka jakość scenicznego partnerstwa. Komentując nagrodę Drożdże 1974, przyznaną teatrowi przez tygodnik „Polityka” „za działalność, która stała się zaczynem myślenia”, Konstanty Puzyna pisał:

„Widzę jednak w Starym inne też drożdże, które ceniłbym może wyżej. Przede wszystkim zespół, w klasie teatrów-przedsiębiorstw najlepszy dziś w Polsce. Dojrzewał w latach sześćdziesiątych, kiedy powoli rozsypywały się pozostałe. [...] Stary ma zespół naprawdę. Tu wyrosły talenty Izabeli Olszewskiej, Anny Polony, Anny Seniuk, Ewy Lassek, Jana Nowickiego, Jerzego Nowaka, Jerzego Bińczyckiego, Marka Walczewskiego, Antoniego i Wojciecha Pszoniaków, tu rozwinął się nagle Wiktor Sadecki i Mirosława Dubrawska; a choć Dubrawską, Pszoniaków, Walczewskiego i Seniuk wessała już Warszawa, zespół wciąż trwa i błyszczy"[2].

W roku 1974 nie odnotowuje Puzyna jeszcze nazwisk, które dopiero zaznaczały swoją obecność, lecz miały wkrótce zdominować ten pejzaż aktorski: Jerzego Treli, Teresy Budzisz-Krzyżanowskiej, Anny Dymnej, Jerzego Radziwiłowicza, Jerzego Stuhra, Edwarda Lubaszenki.

Jerzy Trela wchodził w ten dorabiający się już statusu legendy zespół z dużą obawą: wiadomo, jak aktorskie tuzy mogą potraktować nowicjusza, który im nie przypadnie do gustu... „Pamiętam, jak wszedłem pierwszy raz do bufetu, nieśmiało, przedstawiłem się – jeszcze był zwyczaj, że młodzi aktorzy przedstawiali się starszym kolegom, teraz ten zwyczaj zanika. I Wiktor Sadecki mówi swoim tubalnym głosem: «młodszy kolego, skocz no mi po papierosy, przynieś mi ekstra mocne». No to ja się zerwałem i już jestem przy drzwiach, a on woła: «Stój, gdzie idziesz, żartowałem» – i od razu mnie zaprosił do stolika. Zostałem przyjęty od razu serdecznie, bez żadnych oporów". W wejściu w zespół pomagał mu parę lat starszy Jerzy Bińczycki, z którym natychmiast się zaprzyjaźnili. Moment był sprzyjający, bo przegrupowany zespół tworzył się po części na nowo.

„Początek lat siedemdziesiątych. Przyszło nas młodych sporo. Wcześniej: Fabisiak, Pszoniak, Adaś Romanowski, później Karkoszka, Piskorz, Trela, Święch, Hanka Halcewicz, Józefczak. Za chwilę Stuhr, Radziwiłowicz, a z Teatru Słowackiego Teresa Budzisz-Krzyżanowska z Janem Krzyżanowskim, Stefan Szramel, Edward Lubaszenko. Byliśmy przyjęci bezboleśnie. Trochę starszy od nas Janek Nowicki dyrygował grupą. Wiktor Sadecki był jak ojciec i przyjaciel, a Ruszkowski jak dziadek. Garderoba męska to było to. Spędzaliśmy w Starym Teatrze, na scenie i na Górce więcej czasu niż w domu. [...] W teatrze «rządzili» Jarocki, Swinarski i Wajda, a my jako zespół byliśmy wspólnie żyjącą i myślącą kompanią. Bratališmy się i pomagali sobie. Trzymaliśmy dzieci do chrztu i byliśmy dumni. To poczucie dumy pełnienia misji w Starym Teatrze nie opuszcza nas do dziś"[3].

W październiku 1970 roku Trela zadebiutował na deskach Starego w przedstawieniu *Król Mięsopust*, w reżyserii Bogdana Hussakowskiego. Sztuka Jarosława Marka Rymkiewicza jest komedią, w której użyto baro-

STARY TEATR

im. Heleny Modrzejewskiej w Krakowie

DYREKTOR TEATRU: J. P. GAWLIK

Jarosław Marek Rymkiewicz

KRÓL MIĘSOPUST

OBSADA:

Florek	Jerzy Binczycki
Filip	Jerzy Trela
Rosalinda	Ewa Ciepiela
Gęba	Andrzej Buszewicz
Skoczek	Tadeusz Kwinta
Belinda	Halina Kuźniakówna
Florinda	Zofia Więcławówna
Roberta	Anna Halcewicz
Kasia	Anna Dziadyk (PWST)

REŻYSERIA: Bogdan Hussakowski

SCENOGRAFIA: Lidia Minticz i Jerzy Skarżyński

MUZYKA: Andrzej Zarycki

CHOREOGRAFIA: Zofia Więcławówna

Asystent reżysera: ANDRZEJ BUSZEWICZ

Z-ca Dyrektora: Z. LORENOWICZ ■ Kierownik literacki: J. BŁOŃSKI

PRAPREMIERA W STARYM TEATRZE W DNIU 11 PAŹDZIERNIKA 1970 R.

Król Mięsopust Rymkiewicza w reżyserii Bogdana Hussakowskiego, 1970. Pierwsza premiera w Starym Teatrze Anny Dymnej i Jerzego Treli.

kowej konwencji „świata na opak", a brzmią w niej również tony przypowieści, moralitetu, karnawałowego szaleństwa zabawy („mięsopust" to staropolska nazwa zapustów, czyli ostatnich trzech tygodni karnawału, kiedy ludzie oddawali się zabawom). Król Filip ma się ożenić z piękną i nienasyconą księżniczką Rosalindą, ta jednak woli przystojnego królewskiego sługę Florka... ale i Filipowi bardziej podoba się zamkowa pomywaczka Kasia; wynikają z tych upodobań liczne perypetie. Przedstawienie, bardzo sprawne i zabawne, pełne niespodzianek, przebrań, masek, toczące się w zawrotnym tempie – nie było jednak żadnym szczególnym wydarzeniem teatralnym. A jednak, gdy patrzy się dzisiaj na zachowane fotografie, trudno się nie wzruszyć: obok Treli w Starym Teatrze debiutowała wówczas, w roli ślicznej posługaczki Kasi, dziewiętnastoletnia studentka PWST Anna Dziadyk, znana później jako Anna Dymna. Na zdjęciu Wojciecha Plewińskiego śliczna, piegowata Kasia stoi naburmuszona, z tyłu patrzy na nią z baranią miną król Filip, czyli Jerzy Trela. Rywalem Filipa, postawnym Florkiem, jest Jerzy Binczycki. Widać, że nie tylko dobrze bawili publiczność, ale również świetnie bawili się sami.

Szewcy Witkacego w reżyserii Jerzego Jarockiego, 1971. Od lewej: Jerzy Bińczycki, Jerzy Trela, Ewa Lassek, Juliusz Grabowski i niżej Marek Walczewski.

Poważną naukę teatralnego zawodu zaczął Trela u Jerzego Jarockiego, który zatrudniał go w swoich przedstawieniach. Pierwszym z nich byli *Szewcy* Witkacego (1971), „naukowa sztuka ze śpiewkami", jak głosił podtytuł. Tytułowi rzemieślnicy, Majster i dwóch Czeladników, siedzą w warsztacie pośród butów i planują rewolucję, rozprawiając o niej absurdalnym i śmiesznym językiem, w którym uczone filozoficzne wywody mieszają się z chłopsko-proletariacką mową. Do ich warsztatu przychodzi z pogadanką polityczną Księżna Irina Wsiewołodowna Zbereźnicka-Podberezka, a za nią melancholijny i schizoidalny prokurator Scurvy... Gdy jednak rewolucja się dokonuje, a zwycięscy szewcy przejmują pozornie rolę klasy panującej, okazuje się, że w nowym politycznym układzie całkiem inne siły pociągają za sznurki dziejów.

Trela zagrał pierwszego z Czeladników, tego, któremu przypada większość „ideowych" wywodów. Jarocki wykorzystał charakterystyczną dla aktora skłonność do mówienia gwarą, przy wyczuciu absurdu i zdolności do operowania różnymi poziomami wypowiedzi. Jędrek, szewski czeladnik, tłumaczy socjologiczne, „klasowe" uzależnienia ciężkim podkrakowskim akcentem, używając terminów, które są raczej niedostępne dla szewców – komiczny efekt tego konceptu jest łatwy do przewidzenia. Nie chodziło jednak wyłącznie o komizm – autor chciał w ten sposób pokazać

Tu i na następnej stronie:
Projekty kostiumów
Krystyny Zachwatowicz do *Szewców*.

wyobcowanie człowieka z jego własnej mowy. W duecie z Trelą jako drugi Czeladnik wystąpił Jerzy Bińczycki – zauważano, jak dobrze byli dobrani prawem kontrastu. Masywny, wysokiej postury Bińczycki, powolny w mowie i w ruchach, i drobny, energetyczny Trela stanowili na scenie świetnie sprawdzającą się parę. „Czeladnik I (Jerzy Trela) kogucikowato zadziorny, młodszy a chytrzejszy, demagogiczny – to mózg przewrotów; kanciasty, zaciekły w ponuractwie Czeladnik II (Jerzy Bińczycki) jest ich siłą"[4].

Przedstawienie – wielki sukces u publiczności – miało wyraźny wydźwięk polityczny: odsłaniane w latach trzydziestych XX wieku przez Witkacego mechanizmy porewolucyjnej rzeczywistości nader dobrze zgadzały się

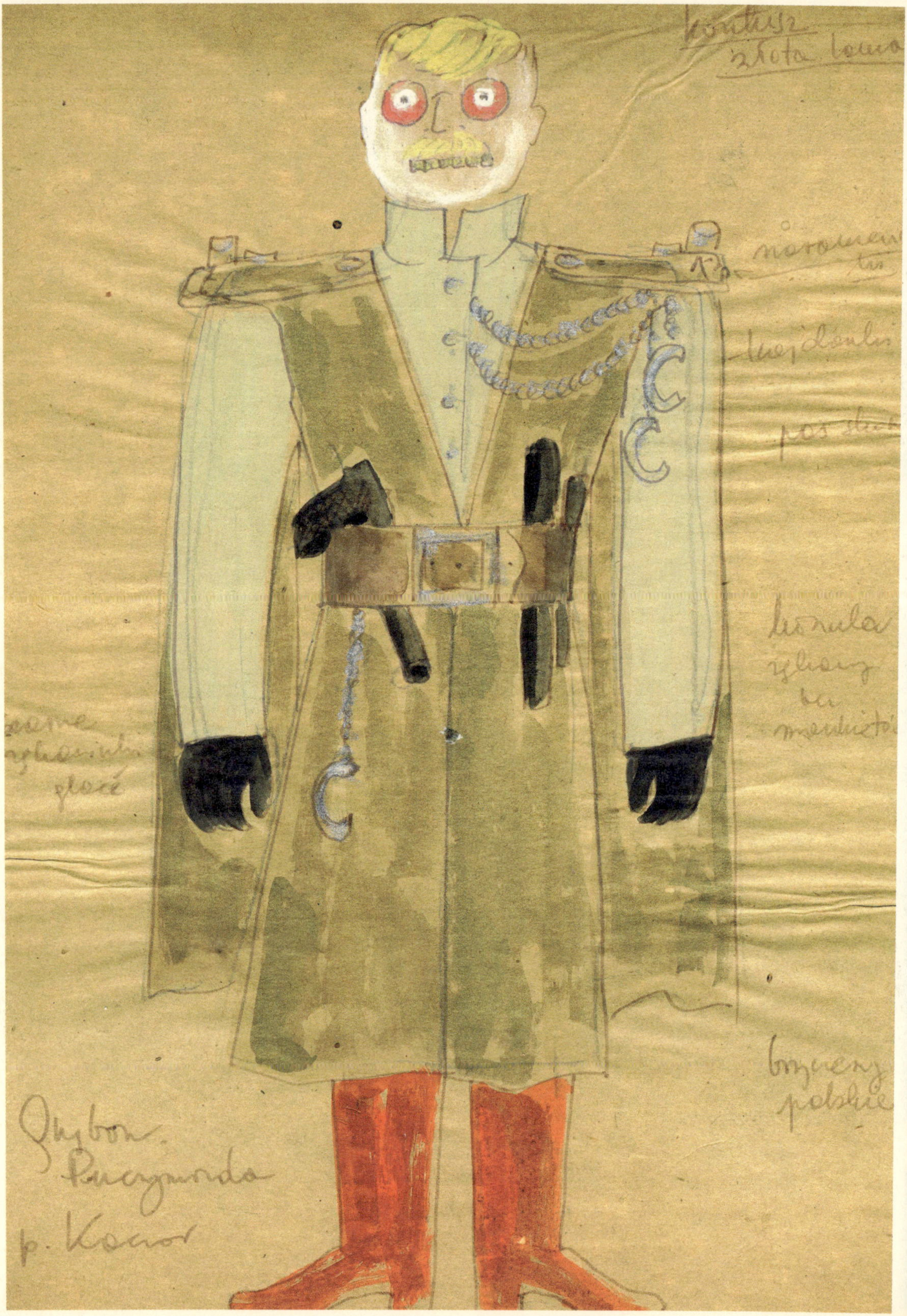
kontusz
złota lama

teatr

1 — 15 WRZEŚNIA 1971 ROK XXVI

17 (534)

Przed festiwalem dramaturgii krajów socjalistycznych: relacje z teatrów Bułgarii (Maria Raczewa), Czechosłowacji (Irena Bołtuć), Rumunii (Jerzy Sokołowski i Witold Skaruch) oraz Węgier (Jan Machulski i Krystyna Zbijewska) ★ Zygmunt Greń o krakowskim przedstawieniu „Szewców" Witkacego ★ Bogdan Wojdowski i Krzysztof Wolicki o „Burzliwej pogodzie" Konstantego Puzyny ★

PRZY
W
ZOFIA
PRZY

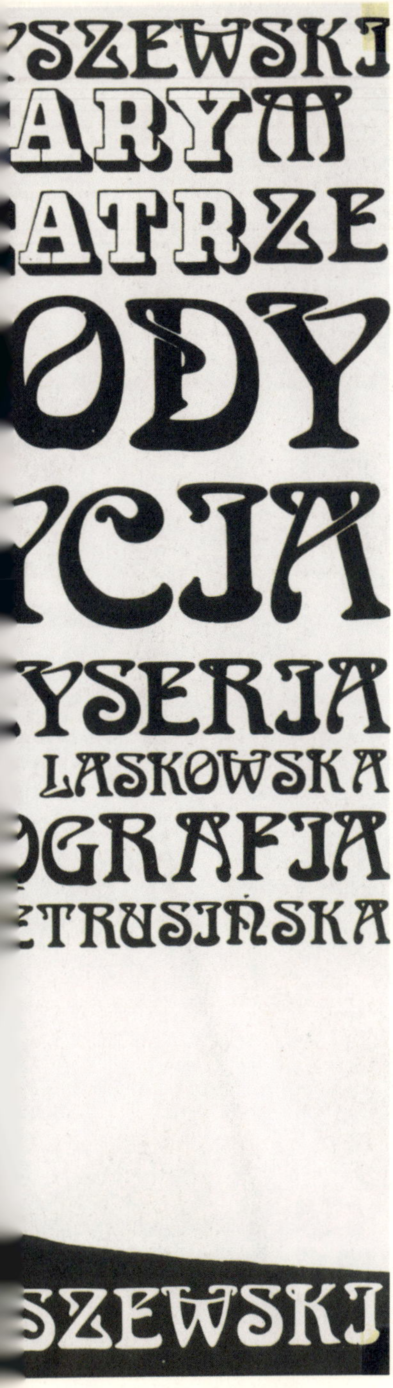

ze stanem funkcjonowania polityki w latach siedemdziesiątych, co publiczność wychwytywała z wielką satysfakcją. Zwłaszcza w Warszawie, podczas występu na Warszawskich Spotkaniach Teatralnych. Z tego samego jednak powodu władze nie pozwoliły zaprezentować przedstawienia za granicą, dokąd je zapraszano.

Rok później Jarocki jeszcze raz obsadził Trelę w dramacie Witkacego – w *Matce,* w epizodycznej, ale wyrazistej roli Antoniego Murdel-Bęskiego, który wyłania się spod niebieskiej włóczki w komicznych okularach i czapce, i pociesza Leona, że ich wspólna działalność szpiegowska nie narobiła zbyt wiele szkody. Jarocki, który znał Trelę jeszcze z czasów szkoły teatralnej, dostrzegał w jego aktorstwie przede wszystkim zdolność do ironii, dystansu, groteskowej deformacji, do budowania roli nie psychologicznymi niuansami, ale formą, zdecydowanym rysunkiem działań.

Potem nastąpiła w teatralnym życiu Treli „era Konradów", prób ze Swinarskim i grania *Dziadów* i *Wyzwolenia.* Wbrew pozorom wcale nie wyłączało to aktora z innych przedsięwzięć teatralnych, przygotowywanych równolegle. W czasie gdy trwały intensywne próby do *Dziadów,* aktorzy uczestniczący w nich (Anna Polony, Jerzy Trela, Zygmunt Józefczak) przygotowali pod kierunkiem Wandy Laskowskiej na scenie kameralnej teatru *Gody życia* Przybyszewskiego, przedstawienie bardzo udane, utrzymujące napięcie pomiędzy młodopolskim melodramatem a subtelną parodią tej konwencji (co skutkowało radykalnie podzielonymi reakcjami publiczności – część widzów ledwo tłumiła łzy, inna część świetnie się bawiła). Takie były wymogi pracy zawodowego teatru. Trzy

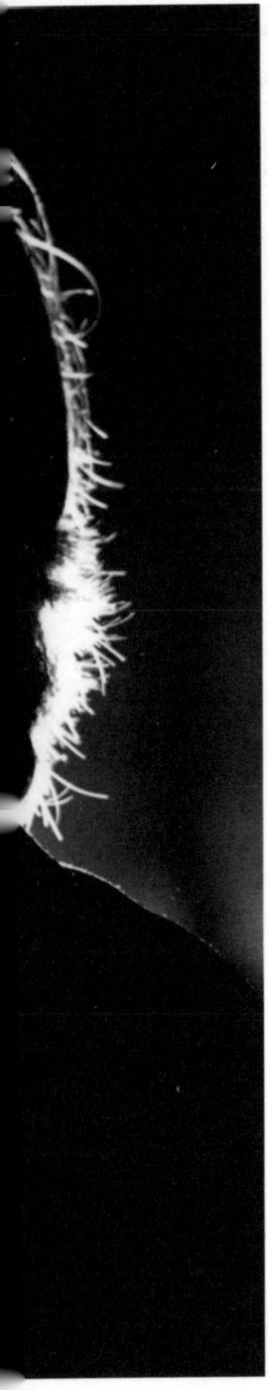

miesiące po premierze *Dziadów*, wiosną 1973 roku odbyła się inna premiera, zrazu niedoceniana, lecz ważna z perspektywy czasu: *Marsz*, adaptacja powieści Mieczysława Piotrowskiego, w reżyserii Jerzego Grzegorzewskiego – była to pierwsza praca wybitnego reżysera w krakowskim teatrze i pierwsze spotkanie z Jerzym Trelą, które stanowiło początek długiej współpracy. Ani aktorzy, ani krytycy nie wiedzieli, o co chodzi, przedstawienie odebrano jako absurdalne, ale fascynujące. „Pamiętam, jak spotkaliśmy się pierwszy raz w 1973 roku podczas pracy nad spektaklem *Marsz*, adaptacją olbrzymiej powieści Piotrowskiego. Jurek do końca nie wiedział, jak zamknąć spektakl. Miał taki charakterystyczny gest: przykładał dwa palce do policzka blisko nosa, jak już coś wymyślił. Spod okularków widać było wtedy figliki w oczach. «Załatwimy to mlekiem» – powiedział. Spodziewaliśmy się, że przyniesie ze dwie butelki, a on potrzebował całą ciężarówkę pustych butelek po mleku. Podświetlił je feerią świateł, tworząc niesamowite zjawisko teatralne"[5]. Aktor i reżyser od razu świetnie się dogadali: obaj potrafili porozumiewać się formą, obaj nie potrzebowali, a czasem nawet nie lubili zbyt racjonalnych wyjaśnień.

Zespół – a przynajmniej spora jego część – żył w tamtych czasach trochę na podobieństwo wielkiej rodziny, kręcącej się bezustannie wokół rodowej siedziby, czyli teatru. Wielu jego członków w teatrze po prostu mieszkało – najwyższa kondygnacja teatru, niemal poddasze, składało się z pokoi zajmowanych przez aktorów i reżyserów, z Konradem Swinarskim na czele. W pokoju Swinarskiego stale ktoś przesiadywał – reżyser z każdym z osobna ustalał rolę, co często przenosiło się na teren prywatny. W dokumentalnym filmie Andrzeja Maja[6] Jerzy Trela prezentuje balkon na wysokiej kondygnacji budynku Starego Teatru: „tu Melania Sadecka trzymała kwaśne mleko dla Wiktora, na rano, żeby było chłodne... Na podwórku były szczury i Bińczycki kupił sobie wiatrówkę, żeby do nich z balkonu strzelać. Niejedno się na tym balkonie

Anna Polony – Hanka, Jerzy Trela – Janota, *Gody życia* Przybyszewskiego w reżyserii Wandy Laskowskiej, 1972.

Ewa Lassek, Marek Walczewski, Jerzy Trela. *Matka* Witkacego w reżyserii Jerzego Jarockiego, 1972.

działo, wiele by mógł ten balkon opowiedzieć, gdyby umiał". Inna grupa nowo przybyłych artystów zajmowała służbowe mieszkanie teatralne przy ulicy Wrzesińskiej – w czasach deficytu mieszkaniowego warunkiem koniecznym zatrudnienia kogoś nowego było zapewnienie mieszkania. Przestrzenią wspólną, również oswojoną, był sąsiadujący z teatrem klub SPATiF-u na placu Szczepańskim: tam się jadło, przesiadywało, dyskutowało, piło wódkę. Tam bardzo często kontynuowano próbę, ustalając kwestie nierozstrzygnięte podczas próby oficjalnej. Nie istniał wyraźny podział na życie zawodowe i prywatne, obie sfery przenikały się nierozerwalnie. Życie koncentrowało się wokół teatru również dlatego, że nie było zbyt wielu możliwości innych działań. Nie jeżdżono kręcić seriali, nie występowano w rozmaitego rodzaju programach telewizyjnych. Czasem ktoś wyjeżdżał do filmu, lecz nie była to powszechna praktyka.

Niebagatelny był i fakt, że znakomita większość zespołu wywodziła się z Krakowa albo z dość bliskich okolic, ukończyła tutejszą PWST. Niektórzy znali się jeszcze z czasów szkolnych, z sąsiedztwa w jakiejś dzielnicy. Ci, którzy nie korzystali z teatralnych pokoi, mieszkali bardzo często w starym centrum miasta, i ich mieszkania również zagarniał wspólny nurt teatralnego życia. Może dlatego tak dobrze wyczuwali szczególny klimat miasta, na który składała się konserwatywna mieszczańskość obok rozwiniętych dążeń artystycznych. Jak przed laty duch Wyspiańskiego sąsiadował tutaj z postaciami z dramatów Gabrieli Zapolskiej.

Po lewej: Z Jerzym Koenigiem, dyrektorem Starego Teatru w latach 1998–2002, na festiwalu w Edynburgu. *Po prawej:* Andrzej Wajda z aktorami Starego Teatru na próbie *Hamleta* na dziedzińcu wawelskim, 1981.

Z tej zażyłości, przyjaźni, kumpelstwa – obojętne, jak nazwać te relacje – rodziło się partnerstwo sceniczne. Zespół Starego osiągał tak spektakularne efekty aktorskie, bo wszyscy się dobrze znali i uwzględniali nawzajem swoją odrębność, potrzeby i słabości. Mówiąc prosto, koledzy wiedzieli, kogo i w jaki sposób trzeba na scenie wesprzeć, jak grać ze scenicznym partnerem, by osiągnąć odpowiednią temperaturę relacji w przedstawieniu. Dziś brzmi to nieco baśniowo, i często zarzuca się temu obrazowi mitologizację przeszłości – nie ma jednak dobrych powodów, by zgodnym relacjom zaangażowanych wówczas ludzi nie wierzyć. Nie przypadkiem Konrad Swinarski, który aktorom warszawskim zarzucał brak zaangażowania w pracy, rozproszenie na różne źródła zarobkowania, niezdolność do potraktowania wystawianego dramatu serio, w krakowskim zespole czuł się bardzo dobrze. „Szukałem po świecie, znalazłem w Krakowie" – brzmiał tytuł jednego z wywiadów.

Z jakością wzajemnych relacji w zespole wiązała się także jego trwałość: wprawdzie kilka wyróżniających się indywidualności przeniosło się do Warszawy, ale trzon zespołu trwał w jednolitym składzie. Anna Polony, Izabela Olszewska, Wiktor Sadecki, Jerzy Trela, Teresa Budzisz-Krzyżanowska, Jan Nowicki, Jerzy Radziwiłowicz, Anna Dymna, Jerzy Stuhr, Jerzy Bińczycki, a później Krzysztof Globisz i Dorota Segda związali ze sceną przy placu Szczepańskim całe lub prawie całe zawodowe życie. Ze Starego się nie odchodziło.

Warto zauważyć, że wspólnotowość, a nie nastawienie na kariery indywidualne, była wówczas na czasie – stanowiła pokłosie utopijnych marzeń kontrkultury o równości i braterstwie ludzi z lat sześćdziesiątych. Ta wspólnotowość charakteryzowała przede wszystkim grupy teatralne, zwłaszcza w obrębie teatru alternatywnego, gdzie wiele zespołów funkcjonowało na zasadzie komun dzielących pracę i życie. Teatru zawodowego niby to nie dotyczyło, lecz wspólnotowy duch – wiszący w powietrzu i żywy przykład grup alternatywnych – udzielał się również profesjonalistom. W Polsce silne więzi międzyludzkie, wytwarzane w instytucjach kultury, miały ponadto charakter odruchowej, nienazywanej i nawet nieuświadamianej formy opozycji przeciwko systemowi zagarniającemu wszystkie dziedziny życia. „Prywatne" znaczyło wyłączone spod publicznego nadzoru.

W przedstawieniach Starego Teatru nie było solistów, występujących na tle partnerującego zespołu – co zdarzało się często w Warszawie, gdzie wielcy aktorzy, jak Holoubek czy Łomnicki, byli bezdyskusyjnymi protagonistami, gwiazdami, z którymi inni nie mogli się równać. Nawet o *Dziadach* Swinarskiego mówiono, że „jest to wielkie przedstawienie bez aktorów" – czyli nie ma w nim popisowych, solowych występów. Swinarski odpowiadał: „Ja twierdzę, że ci moi aktorzy są bardzo dobrzy, bo nie potrafią bez wiary w coś po prostu istnieć na scenie"[7]. I dodawał, że najbardziej się cieszy, kiedy ktoś mówi, że w jego przedstawieniach aktorzy grają jak w teatrze studenckim – bo to oznacza pełne zaangażowanie, gotowość oddania się scenicznemu zadaniu bez reszty. Od początku też reżyser podkreślał, że odczytuje dramat poprzez zasadnicze analogie: między Guślarzem a Konradem i między Konradem a Senatorem – w tym drugim przypadku chodziło mu nie tyle o podobieństwo, ile o siłę własnych racji i konstrukcję dramaturgiczną postaci, zbudowanej równolegle, choć antynomicznie, wobec Konrada. Dramaturgia przedstawienia miała być zatem rozpięta między tymi trzema postaciami i światami, jakie one wokół siebie wytwarzają. Nie było mowy o tym, by Gustaw-Konrad miał się stać jedynym bohaterem publiczności, dysponującym jakąś nadrzędną racją.

Również Wajda swoje inscenizacje prozy Dostojewskiego opierał na kompozycji duetów: z całego powieściowego bogactwa wybierał dwójki bohaterów, zestawiał ich możliwie najbardziej kontrastowo – tak pod

PL ISSN 0040-0769
Indeks 379034

teatr

Nr 5 (860) Maj 1988 Rok XLIII

Rozmowy z Władysławem Terleckim i Zdzisławem Mrożewskim * Recenzje: „Tragedia — Włodzimierz Majakowski" w Łodzi, „Samobójca" Erdmana w Krakowie, „Decadance" w Poznaniu * Janusz Majcherek — Co robić? * Bolesław Taborski o festiwalu w Edynburgu *

Jerzy Trela,
Kazimierz Kaczor,
Izabela Olszewska,
Anna Polony. *Marsz*
Piotrowskiego w reżyserii
Jerzego Grzegorzewskiego,
1973.

16 – 31
LIPCA
1971
ROK
XXVI

teatr

14 (531)

Rozmowa Krzysztofa Mętraka z Maciejem Z. Bordowiczem ★ Jan Skotnicki — „Dzień powszedni" ★ Szkic Jerzego Katarasińskiego o Teatrze Ziemi Łódzkiej i notatki Helmuta Kajzara o teatrze Dormana ★ „Żegnaj, Judaszu" Iredyńskiego w Krakowie, „Cyd" w Szczecinie oraz siedem innych recenzji ★ Ryszard Cieślak w cyklu „Aktor — marzenia, myśli, rozterki" ★ Bezradna telewizja ★

Na pierwszym planie Jerzy Trela jako Marcin w *Z biegiem lat, z biegiem dni...*, 1978.

względem interpretacji postaci, jak i doboru aktorów, a także ekspresji ich gry. Podobna zasada zderzenia dwóch silnych, wybitnych osobowości, których starcie napędzało dramatyzm przedstawienia, obowiązywała i w spektaklach Jarockiego. Toteż publiczność pamiętała z przedstawień Starego przede wszystkim wielkie duety: Stawrogin (Jan Nowicki) i Wierchowieński (Wojciech Pszoniak) z *Biesów*, Matka (Ewa Lassek) i Leon (Marek Walczewski) z *Matki*, AA (Jerzy Stuhr) i XX (Jerzy Bińczycki) z *Emigrantów*.

Kiedy indziej, gdy wymagał tego materiał literacki, tworzono rozległe freski, posługując się polifoniczną techniką, w której każdy temat, spleciony z innymi, miał jednak wyraziste istnienie własne. Aktorskie odrębności nie zacierały się pod wpływem stylistycznej jednolitości przedstawień, przeciwnie: styl często zakładał splatanie się różnych głosów, harmonizujących albo kontrapunktowo prowadzonych. *Wiśniowy sad* Jarockiego (1975) nazwano „symfonią losu", ale był także symfonią aktorskich instrumentów: grali tu obok siebie Ewa Lassek i Anna Dymna, Jerzy Stuhr i Wiktor Sadecki, Edward Lubaszenko i Jerzy Radziwiłowicz, aktorzy nie tylko różnych pokoleń, ale także odmiennych doświadczeń i warsztatu, ci reprezentujący starą szkołę teatralizowania gestu i dobitnej wymowy, i ci młodsi, próbujący bardziej naturalnego, spontanicznego sposobu bycia na scenie. W największej, jeśli idzie o rozmiary, panoramie społecznej, czyli *Z biegiem lat, z biegiem dni* w reżyserii Andrzeja Wajdy (1978), występował prawie cały zespół, a obszerny materiał (spektakl grano w trzy wieczory albo jedną noc, scenariusz obejmował kilka dramatów i powieści) sprawiał, że niemal każdy z występujących miał okazję stworzyć charakterystyczną postać, wyróżniającą się w rozległym fresku i splecioną z innymi figurami – od płomiennego literata Boreńskiego w wykonaniu Radziwiłowicza, przez wyrazistą, choć nie pozbawioną racji – i uroku – Dulską Anny Polony, po wodzireja Fikalskiego Jerzego Stuhra i socjalistę Marcina Jerzego Treli.

Jaki był udział zarówno w sukcesie artystycznym, jak i w szczególnym trybie pracy i relacji wewnątrz zespołu dyrektora Starego Teatru – Jana Pawła Gawlika – do dziś pozostaje kwestią dyskusji. Niewątpliwie był świetnym menedżerem, miał też niesłychane wyczucie potencjału twórczego tych, których zatrudniał. Wybitnym reżyserom zapewniał komfortowe warunki pracy. W zespole nie był zbyt lubiany, z czego zdawał sobie sprawę, i nawet świadomie nie wchodził w bardziej osobiste zażyłości. Dobrze to ilustruje taki obrazek: „Byliśmy w Londynie z *Dziadami*. Jedziemy na kolację, Gawlik, Konrad i ja, w jednym samochodzie. Swinarski wyciągnął piersiówkę i pyta dyrektora, czy się napije. Gawlik: «Przestań, Kondzio, dojedziemy, jeszcze będziesz pił, nie pijże już». A Swinarski: „Dlaczego ty jesteś takim palantem? Nikt cię nie lubi". Na co Gawlik: «I bardzo dobrze. Mnie nie lubią, ciebie kochają. Tak się konsolidują, dlatego są świetnym zespołem!»"[8].

Jerzy Trela wspomina, że podczas tegoż pobytu w Londynie dla kawału, namówieni przez Swinarskiego, odegrali scenę pożaru w hotelu, żeby Gawlika przestraszyć.

Dyrektora wyrzuciła z teatru w roku 1980 zakładowa „Solidarność" – do dziś wielu zaangażowanych w tamte zdarzenia uważa, że był to błąd. Wysunięto wobec niego szereg żądań, na które Gawlik nie chciał przystać – między innymi by zrezygnował z funkcji szefa Teatru Telewizji, którą pełnił od kilku lat, zaniedbując, zdaniem oponentów, rodzimą scenę. Tyle że, jak przytomnie zauważali inni, dzięki niemu zarejestrowano wybitne spektakle Starego, tworząc ich wersje telewizyjne, bez których nie mielibyśmy dziś pojęcia o twórczości lat siedemdziesiątych.

Jakiś czas po śmierci Konrada Swinarskiego, w gąszczu wątpliwości w sprawie dokończenia *Hamleta* (były projekty, aby zaangażować do tego celu innego reżysera), dyrektor chciał przełamać nastrój żałoby i zaplanował w repertuarze komedię nieznanego jeszcze autora, Stanisława Tyma, *Rozmowy przy wycinaniu lasu*. Nietypową, bo właściwie pozbawioną akcji, składającą się ze skeczy, pokazujących w świetle absurdu reguły socjalistycznej gospodarki. W lesie siedzą drwale, czekając aż Pan Siekierowy przywiezie im siekiery do wyrębu, i wypełniają czas komentowaniem rzeczywistości. Jeden z Drwali, Bimber, siedzi gdzieś z boku i ambitnie, choć bez zrozumienia, sylabizując słowo po słowie, czyta książkę – najpierw *Hamleta*, potem *Zbrodnię i karę*. Nadzwyczajne wysiłki umysłowe przygłupiego drwala i wygłaszane serio, ale brzmiące absurdalnie cytaty budziły salwy śmiechu na widowni. Sztuka nie wywołała szczególnego entuzjazmu recenzentów, krytykowano jej kabaretowy, publicystyczny charakter, ale cieszyła się powodzeniem u widzów.

Choć nie wszystkich. „Przez brak poczucia humoru jednego z prezesów krakowskiej spółdzielni mieszkaniowej czekałem dwa lata dłużej na mieszkanie. Występowałem w *Rozmowach przy wycinaniu lasu* Tyma w reżyserii Jerzego Markuszewskiego. Była to śmieszna sztuka – śmiesznie wyreżyserowana i śmiesznie zagrana. Ja tam grałem Bimbra, takiego przygłupa z lasu. Któregoś dnia spotykam na krakowskiej ulicy wiceprezesa spółdzielni, który obiecał wcześniejszy termin odbioru mieszkania. Zawsze witał mnie z entuzjazmem, tym razem jakoś tak zimno. Rozmawiamy, rozmawiamy, on mówi: «Wie pan, byłem na premierze *Rozmów przy wycinaniu lasu*». «No i co, co?», pytam, jak przystało na próżnego

Marek Litewka, Ewa Kolasińska, Jerzy Trela. *Wesele* Wyspiańskiego w reżyserii Jerzego Grzegorzewskiego, 1977.

Piotr Skiba – Telemach, Jerzy Trela – Odys. *Powrót Odysa* Wyspiańskiego w reżyserii Krystiana Lupy, 1981.

aktora. A on: «Panie Jerzy, jak pan może takiego idiotę z siebie robić?». Była to dla mnie najlepsza recenzja, ale ta recenzja sporo mnie kosztowała – niczego nie udało się przyspieszyć”[9].

Potencjał teatru był na szczęście wystarczający, by Trela mógł w dalszym ciągu pracować z wybitnymi reżyserami. W 1977 roku Jerzy Grzegorzewski przygotowywał *Wesele* – Jerzemu Treli przeznaczył rolę Jaśka, tego spośród wiejskich chłopaków, któremu zostaje powierzony złoty róg, by zwołał okoliczną ludność do szykującej się Sprawy. Jasiek gubi złoty róg – a w finale usiłuje bezskutecznie obudzić pogrążonych w letargicznym chocholim tańcu weselników. Obok Treli występowali Jerzy Bińczycki, Ewa Lassek, Jan Nowicki, Jerzy Radziwiłowicz, Anna Dymna, Jerzy Stuhr, Anna Polony.

Przedstawienie, uznane za wybitne, zrywało z tradycją wystawiania utworu, pomijało całą sferę plotki, rodzajowości, wiązania bohaterów z konkretnymi postaciami historycznymi. Było to „*Wesele* bez chłopskiego przytupu, soczystej krewkości, chocholego tańca. [...] W powojennym teatrze wielokrotnie oglądaliśmy *Wesele*, ale żadna z inscenizacji nie miała takiej spójności artystyczno-myślowej jak *Wesele* Grzegorzewskiego”[10].

Grzegorzewski skupił się na prezentacji pewnego stanu ducha społeczności pogrążonej w kryzysie, w kłamstwie i udawaniu – bez wiary jednak, że to cokolwiek pomoże. Zrobił to w sobie właściwy sposób: nie wprost, lecz za pomocą formy, rytmu, lokowania znaczeń w nieoczekiwanych miejscach, oderwania od realistycznych działań i motywacji. Wymagało to zmiany w zakresie aktorstwa; nie było w przedstawieniu typowych postaci z *Wesela,* soczystych i zagranych rodzajowo. Byli „ludzie, którzy czasem bywają osobami prywatnymi, a czasem przemieniają się w obrazy, znaki ikonograficzne – to nie jest efektowna sceniczna rola, to ciężka praca, polegająca przede wszystkim na powściąganiu aktorskiego instynktu, żeby zagrać ładnie i «na całego»"[11].

„Do roli pierwszoplanowej urósł Jasiek (Jerzy Trela). Sytuacje, które zazwyczaj rozmywały się w tzw. rodzajowości (taniec z druhnami w I akcie), Grzegorzewski związał z głównym nurtem utworu. Butna piosenka Jaśka, jego dorobkiewiczowskie marzenie o pańskim dworze wynikają z potrzeby «podwyższenia się» do statusu panienek. Trela nadał Jaśkowi wewnętrzną agresywność i zacietrzewienie prostaka, w akcie III bardzo szczęśliwie przełożył te cechy na bezradność, poczucie zagubienia. Z których rośnie krzyk nieludzkiej rozpaczy"[12].

Właśnie krzyk Jaśka, rozpaczliwe, ze świadomością przegranej wołanie zwrócone ku widzom – zamiast melancholijnego chocholego tańca, jakim zazwyczaj kończą się inscenizacje dramatu – zostało najmocniej zapamiętane. „Trela (Jasiek), który wraca ze swojej dziwnej – nie wiadomo czy realnej, czy wymyślonej misji nocnej – krzyczy do nas jak człowiek, który widzi, że świat się kończy, nie jest to Jasiek krakus, ale raczej Trela krakowianin, kolega, ktoś, kogo może dotyczyć wszystko to, co i nas dotyczyć może"[13].

Trela wspomina, że w czasie prób był trochę poirytowany, bo Grzegorzewski wciąż go nie wpuszczał na scenę, odkładał w nieskończoność próby z jego udziałem. „Do prób generalnych nie mówiłem jego finałowego monologu. W końcu zdenerwowałem się i w żartach zagroziłem Jerzemu, że jeśli wreszcie nie wpuści mnie na scenę, to mu udowodnię, że Jasiek to główna rola. Coś było na rzeczy, bo odrzekł, że właśnie o to mu chodzi"[14]. Obaj z reżyserem otrzymali za *Wesele* nagrody: Stowarzyszenia Dziennikarzy Polskich im. Boya oraz opolskiego festiwalu Klasyka Polska.

Ważny okazał się rok 1981, i to nie tylko z powodu społecznej euforii i związanych z nią zawirowań, które nie ominęły Starego Teatru. Dramatyczna zmiana na stanowisku dyrektora (po Gawliku objął je na dziesięć lat kompozytor Stanisław Radwan, autorytet środowiska) podzieliła zespół, a może raczej wydobyła na powierzchnię istniejące wcześniej pęknięcia.

Środowiska twórcze dzieliły społeczny entuzjazm i nadzieje, ale musiały też w zmienionym klimacie społecznym odnaleźć własne miejsce.

Sztuka rządzi się jednak swoimi prawami i niekoniecznie reaguje bezpośrednio na zewnętrzne nastroje. Wiosną 1981 roku Krystian Lupa zrealizował na krakowskiej scenie swoje pierwsze ważne przedstawienie – *Powrót Odysa* Stanisława Wyspiańskiego. Dramat „napisany w obliczu śmierci, w ciągu kilku dni, w klimacie niecierpliwego napięcia i ekstazy", rozgrywa motyw antyczny jako starcie woli istnienia z żywiołem egzystencji, zmierzającej ku nieuchronnej śmierci. Wracający na Itakę Odys, świadomy klęski i swojego końca, usiłuje rozpoznać siebie w obliczu śmierci.

Powstało przedstawienie wybitne, tym cenniejsze, że rozegrane w kontrze do panujących wokół nastrojów społecznej gorączki, ostentacyjnie niezależne, o wielkiej urodzie wizualnej i muzycznej. Dotyczące tematów egzystencji, przekraczające atmosferę doraźnych sporów. „Krystian Lupa buduje III akt *Powrotu Odysa* w czarnej tonacji żałoby: ze śpiewu syren, z bezruchu konającego bohatera, wygłaszającego swój olbrzymi monolog, z ciemności, w której majaczą postacie poruszające się w jakimś zwolnionym pochodzie. Ten niezwykły obraz teatralny zmierza do olśniewającego finału. Oto nagle, w ostatnim błysku świadomości, Odys widzi rzeczywistość: tłum zmęczonych, szarych, zmiętych ludzi, których płynący łodzią Hermes prowadzi w krainę umarłych. Reżyser odziera tę sekwencję z dekoracji antycznych. Ostatni przedśmiertny krzyk świadomości Odysa rozdziera ciemności okrywające scenę i w tłumie zaludniającym łódź Charona rozpoznajemy się – my. [...] Jerzy Trela dołączył do swych wielkich kreacji. Natężenie skupienia, napięcie, które emanuje z jego aktorstwa, nadaje podskórny nurt całemu spektaklowi, nawet kiedy aktor tkwi nieruchomo w ciemnościach sceny, nie sposób o nim zapomnieć"[15].

Zauważalny był w tym przedstawieniu inny rodzaj gry aktorskiej, wynikający z odmiennego stosunku do postaci dramatu i oryginalnej techniki pracy. Odys Jerzego Treli w długich sekwencjach spektaklu właściwie nie grał – był raczej świadkiem, medium, kimś, patrzył na rozgrywające się wydarzenia oczami widzów, a właściwą jego aktywnością była rejestracja wrażeń i przekazywanie ich publiczności bez słów, samym tylko aparatem wrażliwej obecności. Tym większy efekt wywoływały podejmowane desperacko działania Odysa – jak choćby rozbicie szyby, za którą zobaczył obraz ojczyzny sprzed lat, cudowny i nieskażony we wspomnieniu. Rozbija szybę

W roli von Pasenova na próbie *Lunatyków* Brocha z reżyserem Krystianem Lupą, 1998.

świadomy, że „Nikt żywy w kraj młodości drugi raz nie wraca", i trzeba to kuszące wspomnienie zniszczyć, by działać dalej.

Spotkanie z Krystianem Lupą miało dla Jerzego Treli istotne znaczenie: młody wówczas reżyser dopracowywał się kształtu własnego teatru, wypróbowując inne niż tradycyjne metody pracy z aktorem. Bardziej niż zewnętrzny efekt liczyła się gotowość eksploracji własnego wnętrza, tworzenie szczególnej więzi z postacią.

Choć Trela nie został „aktorem Lupy" – spotkali się w pracy jeszcze tylko raz, w roku 1998, w drugiej części *Lunatyków* Hermanna Brocha, gdzie zagrał rozgoryczonego rzeczywistością romantyka Joachima von Pasenova – zetknięcie się z tą wielką indywidualnością reżyserską dało mu możliwość zobaczenia innych dróg budowania roli.

Późną jesienią 1981 roku, dwa tygodnie przed wprowadzeniem stanu wojennego, Stary Teatr dał premierę *Tragicznej historii Hamleta, księcia Danii* w reżyserii Andrzeja Wajdy. Poprzedziło ją w czerwcu tegoż roku widowisko *Aktorzy Starego Teatru w scenach i monologach z „Hamleta"*, zaprezentowane w czerwcu 1981 na dziedzińcu Wawelu – był to rodzaj eksperymentu z inną, naturalną przestrzenią, a zarazem szkicu, przymiarki do późniejszej pracy teatralnej.

Dla aktorów Starego ten *Hamlet* był niemałym wyzwaniem. Istniał w nich wciąż niespełniony spektakl Swinarskiego, w którym większość z obsady Wajdy miała wziąć udział. Role zostały rozdzielone inaczej, ale tamte próby i ustalenia wciąż powracały. Moment był szczególny, w roku 1981 napięcie społeczne eskalowało z miesiąca na miesiąc, budząc zarówno nadzieje, jak i obawy. Andrzej Wajda nakręcił *Człowieka z żelaza*, który miał premierę w lipcu i zdobył Złotą Palmę w Cannes; główną rolę grał aktor Starego Teatru Jerzy Radziwiłowicz, a Jerzy Trela – jedną z drugoplanowych. Oczekiwania publiczności wobec tej inscenizacji były ogromne – miała ona w jakimś stopniu zaprezentować, a może obronić siłę teatru w zmienionej politycznie sytuacji.

Kontrowersyjny dla wielu odbiorców wybór Jerzego Stuhra do roli głównej reżyser tak tłumaczył: „Kto ma grać Hamleta? Kto jest Hamletem naszych czasów? W moim przekonaniu Hamletem naszych czasów jest ktoś, kto nie będąc predysponowany do tego, żeby wziąć na siebie tak wiele, znalazł się w jego sytuacji. Po prostu ktoś z nas. I jeżeli Stuhr tak bulwersował niektórych, to znaczy, że miałem prawo wybrać takiego Hamleta do swojego przedstawienia, ponieważ on właśnie się na Hamleta nie nadawał"[16]. To był „Hamlet z sąsiedztwa", „ktoś z nas", polski inteligent, zagubiony i dość bezradny, stający wobec potężnego i skorumpowanego systemu państwowego.

Jerzego Stuhra kojarzono z ról filmowych, z kina moralnego niepokoju, uważano, że ani jego „filmowa" ekspresja, ani warunki zewnętrzne nie są odpowiednie do tej arcyroli. Toteż Jerzy Stuhr wspomina: „Wchodziłem na scenę i czułem niemy krzyk widowni: «Jak śmiesz, Wodzireju, ubierać się w kostium duńskiego księcia?». [...] Każdy spektakl był walką, czy zdołam widzów przekonać, że mam prawo być w ten wieczór duńskim księciem i mieć chociaż w maleńkiej cząstce jego problemy. Częściej jednak chyba przegrywałem"[17].

Wajda zaangażował część obsady Swinarskiego, ale inaczej rozdzielił role. Jak już wspomniano, Stuhr, w tamtym przedsięwzięciu Horacy, grał Hamleta, zaś Anna Polony, Gertruda Swinarskiego, została obsadzona w roli Ofelii – co bulwersowało krakowską publiczność jeszcze bardziej niż Stuhr jako Hamlet. Tylko Jerzy Trela pozostał przy swojej roli Klaudiusza. Mówił wprawdzie, że „Klaudiusz w tym spektaklu znaczy zupełnie co

Klaudiusz w *Tragicznej historii Hamleta, księcia Danii* w reżyserii Andrzeja Wajdy, 1981.

Z Jerzym Fedorowiczem w Londynie przed pałacem Buckingham, koniec lat siedemdziesiątych.

innego, i myślę, że Wajda niczego z tamtej interpretacji nie chciał przenosić"[18] – jednak trudno, by nie pozostała pamięć analizy tekstu, dokonywanej parę lat wcześniej.

Dwie decyzje Andrzeja Wajdy – poza nieoczywistą obsadą, która wzbudzała kontrowersje – budowały wyraźną interpretację dramatu.[19] Pierwsza to pomnożenie Elsynoru: reżyser nie tylko nie pominął żadnej z epizodycznych postaci dramatu, często skreślanych, ale rozszerzył obsadowo dwór królewski, dodał damy dworu i dworzan – na scenie występowało w sumie czterdzieści osób, w scenach zbiorowych pojawiał się niemal tłum. Nie tyle więc, jak w koncepcji Swinarskiego, toczyła się rozgrywka Hamleta z Klaudiuszem, ile Hamleta z całym Elsynorem, który jest obrazem państwa duńskiego. To temu państwu przeciwstawia się w pojedynkę główny bohater. Dwór zaś występował także w scenach nieprzewidzianych przez autora sztuki.

Druga decyzja była z pozoru zadziwiająca, choć miała głęboki sens: oto w rolach aktorów, członków trupy teatralnej przybywającej do Elsynoru, Wajda obsadził wykonawców ról Gertrudy, Klaudiusza i Ducha Ojca – Teresę Budzisz-Krzyżanowską, Jerzego Trelę, Edwarda Lubaszenkę. Scena przybycia aktorów i rozmowy Hamleta o sztuce teatru miała zupełnie inny charakter, jakby wyjęty z całości. Była pełna przyjaźni, wzajemnej akceptacji, radości uprawiania tej sztuki. Aktorzy nie byli w niej postaciami, ale aktorami Starego Teatru – pokazywali swój prawdziwy status. „Tak, to mówi aktor do aktora. Nie – czy nie tylko – postać do postaci. Pochwała aktorstwa, jaka się zawiera w tych kilkudziesięciu wersach, jest obroną godności zawodu"[20].

Rola Klaudiusza nie budziła takich wątpliwości, jak role Hamleta i Ofelii – przyjęto ją bez zastrzeżeń, podobnie jak Gertrudę Budzisz-Krzyżanowskiej.

„Klaudiusz, wprawdzie grany przez Jerzego Trelę jakby «na tłumiku» nie porywa, ale też nie budzi antypatii – budzi szacunek swą intelektualną i polityczną rangą. «Racja stanu królestwa – mówi – nie ścierpi niebezpieczeństwa, jakie w każdej chwili wywołać może jego (Hamleta) obłąkanie». Klaudiusz rzeczywiście reprezentuje rację stanu – na poziomie machiavellicznego Księcia, i oto następuje wielka – jedna z, niestety, odosobnionych – scena przedstawienia Wajdy. Wielka artystycznie. «Nie mogę się modlić» – mówi król. I Trela gra scenę modlitwy Klaudiusza, jakiej – choć wiele Hamletów widziałem – nie widziałem. Trela nie modli się – jego Klaudiusz myśli o modlitwie, o zbrodni i miłosierdziu, które winno, które ma obowiązek «patrzeć w twarz zbrodni». To nie ukorzenie – to wielki dyskurs z Bogiem. I potworna walka Klaudiusza z sobą samym o to, by choć na chwilę przełamać się w pokorę. Trela, Wajda i Skarżyńscy czynią z tej sceny największą sekwencję przedstawienia. I najmądrzejszą"[21].

Hamlet Wajdy wzbudził dość skrajne opinie. Jedni zarzucali przedstawieniu brak spójności, brak jednolitej koncepcji inscenizacyjnej, niedoróbki w wykonaniu poszczególnych scen. Inni natomiast widzieli w nim manifestację siły teatru i wspólnoty aktorów i widzów. „Recenzenci i widzowie cel i sens tego *Hamleta* odczytywali w aktywizacji i mobilizacji twórczej zespołu Starego Teatru, wokół arcydzieła sztuki, dziedzictwa kultury, dziedzictwa tego teatru". Niewątpliwie nie było łatwo w tak trudnym społecznie momencie skupić się na pracy twórczej, wymagającej wielkiego wysiłku, angażującej wszystkich pracowników teatru. Podkreślano także, że reżyser i aktorzy nie poszli na łatwiznę aluzji i oczywistych aktualizacji.

Wydarzenia polityczne lat 1980–1982 niemało wpłynęły na życie teatru w Polsce. Najpierw teatry musiały odnaleźć się w sytuacji społecznej euforii odzyskiwania swobody wypowiedzi, co dla środowiska teatralnego stanowiło z jednej strony szansę (można było wystawiać tytuły i autorów objętych wcześniej zakazem cenzury), z drugiej zagrożenie dla rangi scenicznej wypowiedzi. Nader łatwo było wtedy popaść w entuzjastyczny populizm, robiąc składanki pieśni legionowych i prostackie odczytania

Jerzy Jarocki z zespołem Starego Teatru na próbie *Snu o Bezgrzesznej*, 1978.

zabronionych wcześniej pozycji. Trzeba było także walczyć o publiczność, zdecydowanie bardziej zainteresowaną bieżącymi wypadkami niż repertuarem teatralnym. Spora część inteligenckiej widowni teatralnej zajęta była organizowaniem strajków i działań opozycji – teatr schodził na daleki plan.

Wprowadzony 13 grudnia 1981 roku stan wojenny przeorientował sytuację – teatry znów stały się miejscem wspólnoty, obszarem względnej wolności. Wydźwięk wielu przedstawień się zmienił – wyczuwali to aktorzy i widzowie. „Stuhr za czasów «Solidarności» grał tak, że czuło się Hamleta siłę. Czuł się równy Królowi, co tam... czuł się dużo wyższy ponad Klaudiusza. [...] Przedstawienie, które widziałam w marcu [1982], «siadło»”[22]. Gdzie indziej zmieniona sytuacja wzmagała reakcje publiczności. Tak się stało z *Rewizorem* w reżyserii Jarockiego: próby zaczęły się jeszcze przed sierpniowymi strajkami roku 1980, premiera odbyła się jesienią już za „Solidarności”, co zmieniło radykalnie kontekst odbioru: i działania aktorów, i reakcje widzów mogły być bardziej radykalne, otwarte. A po roku 1981, gdy Horodniczy, oddając się marzeniom o przyszłości, mówił: „lubię... oj, lubię być generałem!”, na widowni wybuchał śmiech. Kiedy

Rewizor Gogola w reżyserii Jerzego Jarockiego, 1980. Od lewej: Jerzy Radziwiłowicz, Tadeusz Huk, Marek Litewka, Jerzy Trela, Zygmunt Józefczak.

grano *Wyzwolenie* Swinarskiego „w stanie wojennym widownia zachowywała się jak w kościele, panowała nabożna cisza". Aktorzy musieli być gotowi na inną niż dotychczasowa wersję odbioru, lecz z drugiej strony świadczyło to pięknie o żywotności teatru.

Jerzy Trela pracował w tym czasie w przedstawieniach Jarockiego, który inaczej niż Swinarski postrzegał jego talent: cenił przede wszystkim zdolność ironii, umiejętność poruszania się w obszarach literackiego absurdu. Wykorzystywał skłonność aktora do groteski i jego specyficzny, ponury komizm. Umiał jednak zagospodarować także wizerunek stworzony w przedstawieniach wielkiego repertuaru romantycznego. W latach 1979–1983 Trela stworzył u Jarockiego trzy role, odmienne w charakterze, a pokazujące różne oblicza jego warsztatu.

Sen o Bezgrzesznej (1979) – wielkie widowisko rozgrywane w przestrzeni całego teatru, na podobieństwo *Dziadów* Swinarskiego – dotyczyło polskich dróg do niepodległości uzyskanej w 1918 roku. Odbierane jako dyskusja z romantyczną wizją historii prezentowaną w *Dziadach*, ukazywało różne oblicza historii, zderzało romantyczny niepodległościowy mit z faktami historycznymi rozgrywającymi się ponad wysiłkami Polaków. Jerzy Trela grał ponownie Konrada, wziętego z poprzednich przedstawień: to on wiódł za sobą grupę pielgrzymów rodem z *Ksiąg narodu i pielgrzymstwa polskiego* Mickiewicza. Ale był tylko jednym z równorzędnych protagonistów, jego wizja narodu została zderzona z porządkiem suchych, bezosobowo demonstrowanych faktów. Prezentacja umundurowania trzech najsilniejszych armii, odezwy trzech cesarzy, mowy polityków zaborczych państw, orędzie prezydenta Wilsona, deklaracja Rady Komisarzy Ludowych – to wszystko zademonstrowano jako grę sił politycznych, mających wpływ jeśli nie decydujący, to co najmniej równy wszelkim polskim dążeniom wolnościowym. Konrad w tym przedstawieniu był więc Konradem pozbawionym poczucia siły, raczej świadomym konieczności pielęgnowania mitu na użytek narodowej wspólnoty, niż pewnym własnych racji. Trela zagrał więc jeszcze jedną wersję Konrada – tym razem wywiedzioną nie tyle z romantyzmu, co z twórczości Żeromskiego (na jego tekstach opierał się scenariusz), który romantyczne dziedzictwo przepracowywał, podobnie jak wcześniej Wyspiański. Żeromski mógł jednak do swoich przemyśleń, przewartościowujących polską tradycję, dodać świadomość wydarzeń historycznych lat 1914–1918 i wzrastającej siły politycznych ideologii.

Rewizor – genialna komedia Mikołaja Gogola, pokazująca w planie fabuły korupcję w powiatowym miasteczku na obrzeżach Rosji – w istocie odsłania uniwersalne mechanizmy społecznych zależności, wytworzonych w obliczu strachu przed władzą. Przedstawienie Jarockiego miało premierę jesienią 1980 roku i trafiło w swój czas. Bezwzględność i spryt prowincjonalnej władzy, wcielonej w Horodniczego, burmistrza miasteczka, powszechne łapówkarstwo i donosicielstwo, bezprawie urzędników odpowiadających za poszczególne sfery życia publicznego – wszystko to składało się na obraz nader aktualnie brzmiący. Przedstawienie miało swoich wrogów i obrońców – jedni zarzucali mu tanią aluzyjność i sprowadzenie Gogola do farsy, inni z entuzjazmem widzieli w nim wzorcową „polską sztukę współczesną, poruszającą aktualne i ważne problemy polskiej duchowości, obrazującej stan świadomości społeczeństwa polskiego w chwili obecnej”[23].

Trela zagrał jednego z urzędników, stanowiących zaplecze polityczne Horodniczego. Ziemlanika, kurator instytucji dobroczynnych, ponury i usłużny, niby stoi z boku, lecz w gruncie rzeczy cały czas szykuje się na przejęcie władzy. Trela jest w tej roli jakby stłumiony, wycofany, ale gdy tylko jest okazja, wykazuje się gorliwą służalczością. Jest czujny i podstępny, toteż udaje mu się we właściwym momencie wepchnąć do więzienia skompromitowanego Horodniczego. Zyska to, do czego dążył: wysłannik «prawdziwego Rewizora» przywozi nominację dla nowego Horodniczego, w nagrodę za czujność i oddanie dla wyższej władzy. W miasteczku pod władzą Ziemlaniki nic się nie zmieni, a jeśli, to na gorsze. Ten finał – jak i interpretacja postaci Ziemlaniki – zostały dodane przez twórców spek-

Życie snem Calderóna w reżyserii Jerzego Jarockiego, 1983. Jerzy Trela jako Clarin, Krzysztof Globisz jako Segismundo.

taklu, w roli komentarza do politycznych wypadków rozgrywających się w Polsce. Trela świetnie rozegrał rolę stojącego z boku, prawdziwie niebezpiecznego gracza.

Wiosną 1983 roku Jarocki ukończył przedstawienie po raz kolejny dotykające polskich spraw za pośrednictwem wielkiej klasyki. *Życie snem* Pedra Calderóna de la Barki, siedemnastowieczny dramat dotyczący królewskiej władzy, losu i historii, jest także alegorią, moralitetem, przypowieścią. Rzecz dzieje się w odległej i baśniowej dla autora i jego rodaków Polsce, sąsiadującej z Rosją. Król Basilio otrzymał przed laty przepowiednię, że jego nowo narodzony syn, Segismundo, będzie ludzką bestią i zniszczy królestwo; dowodem ma być zarówno purpurowy kolor nieba, jak i śmierć królowej przy porodzie. Basilio postanawia zamknąć infanta w wieży na odludziu, gdzie królewicz jest traktowany jak groźny przestępca. Gdy osiąga dorosłość, zostaje przewieziony na dwór: król chce sprawdzić, czy przepowiednia była słuszna. Ale królewicz zachowuje się jak dzikus nie dlatego, że nim się urodził, lecz właśnie wskutek działań ojca: chcąc uniknąć bestialstwa syna i zamykając go w więzieniu, uczynił z niego właśnie dzikie zwierzę.

Niezwykle piękne przedstawienie, jedno z wybitniejszych dzieł tego reżysera, miało głęboki sens filozoficznych pytań o to, jak zachować się wobec wskazówek, które daje los. Ulegając przepowiedniom, działamy wszak pod ich dyktando i sami stajemy się ich posłusznymi wykonawcami. W szczególnej mierze dotyczyło to sytuacji Polaków, próbujących z ruchów władzy i działań opozycji wyczytać przyszłość.

Zgodnie z dramatyczną konwencją jedną z postaci dramatu jest błazen Clarin – uosobienie gorzkiej mądrości autora sztuki, ironiczny komentator wydarzeń. Jerzy Trela jako Clarin był smutnym błaznem: wiedział i rozumiał więcej od innych, ale też gorzko zdawał sobie sprawę z nieprzydatności tej wiedzy wobec przypadkowego, bezrozumnego losu. Nie uśmiechał się i nikogo nie bawił, raczej konstatował stan faktyczny, co bywało aktem odwagi. A kiedy powodowany roztropną ostrożnością ukrył się na drzewie przed toczącą się bitwą, dosięgła go przypadkowa kula. Trela lubił grać tę rolę – dawała wytchnienie po ogromnych partiach głównych, pozwalała na uruchomienie innych rejestrów emocjonalnych.

Zdegradowany Konrad, podstępny carski urzędnik, mądry i cierpki błazen – te trzy role pokazywały skalę aktorskich możliwości Jerzego Treli. Warto pamiętać, że w tym czasie w repertuarze teatralnym były wciąż *Dziady* i *Wyzwolenie,* w związku z czym aktor miał okazję co parę wieczorów objawiać całkiem inne oblicze. Komediowe, groteskowe, tragiczne, tragikomiczne. Groźny i zadzierzysty Jasiek z *Wesela* przeistaczał się w Gustawa-Konrada, Konrad z *Wyzwolenia* w carskiego urzędnika Ziemlanikę. Najtrudniejsze dla aktora ułożenie repertuaru teatralnego występowało wówczas, kiedy przewidziano najpierw spektakle *Wyzwolenia,* a bezpośrednio po nich *Dziadów.* Trudność stanowiło odbycie drogi na wspak: od Konrada dojrzalszego, samoświadomego, do bardziej zjednoczonego ze swymi emocjami. Ten nienaturalny, odwrócony porządek rozwoju postaci był barierą w grze.

Lata osiemdziesiąte, zwłaszcza pięciolecie 1983–1988 były dla Starego Teatru okresem próby. Atmosferę społeczną po zniesieniu stanu wojennego latem 1983 roku przez kilka lat przenikała stagnacja, przygnębienie, dojmujący brak nadziei na zmianę. Ta atmosfera dotykała zarówno publiczność teatralną, jak i twórców – trudno było znaleźć wyspy innego ładu. Swoją obecność w Starym Teatrze zredukowali wybitni twórcy. Jerzy Jarocki reżyserował na Zachodzie, borykał się też z poważnymi problemami zdrowotnymi. Grzegorzewski realizował swoje przedstawienia w warszawskim teatrze Studio, którego został dyrektorem. Andrzej Wajda przygotował jeszcze w roku 1984 znakomitą *Zbrodnię i karę,* z Jerzym

Z Jerzym Radziwiłowiczem w *Portrecie* Mrożka w reżyserii Jerzego Jarockiego, 1988.

Stuhrem i Jerzym Radziwiłowiczem – przedstawienie jeździło po świecie, podtrzymując prestiż teatru – ale później na kilka lat wycofał się ze Starego. W pejzażu społecznych nastrojów narastała frustracja i poczucie przegranej, wielu artystów próbowało znaleźć swoje miejsce za granicą. W Starym Teatrze coraz częściej zdarzały się spektakularne artystyczne porażki. Jerzy Trela, fatalnie obsadzony w *Affabulazione* Pasoliniego i *Termopilach polskich* Micińskiego (oba spektakle w reżyserii Krzysztofa Babickiego), nie potrafił obronić swoich postaci, nie znajdował dla nich odpowiedniego języka. Zagrał je rzetelnie, ale fałszywie. Kryzys teatru był widoczny i dotkliwy, bynajmniej nie z winy dyrektora Stanisława Radwana, cieszącego się zaufaniem aktorów, ani z zaniedbań samego zespołu, wciąż trwającego w niemal niezmienionym składzie. Zewnętrzne obiektywne czynniki nie pozwalały na normalne funkcjonowanie.

Dopiero koniec lat osiemdziesiątych przyniósł zapowiedź przełomu. Jedną z tych zapowiedzi stał się *Portret* Mrożka w reżyserii Jarockiego – historia dwóch przyjaciół, z których jeden został komunistą, a drugi z komunizmem walczył. Bartodziej doniósł na przyjaciela w imię swojej słusznej ideologii; Anatol został skazany na śmierć. Teraz Bartodziej, odstawiony na boczny tor, mieszka na prowincji z żoną i ze swoim wyrzutem sumienia, czyli duchem Anatola. Kłopot pojawia się, gdy widmo zaczyna się zaniedbywać, zanikać – Bartodziej czuje się nieswojo. W końcu wyjaśnia się przyczyna: wyroku nie wykonano, Anatol przesiedział sporo lat w więzieniu, a teraz wyszedł na wolność. Bartodziej udaje się do niego do stolicy – wyznaje mu prawdę i domaga się, żeby Anatol zemścił się na nim. Tylko w ten sposób zostanie ocalona logika jego świata. Anatol nie jest już jednak dawnym konspiratorem; stracił kawał życia w więzieniu, teraz chce żyć i zapomnieć o przeszłości. Ale historia, która naznaczyła obu bohaterów nieodwracalnie, nie daje się zlekceważyć. Pijacki wieczór, wypełniony ideowymi pieśniami, kończy się ingerencją ducha – Ducha Dziejów? A może Stalina? – który strąca Anatola ze stołu, pogrążając go na resztę życia w niemocie i bezruchu. W ostatnim obrazie unieruchomionym Anatolem, siedzącym tępo na wózku, opiekuje się Bartodziej, czytając mu na głos wiersze. Nie jest jasne, czy bezwzględna historia przegrywa z ludzką solidarnością i sumieniem. Mimo pytań i wątpliwości, jakie budził spektakl, rodziło się w finale coś na kształt prostego moralnego wskazania, wyrażonego oczywiście nie wprost, opatrzonego znakami zapytania.

Przedstawienie, które miało premierę z początkiem 1988 roku, wyprzedziło – i zapowiadało – dylematy, jakie przyszło rozstrzygać po przełomie 1989 roku. Co zrobić z rachunkami przeszłości, jakie powinny być relacje prześladowców i ofiar, by nie okazały się trucizną na następne pokolenia? Czy można i czy należy unikać zemsty? Czy trzeba dążyć do wyrównania krzywd?

Scenicznymi rzecznikami tych pytań byli dwaj wybitni aktorzy: Jerzy Radziwiłowicz w roli Bartodzieja i Jerzy Trela jako Anatol. Obaj mieli wizerunek związany mocno ze swoimi uprzednimi rolami: Radziwiłowicz w filmach Wajdy (*Człowiek z marmuru, Człowiek z żelaza*), Trela w zmitologizowanych w międzyczasie przedstawieniach Swinarskiego, co nadawało ich udziałowi dodatkowe sensy. Grali kontrastem, wykorzystując różnicę scenicznych charakterów. Radziwiłowicz precyzyjnie powolny, wystudiowany, składał z drobiazgowych etiud wizerunek schizofrenicznego ideologa w odstawce. Trela zamaszysty, rysujący rolę grubszą, niecierpliwą kreską, nadawał swej postaci wojskowy sznyt, pod którym kryła się widoczna skaza, tajemnica, coś skrzętnie ukrywanego. Akt zdrady, a może tylko zwykły cyniczny konformizm, podszeptujący mu działania rozsądne

Z Dorotą Pomykałą w spektaklu *Życie snem*, w tle Jerzy Radziwiłowicz, 1983.

i opłacalne. Razem stanowili kapitalny duet dwóch różnych postaw wobec zagarniającej ich historii, z której żadna nie jest ani bezdyskusyjna, ani zapewniająca komfortowe przetrwanie.

Stary Teatr odzyskiwał swój potencjał. W tym samym roku 1988, dwa miesiące później, Andrzej Wajda dał premierę *Dybuka*, najważniejszego dramatu żydowskiego, nazywanego czasem „żydowskimi *Dziadami*". *Dybuk* przez kilkadziesiąt lat z powodów politycznych nie gościł na polskich scenach (za wyjątkiem warszawskiego Teatru Żydowskiego, gdzie istniał na innych prawach). Powstał bardzo efektowny, nastrojowy spektakl, angażujący dużą część zespołu Starego Teatru – Jerzy Trela zagrał w *Dybuku* Meszułacha, tajemniczego wędrowca, który jest komentatorem wydarzeń, jakby znał ich wyższy, sekretny sens. Może jest postacią nadprzyrodzoną?

Apogeum nowej mocy teatru objawiło się w pierwszej połowie roku 1991 – w ciągu dwóch wiosennych miesięcy, od kwietnia do czerwca, na dużej scenie ukazały się trzy premiery: *Ślub* Gombrowicza w reżyserii Jerzego Jarockiego, kolejna wersja *Wesela* w interpretacji Andrzeja Wajdy, *Śmierć Iwana Iljicza*, adaptacja opowiadania Lwa Tołstoja przeniesiona na scenę przez Jerzego Grzegorzewskiego. Powrót wybitnych twórców do Starego Teatru był spektakularny.

W *Ślubie* Jerzy Trela stworzył jedną ze swych najważniejszych ról. Zbudowaną na zupełnie innej zasadzie niż wielkie role z lat siedemdziesiątych, angażującą inne środki i inną aktorską filozofię.

Ignacy, Ojciec i Król (tak określa bohatera autor) jest postacią o chwiejnym statusie, na poły fanastasmagoryczną, na poły realną. Dotyczy to całego świata przedstawionego, który śni się Henrykowi, żołnierzowi „w północnej Francji na linii frontu". We śnie powraca do rodzinnego domu – który jest „przeinaczony", zrujnowany, zdegradowany. Ukazują mu się Ojciec, Matka, była narzeczona... ale wszyscy w dziwny sposób odmienieni, poniżeni. Ten świat snu uzyskuje momentami jakby samodzielność, Henryk musi dokonać radykalnych działań, by go sobie podporządkować... Ponieważ „wszystko to jest niejasne", dawne reguły życia społecznego zostały zawieszone albo unieważnione, trzeba ustanowić nowe – lecz Henryk nie jest pewien, jaki powinien być ich fundament.

Stary hierarchiczno-patriachalny ład świata na oczach Henryka odgrywa swój koniec. Do domu-karczmy wdzierają się Pijacy. Ojciec musi się bronić przed Pijakami, którzy chcą „mu nabić" – i w tej heroicznej obronie urasta do figury Króla.

Trela świetnie wydobył całą ambiwalencję postaci Ojca. Najpierw uderza w ton uroczysty, patriarchalny i namaszczony, używając grubo potraktowanych środków charakterystycznych. Winduje ów uroczysty ton na tyle wysoko, by odsłonić skrywany lęk, przezwyciężany ceremonialną formą Ojca. Jednocześnie cały czas objawia świadomość gry, jaka się wokół niego toczy, jest wewnątrz tej gry i zarazem poza nią. Od czasu do czasu porozumiewa się z Henrykiem niejako na boku, wychodząc ze swojej ojcowsko-królewskiej formy. Chce być archetypem Ojca gwarantującego porządek świata, ale spod wzniosłej, teatralnie odgrywanej powagi co rusz wyłania się coś żałosnego, śmiesznego i lękliwego. Gdy do jego nędznej karczmy wdzierają się Pijacy, są groźni, rozjuszeni, żądają wódki i chcą dobrać się do Mańki, służącej, niegdyś narzeczonej Henryka, ojciec broni się przed nimi znieruchomieniem, zastygłą maską twarzy (właśnie ta nieruchomość ich obezwładnia), a gdy sytuacja pęcznieje i domaga się zwrotu, Ojciec puszcza się biegiem wokół stołu. Biegnie i biegnie – trudno powiedzieć, ile razy Trela okrąża scenę, ale trwanie tego biegu wydaje się nie mieć końca. Wreszcie Ojciec jednym skokiem forsuje szafę i z jej szczytu

Ślub Gombrowicza w reżyserii Jerzego Jarockiego, 1991. Jerzy Trela – Ojciec, Danuta Maksymowicz – Matka, z tyłu Jerzy Radziwiłowicz – Henryk, Szymon Kuśmider – Władzio.

ogłasza się niedotykalnym. W tym biegu Trela jest równocześnie nieodparcie śmieszny (cała górna część ciała jest nieruchoma, poruszają się tylko nogi, niczym figury z animowanego filmu; w którejś chwili wyrzuca w górę prawą rękę i biegnie ze wzniesioną) i groźny, przerażony i nieustraszony. Niemal szalony i w końcu zwycięski. Aktor balansuje na granicy śmiechu i powagi, obnaża postać, ale też nadaje jej mocne rysy – tego Ojca nie da się zlekceważyć. Widać w tej roli składniki jego warsztatu: skłonność do ironii, wyrazisty rysunek postaci, operowanie mocną formą – połączone z odcieniem szaleństwa, nieobliczalności. A równocześnie czuć siłę wypowiadanych słów, potraktowanych serio, z dogłębnym zrozumieniem. Ta wyrazista forma, ostry kontur postaci nie wydają się nigdy efektem żmudnej, cyzelatorskiej i drobiazgowej roboty – jest w nich raczej rozmach i spontaniczność. Ojciec Treli reprezentował nie tylko stary ład, ale siłę oporu świata zespolonego archetypowymi, hierarchicznymi regułami wobec nadciągającego świata rozmytych, niejasnych wartości i zasad. Jego kreacja pozwalała dostrzec, jaką ów świat przeszłości ma siłę – pomimo przegranej.

Premiera *Ślubu* miała miejsce 20 kwietnia 1991 roku – było to już ósme podejście Jerzego Jarockiego do tego dramatu. Przedstawienie miało doborową obsadę, raz jeszcze demonstrującą ogromny potencjał zespołu: rolę Henryka grał Jerzy Radziwiłowicz, towarzyszyli mu, oprócz Ojca–Treli, Danuta Maksymowicz w roli Matki, Dorota Segda jako Mańka i Krzysztof Globisz w roli Pijaka. Cała obsada *Ślubu* stworzyła znakomite role, a przedstawienie okazało się teatralnym arcydziełem, jednym z kilku ważniejszych przedstawień teatralnych po roku 1989. Jerzy Trela otrzymał za tę rolę kilka nagród: Nagrodę imienia Zelwerowicza, nagrodę Festiwalu Polskich Sztuk Współczesnych we Wrocławiu, Złoty Wawrzyn Grzymały.

Półtora miesiąca później wszedł na scenę w premierowym przedstawieniu *Wesela* Andrzeja Wajdy, tym razem w roli Poety. Nie zagrał wprawdzie w pierwszej po latach premierze Grzegorzewskiego w Starym Teatrze, *Śmierci Iwana Iljicza*, ale pojawił się w następnej, rok później. *Tak zwana ludzkość w obłędzie* – scenariusz Grzegorzewskiego oparty na dramatach Witkacego – był typową dla tego reżysera piorunującą mieszanką kabaretu, melancholii i grozy. Kolekcjoner sztuki i jego muza męczą się we wzajemnej męsko-damskiej psychomachii, gdy tymczasem nadciąga rewolu-

Monolog Adolfa w przedstawieniu *Dziady – dwanaście improwizacji* w reżyserii Jerzego Grzegorzewskiego, 1995.

cja, która zmiecie wszystkie dotychczasowe dzieła sztuki jako szkodliwy wyraz wybujałego i niepotrzebnego indywidualizmu. Trela jako Pułkownik Abłoputo jest jednym z „Onych", przynoszących zmiany – to dobry wujaszek, pełen poczucia humoru, który nie zawaha się jednak w stosownym momencie zniszczyć zgniłego świata, skazanego na zagładę przez historię. Absurd, groteskowy komizm podszyty grozą tworzyły z tej postaci niezapomniane Witkacowskie indywiduum.

Spotkanie z Grzegorzewskim miało swoje następstwa. Upłynęło dość czasu, by teatr mógł ponownie wystawić *Dziady* – zwłaszcza gdy projekt firmował wybitny reżyser w apogeum swoich sił twórczych. Jerzy Grzegorzewski, przystępując do realizacji *Dziadów*, zaproponował Jerzemu Treli rolę Guślarza. Po paru przymiarkach Trela odmówił.

„To była naturalna reakcja aktora, który przez dziesięć lat kilkaset razy zagrał *Dziady* na tej scenie. Kiedy po jakimś czasie trzeba wrócić do tego tytułu, wejść w te same sytuacje, oczywiste jest, że pojawiają się wspomnienia o ludziach, z którymi grałem, a których już od dawna nie ma. Miałem wtedy uczucie, że – świadomie lub nie – dotykamy z Grzegorzewskim czegoś bardzo bolesnego, pustych miejsc. Niby wiem, że aktor powinien mieć w sobie siłę zrobić wszystko na scenie, przezwyciężyć każdą niedyspozycję, ale takie zabawy z pamięcią są niezwykle uciążliwe dla psychiki. To przecież nie byłaby już rozmowa z duchami z przeszłości, ale niemal dosłowna rozmowa z ludźmi, którzy umarli. A z duchami trudno się gada. Pewnie, że nie straszyły mnie te duchy, ale czułem, jak zaczynają się we mnie odkręcać jakieś śruby"[24].

W przedstawieniu *Dziady – dwanaście improwizacji* (premiera w czerwcu 1995 roku) Trela ostatecznie wypowiedział monolog Adolfa – tego, który w scenie Salonu Warszawskiego opowiada o tragicznych dziejach Cichowskiego. W przedstawieniu Adolf został nazwany Zesłańcem – a w innej części Jerzy Trela pojawiał się jako Pustelnik.

Spektakl Grzegorzewskiego burzył teatralną tradycję wystawiania *Dziadów* – jak zresztą większość najważniejszych inscenizacji tego dramatu. Teksty Mickiewicza z poszczególnych części (włączając także część I) zostały rozbite i skomponowane w scenariuszu reżyserskim na nowo, według innych założeń. Grzegorzewskiego nie interesowała dramaturgia *Dziadów*, nie chciał inscenizować zawartych w nich historii. Skupił się na tropieniu poszczególnych wątków, motywów, utrwalonych i powracających obrazów. Meandryczną, trudną do wytropienia od razu osią przedstawienia stawała się wędrówka poety-twórcy w głąb własnej i zbiorowej pamięci. Konrad – Jerzy Radziwiłowicz spotykał w tej drodze siebie z lat młodości jako Gustawa (Andrzej Bienias), a także Pustelnika – Jerzego Trelę.

„«Jak mnie zimno! Jak tu zimno! Gdzież jestem?» – pyta na początku przedstawienia Jerzy Radziwiłowicz. «W przyjaciela domu» – odpowiada Jerzy Trela. Kładzie mu rękę na ramieniu i odchodzi. To nie Pustelnik rozmawia z Księdzem, ale dawny pamiętny Konrad daje młodszemu koledze przyzwolenie na podjęcie swojej roli. Więcej nawet można w tej krótkiej, wcale nie sentymentalnej, scenie odczytać – przekazany tu zostaje mit Konrada, wyzwanie postaci"[25].

Grzegorzewski chciał zachować monolog Adolfa – opowiadanie o Cichowskim – w całości, bez skrótów. Jednak „tworząc swoją wizję pokazanego w krzywym zwierciadle Salonu Warszawskiego, długo nie wiedział, co z tym monologiem zrobić. Cały czas szukaliśmy sposobu, jak go powiedzieć. W pewnym momencie zaproponowałem, aby pojawienie się Adolfa w salonie powodowało, że goście stopniowo zaczynają go opuszczać – wytworzyła się nieprzyjemna atmosfera, wszedł człowiek niewygodny i wszystkich ta sytuacja zaczyna uwierać. Podczas monologu towarzystwo powoli się wykrusza i w końcu Adolf zostaje sam. Grzegorzewski zgodził się, aby tak pracować, a po kilku próbach zadecydował: «Gdy Jurek pojawi się na scenie, wy wszyscy uciekacie», i tak się stało, wszyscy wybiegli, a ja stawiam krzesło, siadam i zaczynam mówić pierwsze wersy. W tym momencie Grzegorzewski wybiega z widowni, zabiera krzesło z głębi sceny i stawia je na proscenium i mówi: «Tutaj będziesz mówił», i tak zostało – na kilkanaście minut mojego monologu Grzegorzewski «wyłączył» swój teatr, wyrażając szacunek wobec wartości, które były zawarte w tekście"[26].

Wielki aktor, dawny Konrad, zostaje sam na pustej scenie – musi się zmierzyć z publicznością, opowiadając całkowicie statycznie długą historię o polskim męczeństwie. Czy będzie w stanie skupić uwagę widzów na kilkanaście minut, które w czasie scenicznym trwają bardzo długo – pozbawiony wsparcia inscenizacji, czystą mocą swojego talentu? Pierwsze słowa wypowiadał jakby niepewnie, badając gotowość widzów na pełne uwagi słuchanie. Po chwili zapadała cisza i następował moment największej koncentracji.

„Trzecim solo [po Wielkiej Improwizacji i monologu Pani Rollison] jest zaś opowiadanie Adolfa z Salonu Warszawskiego, kończące pierwszą część przedstawienia. Salon kłębi się i mizdrzy, skaczą po nim diabły, ktoś nagle mówi w boczną kulisę, jak gdyby wywołując ociągającego się: «Niech pan opowie...». Wychodzi na scenę Jerzy Trela, stawiają mu krzesło na samym proscenium, przodem do widowni. Całe towarzystwo ze sceny wychodzi i niekoniecznie dlatego – jak interpretowano – że «o takich rzeczach słuchać nie bardzo bezpiecznie», tylko dlatego, że Trela opowie tę historię najprywatniej samej widowni: siedząc, w skupionym świetle, skupionym cichym głosem. Cały teatr zmienia się w tym momencie i to, co teraz dzieje się między sceną a widownią, to właśnie dziady, wspominanie zmarłych, wspominanie czyjegoś zmarnowanego w więzieniach życia, któremu nie trzeba przypisywać mesjańskich znaczeń, by wspominać je i o nim myśleć. To najbardziej chyba przejmująca chwila przedstawienia i – bez blagi – dawno nie widziałem takiego wzruszenia na widowni"[27].

Skupienie widowni było w tym momencie sprawą kluczową – Trela nie podnosił głosu, mówił kameralnie, siedząc nieruchomo. Każde zaburzenie koncentracji groziło unicestwieniem tej delikatnej konstrukcji. Toteż na jednym z przedstawień aktor, w obronie tej niezbędnej uwagi, zdecydował się na zachowanie dość ryzykowne. „W pierwszym rzędzie tuż przy moim podeście siedział chłopak z dziewczyną. Gadali, on pił coca-colę i puszkę postawił na tym moim podeście. Chwilkę czekam, a on gada, widać chce być w centrum uwagi. Odbiera mi robotę! Nie wytrzymałem, podszedłem spokojnie do puszki i z całej siły kopnąłem. Przeleciała ponad głowami widzów i uderzyła o ścianę. Zrobiła się martwa cisza, ja spokojnie wróciłem na swoje miejsce i dokończyłem monolog. Po spektaklu chłopak przyszedł mnie przeprosić". Trela dodaje, że właściwie powinien zostać ukarany przez ZASP, ale też daje do zrozumienia, że wzajemna umowa między aktorami i widownią musi być respektowana – inaczej nie ma mowy o spełnieniu się teatru.

W roku 1996, po odejściu Tadeusza Bradeckiego ze stanowiska dyrektora teatru, nastąpił okres paromiesięcznych poszukiwań nowego kandydata; w końcu dyrektorem została Krystyna Meissner, dotychczasowa dyrektor Teatru im. Wilama Horzycy w Toruniu, twórczyni międzynarodowego festiwalu Kontakt. Nie znalazła jednak wspólnego języka z zespołem Starego Teatru; wkrótce nastąpiły konflikty na linii kierownictwo–aktorzy–reżyserzy, które doprowadziły do odejścia Krystyny Meissner po jednym sezonie. Jej następcą został Jerzy Bińczycki, który odpowiedzialną i trudną w obliczu konfliktów pracę przypłacił zawałem serca – zmarł w październiku 1998 roku.

W tym samym czasie, w roku 1997, Jerzy Grzegorzewski został mianowany dyrektorem Teatru Narodowego w Warszawie, właśnie otwieranego po trwającej wiele lat odbudowie po pożarze w latach osiemdziesiątych. Grzegorzewski, kompletując od podstaw zespół, ściągał także aktorów krakowskich: w pierwszej premierze, *Nocy listopadowej* wzięli udział Krzysztof Globisz, Dorota Segda, Jacek Poniedziałek, Jan Peszek, Jan Monczka. W swoim teatrze reżyser widział także miejsce dla Jerzego Treli, który – w obliczu personalnych zawirowań w Starym Teatrze – był gotowy na bardziej długofalową współpracę z Grzegorzewskim. Najważniejsze role lat 1999–2002 zrobił właśnie w Narodowym, w przedstawieniach Grzegorzewskiego.

Nadal pracował w Starym Teatrze, ale coraz częściej grał także w teatrach warszawskich – Ateneum, Polonii, Dramatycznym, Na Woli, Studio. W Krakowie powrócił do współpracy z Krzysztofem Jasińskim i Teatrem STU – w 2006 roku przygotował monodram *Wielkie kazanie księdza Bernarda* Leszka Kołakowskiego, w reżyserii Jasińskiego.

W ostatniej ważnej roli w Starym Teatrze powrócił znowu motyw autotematyczny – tym razem dotyczący nie tylko ról z przeszłości, ale także

Król umiera, czyli ceremonie Ionesco w reżyserii Piotra Cieplaka, 2008. Jerzy Trela jako Król.

pożegnania ze sceną. W dramacie Eugene'a Ionesco *Król umiera, czyli ceremonie* (reżyseria Piotr Cieplak, premiera w listopadzie 2008) Króla – Jerzego Trelę – otaczają trzy kobiety: pierwsza królowa Małgorzata – Anna Polony, druga królowa Maria – Anna Dymna, i posługaczka Julia – Dorota Segda. Królewski Lekarz oznajmia, że Król umrze za półtorej godziny. Strażnik pilnuje ceremonii umierania. Ukochana Króla Maria, infantylna i współczująca, chce uchronić go przed tą straszną wiadomością, Królowa Małgorzata przeciwnie: racjonalnie i bez litości chce go zmusić, by przygotował się do śmierci. Królestwo jest w rozsypce, wszystko zostało roztrwonione, terytorium się skurczyło, prawie nie ma już obywateli... Śmierć przychodzi w odpowiedniej chwili – ale Król nie chce umrzeć. Ucieka przed straszną wiedzą w dzieciństwo, a nawet zdziecinnienie, przywołuje wspomnienia. Stara się zatrzymać i wydłużyć każdą chwilę, uparcie nie chce wyrzec się władzy nad swoim żałosnym, szczątkowym królestwem. Jest na zmianę kapryśny i uparty, śmiertelnie znużony i bezradny. To coś odgrywa, to znów wydaje się dojmująco szczery. Dwór zabawia go, śpiewając piosenki... Ale decydująca chwila musi nadejść – Król, całkiem już zdziecinniały, zostaje wyprowadzony ze sceny przez Królową Małgorzatę.

„Trela, umierający Król i żegnający się ze sceną Stary Aktor, oraz Anna Polony – Królowa Małgorzata – Aktorka Niemłoda, świadoma tego, że czas porzucić teatralne życie, schodzą na widownię, przeciskając się między fotelami, by wyjść na oświetlone oślepiająco foyer przez uchylone nieco drzwi, tajemniczą szczelinę prowadzącą w świetlisty niebyt. Słychać

Próba wierności

Rozmowa z JERZYM TRELĄ

Jerzy Trela, aktor Starego Teatru, pierwsze sukcesy aktorskie odnosił w teatrze studenckim – związany był ze STU. Wybitne kreacje stworzył w dziełach teatralnych wielkiego inscenizatora Konrada Swinarskiego. Wśród świetnej galerii scenicznych postaci naczelne miejsce przypada jego wspaniałej roli Konrada w „Wyzwoleniu" Stanisława Wyspiańskiego.

– Był pan Konradem w „Dziadach" reżyserowanych przez Swinarskiego. Wydaje mi się, że w miarę upływu czasu – podobnie jak powstają legendy wokół postaci Konrada Swinarskiego – narasta mit o tym przedstawieniu, a jego wartość zdaje się z czasem nabierać mocy, przygniatatającej, być może, innych twórców.

– Nie jest to sprawa konfrontacji z czasem, ale ze zdarzeniami, które potem następują. Zawsze się tworzy mity o tym, co w jakiś sposób się zapisało, podrażniło, poruszyło ludzi. Wiem jednak, że obok zwolenników było wielu, którzy nie zgadzali się z przedstawieniem Swinarskiego, którym ono nie odpowiadało. Teraz dawni oponenci zaczynają je chwalić, zauważają wartości, których nie dostrzegali poprzednio.

– Wśród „Dziadów" zrealizowanych w ciągu ostatnich lat najwięcej hałasu powstało wokół skandalizującego przedstawienia domie i na przekór „Dziadom" Starego Teatru, taki kształt spektaklu wybrał młody reżyser.

– Nie nazwałbym tego konkurowaniem artystycznym czy ideowym z przedstawieniem Swinarskiego, bo uważałbym to za uwłaczające Jego pamięci. Trudno jednak nie zauważyć, że jest w tej chwili mania – nie nazwę tego modą tylko manią, taką jak mania prześladowcza – przebijania się wzajemnego twórców teatru. Przebijania się: kto wyżej, kto więcej.

Bardzo często ludzie nie wybierają sobie tematu, na który chcą mówić, ale twórcę, kolegę, którego chcą przebić. Będę lepszy od ciebie... A w sztuce nie można myśleć tymi kategoriami, ponieważ wtedy zatraca się swoją osobowość, ucieka się od niej. Uważam, że jedynie cierpliwe trwanie przy swojej osobowości, bronienie swojego światopoglądu, ma rację bytu.

– Czy w panu, aktorze z 1979 roku, jest coś z tamtego człowieka, który grał w teatrze STU przed laty?

– Trudno mi powiedzieć, czy coś jest. W każdym razie chciałbym, żeby było, żeby cały czas było.

– Mówi pan o wierności sobie, o zachowaniu własnej osobowości...

– Nie mogę apodyktycznie mówić o sobie, kim jestem. Nie wiem, kim jestem. Wiem, kim chcę być. Czasami się, niestety, nie udaje dotrzymać sobie wierności. Bywa, że po serialu rodzą się wyrzuty sumienia.

– Wspominał pan kiedyś o teatrze STU i o tym, jak bardzo ważne było to, że mogliście mówić od siebie. Każdy spektakl w studenckim teatrze był pańską autorską wypowiedzią. Jakie jest miejsce na wypowiedź własną aktora w teatrze profesjonalnym?

– Tam mieliśmy absolutnie wolną rękę. W teatrze zawodowym jest to skomplikowane i trudne, ale takie możliwości istnieją. Jeżeli człowiek się uprze, jeżeli chce – zawsze może przemycać swoje racje. Może przekonywać do swoich racji ludzi, z którymi współpracuje. Jest na to czas prób. Czasem zdarza się, że współpracujemy z ludźmi, którzy bronią się przed przyjęciem sposobu myślenia drugiego człowieka; cierpią na przerost ambicji, a wynika to z niepewności zawodowej. Podczas takiej współpracy bardzo ciężko bronić swojej osobowości.

– Mówi pan o współpracy aktora z reżyserem?

– Nie tylko z reżyserem, ale także z innymi aktorami. Jesteśmy całą grupą. Reżyser wymyśla jakąś ideę i proponuje nam. I my, albo w nią wierzymy, albo nie. Zdarza się, że

płacz dziecka, płacz nowego życia. Wszystko może zacząć się od nowa: życie teatru i życie człowieka. Tyle że to już będzie inny teatr z innymi aktorami. To prawda oczywista i w swej oczywistości bardzo trudna do zaakceptowania"[28].

W istocie przedstawienie rozgrywane jest cały czas na dwóch poziomach: tragikomiczna historia o umieraniu i lęku przed śmiercią splata się z dramatem aktorów, którzy mierzą się z perspektywą porzucenia sceny. Pragnienie odejścia splata się nierozerwalnie z wolą pozostania; świadomość, że muszą przemówić ze sceny inne pokolenia, miesza się z niezgodą na oddanie swojego pola. W spektaklu pojawiają się wciąż odwołania do słynnych przedstawień Starego Teatru: fragmenty ról, sytuacji, rekwizyty. Anna Dymna jako Królowa Maria śpiewa Królowi piosenkę Pasterki Zosi z *Dziadów* Swinarskiego. Dorota Segda nosi w kieszeniach czerwone szpilki Mańki ze *Ślubu* i śpiewa jako Albertynka z *Operetki*. Anna Polony wyjmuje ze starego pudła egzemplarz *Wyzwolenia* i rudą perukę Muzy – nałoży ją niezgrabnie, wypowie parę wersów, ręką wykona jej gest... Jerzy Trela jako umierający i już tracący rozeznanie rzeczywistości Król wypada z szablą Konrada z *Wyzwolenia*, wykrzykuje jakieś niezrozumiałe frazy o zrywaniu więzów... Przytomna Królowa Małgorzata odbierze mu szablę i poprowadzi za rękę jak nadmiernie pochłonięte zabawą dziecko. Sprowadzony ze sceny, wyrywa się i jeszcze raz się na nią gramoli. Wszak światem i życiem jest dla niego scena, i to właśnie ta konkretna scena Starego Teatru, a konieczność jej porzucenia staje się figurą śmierci. Dla pamiętających przywoływane przedstawienia widzów, jak i dla aktorów, ta ceremonia pożegnania Starego Teatru była przejmująca i dotkliwa.

W roku 2000 w kilku wywiadach pytano Trelę o Stary Teatr, w związku z jego rolami warszawskimi. Odpowiedzi aktora były sformułowane prosto: „Stary Teatr jest moim drugim domem. Jest moją drugą rodziną"[29].

„Wielu moich kolegów – Jurek Stuhr czy Janek Peszek – zrezygnowało z etatu i poszło na wolny rynek. Ale ja nie umiem za bardzo sobą zarządzać i nie miałem najmniejszego zamiaru tego robić. Stary był i jest wciąż moim ukochanym teatrem. Tu zostawiłem wszystko to, co jest dla mnie najważniejsze. I nawet dla niego wchodziłem w politykę, czego, moim zdaniem, artysta nie powinien robić. Ale dla dobra teatru zostałem posłem. Mam świadomość, że to było ze szkodą dla mnie – aktora, ale mimo to nie żałuję"[30].

Chłopcy Grochowiaka w reżyserii Adama Nalepy, 2008. *Od lewej:* Jerzy Trela jako Józef Kalmita z Anną Polony, Anną Dymną i Dorotą Segdą.

W grudniu 2012 dziesięcioletnią dyrekcję Starego Teatru zakończył Mikołaj Grabowski; nowym dyrektorem został Jan Klata. Kontrowersyjne decyzje nowego dyrektora i mocno odmieniony styl przedstawień sprawiły, że wielu aktorów starszego pokolenia nie odnajdowało się w pracy zespołu. Jerzy Trela deklarował, że młodzi artyści mają prawo do własnej wypowiedzi i do buntu wobec tego, co uważają za przestarzałe. Wydarzenia, jakie nastąpiły jesienią 2013 roku, przyspieszyły decyzję o rozstaniu z teatrem.

„W listopadzie 2013 pod szyldem Starego Teatru wystawiono dwa performance, w których niewybrednie żartowano ze śmierci Konrada Swinarskiego, bliskiego mi człowieka. Moją reakcją było złożenie wypowiedzenia"[31]. Wprawdzie Jerzy Trela nie był już etatowym pracownikiem teatru – przeszedł parę lat wcześniej na emeryturę – ale wiązała go umowa dotycząca grania w spektaklach *Król umiera, czyli ceremonie* i *Chłopcy*. Dwudziestego ósmego listopada 2013 złożył wypowiedzenie tych umów, wraz z nim uczyniła to Anna Polony. Piątego stycznia 2014 zagrał wraz z Polony ostatni spektakl w Starym – *Chłopców* Grochowiaka. Annie Dymnej, wahającej się, co w tej sytuacji zrobić, powiedział: „Zostań. Powinnaś zostać".

Tłumacząc w wywiadzie swoją decyzję, powoływał się na zobowiązanie osobiste: reżyser był ojcem chrzestnym jego córki Moniki.

„Wie pani, jak został ojcem chrzestnym mojej córki? Planowałem chrzest, a Konrad: «Może byś chciał, żebym był ojcem chrzestnym?».

Myślałem, że żartuje, często żartował, a on powiedział, że ludzie okazują mu miłość, ale nikt nie ma odwagi powierzyć mu swojego dziecka. Mówił to z żalem"[32]. A później, gdy już nim został, „bardzo przeżywał to wydarzenie. W czasie chrztu w kościele ojciec chrzestny musi wziąć dziecko na ręce. I wtedy zobaczyłem jego przerażenie połączone z nieprawdopodobnym zachwytem. Miał pot na czole. Bał się, ale równocześnie czuł wielką odpowiedzialność. To było wstrząsające i śmieszne"[33].

Można jedynie się zadziwić nad trudną do zrozumienia charyzmą człowieka, który blisko czterdzieści lat po swojej śmierci nadal wpływa na żyjących.

Jerzy Trela przepracował w Starym Teatrze czterdzieści trzy lata, przygotował sześćdziesiąt sześć ról. Setki razy stawał na jego scenie. Grał wielkie role główne i role drugoplanowe, i całe mnóstwo epizodów. Role komiczne i tragiczne, groteskowe i absurdalne, charakterystyczne i romantyczne. Grał w przedstawieniach drugorzędnych i w teatralnych arcydziełach, zagrał role wybitne, ciekawe, tylko rzetelne albo nieudane w nieudanych przedstawieniach. Jak Szekspirowscy „Najlepsi aktorzy na świecie, jednako w tragedii, komedii, historii, sielance, tragi-historii, tragi-komedio-historiosielance, w sztuce zachowującej jedność miejsca i w poemacie nieskrępowanym jednością"[34].

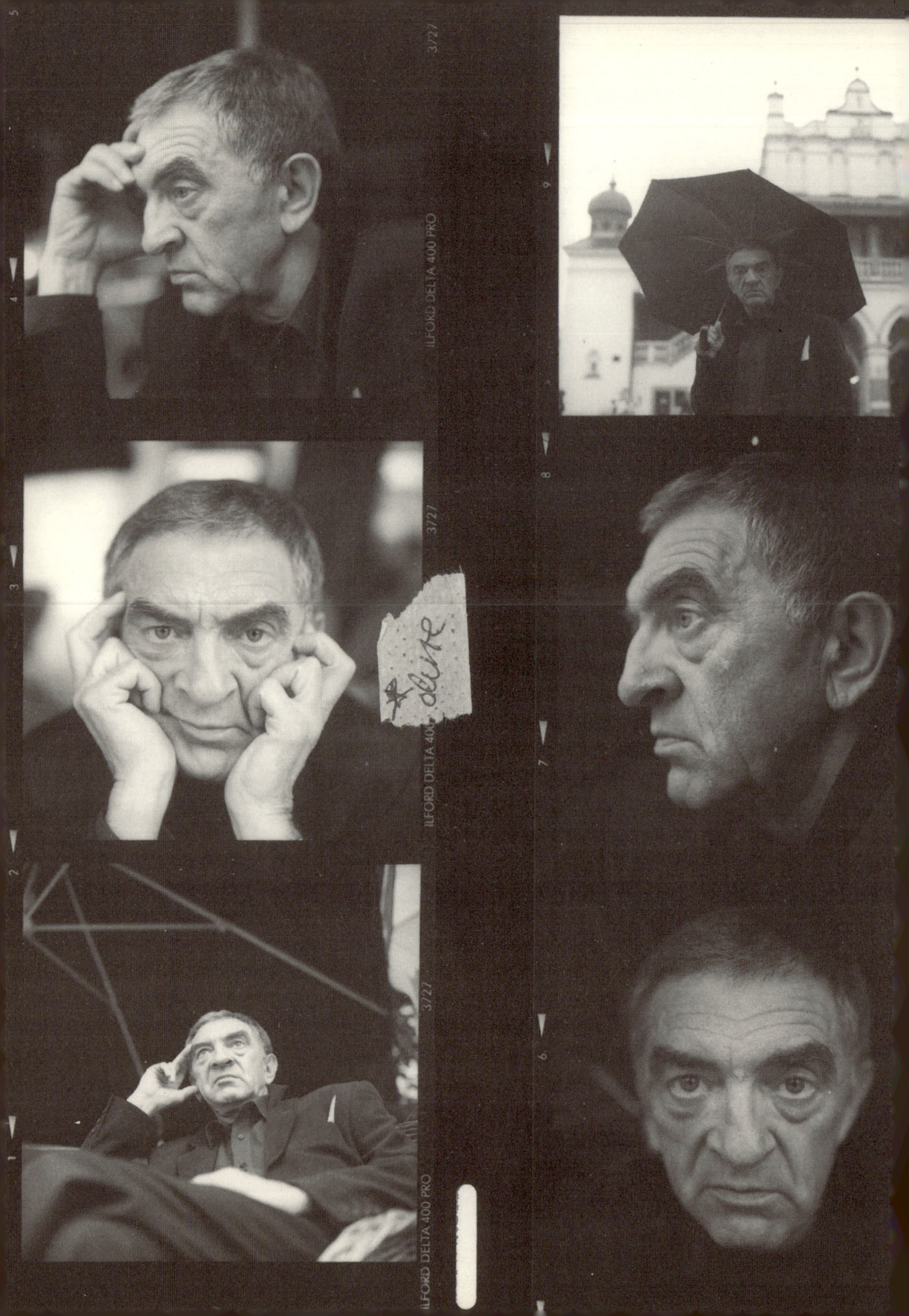
ILFORD DELTA 400 PRO
3/27
ILFORD DELTA 400
3/27
ILFORD DELTA 400 PRO
3/27

ROZDZIAŁ PIĄTY

Aktor

Sztuka

Chociaż na półkach księgarskich jest wiele pozycji dotyczących aktorów, sama sztuka aktorska jest dość powszechnie uznawana za niemożliwą do opisania. Monograficzne i biograficzne książki o aktorach dotyczą zazwyczaj ich twórczej i osobistej biografii, rejestrują wydarzenia i role, opisują kreowane postacie. Rzadko jednak zajmują się samą techniką aktorską, nie sięgają do sedna twórczości.

Dzieje się tak nie z powodu braku zdolności albo zaniechania piszących – przeciwnie, wiele jest bardzo sugestywnych i literacko udanych opisów gry aktorskiej. Przeszkodę zasadniczą stanowi sama natura tej sztuki, jej specyfika.

Słynny francuski aktor końca dziewiętnastego stulecia, Benoit Constant Coquelin, pisał:

„Narzędziem aktora jest on sam. Materiałem jego sztuki, tym, co on urabia i przetwarza dla wydobycia zeń swej kreacji, jest jego osoba, jego ciało, jego życie"[1].

To zdanie Coquelina powtarzają, w różnych wersjach, wszyscy, którzy chcą zaznaczyć nieporównywalność sztuki aktorskiej do innych sztuk. W przypadku aktora bardzo trudno odróżnić dzieło od osoby, nie istnieje zewnętrzne wobec niego „dzieło sztuki", jak obraz, wiersz czy kompozycja. Na twórczość aktora składa się talent, umiejętności, tradycja, określona interpretacja roli – podobnie jak w innych rodzajach sztuki. Na widza działa jednak w równej mierze i to, co jest od aktora niezależne i nie da się potraktować jako element świadomej twórczości: sylwetka, barwa głosu, wygląd całej postaci, rodzaj skojarzeń, jaki wywołuje taki, a nie inny, typ twarzy. Swoją fizycznością aktor powinien świadomie operować, ale jak pisać o tak zwanych warunkach? W zerowym punkcie ekspresji, jeszcze przed rolą, jego figura i oblicze ma jakiś wyraz: chłopski, arystokratyczny, pospolity albo niepokojący dziwnością. Fizyczność aktora w przestrzeni sceny jest znakiem. Ale kto jest autorem tego znaku? Czy potężna, brzuchata sylwetka jednego aktora albo uwodzicielskie spojrzenie innego są częścią sztuki aktorskiej? Czy opór części publiczności wobec Hamleta o obliczu Jerzego Stuhra dotyczył jego wyglądu, umiejętności aktorskich czy czegoś jeszcze: sumy pamięci o dotychczas granych postaciach, która nie pozwala czasem w osądzie widza przeskoczyć aktorowi na inną półkę?

W tym miejscu piszący dotyka delikatnych zagadnień oceny osoby, i to nie jej świadomych czynów, za które może być odpowiedzialna, ale wyglądu, którego nie wypada publicznie komentować. Co zrobić, gdy czyjś długi nos albo krępa, niezgrabna sylwetka jest częścią wizerunku scenicznego, którym operuje – z powodzeniem albo fałszywie, bardziej albo mniej świadomie? Wiedzą o tym doskonale reżyserzy, zwłaszcza filmowi, dla których przekaz płynący z twarzy jest podstawą obsadowej decyzji. Jednak temu, kto o aktorach pisze, trudno zdobyć się otwarcie na refleksję, że aktorka stała się naprawdę interesująca, kiedy solidnie utyła, albo że zniszczona alkoholem twarz aktora zyskała niezwykłą siłę wyrazu. A przecież te fizyczne warunki mają często zasadniczy wpływ na obsadową decyzję.

„Aktor jest sam, osobiście e l e m e n t e m, n a r z ę d z i e m, ś r o d k i e m w y r a z u swojej kreacji"[2], pisała Halina Mikołajska. Wybitna aktorka, niezwykle świadoma instrumentów własnej sztuki, potrafiła przejmująco zwerbalizować to, co w środowisku aktorskim jest dobrze znane, ale rzadko formułowane:

„Sukces młodej, kwitnącej dziewczyny, który jest owocem nie tylko jej żywotnej wrażliwości, żywiołowości jej wnętrza, chłonności psychicznej, ale podparty został również urokiem jej gładkiej szyi, pięknym osadzeniem głowy na kręgosłupie jeszcze wolnym od nieuchronnych zmian reumatycznych, blaskiem oczu nie pomniejszonych jeszcze tą spadającą na rzedniejące rzęsy wiotką fałdą górnej powieki, ten sukces wielokrotnie publicznie nagrodzony... Jakież to niebezpieczeństwo! Zagrożenie pomylenia środków z samym celem i wreszcie degradacji swych możliwości. Bo, aby nadal pozostać twórcą, żeby nadal móc mówić prawdę, trzeba nadal używać swej autentycznej, niekłamanej, niemal fizjologicznej «prywatności». Trzeba czasem obnażyć już nie łabędzią szyję, ale pomarszczoną kurzą grdykę i spojrzeć mniejszymi, już nie tak triumfalnie błyszczącymi

oczyma w oczy publiczności, aby jej powiedzieć równie wyraziście jakąś część innej, nowo odkrytej dzięki czasowi prawdy"[3].

Również naturalne dyspozycje psychiczne bywają czasami trudne do odróżnienia od elementów aktorskiej kreacji. Czyjaś prywatna żywiołowość, poczucie humoru, ekstrawertyzm czy skłonność do duchowego ekshibicjonizmu bywają wprzęgane w proces kreacji roli. I chociaż sama rola jest już konstrukcją nałożoną na osobiste predyspozycje, to przecież są one jakoś w tę konstrukcję wmontowane. Błędem jest, oczywiście, przekonanie, że ktoś „po prostu zagrał siebie", choć takie opinie czasem się pojawiają, ale zawsze trzeba pamiętać, że rola jest robiona „z materiału mózgu, nerwów i serca własnego", jak pisał Leon Schiller. Bardzo często rola „żeruje" na prywatnym charakterze aktora, trudno zatem uznać cechy granej postaci wyłącznie za element kreacji.

Jeśli uznać w przypadku aktorstwa za owo dzieło sztuki konkretną rolę, powstaje pytanie, kto jest tego dzieła autorem. Rola jest wypadkową twórczych dążeń wielu osób, rodzi się ze zderzenia wizji autora, reżysera i samego wykonawcy. Jakże często słyszy się zdanie, że aktorowi „zrobiła" rolę jakaś okoliczność, pomysł czy sytuacja; wyśmiewana nieraz walka z drabiną albo obecność żywego zwierzęcia, kontrapunktująca czy ośmieszająca działania aktora. Ale ustalenie, kto dokładnie jest pomysłodawcą owego konceptu – reżyser, aktor, scenograf czy przypadek – jest prawie niemożliwe, zważywszy na wielobarwność teatralnej popremierowej anegdoty.

W refleksji teatrologicznej i w krytyce teatralnej od drugiej połowy ubiegłego wieku autorstwo roli zaczęto stopniowo przypisywać reżyserowi, jego uważając za twórcę nie tylko inscenizacji, ale i koncepcji poszczególnych postaci i, co najważniejsze, sposobu pracy nad rolą. Reżyser jest więc tym, który tworzy aktorski styl, ideologię i metodę. Aktor Grotowskiego czy Lupy nie może po prostu podobnie zagrać u innego reżysera. Jeśli występuje gdzie indziej niż u swego mistrza, musi radykalnie zmienić środki wyrazu i metody pracy, nie może się odwołać do czegoś, co jest jego własnym, wypracowanym warsztatem.

Publiczność ma jednak swoje zdanie i raczej nie zastanawia się nad kwestią autorstwa roli – wybierając przedstawienie, kieruje się znacznie częściej obsadą niż nazwiskiem reżysera lub autora. Chodzi się na aktorów –

nawet jeśli, jak Jerzy Trela, podkreślają, że nie są gwiazdami, a jedynie jednym z elementów widowiska teatralnego.

Na sposób pracy i podejście do zawodu aktora teatralnego wpływa niemało ulotność tej sztuki, jej esencjonalna teraźniejszość. Dzieło aktora trwa tylko w czasie spektaklu; to, co pozostaje, jest tylko pamięcią. Nie istnieje żaden jego obiektywny, odporny na działanie czasu materialny nośnik. Aktorstwo spełnia się jedynie w dialogu, wobec publiczności. Istnieje tylko współcześnie, tu i teraz. Bardzo często sami twórcy mówią, że zapisany na taśmie filmowej czy nośniku cyfrowym spektakl zawiera tylko część prawdziwej zawartości przedstawienia, nie mówiąc już o niemożności nawiązania bezpośredniego kontaktu z widzem. Nie jest możliwe docenienie tej twórczości po latach, przez innych, lepiej rozumiejących intencje autora odbiorców – jak w literaturze albo w malarstwie. Jeśli aktor nie zafascynuje tych odbiorców, którzy określonego wieczoru przyszli go zobaczyć, przegrywa całkowicie. Niczego nie da się poprawić później.

W publicznym odbiorze dzieła aktorskiego wytwarza się presja oczekiwań: aktor wnosi na scenę albo na ekran własny wizerunek złożony z uprzednio zagranych postaci. Widzowie spodziewają się, że udział określonego aktora będzie oznaczał obecność pewnego typu postaci. Są aktorzy, którzy świadomie tworzą i wykorzystują taki wizerunek w kolejnych rolach – widoczne jest to zwłaszcza w filmie. Filmowy Charlie wykreowany przez Chaplina, nowojorski intelektualista Woody'ego Allena, w Polsce pełen sarmackiej fantazji i radości życia bohater Daniela Olbrychskiego to ludzie, z którymi widz spodziewa się spotkać, zaczynając oglądać film. Odstępstwo od tego wizerunku, zagranie jakiejś „całkiem innej" roli czasem spotyka się z aprobatą jako odkrycie nowych możliwości, ale bywa również przez widzów odrzucane: nie z powodu artystycznej porażki, ale zbyt mocno ugruntowanych przyzwyczajeń. Nieraz aktor ma do wyboru – czy powielać sprawdzone środki kreowania bohatera, dając publiczności to, co lubi, ale nie rozwijając się, czy spróbować innych form ekspresji, ryzykując brakiem aprobaty.

Czy istnieją jakieś sprawdzone terminy, ułatwiające pisanie o aktorstwie? Mówi się czasem o aktorach „formalnych", czyli takich, którzy starannie i drobiazgowo obmyślają zewnętrzny kształt roli, demonstrują własny kunszt, i „naturalnych", posiadających umiejętność „bycia na scenie" („bycia sobą") w opozycji do „grania". Wiadomo również, że niezależnie od stylu epoki, zawsze byli aktorzy dążący do transformacji, przeistaczający się w każdej roli, i tacy, którzy grane postacie przyciągali do siebie, nadając im własną postać. Z punktu widzenia osobowości twórczej można mówić o aktorach intelektualnych, dochodzących do roli poprzez dogłębną analizę dramatu (lub koncepcji inscenizacyjnej), i o intuicjonistach, dla których długie próby stolikowe są właściwie niepotrzebnym balastem.

Jednak te wszystkie rozróżnienia okazują się mało przydatne, kiedy próbujemy scharakteryzować czyjąś konkretną sylwetkę aktorską. W innych dziedzinach sztuk określenia stylu lub epoki mówią sporo: jesteśmy w stanie wyobrazić sobie, jak może wyglądać pejzaż namalowany przez impresjonistę albo wiersz romantycznego poety. Gdy się jednak powie: „aktor formalny", nie mówi to prawie nic.

Czy zatem trzeba się zgodzić z krytykiem, który pisze: „w opisywaniu aktorstwa Treli trzeba się godzić na bezradność, gdyż w głowach widzów słowa o jego geście, głosie, twarzy zawsze trwają żałośnie krótko, wstydliwie krócej niż widma realnego głosu i twarzy prawdziwej. Trzeba się poddać, bo teatr naprawdę potężny to chwile, kiedy dajesz za wygraną – odkładasz pióro, zamykasz zeszyt, opuszczasz ręce"[4]? Na pewno nie da się uchwycić w słowach istoty czyjegoś aktorstwa ani też ułożyć ze słów takiego tekstu, który byłby ekwiwalentem żywej scenicznej obecności. Można jednak z obserwacji i z wypowiedzi samego aktora ułożyć szkic, pozwalający utrwalić przynajmniej zarys tej sylwetki, jej niepowtarzalną aurę.

Cennym materiałem, pozwalającym zbliżyć się do twórczości aktorskiej, bywają własne świadectwa pisane ludzi sceny – wspomnienia, dzienniki, felietony, teksty programowe. Pośród aktorów wielu jest piszących, publikujących swoje refleksje w czasopismach teatralnych lub książkach. Wielcy aktorzy przedwojenni – Osterwa, Jaracz i Zelwerowicz – zostawili po sobie bardziej lub mniej obszerną spuściznę pisarską, pokazującą ich rozumienie sztuki aktora, umiejętność czytania literatury jako materiału dla teatru, czasem także sposób pracy. Również wybitni aktorzy drugiej połowy dwudziestego wieku – Tadeusz Łomnicki, Gustaw Holoubek, Jan Kreczmar, później Jerzy Stuhr – spisywali własne przemyślenia w tym zakresie. Ale nawet Łomnicki, który zresztą zostawił po sobie najbardziej wartościową w minionym półwieczu książkę o warsztacie aktora, *Spotkania teatralne*, zanotował:

„Pisać o moim zawodzie nie jest łatwo. Wszystko bowiem, co robi aktor i czym oddziałuje, jest zmysłowe i bardzo konkretne. Ileż to razy, wspominając jakiś film, opowiadamy samą tylko anegdotę. Mówiąc o aktorze, zwykle kończymy: «Tego się nie da opowiedzieć ani pokazać. Musisz pójść i zobaczyć». I właśnie to, czego nie można opisać i pokazać, jest czystym aktorstwem"[5].

W latach ostatnich rozpowszechnioną formą wypowiedzi stały się wywiady rzeki, które jednak zazwyczaj dotyczą przypadków życia, także zawodowego, w postaci przygód i spotkań teatralnych i filmowych. Stosunkowo rzadko ich autorzy, zarówno rozmówcy, jaki i bohaterowie, usiłują sformułować głębsze refleksje dotyczące istoty zawodu, celu jego uprawiania, technik wiodących do zbudowania roli. Dowiadujemy się z nich, w czym ich bohaterowie grali, z jakimi reżyserami współpracowali, jak przebiegało ich życie – ale nie dowiadujemy się, jakimi są aktorami.

Jerzy Trela nie należy do aktorów wypowiadających się na piśmie, nie jest także bohaterem wywiadu rzeki. Udziela wywiadów prasowych, ale raczej nie formułuje w nich zawodowych reguł, nigdy też nie zdradza, w jaki sposób przygotowuje się do roli. Z wypowiedzi innych aktorów wiadomo jednak, że o tym złożonym i wymagającym wielu poszukiwań procesie da się sporo opowiedzieć. Trela ma spory dystans do werbalizowania spraw, które lepiej przekazać bezpośrednim działaniem. Istnieją dla niego obszary rzeczywistości, o których można coś powiedzieć, ale są również takie, o których należy milczeć, bo wiedzę o nich daje jedynie doświadczenie – i te ostatnie zdają się w opinii aktora zdecydowanie przeważać. Jerzy Trela nie jest intelektualistą – co oznacza, że nie lubi uogólnień, uniwersalnych mądrości, głębokich refleksji i rozważań; mówiąc krótko, nie lubi gadania o myśleniu. Jego głęboka mądrość znajduje wyraz w działaniu, w pracy, w stosunku do ludzi i do życiowych zadań. Kiedy reżyser zaczyna rozwijać skomplikowane idee, jakie pragnie w spektaklu wyrazić, Trela albo milczy, przeczekując taktownie tę potrzebę werbalizacji, albo, jeśli relacja z reżyserem na to pozwala, przerywa swoim: „Eee, idźże, idźże, nie gadaj mi tu, prosto powiedz, o co ci chodzi". Anna Dymna porównała Trelę do żywiołu przyrody: „Woda jest woda, ogień jest ogień, Jurek jest Jurek. Po prostu"[6]. Żywioły nie mówią o sobie, tylko są – bez potrzeby tłumaczenia własnego istnienia. Coś jest albo czegoś nie ma, niczego się nie da zaklajstrować gadaniem, choćby najmądrzejszym. Trela robi więc wszystko, aby wszędzie, gdzie może i gdzie go potrzebują, być – woli zrobić niż opowiadać, jak by to zrobić można.

Nie da się więc zebrać jego poglądów na sztukę aktorską i sformułować zgrabny artystyczny światopogląd, pełen deklaracji typu „najważniejsze w teatrze jest słowo" albo „nie należy na scenie grać siebie". Chociaż jest wybitnym pedagogiem, trudno sobie wyobrazić, aby napisał podręcznik sztuki aktorskiej. Sylwetkę Treli kreśloną w słowach trzeba lepić z innej materii: z okruchów wypowiedzi, które nie wprost ujawniają rodzaj myślenia; ze sposobu rozwiązywania zadania, jakie stawia rola. Czasem z opowieści współpracowników. Sam Jerzy Trela komunikuje się za pomocą konkretów, a najchętniej – anegdot. One według niego mówią więcej niż formułowane prawdy uniwersalne, do niczego nieprzydatne, pozostawiają też słuchaczowi czy czytelnikowi margines własnej interpretacji.

Pewne hasła pojawiają się w wywiadach na tyle często, by móc je uznać za element programu. Trela najczęściej mówi o zespołowości teatralnej kreacji jako podstawowym warunku spełnionego aktu twórczego. Ukształtowało go w młodości doświadczenie tworzenia własnego teatru – Teatr STU był miejscem, w którym wszyscy odpowiadali za całość: i konkretnego przedstawienia, i miejsca, i organizacji pracy. Potem w Starym Teatrze praktykowana zasada zespołowości sprawdzała się równie skutecznie i przynosiła świetne efekty.

„Graliśmy ze sobą jak w jazzie. Kiedy dostałem epizod we *Wszystko dobre, co się dobrze kończy* Swinarskiego, byłem szczęśliwy, że w tym zespole mogę być jednym małym dźwiękiem. Zespół stał się moją fascynacją, punktem odniesienia. [...] W Starym Teatrze znaliśmy się doskonale, wyczuwaliśmy się wzajemnie, rozumieliśmy się, ale też umieliśmy się zaskakiwać. Każde spotkanie było nieprzewidywalne. Właśnie Stary Teatr dał mi spotkanie z Anną Polony, Anną Dymną, Leszkiem Piskorzem, Leszkiem Świgoniem, potem z Krzysztofem Globiszem, Dorotą Segdą. Także z Jerzym Bińczyckim, Wiktorem Sadeckim, wspaniałą Ewą Lassek. Tak wiele graliśmy razem z Jerzym Radziwiłowiczem..."[7].

Określenie „grali jak w jazzie", które pojawiło się w jednej z recenzji, jest dla Jerzego Treli najwyższym stopniem uznania. „Jeśli czuje się partnerów, to wystarczy, że podadzą temat i już wiemy, jak grać; i to wcale nie muszą być partnerzy dobrze znani"[8]. Właśnie dlatego tak ważny jest zespół, wzajemne zaufanie i zawodowa lojalność – wtedy „partnera się odczuwa, że coś go w danym dniu niesie – to ja mu w tym nie przeszkadzałem, tylko pomagałem. I czułem to odwrotnie – kiedy ja leciałem w górę, czułem wsparcie u kolegów, a nie torpedowanie tego wzlotu. Tak jak chłopcy grają w jazzie, że jeden wychodzi na solo, a reszta mu akompaniuje i go niesie". Dlatego Trela nigdy nie miał oporów przed graniem epizodów, uważając to za normalną kolej rzeczy w ramach reguł zespołu. Inna sprawa, że często z tych epizodów tworzył małe arcydzieła – trudno było sobie potem wyobrazić, by w tej mało ważnej z pozoru roli ktoś mógł go zastąpić. I kiedy Trela mówi „ja nie należę do aktorów, dla których się przychodzi tylko i wyłącznie do teatru. Bo mam świadomość swojej służebności – grając w teatrze, jestem jednym z jego elementów" – to nie ma w tym fałszywej skromności, tylko rzeczowa ocena przyjętej pozycji.

Służebność jest następnym ważnym hasłem. Rozumiana dwojako: w wymiarze najbardziej elementarnym jako służebność własnej pracy, własnego wkładu wobec złożonego przedstawienia, które jest owocem wysiłków wielu ludzi i nie można nadmiernie eksponować swojego w nim udziału. Po wtóre zaś jako służebność artysty wobec odbiorcy jego sztuki: jeśli, mówi Trela, zdarzało mi się być artystą, to jedynie w poczuciu, że to ja jestem dla publiczności, a nie ona dla mnie. Przeciwstawia się przypisywaniu środowisku aktorskiemu misji – co się zdarzyło w latach siedemdziesiątych, a zwłaszcza osiemdziesiątych. „Aktor nie ma do spełnienia misji – ma powinność wobec ludzi. Zatem na miarę swoich możliwości powinien dawać widzowi DOBRĄ sztukę, a nie iść na łatwiznę"[9]. „Misja" to określenie wyróżniające, wynoszące ponad ogół, tymczasem terminy powinności i służby inaczej ustawiają relację artysty i jego publiczności. Niedyspozycja fizyczna nie jest żadną wymówką, o ile tylko można stać na nogach. „Aktor z gorączką ma grać, aktor jest od tego, żeby grał z gorączką" – mówi Trela na zarejestrowanym fragmencie próby ze studentami, kiedy jedna z dziewczyn tłumaczy kiepską formę grypą.

Chociaż nigdy tego wprost nie deklaruje, sztuka teatru ma dla niego przede wszystkim wymiar etyczny – wartość artystyczna powinna być pochodną tego wymiaru. „Pozwolę sobie zacytować Jaracza, człowieka, który gorzko okupił swój sukces, przeszedł przez wszystkie pułapki, grzechy, a nawet upadki zawodu: «Nie żądam ideału, bo wiem, że jest nieosiągalny, ale żądam wiary, że on istnieje, i żądam, aby robić według niego rachunek sumienia zawodowego – żądam sumienia»"[10].

O sprawach dotyczących stricte techniki aktorskiej, czyli sposobu pracy, podejścia do materiału literackiego, czynników na których buduje role Jerzy Trela, nigdy się nie wypowiada. Ten zakres zagadnień można opisać jedynie, obserwując jego grę.

Trela jest na pewno aktorem słowa – mistrzem w jego wypowiadaniu, w przekazywaniu sensu. Ale równocześnie traktuje słowo jako niezależny czynnik ekspresji. Trela ma donośny, niski głos, jego słowa rezonują w całej przestrzeni sceny i widowni. Ale swoich kwestii nie cyzeluje, nie zajmuje się wydobywaniem znaczeń i dopieszczaniem każdego słowa. Nie modeluje intonacji, przeciwnie: spłaszcza ją. Właściwie rezygnuje z atutu, jakim jest melodyjność języka. Z jego giętkości, frazowania, zabawy rytmem wiersza, możliwości translokacji akcentów. Mówi szorstko, na jednym tonie, startując przeważnie z wysokiego poziomu i stopniowo zniżając linię słów. Mowa jest przede wszystkim ładunkiem energii i emocji. A równocześnie, co zaskakujące, ta energia i żar słów zamieniają się w pełne ekspresji brzmienie – w muzykę opartą nie na melodii, ale dźwięku i rytmie. Często się zdarza, że aktorzy próbujący z mowy uczynić mocny przekaźnik ekspresji gubią sensy słów – krzycząc, wypluwając słowa w szalonym tempie, popadając w nienaturalnie wysokie tony. Treli nigdy się nie zdarza, aby znaczenie jakiegoś słowa nie docierało do widowni – obojętne, jakiej siły i rodzaju dźwięku używa. Wydaje się, że tekst literacki, który stanowi bazę jego roli, jest dla niego najważniejszym źródłem pracy.

Ciałem posługuje się w sposób wyrazisty, nieco sztywny. Nie dysponuje dość typową w tym zawodzie giętkością i plastycznością. Rodzaj gestu wiąże się z typem jego sylwetki – Trela używa gestów mocnych, zdecydowanych, chciałoby się powiedzieć: retorycznych. Znaczących, a nie psychologicznie umotywowanych. Wyrzuca do przodu rękę, jakby ciskał kamień, kieruje dłoń ku rozmówcy tak, że płynie z niej sugestywna siła. Cofa ugiętą w łokciu rękę z otwartą dłonią, jakby chciał coś odepchnąć albo powstrzymać. Zaciska i wznosi w górę pięść. Stoi mocno, na lekko rozstawionych nogach, a kiedy klęka, słychać łoskot uderzenia kolan o podłogę. Rysuje ruch zdecydowaną, wyrazistą kreską.

Jego aktorstwo opiera się na mocnej konstrukcji formalnej. Można tu dopatrzyć się wpływu plastycznej edukacji i wczesnych doświadczeń teatralnych: sztuka była dla niego przede wszystkim kwestią formy – faktury, barwy, kształtu. Musiał wiedzieć, jaka konstrukcja umożliwia ruch

lalki albo marionetki, i jak ten ruch przekłada się na wyraz, który chce się osiągnąć. Nauczył się też zapewne, że sztuka teatru polega na konkrecie rozwiązań – równie mocno, jak na artystycznej wizji. Za pomocą wyrazistego, nawet ekspresyjnego stylu Trela dąży do syntezy, poszukując pojemnej, zwartej formy, zdolnej pomieścić wiele znaczeń. Nie maluje akwarelą, nie rozdrabnia się na szczegóły – zarówno mały, jak i wielki realizm są mu obce, tak samo jak psychologiczne niuanse.

Mówi się o niektórych aktorach (albo o ich konkretnych rolach), że grają (są zagrane) z dystansem – to potoczna wersja terminu Brechta, tworzącego nowe reguły funkcjonowania widowiska teatralnego. Ktoś, kto gra z dystansem, wskazuje na przedział między sobą a postacią, demonstruje dyskretnie, że jedynie ją gra – przekazuje motywacje, które należą wyłącznie do postaci, a nie do aktora. Gra z dystansem byłaby ostatnim określeniem, które dałoby się zastosować w odniesieniu do Jerzego Treli. Jego gra jest pełna wewnętrznej pasji, cechuje ją żarliwość, wysoka temperatura emocji. Nieraz powściąganych, ale w widoczny sposób drzemiących wewnątrz postaci – właśnie napięcie między hieratyczną, nieruchomą zewnętrzną formą a kotłującymi się w środku uczuciami tworzy w jego rolach wartość tak przykuwającą uwagę. Trela jest bardzo blisko swoich bohaterów. Nie utożsamia się z nimi, ale bierze ich na siebie i działa – czasem walczy – w ich imieniu. W pracy nad rolą dąży do zgłębienia istoty postaci, jej podstawowego mechanizmu, najważniejszej siły napędowej – odrzuca przy tym nieistotne szczegóły. Jak mówi Stanisław Radwan, główny wysiłek myślowy Treli to odsiewanie ziarna od plew i skupianie się wyłącznie na istocie rzeczy.

Fenomen Treli polega na łączeniu prawdy odruchowej reakcji ze starannym jej przygotowaniem. Partnerów scenicznych nieraz to zastanawia: jest w jakiejś roli, scenie, do bólu prawdziwy, autentyczny, niczego nie udaje – a próby ujawniają, że ma to wszystko obmyślone, przygotowane, potrafi każdy efekt powtórzyć.

Może dlatego, że jest w tak bliskim emocjonalnym związku ze swoimi bohaterami, podkreśla rozdzielność życia i teatru. „Staram się nie przenosić roli na życie. Czapka na głowę i idę do domu. Mam taki odruch obronny, by nie ulec teatrowi do końca. To nie wynika, jak pan sugeruje, ani z lęku, ani z nieufności wobec sztuki. To jest nie tylko kwestia podświadomości, ale i świadomości. Jako aktor daję tyle od siebie, żeby przetransponować postać na siebie. I tyle samo, by włożyć siebie w postać. W teatrze możemy otrzeć się o prawdę, ale przecież teatr jest zmyśleniem, iluzją i prawdy w nim do końca nie ma"[11]. Gdy w rozmowie zaczyna się mówić o granej przez niego postaci, pytając o jej motywacje, Trela czujnie prostuje: to nie ja, to postać, proszę tego nie mylić! Nigdy poza sceną czy planem filmowym nie odgrywa jakichś kawałków ze swojej roli, nie próbuje pokazać, że w życiu także, naprawdę jest w jakiejś mierze tym wspaniałym bohaterem.

Przyparty do muru deklaruje: „Dla mnie punktem wyjścia są Stanisławski czy Czechow. To taki fundament, podstawa, z której startuję do pracy nad rolą"[12]. „Z jakiej jesteśmy szkoły? Myślę, że z tej samej, co Al Pacino, Marlon Brando, tylko nie jesteśmy tak doskonali. Więc punktem wyjścia jest nadal realizm. To jest podstawówka. Dla jednych imienia Stanisławskiego, dla innych Kazana czy Strasberga. Bez realizmu trudno się obejść"[13]. Jednak w przypadku Treli nie jest to typowy realizm psychologiczny czy naturalizm – nie interesuje go przekonujące odtworzenie postaci od zewnątrz, tak jak ją postrzega otoczenie, ale jej wnętrze. Jeśli jest blisko swoich bohaterów, to nie poprzez dokładną obserwację, ale dzięki włażeniu do środka. Realizm oznacza dla niego prawdę wewnętrznych reguł i emocji, myśli i motywacji, a nie prawdę zachowań.

Gdy się ogarnie cały dorobek Jerzego Treli, widać również, że nie da się go przypisać do określonego rodzaju aktorstwa. Na ogół wybitni aktorzy dzielą się na takich, którzy grają wielkie role główne, w repertuarze wysokim (nazywano ich dawniej „rezonerami") i którzy przekazują główne tezy autora, i aktorów charakterystycznych, czyli takich, którzy w rozlicznych przemianach ukazują galerię typów ludzkich, z ich słabościami i śmiesznościami. Ci pierwsi skupiają się na efektownym przekazaniu myśli, ci drudzy, sięgając do bardzo różnorodnych środków aktorskich, prezentują ludzkie charaktery widziane okiem zewnętrznego obserwatora. Są jeszcze aktorzy stricte komediowi, są wybitni epizodyści... Jerzy Trela uprawiał z powodzeniem każdy z tych rodzajów. Grywał Konradów, ale równocześnie pokręcone, dziwaczne i śmieszne postacie Witkacego. Koledzy z młodości uważali go za wybitny talent komiczny, i nawet trochę żałowali, że ten talent został późniejszymi rolami u Swinarskiego zaprzepaszczony. Żal był przedwczesny, bo potem Trela niejednokrotnie śmieszył publiczność ze sceny i z ekranu, nawet odwołując się do swoich ról heroicznych. W przedstawieniu *Klub Polski*, portretującym polską dziewiętnastowieczną emigrację we Francji, w reżyserii Pawła Miśkiewicza (Warszawa, Teatr Dramatyczny 2010) siada na krześle i zaczyna skierowaną do widzów opowieść, nawiązując otwarcie do swojej roli z *Dziadów* Grzegorzewskiego. Jest to także opowieść o męczeństwie, ale całkiem innego rodzaju: żołnierz emigrant skarży się na rozliczne zdrady żony, którym usiłuje zapobiec, odwołując się do patriotycznych uczuć jej i jej kochanków... Jest naprawdę zrozpaczony i zdesperowany, mówi całkiem serio o swoim nieszczęściu, a publiczność pęka ze śmiechu. Trela jako aktor komediowy wyznaje sprawdzoną zasadę, że ten, kto ma rozśmieszać, sam nie powinien się śmiać – i dlatego gra takie role z ponurą, nieruchomą gębą. W filmie i w teatrze stworzył Trela także ogromnie dużo epizodów i ról drugoplanowych – i często się zdarzało, że z całego przedsięwzięcia widzowie pamiętali najbardziej właśnie ów epizod Treli.

Życie

Jak wygląda życie aktora, który odniósł sukces, czyli dużo gra? Rzadko kiedy zachodzi tak wielka rozbieżność pomiędzy potocznymi wyobrażeniami na temat zawodu a jego realnym, codziennym obliczem. Pozycja znanego aktora jest nie od dziś przedmiotem pożądania: aktor jest sławny, świetnie zarabia, a na dodatek prowadzi bardzo ciekawe życie, wcielając się w rozmaitych bohaterów, co w interesujący sposób poszerza skalę doświadczeń. Spotyka się na planie z innymi sławnymi aktorami, przebiera w kostiumy... A sama jego praca nie wydaje się zbyt ciężka: gra, bo po prostu umie lub ma do tego talent. Trudnością może być co najwyżej nauczenie się dużych partii tekstu.

Dopiero uczestnictwo w próbach teatralnych albo obecność na planie filmowym pozwalają zobaczyć inne oblicze tego uprzywilejowanego zawodu. Przedstawienie teatralne jest przygotowywane minimum dwa miesiące, ale w wielu przypadkach okres prób rozciąga się do kilku miesięcy, a czasem nawet obejmuje cały sezon – od jesieni do późnej wiosny. Jarockiemu i Lupie zdarzało się pracować nad spektaklem rok. Przygotowanie *Dziadów* Swinarskiego trwało od września do lutego – próby trwały nieraz osiemnaście godzin, reżyserowi zdarzało się mdleć z wysiłku i napięcia. Stworzenie roli to setki przymiarek, ustaleń, powtórzeń, zmian, korekt. Wcześniej – zbudowanie wnętrza kreowanej postaci, ustalenie jej motywacji, relacji z innymi postaciami. Tę konstrukcję wypróbowuje się w sytuacjach scenicznych, podejmując co krok decyzje wspierające zasadniczą koncepcję.

To okres prób, czyli szczęśliwy okres twórczy. Po premierze następuje weryfikacja: przedstawienie może okazać się nieudane, i długotrwały nieraz wysiłek idzie na marne. Nie ma w tym względzie żadnej gwarancji, sukcesu nie gwarantuje ani nazwisko reżysera, ani długi okres prób. Jeśli przychodzi prawdziwy sukces, przedstawienie jest grane przez kilka lat i trzeba zachować świeżość i mobilizację również na setnym i dwusetnym przedstawieniu, bo widz ogląda je po raz pierwszy. Przez cały czas trzeba walczyć o aprobatę i uwagę publiczności – aktor jest pod presją nieustannej oceny.

Ci, o których mowa w tej książce, łączą pracę w teatrze z aktywnością w filmie i telewizji. Są – a przynajmniej w przeszłości byli – etatowymi pracownikami teatrów, zobowiązanymi do grania w wyprodukowanych przedstawieniach. Udział w filmie, jeśli zdjęć nie kręcono latem, w okresie przerwy urlopowej, nie zwalniał z obowiązku obecności w spektaklach. Bardzo często trzeba było więc codziennie dojeżdżać na plan, a po skończonych po południu zdjęciach jechać z powrotem, by zdążyć na wieczorny spektakl. Tak Jerzy Trela kręcił *Znikąd donikąd* w reżyserii Kazimierza Kutza, pierwszą swoją główną rolę filmową, późną jesienią 1974 roku. Zdjęcia odbywały się w górach, niedaleko Szczawnicy. W repertuarze Starego Teatru były *Dziady* i *Wyzwolenie* oraz kilka innych przedstawień z udziałem aktora. Niełatwo sobie wyobrazić parę tygodni pracy w takim trybie. Na plan jeździło się często nocą albo świtem, przed wschodem słońca – stąd liczne wypadki samochodowe, jakie nękają aktorów. Anna Dymna, która uległa dwóm poważnym wypadkom w drodze na plan filmowy, wspomina, że w latach osiemdziesiątych nie zagrała kilku ról w filmie z powodu braku benzyny, koniecznej w takim trybie pracy.

Rzadko zdajemy sobie również sprawę, jak ogromnym wysiłkiem – psychicznym i energetycznym – jest zagranie dużej czy głównej roli w trzygodzinnym przedstawieniu. Można to zrobić trzy, cztery razy z rzędu, granie w dłuższych cyklach jest już bardzo uciążliwe.

„Wysiłek jest olbrzymi – każdy «blok» takich spektakli (gramy często *Dziady* blokami po sześć spektakli) autentycznie mnie spala. Po takim tygodniu jestem wykończony psychicznie, fizycznie, potłuczony. Są takie momenty, kiedy trudno mi jest znaleźć w sobie dość odporności psychicznej, aby przetrwać taki ciężki okres. Rano próba – od 10.00 do 14.00, później jeszcze muszę zarobić poza teatrem (niestety to jest prawda, sytuacje życiowe często nas do tego zmuszają: w teatrze nie jestem w stanie zarobić tyle, żeby utrzymać rodzinę) – właściwie cały dzień od dziesiątej rano do szóstej wieczór mam zajęty, po czym muszę grać ciężki spektakl, do którego powinienem się przygotowywać cały dzień. Jestem jeszcze silny, w miarę młody, ale jak długo tak można? To są blaski i cienie naszego zawodu"[14] – tak mówił Trela za młodu, w roku 1975 – i wszelkie świadectwa wskazują, że przez następne trzydzieści lat niewiele się w tym względzie zmieniło.

Koszty uprawiania tego zawodu są widoczne na każdym kroku. Psychiczne, zdrowotne, życiowe. Trudno, pracując w takim trybie, prowadzić normalne życie rodzinne. A napięcie związane z przygotowywaniem roli odczuwa się całą dobę, co często przenosi się na najbliższe otoczenie.

„Każda mocno rozbudowana postać wymaga pewnego wysiłku psychicznego, czasem i fizycznego. Ona może wywoływać stresy, napięcia, stąd u aktorów częste zawały, choroby wrzodowe. Niektórzy nie wytrzymują presji tego zawodu, który wymaga ogromnej wrażliwości, wręcz nadwrażliwości i – co jest sprzeczne z logiką – niesamowitej odporności psychicznej"[15].

Jak wygląda praca znanego aktora w praktyce, niech pokaże jeden przykład. W czerwcu 1991 roku Trela słyszy gdzieś, że Łomnicki szykuje się do ważnej dla siebie roli w przedstawieniu telewizyjnym. Ma grać wielkiego aktora, kreującego rolę Szekspirowskiego Leara, który zostaje zniszczony przez Stalina. Dyktatora będzie grał Gajos. Na początku października Trela odbiera telefon od Kutza: Jurek, ratuj. Gajosowi sprawy zawodowe tak się fatalnie złożyły, że nie jest w stanie wziąć udział w nagraniu. Do nagrania pozostały raptem trzy tygodnie, scenopis widowiska obejmuje dwieście stron. Obydwie role są olbrzymie, dwóch aktorów wypełnia rozmowami dwugodzinne przedstawienie. Pierwsza reakcja: nie, to niemożliwe. To tak, jakby ktoś miał w trzy tygodnie napisać powieść. Nierealne. A jednak nie może odmówić Kutzowi, zgadza się... Łomnicki szlifuje swoją rolę od pół roku, uczestniczy też w próbach teatralnych *Króla Leara* Szekspira w poznańskim Teatrze Nowym, co nadaje dodatkowy wymiar jego grze. Jest ponadto – bagatela – uznanym geniuszem sceny, najwybitniejszym polskim aktorem. Trela przyjeżdża na nagranie, mają z Łomnickim dosłownie jedną próbę. Po tej próbie, zdając sobie sprawę z rozmiaru własnego nieprzygotowania, postanawia uciec. Wyjechać w Bieszczady, a w konsekwencji także zmienić zajęcie. Bo przecież gdyby zawalił spektakl Łomnickiemu i Kutzowi, zawalił przygotowane nagranie, nie miałby już czego szukać w zawodzie – tak przynajmniej myśli. Ale przełamuje własny lęk, zostaje. Odtąd przez cały okres zdjęć śpi w nocy systemem dwugodzinnym: dwie godziny snu, potem dwie godziny przygotowuje się do następnego dnia zdjęciowego, znów godzina albo dwie snu i znów praca. Rezygnuje z posiłków, żeby nie marnować czasu; poruszony tym Łomnicki przynosi mu kanapki.

Na planie dzieje się coś niezwykłego: „Kiedy zaczęli grać, to muszę powiedzieć, że przeżywałem chwile rozkoszy, gdyż można było nimi jak cudownymi instrumentami poruszać. Oni byli do tego stopnia skupieni na sobie, że czasami odnosiłem wrażenie, jakby byli natchnieni"[16].

Powstaje wybitne przedstawienie – ostatnia rola Tadeusza Łomnickiego, nadane w marcu 1992 roku, w dzień jego pogrzebu. Dzień smutny, a zarazem artystyczny triumf obu wykonawców. Czym okupiony? Można się jedynie domyślać. Łomnicki, który spalał się w pracy, trzy miesiące później umiera na scenie, podczas próby do *Leara*. Trela nagrywa kolejny spektakl teatralny w reżyserii Kutza, *Noc Walpurgii albo Kroki Komandora*, w stanie wycieńczenia: niedługo przed nagraniem pękły mu wrzody żołądka.

Ale o tym się nie mówi, może częściowo zapomina – bo następuje czasem chwila lotu, natchnienia, wstąpienia w inny wymiar. „To się czuje: takie napięcie, coś dziwnego, coś co niesie, doznanie lotu. Podobno mówią o tym nawet prawa fizyki, że człowiek potrafi chodzić kilka centymetrów nad ziemią. I czasem aktor czuje, że dzieje się z nim coś, czego wcześniej nie było, coś co wyzwala ogromną siłę motoryczną, odsłaniającą niedostępne wcześniej rejony odczuwania. Cena tych lotów? Przemęczenie, ciągły stres, znerwicowanie, presja"[17]. Nawet jeśli takie przeżycia występują w jednej roli na dziesięć, i tak się na nie oczekuje. Im więcej się gra, tym szansa na ten lot większa – a potem nie można się już od grania wyzwolić. Od codziennego spełniania się we wspólnocie z publicznością, słuchającą, uważną, wdzięczną za to, co zostaje jej ofiarowane.

W środowiskowych opowieściach mówi się o znanej hipochondrii Jerzego Treli, przytaczając rozmaite anegdoty. Pytanie tylko, na ile można jego uprzedzenia nazwać hipochondrią – bo zdrowotne przypadłości są w tym przypadku nader realne. Wychwalając skromność i powściągliwość aktora, Stanisław Zajączkowski mówił: „On tylko w knajpach marudził: ile razy szliśmy coś zjeść, to Jurek męczył kelnera, a świeże, a dobre, a jak zrobione... «A na co ty liczysz, naiwny, że ci powie, że nieświeże?» – mitygowałem go. Ale to jego zachowanie było zrozumiałe, bo on przez te lata ciężkiej pracy w nieustannym pośpiechu dorobił się strasznych wrzodów i musiał swój żołądek chronić"[18]. Podobne są przyczyny jego znanej fobii dotyczącej czystości kostiumu, który ma na siebie włożyć – kurz i brud wiszących latami w magazynach teatralnych kostiumów niejednego przyprawiłyby o alergię.

Hipochondria Jerzego Treli ma również inny wymiar, związany z pracą – staje się częścią warsztatu. „On jest aktorem-hipochondrykiem. Gdy grał postacie przekręcone przez los, w złym stanie psychicznym, to tuż przed nagraniem nagle wpadał w chorobę. Nie wiem, czy to jest przypadek, czy przywołanie losu, ale gdy grał Gurewicza z *Nocy Walpurgii* Jerofiejewa, to mu się wrzody otworzyły. Przy *Antygonie w Nowym Jorku* Głowackiego miał ciężką grypę. Ja czasami mam wrażenie, że on staje się postacią, którą ma zagrać"[19] – mówiła o Treli Anna Dymna. Aktor komentował: „Przy *Antygonie*... Kutza rzeczywiście dostałem grypy, bo parę dni wcześniej spacerowałem w marynarce po Antałówce przy jedenastostopniowym mrozie. Ale ta grypa była uzasadniona dla spektaklu, bo przecież ten biedny Sasza ze sztuki Głowackiego spędza całe dnie w nowojorskim parku i o niczym innym nie marzy, jak o tym, żeby się jak najszybciej przenieść na tamten świat. Z drugiej strony, rzeczywiście pojawia się u mnie taki niebezpieczny mechanizm, że im bardziej wdrażam się w postać, im bardziej ją poznaję, tym silniej odczuwam jej stany psychiczne. Może tak powinno być, a może niekoniecznie?"[20].

Wybitni aktorzy, którzy latami ciągną ogromne role, wymagające wysiłku psychicznego i fizycznego, noszą w organizmach ślady licznych kontuzji, urazów. Wymieniają się informacjami o dobrych ortopedach i specjalistach rehabilitacji. Starzeją się szybciej niż ludzie prowadzący bardziej normalny tryb życia: odbija się na nich nadmierne eksploatowanie organizmu, a setki postaci, jakim udzielają miejsca w swojej psychice i ciele, pozostawiają nader widoczne ślady swej obecności. Jerzy Trela przypłacił dziesięcioletnie granie Konrada i związane z tym upadki na deski sceniczne urazami kręgosłupa.

Teatralny i filmowy styl życia wiąże się z ogromnym stresem: pracuje się na termin, pod presją czasu, w nieustannym pośpiechu, by zdążyć do następnego zobowiązania. Operuje się delikatnym instrumentem własnej psychiki, zmuszanej do nieustannej mobilizacji, wystawia na publiczny pokaz sfery najbardziej intymne. Po wieczornym przedstawieniu, po całym dniu zdjęć trzeba zasnąć, by być gotowym na poranną próbę albo zdjęcia zaczynające się o świcie – a tymczasem cały organizm jest pobudzony wysiłkiem. Trzeba to napięcie szybko odreagować. Alkohol staje się niezbędnym składnikiem pracy, toteż choroba alkoholowa zbiera w tym środowisku nadzwyczaj obfite żniwo. Niektórym udaje się wyplątać, o czym opowiadają z dumą w mediach. Inni mimo wysiłków nie potrafią się uwolnić; są i tacy, którzy tych wysiłków nie podejmują w obawie o własną kreatywność i wydajność artystyczną.

Z alkoholizmem zmagają się bardzo często najwybitniejsi, najbardziej wrażliwi, najmocniej przerastający swoje otoczenie. To otoczenie chce ich uchronić, pilnując, napominając... Krążą w środowisku rozmaite anegdoty, śmieszne i straszne zarazem. Jaracza, cierpiącego na zaawansowany alkoholizm, pilnowano po przyjściu do teatru, żeby się w trakcie grania gdzieś za kulisami nie napił i dokończył przedstawienie. Przeszukiwano wcześniej garderoby i kulisy, rozstawiano straże – a tu Jaracz po przerwie pijany. Okazało się, że przez scenę wychodził przed kurtynę i przez widownię spokojnie szedł do bufetu dla publiczności. Wybitna aktorka, pilnowana w podobny sposób, zrobiła dziurę i skrytkę na butelkę w dekoracji stojącej na scenie. W pracy teatralnej alkohol jest nieodłącznym czynnikiem, który pozwala czasem przetrwać, ale i miesza, przeszkadza w pracy, rujnuje i niszczy. I zawsze trzeba się liczyć z tym, że ktoś z kolegów będzie grał pod wpływem...

Jerzego Trelę alkoholizm na szczęście ominął, choć, jak przyznaje, bywał pijakiem. Krążą na ten temat rozliczne anegdoty – prawie każdy, kto go dobrze zna, ma do opowiedzenia jakąś związaną z tym historię.

„Twój bohater pyta: «Mieliście kiedyś *delirium tremens?*». Tobie delirka jest znana?" – pyta Trelę Wacław Krupiński przy okazji spektaklu *Wielki John Barrymore*. (Główną postacią jest słynny aktor – alkoholik usiłujący odbudować swoją pozycję). „Z widzenia" – odpowiada Trela. „Ratowałem kolegę w sytuacji wręcz dramatycznej. Sam na szczęście delirki nigdy nie przeżyłem. Raz mi się wydawało, że ją mam – po śmierci Jasia Łukowskiego. Strasznie ją przeżyliśmy, spędziliśmy noc wręcz zatraceńczą, chcieliśmy nawet iść na cmentarz go wykopać, po czym wróciłem do domu, siadłem na krześle i zobaczyłem, że po karniszu idzie mysz. I to

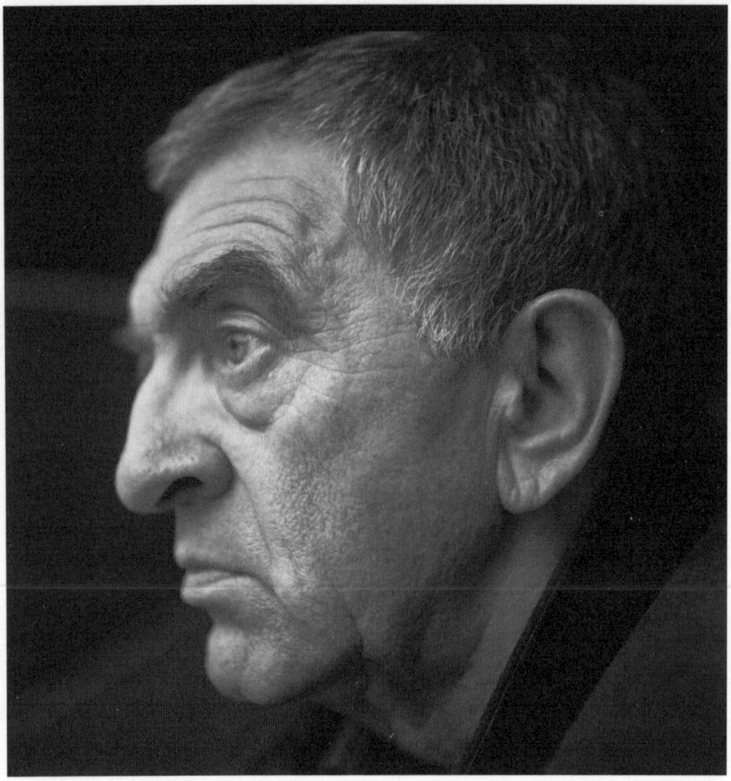

duża... Rany boskie! Chcąc sobie udowodnić, że to nie delirka, zacząłem jej szukać. I odnalazłem. Naszego chomika, który przegryzł pręty w klatce i wędrował po mieszkaniu"[21].

Dziś Trela twierdzi, że pić już z powodów zdrowotnych nie bardzo może – ale ma do swoich przygód pełen humoru dystans, i opowiada anegdoty na ten temat ot, tak, przy okazji jakiegoś wspomnienia czy tematu. „Noc, stan wojenny. Napiliśmy się z kolegą i bardzo chcieliśmy zatrzymać taksówkę, żeby wrócić do domu. No, ale jakoś pusto, nic nie jedzie. Wreszcie jakiś samochód się zatrzymał na nasze machanie. Dopiero kiedy usłyszałem: «Dokumenty, proszę», zorientowałem się, że zatrzymaliśmy radiowóz milicyjny. No więc wyciągam portfel – a miałem taki gruby portfel, pełen różnych notatek, kartek, i to mi się wszystko wysypało. I ten gliniarz tak patrzy z politowaniem i mówi: «Panie Trela, pan to masz porządek w tym portfelu jak kurwa w torebce»". Miała to być ilustracja chaosu, jaki panuje w jego wycinkach i materiałach na własny temat.

Środowisko aktorskie, świadome napięć i konieczności odreagowania w tym zawodzie, jest wyrozumiałe wobec alkoholowych przypadłości kolegów. Anna Polony pamięta, jak „był stan wojenny. Jurek wracał z Warszawy, z jakiegoś posiedzenia, na którym go mocno wkurzono. Próbował odreagować stres, więc przyjechał do teatru w stanie... «nieważkości». Byłam przerażona, nogi mi cierpły ze strachu, bo wieczorem mieliśmy grać *Hamleta*: on – Klaudiusza, ja – Ofelię. Postanowiłam ratować spektakl. Zabrałam Jurka do domu – żonie wolał się nie pokazywać – nakarmiłam zupą ugotowaną przez mamę, a on do mnie: «Tylko pięćdziesiątka uratuje mi życie». Dałam. Położył się i zdrzemnął. Po przebudzeniu pytam: «Może zupki?». A on: «Hanka, mam już kaca. Tylko pięćdziesiątka postawi mnie na nogi». Dałam. Ku własnemu i mojej mamy przerażeniu. Do teatru pojechaliśmy taksówką. Pierwsze dwa akty poszły dobrze. Jednak im dalej w las, tym było gorzej. W finale spektaklu Jurek był tak zmaltretowany, że stał się najbardziej dramatyczną postacią tej tragedii. I ja do tego przyłożyłam rękę!”[22].

Później już nie była tak wyrozumiała, robiła Treli awantury, gdy przychodził na spektakl po zbyt wielu kieliszkach: „Okropnie się bałam, że jak on zacznie coś plątać w swoich kwestiach, to i ja się poplączę i będzie katastrofa”[23].

Jednak koledzy i znajomi, którzy wspominają tego rodzaju przygody Jerzego Treli, dodają komentarz: „Nie przypominam sobie, żeby z tego powodu coś zawalił”. Było to pijaństwo raczej barwne niż dramatyczne. Nie zdarzyło się, jak w przypadku niektórych aktorów, by z tego powodu nie odbyło się przedstawienie czy jakaś zaplanowana praca. Takie rzeczy w przypadku Jerzego Treli nie wchodziły w grę.

A sława, która wydaje się laikom czymś tak pożądanym i przyjemnym? Naprawdę wielcy aktorzy, w przeciwieństwie do celebrytów, raczej za nią nie przepadają – częściej przeszkadza w życiu i w pracy, niż pomaga. Owszem, zdarzają się miłe chwile rozpoznania, podziękowań za role, na ogół jednak popularność jest uciążliwa. Jerzy Trela ma do niej bardzo sceptyczny stosunek, unika miejsc nadmiernej ekspozycji na ciekawskie spojrzenia. I aby zademonstrować jej kapryśność i efemeryczność, przytacza taką opowieść: „Mnie w młodości mylono z innym Trelą. Lucjanem, wicemistrzem świata w boksie wagi ciężkiej. Kiedyś – już jako aktor – byłem zaproszony na spotkanie z hufcem pracy w Nowej Hucie. Ze stu chłopa.

Ubrani jednakowo, patrzą tępo. Kaowiec zadaje pytania, ja opowiadam o teatrze, a na sali mur, żadnej reakcji. Po zakończeniu podchodzi jeden z chłopaków i pyta: «Panie Lucku, a pan jeszcze walczy czy pan już przestał?». Na co ja: «Już przestałem»". Inna pomyłka z Lucjanem Trelą była mniej przyjemna. „Wychodzimy kiedyś ze SPATiF-u, po wódeczce. Późna noc, zima. Od rynku w naszą stronę idzie zgraja. Zaczyna być groźnie – oni do nas, że wchodzimy im w drogę, a my, że nie, że tu zaraz obok gramy w teatrze, w witrynie wiszą nasze zdjęcia. Pytają: «A ty jak się nazywasz?». Mówię: «Trela». A jeden z nich: «Ty ch..., pod Lucka się będziesz podszywał!». Dostałem taki strzał, że padłem na ścianę. Na szczęście miałem grubą futrzaną czapkę, więc głowy nie rozwaliłem. Ale wśród bandziorów znalazł się jakiś teatroman, który mnie poznał. Dzięki temu nie dostałem drugi raz. I nie zostałem skopany"[24].

Tak samo iluzoryczna jak sława jest możliwość przeżywania jakichś superatrakcyjnych, odmiennych stanów emocjonalnych w ramach roli. Tylko naiwnym może się wydawać, że kto gra króla, ma królewskie przeżycia. Jak mawiał Łomnicki, w aktorstwie „amator się wzrusza, a prawdziwy artysta ciężko pracuje".

Jerzy Trela przyznaje, że nie potrafi odpoczywać, nie jest w stanie się wyizolować z myślenia o tym, co trzeba zrobić do następnej roli. Jest właściwie od grania uzależniony. I dlatego irytuje go „współczucie czyjeś, że ja taki biedny jestem, że się tak męczę... No taki głupi jestem, że się tak męczę, i ta głupota jest moja własna, i nikomu nic do tego"[25].

ROZDZIAŁ SZÓSTY

Partnerzy

Specyfika pracy filmowej i teatralnej polega na jej zbiorowym charakterze: pracuje się zawsze z innymi ludźmi i ostateczny efekt jest sumą twórczych zdolności wielu osób. Nie ma w tym przypadku mowy o samotności i zaciszu pracowni, jak w przypadku malarza, kompozytora czy pisarza. Reżyser i aktor przygotowują się oczywiście w pojedynkę, opracowując scenariusz, przyswajając rolę. Ale najważniejszy moment twórczości przebiega w obrębie wspólnoty: na próbie, na planie zdjęciowym. Może się zdarzyć, że do pracy przystąpią artyści wybitni – każdy z osobna, którzy w konkretnej konfiguracji osobowości nie będą w stanie wyzwolić twórczego potencjału. Dlatego tak często ludzie filmu i sceny, dostając propozycję pracy, pytają nie tylko, co mają grać, ale również z kim. Często nawet to drugie pytanie jest daleko ważniejsze: nazwiska reżysera i kolegów aktorów dają wystarczające wyobrażenie o sposobie pracy i atmosferze na próbach. Są i zawsze były w tym środowisku sprawdzone duety, i są osoby, których w tym samym przedstawieniu obsadzić niepodobna.

Aktorzy dobrze wiedzą, z jakim reżyserem dopracują się ciekawych efektów, ale mają również świadomość jakości scenicznego partnerstwa. Kiedy wypowiadają się o sobie nawzajem, często mówią: to partner/partnerka wymagający, ale też dający bardzo dużo od siebie. Jedni lubią się nawzajem lekko zaskakiwać, inni wolą pewność i bezpieczeństwo w tym względzie. Wiadomo również, że często wybitni aktorzy są mało kontaktowi – skupieni na doskonałości własnej kreacji w niewielkim stopniu wchodzą w owocną relację z partnerami. I często kończą karierę zmuszeni grać monodramy – ich potężna osobowość nie pozostawia na scenie miejsca dla nikogo innego.

Trela, choć na scenie wydaje się silną i funkcjonującą niezależnie indywidualnością, nie jest indywidualistą w sensie możliwości grania gdziekolwiek i z kimkolwiek, w poczuciu, że swoją rolę i tak świetnie zaprezentuje.

Jerzy Trela i Jerzy Bińczycki z Jerzym Jarockim na próbie *Szewców*, Stary Teatr, 1971.

Bardzo ważne jest dla niego współtworzące sztukę otoczenie. Toteż nie przypadkiem w wywiadach często podkreśla wpływ reżysera czy rodzaj relacji z kolegami aktorami.

Relacja aktor–reżyser jest szczególnie skomplikowana i subtelna. Reżyser jest tym, który określa interpretację tekstu, daje uwagi, akceptuje albo odrzuca propozycje aktora. Teoretycznie jest górą, dominuje. Jeśli jednak nie wie, jak się z aktorami obchodzić, niewiele uzyska – aktorzy umieją nieudolnego reżysera spacyfikować. Obnażą jego nietrafione pomysły, zagrają tak, jak sami chcą – by się ratować przed publicznością, z którą w końcu oni sami, nie reżyser, będą się mierzyć co wieczór oko w oko. Aby współpraca była owocna, reżyser musi nie tylko być kompetentny i przygotowany, budzić szacunek zawodowy, ale także zbudować wzajemne zaufanie. Umieć tak motywować i dawać wskazówki, żeby aktora otworzyć, poruszyć jego twórcze możliwości. Nie może za dużo gadać, mędrkować o tym, co chciałby przez swój film albo przedstawienie zakomunikować.

To na ogół grzech początkujących reżyserów: wiedzą, o czym chcą zrobić przedstawienie, ale nie umieją tego przełożyć na język konkretnych wskazówek scenicznych. Choć trzeba też przyznać, że często relacje reżysera i aktorów rządzą się prawami równie tajemniczymi, jak związki przyjaźni czy miłości w życiu. Trudno je do końca wyjaśnić.

O Swinarskim mówiło się nieraz, że manipulował aktorami, a z rozmów przeprowadzonych po jego śmierci wynikało, że w przygotowaniach do *Hamleta* żądał od nich rzeczy bardzo trudnych, naruszających granice intymności i wstydu. „Ale czemu Swinarskiemu wybaczaliście wszystko? To, że na was właściwie żerował, że wykorzystywał intymne tajemnice waszego życia prywatnego w swych spektaklach?" – pytał Józef Opalski. „A skąd ja mogę wiedzieć czemu! A dlaczego jeden człowiek jest mi obojętny, a drugiego kocham? Gdyby podglądał moje życie intymne pan S... i potem wykorzystywał je w teatrze, to ja bym go zabiła. Ale kiedy to robił Swinarski i dawało to tak genialne efekty, to ja, i nie tylko ja, czułam, że wszystko jest w porządku"[1] – odpowiadała Anna Dymna.

Jerzy Trela miał na początku swojej drogi szczęście zetknięcia się z dwiema reżyserskimi indywidualnościami: kiełkującą indywidualnością Jana Łukowskiego i znajdującą się w apogeum rozkwitu Konrada Swinarskiego. Obaj zginęli przedwcześnie, ale cztery lata współpracy z Łukowskim i pięć lat ze Swinarskim dały mu ogromnie silne umocowanie w teatrze. Ukształtowały sposób myślenia o sztuce, ale także o świecie i człowieku.

Jeszcze jako student zetknął się również z Jerzym Jarockim, o którym powszechnie mówi się, że był najlepszym nauczycielem zawodu, kimś, kto wyznaczył standardy tej profesji i pokazał skalę jej możliwości – przynajmniej w regularnym teatrze publicznym, w normalnym systemie pracy. (W polskim teatrze tym najwyższym punktem odniesienia pozostawali aktorzy Grotowskiego, którzy pracowali jednak w innych warunkach, w systemie laboratoryjnym, pozwalającym się skupić na jednym przedstawieniu przez bardzo długi czas). Trela zagrał w przedstawieniu dyplomowym, *Pluskwie* Majakowskiego, którą reżyser przygotował z grupą kolegów z wyższego roku.

Niewielkiego wzrostu Jarocki miał stalową osobowość i przeszywające spojrzenie jasnobłękitnych, lodowatych oczu, nieco tylko złagodzone okularami. Sam był aktorem, i to bardzo dobrym – kiedy jednak ukończył studia, stwierdził, że powtarzanie tej samej roli w kolejne wieczory go

Z Jerzym Jarockim w jego ogrodzie, lata dziewięćdziesiąte.

nudzi, i postanowił zająć się reżyserią. Ale jego wykształcenie sprawiało, że w razie potrzeby potrafił pokazać dokładnie, jak coś ma być zagrane (łącznie z rolami kobiecymi – to zawsze były najzabawniejsze momenty na próbach). Najbardziej prowokował go opór wykonawców w rodzaju „tego się nie da zrobić, to za trudne, zbyt ciężkie, niebezpieczne". Wtedy Jarocki wchodził na scenę i demonstrował, że jak najbardziej się da. Nie da się stać na głowie i prowadzić dialog? Proszę bardzo. Nie jest bezpiecznie spaść z kilku metrów na scenę? Proszę, tak się to robi. Aktorzy nie mieli wyjścia wobec takiego sprawdzianu.

Uchodził za reżysera niezwykle wymagającego, trudnego, zamęczającego aktorów. W dążeniu do zamierzonego efektu wykazywał zajadły wprost upór: jak sobie coś wymarzył czy zaplanował, dążył do tego bez kompromisu. Zawsze dominował nad zespołem, z którym utrzymywał dość formalne stosunki, nie zaprzyjaźniając się zbyt łatwo ani nie przechodząc na „ty". Był w sposobie bycia przeciwieństwem Swinarskiego: działał jak profesjonalista i perfekcjonista osiągający cele żmudną pracą i cierpliwością, a nie wytwarzaniem jakiejś szczególnej, prywatnej relacji. Bywał złośliwy, nieraz dotkliwie, i nie bez powodu uważano, że jego metody graniczą ze znęcaniem się nad aktorami. A jednak osiągał w ten sposób absolutnie niezwykłe efekty: potrafił tak motywować aktorów, dawać tak wielostronne i skuteczne wskazówki, że tworzyli w jego przedstawieniach wybitne role. Dlatego w środowisku ludzi teatru słusznie uchodził za najlepszego reżysera pedagoga, kogoś, kto pracując nad przedstawieniem, równocześnie uczył zawodu.

Krakus z urodzenia Gustaw Holoubek z krakowskim obwarzankiem, czyli bajglem, otrzymanym od Jerzego Treli na swój jubileusz, 2003.

Jerzy Trela był jednym z jego najważniejszych aktorów. Od czasów spotkania w szkole jeszcze w latach sześćdziesiątych aż do roku 2001, kiedy Jarocki wyreżyserował swój ostatni spektakl w Starym Teatrze – *Trzeci akt według „Szewców"* Witkacego. Trela brał udział w trzynastu jego przedstawieniach, grał role epizodyczne, główne, drugoplanowe. Przez zdecydowaną większość tego okresu, a może nawet do końca, zwracali się do siebie „panie Jerzy".

(Zabawnym zbiegiem okoliczności to „panie Jerzy" albo „Jurek" krążyło jak w kołowrotku, budząc nieraz wątpliwości, do kogo jest skierowane, bo zdarzało się, że pracowali nad przedstawieniem Jerzy Jarocki, Jerzy Trela, Jerzy Stuhr i Jerzy Radziwiłowicz, czasem także Jerzy Bińczycki, a do tego później jeszcze scenograf Jerzy Juk-Kowarski).

Jarocki zupełnie inaczej niż Swinarski postrzegał talent Treli. Dostrzegał w nim charakterystyczność, drapieżność, zdolność do deformacji postaci. Cenił i rozwijał umiejętność groteski i wydobywania z sytuacji tonów ironicznych, prześmiewczych. Obsadzał go w innego typu rolach – „Dzięki Jarockiemu nie umieszczono mnie, mimo że próbowano, w szufladzie «bohater romantyczny». Dał mi możliwość rozwoju"[2].

„Uwagi Jarockiego, celność tych uwag, miała taką rangę i siłę, że pamiętam je do dnia dzisiejszego, a pracowałem z wieloma reżyserami i niektóre próby pamiętam jak przez mgłę. A próby z Jarockim pamiętam. Uczył rzemiosła, precyzji, baczną uwagę zwracał na wszystkie szczegóły aktorskie, drobiazgi. Na pewnym etapie pracy nie dopuszczał improwizacji, nie dopuszczał przypadków. Dopiero kiedy aktor był w jego odczuciu jakby gotowy, dopiero wtedy dawał pewną swobodę. Ten rygor cenię sobie do dnia dzisiejszego. Każda praca z Jarockim jest cenna dla aktora, zawsze procentuje. Poza tym Jarocki potrafi zdzierać to, czegośmy się nauczyli od złych reżyserów"[3].

To jedna strona medalu, ta bardziej szlachetna – czyli wspaniałe rezultaty pracy. Druga, o której w wywiadach się mniej mówi, to sposób pracy na próbach, gdzie Trela bywał nieraz obiektem twórczego znęcania się. Umiał to znosić, bo w gruncie rzeczy wiedział, jak wysoko Jarocki go ceni, znał również korzyści tej pracy. Na próbach milczał i nie wdawał się z Jarockim w spory. „Nawet jedna pani choreograf, którą trochę poniewierał, mówi do mnie: «Jak pan to może wytrzymać, że on pana tak męczy, a pan stoi i nie odzywa się». «Bo ja go znam, proszę pani, i nie płaczę ani nie kłócę się z nim»". Ale Jerzy Radziwiłowicz, który lubił wiedzieć wszystko dokładnie, wchodził z reżyserem w dyskusję i czasem upierał się przy swojej racji. Nie dawał się zgasić. „I później, już przy którymś z rzędu przedstawieniu, Jarocki znalazł taki sposób, że jak chciał dać uwagę Radziwiłowiczowi, to najpierw czepiał się mnie, w sposób sobie właściwy. Więc jak mnie troszkę poniewierał, to Jurek Radziwiłowicz stawał w mojej obronie, a wtedy Jarocki mówił do niego: «A pan, panie Jerzy, robi to i to nie tak!». I już Jurek był przyszpilony, nie miał przygotowanych argumentów". Te psychomachie i sprytne strategie mogą dziś wyglądać zabawnie, choć podczas prób obu stronom dostarczały wielu napięć – o co zresztą być może Jarockiemu chodziło.

Ale potem role zbudowane z takim psychicznym trudem okazywały się tak dobrze zbudowane i skuteczne, że świetnie się je grało. „Grałem Clarina – uwielbiałem tę rolę. Wiedziałem, że wypowiadając jego kwestie, ironicznego błazna filozofa, wypowiadam jednocześnie myśli reżysera. Jarocki cały czas, pieczołowicie zmierzał do identyfikacji swojego stosunku do życia z filozofią Clarina. Nigdy mi o tym nie powiedział, ale tak to odczuwałem. Bo czasem jedno spojrzenie mówi więcej niż cała przegadana noc"[4]. Zwłaszcza w przypadku Jarockiego – jego legendarna powściągliwość w pochwałach sprawiała, że sucha akceptacja w rodzaju „no, dziękuję, teraz już to pan ma" urastała do rangi wielkiego uznania.

Po lewej: Jerzy Grzegorzewski. *Po prawej:* W roli Mefistofelesa z Jerzym Radziwiłowiczem – tytułowym Faustem – w przedstawieniu Jerzego Jarockiego, Stary Teatr, 1997.

Źródłem satysfakcji był również odbiór tych ról, często bardzo entuzjastyczny. Trela wspomina, jak kiedyś po występach ze *Ślubem* na Warszawskich Spotkaniach Teatralnych publiczność długo nagradzała aktorów owacją na stojąco, a ktoś podszedł do sceny i pocałował go w rękę.

Zupełnie inna była relacja z Jerzym Grzegorzewskim, artystą oryginalnym nie tylko poprzez wyobraźnię, ale również w sposobie bycia. Z otoczeniem, w tym także z aktorami często komunikował się nie wprost, a wskazówki, jakie dawał, wydawały się czasem co najmniej dziwne. Jerzy Stuhr opowiadał, że Grzegorzewski zażyczył sobie, żeby w jakiejś scenie, stojąc przy ścianie, opuszczał się powoli do podłogi – ale ma to trwać około dziesięciu minut, tak, aby ruch był niezauważalny. Grzegorzewski nigdy nie tłumaczył wprost, o co mu chodzi, nie budował postaci w tradycyjny sposób, tłumacząc ich psychologiczne motywacje. Raczej umieszczał aktorów w pewnej wyobrażonej scenicznej formie, projektował ich obecność na zasadzie wprowadzania motywu, melodii, rytmu. Wybitni aktorzy mieli u niego jednak wielki obszar wolności, bo reżyser wkomponowywał ich interpretację postaci w swoją wizję.

Z Trelą porozumiewali się bez gadania albo wielkim skrótem – jakimś jednym słowem, hasłem niezrozumiałym dla otoczenia. Łączyło ich myślenie przestrzenią, obrazem, formą. Z czasem Jerzy Trela nauczył się odczytywać reakcje reżysera z jego odruchowych zachowań: „miał taki charakterystyczny gest: przykładał dwa palce do policzka blisko nosa, jak już coś wymyślił. Spod okularów widać było wtedy figliki w oczach”[5]. Trzy palce na ustach oznaczały, że Grzegorzewski się zastanawia.

„Grzegorzewski czasami przyjmował propozycje aktorów, kiedy indziej przeciwnie – narzucał własne rozwiązania. Mówił po prostu: «Staniesz tu, zrobisz to, a ja ci później wytłumaczę», i tak mijał czas do premiery, a on niczego nie wyjaśniał. Zdarzało mi się więc, że stoję na scenie w jakiejś ramie i przesuwam ją, przechodząc, bez świadomości celu tych działań”[6]. Ale było wiadomo, że w całości spektaklu, w jego obrazach, ten ruch ma swoją funkcję i sens.

„Zdarzało się, że często kaprysił, nie wyjaśniając powodów – bardzo drażnił go, na przykład, mój ostatni monolog w *Sędziach*. Myślę, że bardzo chciał uniknąć teatralności sceny napisanej na tak zwany popis. Szukaliśmy rozmaitych sposobów, ale do premiery nie udało nam się osiągnąć właściwego celu. Stało się to właściwie przypadkiem, gdy pojechaliśmy na festiwal do Katowic i zmieniły się warunki, w których graliśmy. W trakcie próby w innej przestrzeni usłyszałem: «Jurek, to jest to, czego szukaliśmy od początku». Myślę, że w roli nic się nie zmieniło. Przyczyniły się do tego raczej inne warunki przestrzeni scenicznej. Znalazłem się w takiej sytuacji, że już nie miałem gdzie usiąść ani stanąć i właśnie ta niewygoda spowodowała moją bezradność i bezbronność, która była dla niego i dla mnie metafizyczną odpowiedzią”[7].

Był w stosunku do aktorów wyrozumiały, nie stosował presji, nie wymuszał jakichś precyzyjnych efektów – po prostu wmontowywał obecność i nie zawsze zrozumiałe dla nich czynności w swoją wizję. „Poszedłem do niego z prośbą o zgodę na rezygnację z roli Guślarza. Mimo że Stasiu Radwan szepnął mu coś wcześniej o moich wątpliwościach, odwrócił się i szybko wyszedł niby zły na mnie. Ale za chwilę wrócił uśmiechnięty i mówi: «Ale za karę zagrasz Adolfa». Była w tej sytuacji cała jego wyrozumiałość, ciepło, uśmiech”[8].

Z Grzegorzewskim łączyło Jerzego Trelę jeszcze jedno: fascynacja Wyspiańskim. Z Teatru Narodowego, którym reżyser kierował od roku 1997, chciał uczynić „Dom Wyspiańskiego”. „Można zaryzykować stwierdzenie, że dla Grzegorzewskiego Wyspiański był lustrem albo też sobowtórem, na którego reżyser projektował własne odczucia. Był jego porte-parole, koniecznym cudzysłowem dla intymnych wyznań. Mówiąc najprościej: Jerzy Grzegorzewski sięgał po Wyspiańskiego, i to nie tylko wystawiając jego teksty, by mówić o sobie"[9]. Te zdania w jakiejś mierze mogłyby dotyczyć również Jerzego Treli. Toteż kiedy w roku 1998 nagrywali razem telewizyjną wersję *Tak zwanej ludzkości w obłędzie*, a był to czas dyrekcyjnych zawirowań w Starym Teatrze, Grzegorzewski namówił Trelę, by zrezygnował z etatu i zaczął grać w Teatrze Narodowym. Na pytanie aktora, co miałby tam grać, otrzymał odpowiedź: „A co chcesz?". I tak zagrał w *Sędziach* i *Weselu* Wyspiańskiego.

Jeszcze innym doświadczeniem okazało się spotkanie z Kazimierzem Kutzem. Zetknęli się najpierw w filmie: w 1969 roku Trela zagrał małą rólkę powstańca w *Soli ziemi czarnej*, niewymienioną w obsadzie. Parę lat później Kutz obsadził Trelę w głównej roli w filmie *Znikąd donikąd*, historii partyzanckiego oddziału AK albo NSZ późną jesienią 1945, gdy wojna jest już dla nich przegrana.

Jerzy Trela grał w filmach Kutza (oprócz wymienionych także w filmie *Śmierć jak kromka chleba*) i w przedstawieniach teatralnych, najważniejsze jednak ich wspólne dokonania zrealizowali w Teatrze Telewizji. Dziewięć przedstawień, przygotowanych w latach 1989–1995 stało się wydarzeniami kulturalnymi na ogólnopolską skalę; dziś zalicza się je do klasyki gatunku.

Kazimierz Kutz, Erwin Axer, Krystian Lupa, Jerzy Trela, Jacek Sieradzki na pierwszym Festiwalu Sztuki Reżyserskiej „Interpretacje" w Katowicach, 1998.

„Kazio Kutz gwarantuje aktorowi poczucie bezpieczeństwa, to, że nie będzie samotny, co zdarza się bardzo rzadko. Darzy się go absolutnym zaufaniem. Jest lojalny, zawsze uświadamia rzeczy drastyczne, a jeśli są mu potrzebne, przekonuje aktora tak, że stają się one za jego wiedzą i zgodą. Wiem, że nie wprowadzi mnie w żadną sytuację, której się będę musiał wstydzić. A zdarzają się reżyserzy wykorzystujący słabości aktora bez jego udziału. Należy do tych, którzy – może to zabrzmieć śmiesznie i sentymentalnie, ale ja tak to odczuwam – kochają swoich aktorów. Gdy razem pracujemy, ma do nas stosunek jak do dzieci, przyjaciół, niemal jak najbliższej rodziny"[10] – mówi Jerzy Trela. I dlatego był gotowy podjąć się pracy w warunkach niemożliwych, chory i półprzytomny od środków znieczulających przy *Nocy Walpurgii*, zmagający się z ciężką grypą przy *Antygonie w Nowym Jorku*, nieprzygotowany przy *Stalinie*. Wiedział, że Kutz otoczy go opieką i będzie dawał największe możliwe wsparcie, podpowiadając, co i jak ma grać.

Kutz odwdzięcza się krótką, po wojskowemu wyrażoną opinią o Treli: „Świetny artysta i prawy człowiek. Cieszy się wśród kolegów podwójnym autorytetem: w zawodzie i jako prawy człowiek"[11]. Przy innej okazji mówi: „Zazdroszczę Krakowowi, że ma takiego aktora i takiego porządnego człowieka"[12].

Wydaje się, że pod wieloma względami Kutz i Trela są do siebie podobni: mają podobne zamiłowanie do konkretu i niechęć, a wręcz organiczną niemożność udawania czegokolwiek, krętactwa, „ściemniania". Lojalność wobec partnerów, męska szorstkość i powściągliwość w wyrażaniu emocji, upodobanie do ironii i żartów, totalne zaangażowanie i wytrwałość w pracy, a także widoczna wewnętrzna niezależność – te wszystkie cechy można przypisać im obu.

Nie przypadkiem więc więzy zawodowe i więzy przyjaźni są w tym przypadku trudne do oddzielenia. Właściwie w trakcie niemal całej aktorskiej drogi Jerzego Treli co jakiś czas odnawiała się współpraca z Kazimierzem Kutzem, aż do wyreżyserowanych na scenie Starego Teatru przedstawień z lat 2001–2003.

Aktorzy mają świadomość, że w swojej pracy są bardzo mocno zależni od partnera na scenie: mogą sobie znakomicie opracować rolę, ale gdy nie zaistnieje relacja z drugą osobą, ta świetna rola może zabrzmieć pusto, a w najlepszym wypadku jak solowy popis. Dlatego tak ważnym elementem polskiej tradycji teatralnej są zespoły, których skład i charakter pracy kształtowany jest w ciągu dłuższego czasu, często wielu lat. Ta tradycja jest odmienna od funkcjonującego w niektórych krajach zachodnich systemu castingowego, czyli dobierania obsady każdorazowo do przedstawienia drogą konkursową. W takiej sytuacji aktorzy, pochodzący z różnych regionów, instytucji i tradycji, mają niewielką szansę stworzyć dzieło zespołowe – powstaje raczej przegląd solowych występów. Kiedy na początku lat dziewięćdziesiątych mówiło się o tym, że należy zakończyć pracę stałych zespołów, a artyści powinni wędrować po Polsce w poszukiwaniu roli, Jerzy Trela we właściwym sobie ironicznym stylu skomentował te postulaty: wystąpił w telewizji, recytując znany wiersz Marii Konopnickiej *Wolny najmita*. Konopnicka zwracała uwagę na tragiczne położenie chłopa polskiego po zniesieniu pańszczyzny: wprawdzie chłop zyskał wolność, ale nie miał ani żadnych środków do życia, ani mentalnego przygotowania do wolności, mógł zdychać z głodu po płotem i nikt nie ponosił za to odpowiedzialności – był wszak wolnym obywatelem.

Zespołowość, czyli praca w trybie znacznie dłuższym niż jedno przedstawienie, ma zapewne swoje minusy – może grozić rutyną, wyczerpaniem motywacji, ugrzęźnięciem w jednego typu rolach. Ale była też zawsze siłą budującą polski teatr. Osiągnięcia Osterwy, Grotowskiego, Lupy były możliwe dzięki długoletniej pracy z tą samą grupą ludzi.

Na planie filmu *Pan Tadeusz* Andrzeja Wajdy z Jerzym Bińczyckim i Jerzym Grałkiem, 1998.

Wejście do renomowanego zespołu jest sporym wyzwaniem, toteż bezcenna bywa pomoc kogoś bardziej doświadczonego, kto wprowadzi w obyczaje, hierarchie, istniejące już towarzyskie kółka, a będzie również służył nowicjuszowi wsparciem podczas pierwszych prób i przedstawień. Dla Jerzego Treli takim życzliwym towarzyszem pierwszych kroków w teatrze był Jerzy Bińczycki, starszy o pięć lat i doświadczony już aktor – debiutował w teatrze w roku 1961. Zaraz na początku znaleźli się razem w obsadzie *Króla Mięsopusta* – Trela grał króla Filipa, Bińczycki królewskiego sługę Florka, w którym zakochała się księżniczka. Następna wspólna praca to *Szewcy* Jarockiego – Bińczycki i Trela zostali obsadzeni w rolach dwóch Czeladników, Jędrka i Józka. W obu przypadkach – i jeszcze długo potem, w kolejnych rolach – reżyserzy wykorzystywali kontrast, jaki stanowili. Bińczycki był wielkiej postury, mówił i ruszał się powoli, emanował spokojem i dystansem, Trela odwrotnie, wnosił na scenę zadziorność i energię skumulowaną w niewielkich rozmiarów sylwetce, był szybszy, ostry, bardziej zdecydowany. Ciepło, dystans i wyrozumiałość Bińczyckiego odbijały się od mocnej, energetycznej aury Treli.

Trwająca długie lata – aż do przedwczesnej śmierci Bińczyckiego, zmarłego w 1998 w wieku sześćdziesięciu jeden lat – przyjaźń opierała się na bardzo ważnym spoiwie, jakim było poczucie humoru, i skłonność do rozmaitych żartów.

„Grając z Jurkiem Bińczyckim w *Szewcach* robiliśmy sobie różne żarty. Jurek w tym celował. Potrafił pół nocy nie spać, by wymyślić dowcip, który by mnie na scenie «zgotował». Kiedyś, gdy mrugał wciąż powieką, w rewanżu zacząłem podcierać nos krawatem. Za tydzień spotyka mnie Jarocki i mówi: «Panie Jerzy, czy przeszedł już panu katar, który miał pan na przedstawieniu w zeszłą niedzielę? Jeśli nie, to proszę do wycierania nosa używać chusteczki». Ta lekcja pozostała mi na całe życie. Dlatego teraz ciężko mi pogodzić się z wszechobecnym tandetnym żartem"[13].

Bińczycki słynął z rozmaitych dowcipów, zwłaszcza takich, które mogły mieć przełożenie na scenie. Ktoś go podpatrzył, jak pracowicie wstrzykiwał ocet do winogron, które miały być zjedzone w czasie przedstawienia. Wymyślał również zabawne scenki podczas wyjazdów całej ekipy na zagraniczne występy.

Warto może tu wspomnieć, że Stary Teatr, zwłaszcza w latach osiemdziesiątych i dziewięćdziesiątych, odbywał liczne tournée, również po odległych kontynentach, głównie z przedstawieniami Andrzeja Wajdy, choć nie tylko. Aktorzy podróżowali z występami po Japonii, Stanach Zjednoczonych, Meksyku. To była praca połączona z rodzajem krajoznawczych podróży i po trosze wspaniałych wakacji, z dala od codziennych obowiązków i rutyny. Spędzanie wspólnie tygodni, a czasem nawet całego miesiąca – w autobusie, hotelu, na próbie, po przedstawieniu – bardzo zbliżało, ale było też okazją do rozwinięcia talentów towarzyskich, fantazji w aranżowaniu wolnego czasu, inwencji w wymyślaniu atrakcji dla kolegów. Kiedyś podróżując z *Hamletem IV* postanowili, że po każdym przedstawieniu będzie zorganizowany bankiet, a fundatorzy zostali wyznaczeni kolejno według alfabetycznego porządku nazwisk. Z różnych relacji wynika, że Jerzy Bińczycki był liderem w organizowaniu rozrywek, a Jerzy Trela dzielnie mu towarzyszył.

Wiele ciepłych wspomnień zachował Trela o Wiktorze Sadeckim, który w latach siedemdziesiątych miał w zespole niepisaną funkcję autorytetu. Absolwent założonego tuż po wojnie Studia Aktorskiego przy Starym Teatrze, które wykształciło wielu wybitnych twórców sceny, między innymi Halinę Mikołajską i Tadeusza Łomnickiego, przez większość zawodowego życia związany był ze Starym Teatrem. Bardzo cenił go i lubił Konrad

Z Wiktorem Sadeckim w *Termopilach polskich* Micińskiego w reżyserii Krzysztofa Babickiego, Stary Teatr, 1986.
Na następnych stronach: Stanisław Radwan, Jerzy Jarocki. Z Januszem Gajosem w spektaklu telewizyjnym *Płaszcz* Gogola w reżyserii Andrzeja Domalika, 1999.

Swinarski, który powierzał mu ważne role. Dwie z nich rozgrywane były w bezpośrednim związku z głównymi rolami Treli. Senator w *Dziadach* został pomyślany jako swego rodzaju kontrapunkt dla Konrada: Swinarski uważał postać Senatora, hołdującego swojemu bogu, czyli doczesnej karierze dworskiej, za równie ważną pod względem dramaturgicznym. Karmazyn w *Wyzwoleniu*, w widowisku *Polska współczesna*, uosabia wszystkie przywary, a zarazem blaski sarmackiej Polski. Sadecki zagrał obydwie role z charakterystycznym wielkopańskim gestem, z naturalną wyższością i przedwojenną intonacją głosu – nikt inny nie mógłby wówczas w zespole zagrać tak dobrze „pana z panów". Sadecki nieraz bywał oparciem dla młodego i pełnego wątpliwości aktora, a jako jeden z filarów zespołu potrafił nieraz pełnić bardzo potrzebną rolę arbitra w różnych konfliktach, którą to rolę Jerzy Trela po nim przejął.

Na przełomie lat sześćdziesiątych i siedemdziesiątych na młodego lidera i pierwszą gwiazdę zespołu wyrastał Jan Nowicki, który brawurowo zagrał Artura w *Tangu* Mrożka i Józefa K. w *Procesie* Kafki, przedstawieniach Jerzego Jarockiego. Największą sławę przyniósł mu Stawrogin w *Biesach* Andrzeja Wajdy (premiera w 1971 roku) – chyba najważniejsza życiowa rola, która wyniosła go na szczyty aktorskiej hierarchii. Miał również Nowicki nieprzeciętny urok osobisty – Trela opowiada, jak kiedyś grali razem w *Tragicznych dziejach doktora Fausta* Marlowe'a w reżyserii Bohdana Korzeniewskiego i Nowicki zapomniał tekstu, zaczął więc robić wymowne miny do suflerki, a ona tak się na niego zapatrzyła, że zupełnie zapomniała, po co siedzi za kulisami, i niczego nie podpowiedziała.

Wobec wcześniejszych sukcesów Nowicki mógł się spodziewać powierzenia mu następnych głównych ról – między innymi w *Dziadach*. O jego pretensji, że jej nie otrzymał, Trela dowiedział się od niego samego. „Zaprosił mnie pod Trzy Rybki na Szczepańskiej, gdzie były ryby wspaniałe, karp po żydowsku, kawior był nawet. Zaprosił mnie na wódeczkę i rybkę i po którejś tam kolejce mówi, że to niesprawiedliwe, dlaczego ja gram Konrada w *Dziadach*, a nie on – jemu się to należy! Ale to było pół żartem, pół serio, nie było jakiegoś rozdzierania szat". Rywalizacja nie przeszkodziła im w zaprzyjaźnieniu się, i nawet w stanie wojennym Nowicki, który wciąż jeździł na Węgry, przywoził Treli jakieś niedostępne w Polsce leki. Do dziś rozmawiają po przyjacielsku przez telefon, starszy kolega mityguje młodszego w sprawie ciągłego nałogowego grania: „Czyś

Dwaj rektorzy na scenie Teatru PWST. Jerzy Stuhr i Jerzy Trela w spektaklu *Drugi upadek albo Godot, akt III* w reżyserii studenta Wydziału Reżyserii Jacka Jabrzyka, 2006.

ty zgłupiał? Ja tu sobie siedzę nad wodą, wódeczka się mrozi, koledzy przyjdą...".

Kiedy Krzysztof Jasiński postanowił otworzyć Teatr STU na młodych ludzi spoza szkoły teatralnej, jako jeden z pierwszych pojawił się Jerzy Stuhr, student polonistyki, a później krakowskiej PWST. Do Starego Teatru został przyjęty zaraz po studiach, w roku 1972; tym razem starszym kolegą wprowadzającym w zespół był Jerzy Trela. Dzięki jego sugestii trafił do obsady *Dziadów* jako Belzebub – opisywane w jednym z poprzednich rozdziałów ćwiczenia wymagały ogromnego zaufania do partnera. W pierwszej połowie lat siedemdziesiątych bardzo dużo grali razem – nie tylko w Starym Teatrze, również w telewizji. *Gracze*, *Panna bez posagu*, *Płato-*

now – pamiętne spektakle realizowane w krakowskim oddziale telewizji, w reżyserii Bogdana Hussakowskiego i Ireny Wollen, przeszły do historii osiągnięć tego gatunku. Połączyło ich również wspólne doświadczenie filmowe: udział w filmie Krzysztofa Kieślowskiego *Spokój*, jednym z pierwszych ważnych dzieł kina moralnego niepokoju. Stuhr zagrał tam główną rolę Antka Gralaka, chłopaka, który po wyjściu z więzienia próbuje ułożyć sobie życie, zaczepiając się w pracy na budowie; Trela – jego antagonistę, kierownika budowy usiłującego zmusić go do oszustwa. To była ważna praca: nie tylko ze względu na bezkompromisową wymowę, ale również z powodu eksperymentowania z nowym typem ekspresji aktorskiej, bliższej prawdzie codziennego życia, bardziej spontanicznej.

W teatrze byli często obsadzani kontrastowo – w tym przypadku decydowała różnica temperamentu scenicznego, a nawet więcej: typu aktorstwa. Stuhr jest typowym aktorem transformistą, bardzo lubi się przeistaczać, jest żywiołem ruchu i przemiany. Ma wszelkie cechy aktora charakterystycznego i komediowego, wedle klasycznej, tradycyjnej typologii. Jego ruchliwość, płynna i mieniąca się różnymi barwami ekspresja zderzały się ze statyczną, czasem wręcz nieruchomą obecnością Treli, pełną skumulowanej, zatrzymanej wewnątrz energii. Celnie wykorzystał to Jerzy Jarocki w *Śnie o Bezgrzesznej*: Trela grał Konrada – chochoła, wiodącego pielgrzymów; Stuhr – Kosmę, uosobienie zagadkowych i cynicznych sił historii, o cechach nieco szatańskich, mistrza ceremonii, dyrektora kabaretu.

Po latach przerwy, w roku 2006, spotkali się na scenie krakowskiej Państwowej Wyższej Szkoły Teatralnej: zagrali razem w sztuce *Drugi upadek albo Godot, akt III* francuskiej autorki Sylviane Dupuis. Sztuka była wariacją, czymś w rodzaju dalszego ciągu *Czekając na Godota* Becketta. Stuhr i Trela wcielili się w słynnych Beckettowskich bohaterów, Vladimira i Estragona; towarzyszyli im studenci, reżyserem był również student Wydziału Reżyserii. Zdjęcia z przedstawienia mówią bardzo wiele: siedzą na pniu drzewa dwaj towarzysze broni, złączeni długą wspólną służbą. Rozumieją się bez słów, jak Didi i Gogo, jeśli mówią, to po to, by zabić czas. Siedzą na tym pniu dwaj rektorzy uczelni, w której grają już nie dla własnego prestiżu, ale dla dobra studentów. Jeden ma korpulentne, jowialne oblicze komika, drugi pobrużdżoną, ponurą twarz artysty dramatycznego. Wyglądają jak Sczastliwcew i Niesczastliwcew, dwaj wędrowni komedianci ze znanej rosyjskiej sztuki Aleksandra Ostrowskiego *Las*.

Z Dorotą Pomykałą w telewizyjnym widowisku poetyckim, lata osiemdziesiąte.

Po lewej: Andrzej Wajda i Konrad Swinarski. *Obok:* Z Jerzym Kawalerowiczem na planie *Quo vadis*, 2001. *Po prawej:* Partnerzy z Teatru Narodowego w Warszawie: Wojciech Malajkat,

W tradycji teatralnej i filmowej istnieją stałe, sprawdzone duety: często publiczność lubi oglądać swoich ulubieńców w konkretnej konfiguracji, nie tylko z osobna, a z różnych powodów odpowiada to także reżyserom. W zespołach tworzą się często, siłą kolejnych decyzji obsadowych, takie miniensemble, dwoje, troje lub czworo aktorów, którzy dobrze sprawdzają się w określonym połączeniu. W teatrze Jerzy Trela najwięcej duetów zagrał z Anną Polony i z Jerzym Radziwiłowiczem.

Radziwiłowicz trafił na krakowską scenę w roku 1972 jako bardzo młody, dwudziestodwuletni absolwent warszawskiej szkoły teatralnej (i warszawiak z urodzenia). Był w sytuacji nietypowej, bo prawie wszyscy koledzy ze Starego ukończyli tutejszą uczelnię i znali się już dobrze, zanim znaleźli się w zespole. Radziwiłowicz i Joanna Żółkowska, także absolwentka warszawskiej szkoły, znaleźli się w Krakowie za sprawą Jerzego Jarockiego, który robił z ich rocznikiem przedstawienie dyplomowe i dwójce najzdolniejszych studentów zaproponował pracę w Starym. Oboje trafili od razu do obsady *Dziadów*, Radziwiłowicz zagrał rolę Tomasza Zana. Potem – Hołysza w *Wyzwoleniu*. Następna rola, nad którą pracował z wielkim zaan-

Zbigniew Zamachowski, Waldemar Kownacki, Mariusz Benoit; *Wesele* w reżyserii Jerzego Grzegorzewskiego, 2000.

gażowaniem, mogła wznieść go na szczyt – Swinarski powierzył mu rolę Hamleta. Po śmierci reżysera stał się aktorem Andrzeja Wajdy, filmowym i teatralnym – zagrał słynne role w inscenizacjach prozy Dostojewskiego, *Nastazji Filipownej* według *Idioty* i *Zbrodni i karze*.

Z Jerzym Trelą wystąpili wspólnie w dwudziestu przedstawieniach, w filmach i spektaklach telewizyjnych – jednak nie tylko ilość jest w tym przypadku istotna. Wiele razy byli parą głównych bohaterów – rodzaj łączącej ich relacji, antagonistycznej czy konfliktowej, stawał się źródłem zasadniczego napięcia dramatycznego w przedstawieniu. Tak pomyślany był już *Hamlet* Swinarskiego – bliscy sobie wiekiem Klaudiusz i Hamlet ścierali się w odmiennych wyobrażeniach o polityce, moralności, kondycji państwa. Tak zagrali we wspominanym już *Portrecie* i *Ślubie*, ale także w *Fauście* z roku 1997, w reżyserii Jerzego Jarockiego.

Faust i Mefisto z arcydzieła Goethego to może najsłynniejsza para dramatycznych bohaterów – złączeni nierozerwalnymi więzami nie funkcjonują w zbiorowej wyobraźni osobno, lecz zawsze razem. Faust Jerzego Radziwiłowicza jest człowiekiem uczuciowo wypalonym, pełnym bezsilnego gniewu wobec utraty wszystkiego, w co wierzył. Oddałby duszę, żeby na nowo, naprawdę przeżyć wielkie emocje – ale nienawidzi ich, gdy się pojawiają. Obok niego Mefistofeles – Jerzy Trela, na pozór dobry kumpel, brat łata, może tylko trochę diaboliczny, ale raczej jak mafioso w czarnym kapeluszu i płaszczu, nie jak prawdziwie groźny diabeł z piekła... Jego Mefisto zdaje się mistrzem manipulacji – i rzecznikiem trzeźwej rzeczywistości, niczym sprytny lichwiarz. Jakże to, naprawdę myślałeś, że coś zyskasz na tym układzie? Nie widzisz zła, którego dokonałeś? – zdaje się pytać Fausta w finale. I w ten sposób staje się przewrotnym rzecznikiem moralnego ładu, zgodnie z formułą: „Jam jest tej siły cząstką drobną, co zawsze złego chce, i zawsze sprawia dobro...". A między nimi zjawiskowa Małgorzata Doroty Segdy, piękna, czysta i liryczna postać, pełna zwyczajności i prostoty, która bezbłędnym instynktem wyczuwa prawdziwą naturę kompana swego ukochanego Fausta.

Po raz ostatni – jak dotąd – wystąpili razem w przedstawieniu, któremu okoliczności nadały symboliczny wymiar. *Morze i zwierciadło* Jerzego Grzegorzewskiego odebrano jako pożegnanie z dyrekcją Teatru Narodowego; gdy w grudniu 2002 roku odbywała się premiera, był już mianowany nowy dyrektor. Dwa i pół roku później Jerzy Grzegorzewski zmarł.

Morze i zwierciadło, poemat dramatyczny – albo poetycki esej – Wystana Hugh Audena, stanowi materię literacką, którą trudno wyobrazić sobie jako tekst dla sceny. Filozoficzne, napisane złożonym, kunsztownym językiem poetyckim wywody dotyczą natury sztuki i napięć, jakie się w jej obrębie rodzą: między sztuką i życiem, prawdą i zmyśleniem, spontanicznością i rygorem formy. Tylko Jerzy Grzegorzewski mógł wpaść na tak karkołomny pomysł, aby dzieło Audena wystawić w teatrze – lecz tę decyzję można było podjąć, mając do dyspozycji podobnej miary aktorów. Utwór składa się właściwie z dwóch ogromnych monologów Prospera i Kalibana. Bohaterowie Szekspirowskiej *Burzy*, już po zakończeniu akcji dramatu, żyją gdzieś nadal za kulisami i snują swoje rozważania o ulotnej, podstępnej i cudownej magii teatru.

Najpierw wychodzi na niewielką scenę Prospero – Jerzy Trela – jako starzec, z długimi siwymi włosami; towarzyszy mu milczący Ariel – Beata Fudalej – uosobienie talentu, który Prospero porzuca. Żegna się, powściągliwie, lecz gorzko: z życiem, z twórczością, z ukochaną małą sceną Teatru Narodowego na Wierzbowej, pełną fascynujących, tajemniczych sprzętów z przedstawień Grzegorzewskiego. W słowach pożegnania Prospero znajduje dwuznaczne pocieszenie:

> Tam, za morzami, nie będzie zapewne wcale tak strasznie
> To, że się nie jest już nikim wyjątkowym, lecz tylko starcem
> Podobnym do innych starców, o oczach łzawiących łatwo
> W wietrze, o głowie, która kiwa się w blasku słońca
> Kimś o słabej pamięci, niezdarnym, trochę niechlujnym
> I że jest nam z tym dobrze.[14]

Prospero odchodzi w niebyt, a znikając, oddaje głos Kalibanowi – teraz niech on toczy boje z publicznością i krytykami o prawo artysty do własnej wizji, choćby nie przez wszystkich była zrozumiała. Druga część jest wielkim solowym występem Jerzego Radziwiłowicza – Kalibana. To nie jest jednak Kaliban dzikus, pierwotny władca wyspy, lecz artysta wiodący dyskurs o sztuce teatru. „Jerzy Radziwiłowicz radzi sobie z nieprawdopodobną materią słowa w sposób mistrzowski. Mówi głosami wielkich aktorów: Łomnickiego, Holoubka, parodiuje różne style gry aktorskiej, by za chwilę zacytować głos Himilsbacha, a wszystko po to, by obronić sztukę teatru przed niewybrednymi gustami widzów żądających rozrywki. Odtrąca brutalnie Ariela, próbującego łagodzić jego ataki na publiczność. Szydzi z tych gustów, obrzucając się pomidorami i jajkami, ale nawet gdy ściekają mu po głowie i obnażonym torsie, broni Dzieła Poezji – «jego wielkie spójności przebijają przez naszą odwieczną mglistość». Kaliban Radziwiłowicza, pojawiający się na początku z głębokiej zapadni, kończy swój monolog przy odsłoniętym oknie z widokiem na Ogród Saski"[15]. Porażała w spektaklu wyrafinowana forma bezpośredniego wyznania jego twórcy, powoli żegnającego się z teatrem, który poprzez szereg gestów zdawał się równocześnie przedłużeniem życia i jego zaprzeczeniem.

Trzydzieści lat spotkań w aktorskim fachu – od *Godów życia* w Starym Teatrze, zagranych późną jesienią 1972 roku przez niemal debiutantów, po *Morze i zwierciadło*, koncert scenicznych gigantów i elegię na odejście pewnego rodzaju teatru, poprzez setki zagranych razem spektakli, wspólne filmy i pracę w telewizyjnym studiu – to wszystko składa się na złożoną, wielowymiarową relację, którą trudno z czymś porównać. Niewiele jest zawodów wytwarzających relację podobnie ścisłą. Trela i Radziwiłowicz

mają inne sceniczne temperamenty, inny aktorski charakter pisma. Radziwiłowicz uchodzi za aktora intelektualistę, musi wszystko dokładnie zrozumieć, przyciska reżysera, żeby ten mu precyzyjnie wytłumaczył, jak rozumie poszczególne kwestie i do czego zmierza. Jest w pracy skrupulantem, szczególarzem, drobiazgowo wykuwa formę swojej roli, każdy drobny gest i intonację. Inaczej niż Trela, który obejmuje rolę bardziej intuicją i życiowym doświadczeniem niż drogą racjonalnej analizy. Łączy ich natomiast stosunek do pracy, pełen powagi i odpowiedzialności – obaj pracują bez reszty serio. I podobnie zaprzestają całkowicie grania czegokolwiek poza sceną i filmowym planem.

...sztukę,
tragedię wprowadza artystka.
W grze jej i w każdym geście
tu będzie ta czaru lubystka,
że wszyscy, jak tu jesteście,
pod jej urokiem, w błędzie,
złudzeniu...[16]

Tak mówi w *Wyzwoleniu* Muza do Konrada, przywołując wcześniej nazwiska wielkich aktorek: Duse, Sormy, Modrzejewskiej, Sary Bernhardt. Wystarczy, że wejdzie owa wielka artystka – i staje się teatr. Czym byłby teatr bez wybitnych, uwielbianych aktorek, muz, heroin, dających ludzką, lecz zarazem prze-

Jerzy Trela – Samuel, Dorota Segda – Joas, Krzysztof Globisz – Natan. *Sędziowie* Wyspiańskiego w reżyserii Jerzego Grzegorzewskiego, Stary Teatr, 1999.

mienioną postać Antygonie, Marii Stuart, Ofelii, Lady Makbet?

Wokół umierającego Króla ze sztuki Ionesco krążą trzy kobiety: pierwsza królowa Małgorzata, druga królowa Maria, i Julia, posługaczka, powierniczka, może i kochanka. I trzy aktorki: Anna Polony, Anna Dymna, Dorota Segda. W scenicznych wcieleniach Jerzego Treli te trzy aktorki partnerowały mu w rolach żon i kochanek, sióstr i opiekunek, muz, obiektów czułych westchnień, ideowych przeciwniczek – wszystko, co można pomyśleć. Dorota Segda zauważa, że miała okazję zagrać nie tylko córkę, ale również syna Jerzego Treli – w *Sędziach* w Teatrze Narodowym była Joasem, młodszym synem Samuela. Anna Polony, grająca z nim najdłużej, bo przez lat czterdzieści, tworzyła z Jerzym Trelą najpierw duety miłosne, z biegiem lat – charakterystyczne albo komiczne. Jak w prześmiesznych *Damach i huzarach* w reżyserii Kazimierza Kutza, gdzie wraz z Anną Dymną i Elżbietą Karkoszką najeżdżały dworek biednego Majora, swojego brata, żeby go koniecznie ożenić. A w ostatnim przedstawieniu, *Chłopcach* Grochowiaka z 2012 roku, Polony i Segda grały zakonnice opiekujące się pensjonariuszami domu starców, w tym także Józefem Kalmitą, granym przez Jerzego Trelę, zaś Anna Dymna wcielała się w rolę jego ponętnej małżonki, Narcyzy. Jeszcze raz spotkali się wszyscy czworo w przedstawieniu nie naj-

Z Anną Polony, Elżbietą Karkoszką i Anną Dymną w *Damach i huzarach* Fredry w reżyserii Kazimierza Kutza, Stary Teatr, 2001.

wyższych lotów, pamiętnym jednak jako ostatnia wspólna praca w Starym Teatrze.

Wszystkie trzy wybitne aktorki – Anna Polony, Anna Dymna i Dorota Segda – zgodziły się opowiedzieć o swoich relacjach z Jerzym Trelą. Ich wypowiedzi znajdują się na końcu tej książki, nie ma zatem powodu, by powtarzać to, co same zrelacjonowały najlepiej.

W trakcie tak długiej i pracowitej kariery aktorskiej ważnych relacji jest oczywiście wiele. Wspomniano tu jedynie o niektórych, raczej dla przybliżenia charakteru profesji aktora, składającej się w znacznej mierze także z tych zawodowo-przyjacielskich związków. Dla Jerzego Treli w wymiarze osobistym równie istotni byli ludzie, którzy niekoniecznie należeli do postaci pierwszoplanowych w środowisku, o głośnych nazwiskach. Należeli do nich choćby koledzy aktorzy ze Starego Teatru: Leszek Piskorz, Aleksander Fabisiak, Jerzy Fedorowicz, Leszek Świgoń. Na planie filmowym także operatorzy, autorzy zdjęć; na planie telewizyjnym Stanisław Zajączkowski, reżyser i realizator telewizyjny bardzo wielu spektakli z udziałem Jerzego Treli. Wsparcie, profesjonalizm i życzliwość składały się również na sukcesy wybitnego aktora, osiągane w dziedzinie, w której niewiele można zbudować w samotności.

Z kolegami ze Starego Teatru. Jerzy Fedorowicz, Elżbieta Karkoszka, Leszek Piskorz w spektaklu *Głosy przeszłości* w reżyserii Jerzego Treli, 1979.

ROZDZIAŁ SIÓDMY

Film

Zaczęło się... jak w filmie. Do bufetu szkoły teatralnej przy Bohaterów Stalingradu wszedł student drugiego roku Jerzy Trela. Zdesperowany i zły cisnął na krzesło przerzuconą przez ramię marynarkę, jedyną zresztą, jaką posiadał, jeszcze po ojcu. „K..., mam tego dosyć!". Przez cały dzień trwały zajęcia z wiersza, męczyli do upadłego *Eugeniusza Oniegina*, „miałem już serdecznie dosyć Oniegina i tej jego Tatiany, powiedziałem, nie przebierając w słowach, co o tym myślę". Tę autentyczną, spontanicznie wyrażoną emocję docenili asystenci reżysera *Stawki większej niż życie*, Janusza Morgensterna, wysłani do szkoły teatralnej w celu znalezienia obsady do paru epizodycznych ról. Tyle że wiadomość pocztą pantoflową dotarła do studentów, toteż w bufecie, już uświadomieni o czekającej ich szansie, bardzo starali się zwrócić na siebie uwagę. Czym swoje szanse właśnie nieświadomie zaprzepaszczali, bo granie fajnych i atrakcyjnych odnosiło odwrotny do zamierzonego skutek. Filmowcy potrzebowali kogoś naturalnego, zachowującego się zwyczajnie, nie po aktorsku. Trela, maglowany na wierszu, nie wiedział o ich wizycie, zachował się więc dokładnie tak, jak na co dzień w bufecie wobec kolegów. Właśnie to go wyróżniało.

Niedługo później widzowie posiadający szczęśliwie odbiornik telewizyjny (jest rok 1967, więc nie ma go jeszcze w każdym polskim domu) mogli zobaczyć dziesiąty odcinek kultowej już *Stawki większej niż życie*, zatytułowany *W imieniu Rzeczypospolitej*, a w nim – krakowskie ulice i biegającego po nich z pistoletem partyzanta Romka, który w kulminacyjnej scenie strzela do agenta J-23, pomyłkowo posądzanego o zdradę. Zgodnie z regułami gatunku ginie nie główny bohater Hans Kloss, ale zamachowiec, zastrzelony w tej samej chwili przez niemieckiego oficera. Trela miał do zagrania niewiele: gorączkową młodość i desperację, połączone z względną sprawnością fizyczną. Występował w oficerkach i skórzanej kurtce, a do tego w mało twarzowym berecie, założonym na sposób znany z francuskich filmów wojennych, nie tak, jak rzeczywiście w czasie okupacji noszono berety w Polsce. Tym niemniej debiut był dla młodego aktora wielce obiecujący, spodziewał się, że zobaczyło go pół Polski. Następnego dnia po emisji odcinka, idąc przez krakowski rynek do szkoły, przyszły artysta miał wrażenie – a przynajmniej nadzieję – że wszyscy go rozpoznają... Nie nastąpiły jednak żadne spodziewane reakcje przechodniów, dosyć szybko Trela się zorientował, że raczej nikt go nie kojarzy na ulicy z oglądanym wczoraj filmem. I, jak twierdzi, szybko mu przeszło oczekiwanie popularności.

Wcześniej, jeszcze zanim trafił na plan zdjęciowy, przeżył spotkanie z wielkimi gwiazdami kina – niewątpliwie miało ono wpływ na filmowe i aktorskie fascynacje.

„Jerzy Trela: – Kończyłem liceum plastyczne[1] i wujek, który był kelnerem w restauracji wrocławskiego hotelu Monopol, chciał mi zrobić przyjemność. Po koncercie Marleny Dietrich w Hali Ludowej zaplanowano w Monopolu przyjęcie, a wielka Marlena poprosiła, żeby gościem honorowym był Zbyszek Cybulski, który mieszkał w Monopolu. Kelnerzy traktowali go jak syna, brata. Gdy nie miał pieniędzy – jadł i pił na kredyt. Chodził ubrany na sportowo, w pionierkach. Na kolację zorganizowali mu krawat, marynarkę i białą koszulę. Podczas przyjęcia siedziałem w kącie, ale poznałem Cybulskiego wcześniej. Zaciągnął mnie do stołu, żebym mógł zobaczyć Marlenę Dietrich z bliska. Spytała, co Cybulski pije, a kelnerzy wiedzieli, że trzeba przynieść pół litra wódki i dwa kieliszki: literatkę dla niego i stopkę na 25 gram dla niej. Zbyszek jeszcze przed toastem zdążył wypić pierwszą setkę. Dietrich była wpatrzona w niego, zauroczona. A ja się gapiłem raz na niego, raz na nią.

Jacek Cieślak: – Rozmawiał pan z Cybulskim o aktorstwie?

Jerzy Trela: – Niewiele. Mówił mi, żebym nie zdawał do PWST, bo studenci ze szkoły teatralnej nie umieją drzwi zamykać. Drzwi się powinno zamykać, mówił, a nie pokazywać, że się zamyka! Trafna uwaga”[2].

Czy chciał być jak Cybulski? Na pewno w jakiejś mierze tak, wtedy, w latach sześćdziesiątych, sławny aktor był niewątpliwym idolem młodzieży nie tylko aktorskiej. Pamiętany przede wszystkim jako Maciek Chełmicki z *Popiołu i diamentu*, którego odgrywał również w życiu, budził też sympa-

Epizodyczna rola Powstańca w filmie *Sól ziemi czarnej* Kazimierza Kutza, 1969.

tię i umacniał swoją popularność następnymi rolami, od sentymentalnego bohatera *Do widzenia, do jutra* po arcyśmieszną rolę komediową w filmie *Giuseppe w Warszawie*.

Okazja, żeby stanąć na planie filmowym w podobnej do filmu Wajdy scenerii wojennej przyszła dość szybko. Najpierw w dwóch małych, epizodycznych rólkach w filmach *Sól ziemi czarnej* i *Dzień oczyszczenia* – wystąpił w nich jako powstaniec śląski i partyzant, czyli w typie ról, które na dość długo przypadną mu w udziale. Następna rola była już bardziej rozbudowana – i istotna z kilku powodów.

Serial *Kolumbowie*, zrealizowany w roku 1970 przez Janusza Morgensterna, opierał się na znanej powieści Romana Bratnego *Kolumbowie rocznik 20* – autor napisał również scenariusz filmu. Serial wzbudził bardzo silny oddźwięk zwłaszcza wśród młodej publiczności, która mocno utożsamiała się z pokoleniem wojennych bohaterów. Ale przesądzał o tym nie tyle temat, co sposób opowiadania o losach grupy młodych warszawiaków, angażujących się w walkę konspiracyjną i powstańczą. Kolumb (Jerzy Matałowski), Zygmunt (Jan Englert), Jerzy (Władysław Kowalski) i ich towarzysze, Malutki (Marek Perepeczko) i Siwy (Karol Strasbuger) to normalni młodzi ludzie, przedstawieni z sympatią i bez patosu. Pełni życia i energii, lubiący sport, przeżywający pierwsze miłości, zaangażowani w przyjaźń i walkę. Stopniowo narasta wokół nich groza kolejnych śmierci wśród najbliższych kompanów, walka pochłania coraz więcej ofiar – aż do kulminacji w scenach powstania, toczącego się w dwóch ostatnich częściach pięcioodcinkowej całości. Właśnie te ostatnie części budziły w odbiorcach najgłębsze emocje – powstanie warszawskie ukazane zostało bardziej zwyczajnie, mniej heroicznie niż w poprzednich dziełach polskiej szkoły filmowej, ale też z większym naciskiem na indywidualną perspektywę młodych bohaterów, coraz bardziej porażonych bezmiarem okrucieństwa, widmem klęski, przeczuciem bliskiej śmierci.

Jerzy Trela otrzymał rolę właśnie w tych dwóch odcinkach powstańczych właściwie podwójną: zagrał braci Jagiełłów, absolutnie identycznych bliźniaków, walczących w oddziale Zygmunta i Jerzego. Braci było niby dwóch, tak pokazywał montaż filmowy, zestawiający ujęcia z różnych kamer – choć właściwie objawia się tylko jeden. Na ponawiające się pytanie: „Który ty właściwie jesteś?", pada zawsze odpowiedź: „Władysław, panie podchorąży". Władysław i Jerzy to twarde, proletariackie chłopaki, z robotniczej dzielnicy, znają się na wojaczce, naprawiają broń i walczą bez zbędnych sentymentów i bez gadania. W odróżnieniu od głównych bohaterów nie są wrażliwymi młodymi inteligentami z dobrych warszawskich domów. I kiedy Zygmunt poucza Jagiełłę przy strzelaniu: „Spokojnie, mierz spokojnie. Nie marnuj amunicji!", ten mu odpowiada z nonszalancją: „Dobra, dobra, panie podchorąży, ze stu metrów to ja [tu pada celny strzał] muchę w dupsko trafiam!". Nawet gdy jeden z braci ginie, ten drugi się nie rozkleja, patrzy na nosze z zaciętym, twardym spojrzeniem. Potem wyjaśnia się tajemnica brata, który był jakby niewidoczny. „Bo to było tak, panie podchorąży. Myśmy się umówili, znaczy ja z bratem. Jakżeśmy przyszli do powstania, tośmy się umówili, że jak zrobimy coś bohaterskiego, albo w ogóle jak trzeba, to mówimy: Władysław. Niech się zbierze na jednego. Weźmie i tak ten, który wyjdzie. Znaczy... przeżyje". „A ty który jesteś?". „Władysław, panie podchorąży..." – Trela uśmiecha się półgębkiem, trochę łobuzersko, i już wiadomo, że nikt się prawdy nie dowie.

W ostatniej części, *Śmierć po raz drugi*, atmosfera gęstnieje – oddział Jerzego i Zygmunta zostaje zdziesiątkowany, resztki z trudem przebijają się do Śródmieścia. Strzelec Jagiełło trzyma fason, nawet w przerwie walki opowiada Zygmuntowi anegdotę o zabawnym plutonowym Szymusiu... Chwilę później znajduje Szymusia przywalonego do połowy ogromnym kawałem muru. Jagiełło bezskutecznie usiłuje mu pomóc. Oddział odchodzi, trzeba zostawić rannego, konającego towarzysza: kamera rejestruje moment wewnętrznej walki zawadiackiego żołnierza. Na parę sekund tężeją mu rysy, ale oczy niespokojnie biegają w różnych kierunkach, jakby w poszukiwaniu pomocy, wsparcia w decyzji. Potem, kiedy trzeba w drodze do kanałów przekraczać kolejnych konających, słuchać błagań o śmierć, pozostaje już tylko zacięty upór. W ostatnim ujęciu z udziałem Jerzego Treli resztki oddziału, w tym dowodzący Zygmunt i strzelec Jagiełło, schodzą do kanału.

„Zaczynałem dobrze. Rola braci Jagiełło w serialu *Kolumbowie* w reżyserii Janusza Morgensterna to moja najlepsza rola. Nieduża, ale świadcząca o tym, że czułem kino. [...] W *Kolumbach* dostałem ważną lekcję kina. Zrozumiałem, że tam się nie gra. Wystarczy być"[3]. Rzeczywiście, widać spontaniczność młodego aktora, giętkie, zwinne ruchy, i jakby nonszalanckie niezauważanie kamery, skutkujące wiarygodnością i autentyzmem. Kompletnie inny od znanego później jest jego głos: znacznie wyższy, jakby niedbały, o jednostajnej intonacji.

Młode pokolenie aktorów w tamtym okresie fascynowało się kinem amerykańskim, z jego naturalnym, całkiem nieteatralnym stylem gry, z umiejętnością bycia na ekranie w sposób łudząco podobny do codziennego życia. Jerzy Trela wspomina swój zachwyt filmem *Młode lwy*, z Marlonem

Strzelec Jagiełło („Władysław") w serialu *Kolumbowie* w reżyserii Janusza Morgensterna, 1970.

Brando i Montgomerym Cliftem, a później oglądanie z kolegami filmu *Bullit* i fascynację grą Steve'a Mc Quinna, sugestywną i niezauważalną równocześnie, podsumowywaną stwierdzeniem „gra, jakby w ogóle nie grał". Wbrew pozorom, to wcale niełatwy, a może nawet najtrudniejszy poziom gry. W latach późniejszych podziwiał kreacje gigantów amerykańskiego kina – De Niro, Ala Pacino, Dustina Hoffmana – którzy imponowali mu połączeniem perfekcyjnego opanowania roli z wrażeniem całkowitej naturalności.

Gdy ogląda się następny ważny dla dorobku filmowego Treli film, *Znikąd donikąd* w reżyserii Kazimierza Kutza, nakręcony niespełna pięć lat po *Kolumbach* (1975), widać, jakie zmiany nastąpiły w jego warsztacie aktorskim – film kręcono po najważniejszych premierach u Swinarskiego, Trela był już wówczas aktorem od ról teatralnych w wielkim repertuarze. Był bardziej świadomy swego warsztatu, ale także – bardziej teatralny. Starannie dopracowywał zamierzone efekty, miał znacznie większą skalę środków aktorskich – utracił jednak pierwotną spontaniczność.

Film Kutza oferował Jerzemu Treli coś, czego udział w kilku poprzednich obrazach nie dawał: główną rolę bohatera, który uosabiał zasadniczy temat filmu. Porucznik AK „Groźny" był postacią, poprzez którą opowiadana jest filmowa historia, widz patrzy na świat jego oczami, współodczuwa jego emocje i dylematy. Dodatkowo jest to postać wyrazista i dramatyczna, postawiona w sytuacji beznadziejnych wyborów, trudnych decyzji, odpowiedzialności za los innych ludzi – świetny materiał dla aktora, dający możliwości stworzenia roli dużego formatu.

W zamierzeniu *Znikąd donikąd* miało pokazywać dramatyczną sytuację polskiego podziemia zbrojnego w nowej rzeczywistości politycznej, czyli jesienią 1945 roku, z możliwą obiektywnością: ani jako zdrajców, ani jako bohaterów bez skazy, jedynych prawdziwych patriotów. Ten pierwszy obraz kreowała przez lata oficjalna propaganda, ten drugi był jej tworzonym odruchowo społecznym rewersem. Kutz chciał pokazać ludzki wymiar tragicznej sytuacji oddziału, w którym w obliczu ostatecznej klęski, w poczuciu znalezienia się w politycznej matni ujawniają się różne postawy. Odpowiedzialności i honoru, lęku, zagubienia, ale też zwykłego cynizmu.

Oddział „Groźnego", jednostka Armii Krajowej działająca w Beskidzie Żywieckim, pozostał wierny emigracyjnym władzom, nie złożył broni

Jako porucznik „Groźny" z Leonardem Pietraszakiem w roli „Fabiana" w filmie *Znikąd donikąd* w reżyserii Kazimierza Kutza, 1975.

i nie ujawnił się. Resztki zdziesiątkowanych i rozproszonych oddziałów partyzanckich spod różnych znaków politycznych łączą się ze sobą, zawierając z konieczności nietrwałe sojusze. Do oddziału przyłącza się grupa „Fabiana", mająca więcej wspólnego z pospolitym bandytyzmem niż z prawdziwą podziemną armią. „Groźny" wydaje rozkaz zejścia do wsi – oddział wyrwał się z okrążenia, żołnierze są wyczerpani i głodni, transportują rannych. Muszą odpocząć, znaleźć pomoc medyczną, posilić się – choć wejście do wsi jest niebezpieczne, łatwo mogą zostać wykryci. „Groźny" szuka pomocy dla swojego ciężko rannego towarzysza, „Kordiana" (Olgierd Łukaszewicz), u miejscowego lekarza. „Fabian" ze swoimi ludźmi przeszukuje wioskę, żeby złapać i zabić miejscowego komunistę, któremu jednak udaje się uciec – żołnierze w odwecie gwałcą jego żonę i zabijają stającego w jej obronie pastucha. Wieczorem w miejscowej gospodzie żołnierze jedzą i piją; towarzystwo jest coraz bardziej dziwacznie pomieszane: do gospody trafia dwóch oficerów angielskich, a potem dwóch radzieckich, na koniec zaś trzyosobowa trupa wędrownych komediantów, prezentujących dość żałosne kabaretowe numery. Wszyscy się bawią, choć to zabawa podszyta straceńczym smutkiem. Gdyby pójść jeszcze dalej w absurdalną komediowość, mogłaby wyjść z tego scena w stylu Felliniego; brak konsekwencji i może obawa przed mieszaniem gatunków sprawiły, że utknęła w dziwaczności i braku wiarygodności.

„Groźny" siedzi pod ścianą karczmy, wyobcowany, samotny. Nie bierze udziału w zabawie. Przez okno dostrzega, jak żołnierze niosą do kościoła zmarłego „Kordiana". To wielka scena Jerzego Treli, wyrosła z jego doświadczeń teatralnych, najbliższa *Wyzwoleniu*. „Groźny" po raz pierwszy pozwala sobie na emocje, których nie udaje mu się dłużej powściągać. Dociera do niego cała beznadziejność sytuacji, świadomość klęski, nadciągającego końca. I absolutnej przegranej: nie pozostaje nawet wiara, że jest coś, za co warto umierać. „Wszystko gówno warte! Co nam zostało na tym świecie?" – mówi z pasją do swojego adiutanta „Rena" (Jerzy Fedorowicz). W oczach tego silnego, szorstkiego mężczyzny, dowódcy odpowiedzialnego za innych, trzymającego się honoru i wojskowych zasad, błyszczą łzy. Męskie łzy wściekłości, rozpaczy, klęski.

Nad ranem, po pijanej nocy i pojedynku „Groźnego" z „Fabianem", oddział odchodzi w góry; w kościelnej kaplicy pozostają cztery niepotrzebne, bezsensowne trupy.

„Film zmasakrowany został przez cenzurę, nie ukazał się więc w kształcie ani zamierzonym, ani zrealizowanym"[4]. Wycięto zwłaszcza te fragmenty, które motywowały ówczesną działalność AK, uzasadniały postawę żołnierzy, którzy nie chcieli złożyć broni – jak na przykład scena, w której „Groźny" z wściekłością zdziera propagandowy plakat „AK zapluty karzeł reakcji". W rezultacie cała historia pozostawała zawieszona w próżni, ograniczała się do jednostkowych reakcji i wyborów, słabo osadzonych w rzeczywistości. Faktem jest również nie najlepszej jakości scenariusz, w wielu momentach niewiarygodny, z kiepsko wymyśloną sceną kulminacyjną i nieprzekonującym finałem. Film ratowało aktorstwo – oprócz Jerzego Treli wystąpili w nim Leonard Pietraszak, Olgierd Łukaszewicz, Jadwiga Jankowska-Cieślak, Jerzy Zelnik, którym udało się stworzyć z wątłego materiału przekonujące postacie, a także dobre zdjęcia i piękne pejzaże jesiennych gór. W rezultacie jakąś część szorstkiej prawdy tamtego czasu udało się w filmie przekazać. Ale jego odbiór był nie najlepszy, Kutzowi zarzucano wręcz (nieoficjalnie, w środowisku) popieranie oficjalnej, propagandowej wersji historii. Po latach reżyser skomentował: „Kto nie opowiada wojennych mitów bogoojczyźnianych, ten będzie ukamienowany. Wtedy, w tamtych latach, uchodziło to niemal za kolaborację. Były, są i będą świętości, których szargać nie wolno"[5].

Szansą na spełnienie w świecie filmu wydawał się udział w kolejnym przedsięwzięciu, mającym charakter superprodukcji o wielkich ambicjach artystycznych. Andrzej Żuławski, kontrowersyjny reżyser działający pomiędzy Polską a Zachodem (głównie Francją) przyjechał do kraju po sukcesie filmu *Najważniejsze to kochać*, z Romy Schneider i Klausem Kinskim. Z początkiem 1976 roku przystąpił do produkcji filmu *Na srebrnym globie* – ekranizacji powieści fantastycznej swojego stryjecznego dziadka, Jerzego Żuławskiego, który na początku XX wieku napisał trylogię powieściową pod tym tytułem.

Historia przedstawiona w powieści, przetransponowana w filmie, ma charakter poetyckiej fantastyki naukowej. Jest przypowieścią o ludzkim gatunku i gorzką antyutopią, pokazującą zarówno odwieczne dążenie do wolności, jak i niemożność utworzenia nowej społeczności bez wszystkich słabości i ograniczeń człowieczej natury, które w rezultacie prowadzą do wynaturzeń i zbrodni.

Na planie filmu *Na srebrnym globie*: Leszek Długosz, reżyser Andrzej Żuławski, operator Andrzej J. Jaroszewicz, Jerzy Trela, 1976.

NA MIARĘ KONRADA

ciąg dalszy ze str. 5

ży studentów izolować od zawodowej sceny, aby nie nabrali „złych manier". Tak jakbyśmy szkolili aktorów do jakiegoś jedynego idealnego teatru, a nie dla wielu różnych scen, dla telewizji, filmu, estrady. Również nie mogę zgodzić się z opinią, iż szkoła powinna uczyć tylko aktorstwa teatralnego. Obecnie nie ma aktorstwa teatralnego i aktorstwa filmowego. Jest aktorstwo – albo dobre, albo złe.

● **Wspomniał pan, iż dawniej, w pana studenckich czasach, krakowska szkoła nie zaspokajała waszych ambicji. Mógłby pan powiedzieć o tym coś więcej?**

– To proste. Były, są i będą programy nauczania narzucane szkołom artystycznym, które wymyślają i egzekwują ludzie oddaleni od praktyki. Nie pytają artystów i pedagogów, czy są przydatne czy może utrudniają pracę, blokując możliwość otworzenia się wrażliwości młodego człowieka. Nic dziwnego, że niektórzy ze studentów się buntują. Była w nas w owych czasach przemożna chęć poznawania ludzi, siebie. Szkoła tego nam nie dawała, ucząc przede wszystkim rzemiosła. Szkoły artystyczne upodobniły się do „uczelni", co przeszkadza w twórczym i studyjnym uczeniu zawodu. Szkoły artystyczne powinny mieć, moim zdaniem, odmienną strukturę niż politechniki czy akademie medyczne. W takiej sytuacji trudno o poszukiwanie własnego profilu artystyczno-dydaktycznego. Bo jeśli się mówi o „szkole Stanisławskiego", to wiem, co to znaczy. To samo dotyczy „szkoły" Lee Strasberga i Elii Kazana. Wychowali się w nich bowiem aktorzy o niezwykłej wrażliwości, nawet nadwrażliwości na ludzi, na świat. A w Polsce nie można byłoby powiedzieć, oglądając młodego aktora, nawet uzdolnionego, jaką szkołę ukończył. Być może moje marzenia są w naszych warunkach nie do spełnienia. Niemniej chciałbym podążać w tym kierunku. Może moje próby niewiele zmienią w tym, co już skostniało. Może jednak kogoś poruszą.

● **Czy nie zamierza pan podjąć się reżyserii teatralnej czy filmowej?**

– Podjąłem kilka prób reżyserskich, ale dopóki mam możliwość grania – unikam tego. Uważam, iż za reżyserię aktor może wziąć się tylko wtedy, gdy nosi w sobie chęć wypowiedzenia publicznie czegoś ważnego, osobistego, własnej filozofii życia, własnego stosunku do rzeczywistości. Myślę, że i na to przyjdzie czas.

Rozmawiał
BOGDAN ZAGROBA

„Na srebrnym globie" Andrzeja Żuławskiego

W *Na srebrnym globie*, 1976.

Na jakiejś nieznanej planecie jeźdźcy przywożą tajemniczy przedmiot, który spadł z nieba. Kosmonautom udaje się go rozszyfrować: to zapis wideo, coś w rodzaju kroniki wyprawy na inną planetę. Początkiem historii jest lądowanie na planecie, podczas którego rozbija się statek kosmiczny; jego dowódca ginie na miejscu, inny z członków załogi, Tomasz, ciężko ranny, umiera wkrótce na rękach swojej ukochanej, Marty. Trójka ocalonych, Piotr, Jerzy i Marta, rusza w głąb planety, aby znaleźć miejsce do życia. Osiedlają się na brzegu morza. Rodzi się syn Marty i Tomasza, mijają lata i na świat przychodzą kolejne dzieci, tym razem ze związku Marty i Jerzego. Dzieci dorastają, a w nowej społeczności Jerzy zostaje nazwany Starym Człowiekiem i otaczany coraz wyraźniej religijnym kultem. Pokolenie wnuków ma wojownicze zapędy – jego przywódca, Tomasz III, chce przepłynąć morze, podbić bardziej rozległe tereny. Jerzy nie godzi się z mitem, jakim otaczane jest przez potomków jego własne pokolenie, dostrzegając, że ów mit niebezpiecznie przemienia się w nową religię. Odrzucając przypisaną mu na poły boską rolę, odchodzi z osady, dociera do resztek statku kosmicznego, którym przybyli, resztką sił wysyła w kosmos swój wideopamiętnik i umiera – a właściwie kamienieje, zamienia się w posąg.

Po latach na planetę przybywa ekspedycja Marka, którego wykształcona w społeczności grupa kapłanów uznaje za zbawcę, Mesjasza. Ludzie znajdują się bowiem w niewoli Szernów, rdzennych mieszkańców planety. Marek przyjmuje rolę Zwycięzcy i prowadzi ludzi do walki z Szernami. Początkowe sukcesy w walce, pojmanie wodza Szernów Awija, przemieniają się stopniowo w klęskę ludzi. Wokół Marka kapłani szerzą atmosferę podejrzeń i oskarżeń. Nie udaje się plan Zwycięzcy, żeby dzięki wojnie zaprowadzić sprawiedliwość. Marek, pewny swej siły i nieomal boskości, wpada w zastawioną pułapkę i zostaje ukrzyżowany.

Skrótowy opis fabuły nie daje zapewne wyobrażenia o ogromnych wymaganiach produkcji. Wielka liczba zatrudnionych aktorów, fantastyczne, skomplikowane i kosztowne kostiumy, wymagania plenerowe, rozmiary filmu, zamierzonego jako prawie trzygodzinna epopeja – to wszystko składało się na przedsięwzięcie niezwykle kosztowne i trudne logistycznie. Zdjęcia kręcono nad Bałtykiem (prawie rok ekipa spędziła w okolicach Łeby), ale także w Mongolii, na pustyni Gobi i w innych miejscach tego kraju. W kopalni soli w Wieliczce, w opuszczonej niemieckiej fabryce pod Szczecinem i na Kaukazie – na wysokości 2000 metrów, gdzie wielkim wysiłkiem zbudowano dekorację dla lądowania statku kosmicznego. Kręcono zdjęcia również pod Wrocławiem i na krakowskim Kazimierzu. Budżet filmu pochłaniał ogromne środki, produkcja angażowała bardzo liczną ekipę – między innymi z powodu konieczności przygotowania wielu nietypowych, trudnych do wykonania kostiumów i niecodziennej charakteryzacji.

Główne role przypadły grupie bardzo dobrych aktorów, już sprawdzonych w kinie albo w obiecujący sposób rozpoczynających karierę. W obsadzie znaleźli się, obok Jerzego Treli, także Iwona Bielska jako Marta, Jerzy Grałek w roli Piotra, Andrzej Seweryn jako Marek – Zwycięzca, Elżbieta Karkoszka, Jan Frycz i wielu innych. Nietypowa, ekscentryczna poetyka filmów Żuławskiego sprawiała, że zadania aktorskie były dość szczególne, a styl grania mocno odbiegał od istniejących wówczas standardów. Zarówno zetknięcie się z tak ciekawym materiałem i inspirującym twórcą, jak i podróże w egzotyczne plenery, zapewne były dla ekipy szczególnym przeżyciem. Prace przy filmie jednak się przeciągały, co powodowało frustrację części zespołu, utrudniało wywiązywanie się z obowiązków teatralnych i życiowych – praca z dala od miejsca zamieszkania, nieraz w trudnych warunkach, nie dla wszystkich była do zaakceptowania na dłuższą metę.

Rozwiązanie napięć nadeszło nieoczekiwanie – lecz bynajmniej nie w szczęśliwej dla filmu formie. Ówczesny szef Komitetu Kinematografii i wiceminister kultury Janusz Wilhelmi, po obejrzeniu części materiałów, wiosną 1977 roku wstrzymał dalszą produkcję filmu pod pretekstem znacznego przekroczenia budżetu. Istotnie, budżet był mocno nadwyrężony, lecz w gospodarce socjalistycznej nie to było przeszkodą. Zadecydowały względy ideologiczne, być może estetyczne (awangardowy, ekspresyjny styl Żuławskiego nie mógł się podobać partyjnym urzędnikom), ale przede wszystkim personalne. Janusz Wilhelmi prowadził wówczas osobistą rozgrywkę ze swoim przełożonym, ministrem kultury Józefem Tejchmą, reprezentującym daleko bardziej liberalną postawę. Rozgrywkę do pewnego stopnia wygraną: Tejchmę odwołano i wysłano na placówkę dyplomatyczną, Wilhelmi został ministrem. Nie nacieszył się jednak długo swoim stanowiskiem: parę tygodni później, w marcu 1978 roku, zginął w katastrofie samolotu w Bułgarii.

To, co nastąpiło po decyzji Wilhelmiego, stało się przedmiotem opowieści i środowiskowych legend, wśród których trudno stwierdzić obiektywnie, jak było faktycznie. Sam reżyser pisze o tym we właściwy sobie sposób: „Kazał [Janusz Wilhelmi], dosłownie, wykopać w lesie duży dół i wrzucić do niego kostiumy, rekwizyty, po prostu wszystko, zalać wapnem, zasypać ziemią i odesłać do Wrocławia puste ciężarówki"[6]. Jednak przynajmniej część kostiumów zachowano, podobnie jak nagrany materiał, który przechował się chyba nie tylko dlatego, że ocalili go, wbrew zaleceniom władzy, lojalni współpracownicy reżysera. Władze jednak zastanawiały się, co zrobić ze zrealizowanym materiałem, a półtora roku po wstrzymaniu zdjęć Andrzej Żuławski otrzymał nawet możliwość wstępnego montażu.

Mimo wysiłków podejmowanych w 1981 roku przez Andrzeja Wajdę, który zaproponował przeniesienie produkcji do swojego zespołu filmowego „X", filmu nigdy nie ukończono w zaplanowanej formie. Andrzej Żuławski, mimo propozycji, nie przyjechał do Polski. Uczynił to później, w roku 1987, i produkcję zakończono – ale bez nakręcenia niezrealizowanej przed laty jednej piątej filmu. Brakujące fragmenty reżyser uzupełnił zdjęciami współczesnych polskich ulic i własną narracją, tłumaczącą, co miało się w nich znajdować. Ponadto nie wszyscy aktorzy mogli wziąć udział w postsynchronach, wskutek czego głosu wielu postaciom użyczali inni aktorzy (na przykład jednej z głównych postaci, Markowi, głosu użyczył Michał Bajor), co na pewno odbiło się na jakości scen.

Film zaprezentowano w roku 1988 na Festiwalu Polskich Filmów Fabularnych w Gdyni, do kin trafił z początkiem 1989 – ale nie uzyskał specjalnego rozgłosu. Nie przekonywała okrojona, pęknięta forma, lecz, co zapewne ważniejsze, gatunek science fiction został w międzyczasie przyswojony przez masowe kino amerykańskie, odnoszące na tym polu wielkie sukcesy. Dla widzów i fanów *Gwiezdnych wojen*, pokazywanych również w Polsce, ten rodzaj filmowej poetyki nie był czymś nowym ani odkrywczym. Przeciwnie, mógł się wydawać nadmiernie pogmatwany, trudny, dziwaczny. Daleko mu było do prostoty przekazu i narracji kina hollywoodzkiego – co zresztą było w oczach twórców jego wartością.

Dziś *Na srebrnym globie* bardzo trudno się ogląda. Razi manieryczne, histeryczne aktorstwo, trudno wytrzymać nieustanne krzyki i szamotaninę, a szalone jazdy kamery, choć efektowne, nie ułatwiają odbioru. Cała warstwa plastyczna, chwilami imponująca, wydaje się jednak anachroniczna i kiczowata. Nowatorstwo formalne dotyczące pracy kamery (dużo ujęć kręcono z ręki, operator Andrzej J. Jaroszewicz z poświęceniem biegał za aktorami) i eksperymentalnego montażu wyparowało. Śmieszą pomalowane „rytualnie" twarze, wymyślne fryzury i kostiumy. Znawcy twierdzą jednak, że gdyby film w skończonej, dopracowanej wersji ukazał się w roku 1978, miałby duże szanse zaistnieć jako dzieło awangardowe, otwierające nowe ścieżki filmowej ekspresji.

Na tle nadekspresyjnego, przerysowanego aktorstwa całego zespołu – które zresztą było absolutnie przez reżysera zamierzone – rola Jerzego Treli wydaje się zupełnie odrębna, jakby z innego porządku. Tylko on nie ulega narzuconej przez reżysera manierze, zachowując powściągliwość i charakterystyczną dla własnego stylu aktorskiego ekonomię środków. W jakiejś mierze wynika to ze scenariusza: Jerzy jest protagonistą opowieści, autorem wideopamiętnika, a zatem opowieść toczy się z jego punktu widzenia: to on obserwuje świat, nie odwrotnie, sam więc pozostaje niejako w ukryciu, poza kadrem. Ale decydująca była – jak można się jedynie domyślać – jego niechęć do prezentowanego w filmie histerycznego ekspresjonizmu. Postać Jerzego – Starego Człowieka jest wizualnie przytłoczona wymalowaną na twarzy „afrykańską" charakteryzacją, peruką, usztywniającym kostiumem. A jednak udaje się aktorowi przekazać narastający niepokój rozwojem mikrospołeczności, jej potrzebą uproszczonej religijności i skłonnością do mitologizacji. Pokazuje pełne napięcia dojrzewanie do myśli o porzuceniu tej wspólnoty.

Środowiskowy mit o genialnym dziele zatrzymanym przez komunistyczną władzę nie poddaje się łatwej weryfikacji – splot czynników doprowadzających do takiego, nie innego obrotu sprawy jest skomplikowany. Na pewno jednak ogromną stratą był półtoraroczny wysiłek tak wielu ludzi, w tym również aktorów, którzy nie odczuli satysfakcji w postaci gotowej produkcji. Jerzy Trela w tym czasie grał sporo w teatrze, wyjazdy na plan filmowy wymagały więc wyjątkowej ekwilibrystyki czasowej, by wszystkie obowiązki dały się pogodzić.

Na szczęście nie miał zbyt wiele czasu, by rozpamiętywać stratę. Już z początkiem lutego 1978 roku przystąpił bowiem do nowych zdjęć. Tym razem materia była jak najbardziej konkretna, historyczna i realistyczna. Jerzy Hoffman rozpoczął realizację epopei wojennej *Do krwi ostatniej*, opowiadającej o losach Polaków w Związku Radzieckim w latach 1941–1943. Filmowa fabuła rozgrywała się na dwóch poziomach: wielkiej polityki i indywidualnych losów trójki znajomych ze Lwowa, którzy różnymi drogami znaleźli się w Związku Radzieckim.

Do Kujbyszewa, dawnej Samary, gdzie znajduje się wiele ewakuowanych z Moskwy urzędów i ambasad, przybywa jesienią 1941 roku Władysław Sikorski. W samolocie rozmawia ze swoim adiutantem, porucznikiem Andrzejem Radwanem, któremu poleca, aby został w polskiej ambasadzie w Kujbyszewie. Odbywają się rozmowy Sikorskiego ze Stalinem, przygotowujące do formowania polskich sił zbrojnych w Związku Radzieckim. W kolejnych scenach odtworzone zostają negocjacje polityków, decydujące o przebiegu historii. Pojawiają się na ekranie Sikorski i Stalin, Mołotow i ambasador brytyjski, Władysław Anders i brytyjski minister spraw zagranicznych Anthony Eden. A z drugiej strony polscy komuniści, z Wandą Wasilewską na czele. W Kujbyszewie ambasada rządu londyńskiego prowadzi zaciąg do armii generała Andersa, nawiązuje kontakty i odnajduje Polaków przebywających w ZSRR. Jednocześnie grupa komunistów, prezentująca kompletnie inną wizję przyszłości Polski, tworzy czasopismo wyrażające program ścisłej współpracy ze Związkiem Radzieckim i krytykę oficjalnej polityki londyńskiego rządu polskiego wobec ZSRR.

W planie indywidualnym spotyka się w Kujbyszewie rodzeństwo, brat i siostra, przedwojenni polscy komuniści ze Lwowa. Ania Gawlik (Anna

Dymna) znalazła się tutaj wskutek wywózki, jej brat Zygmunt Gawlik (Jerzy Trela), walczący wcześniej w armii radzieckiej, przybywa na wieść o tworzeniu się polskiej armii. Na ulicy spotykają Andrzeja Radwana (Marek Lewandowski), znajomego ze Lwowa, teraz oficera związanego z rządem londyńskim. Między Anią i Andrzejem odżywa na nowo kiełkujące kiedyś uczucie. Rodzeństwo Gawlików współpracuje ze środowiskiem komunistów, i Zygmunt nabiera podejrzeń, że Andrzej spotyka się z Anią tylko po to, aby zbierać informacje i donosić na nich w polskiej ambasadzie. Pojawia się jeszcze jeden bohater: Zbyszek Trepka (Jacek Zejdler), syn Zygmunta, który nie zna swojego ojca – pochłonięty sprawami polityki Gawlik zostawił przed laty syna z matką. Zbyszek ucieka z Syberii, gdzie pracuje jako drwal, i zgłasza się do formującej się armii Andersa. W chłopięcej naiwności przyznaje, że niewiele wie o swoim ojcu – tyle tylko, że był przed wojną więzionym w Polsce komunistą. To wystarcza, aby go nie przyjęto.

Radwan nie decyduje się na wyjście z armią Andersa, zostaje w Kujbyszewie tyleż z powodu wątpliwości politycznych, co miłości do Ani. Uznają go za dezertera, zaś ukochana z nim zrywa pod wpływem oskarżeń o szpiegostwo, w które w końcu uwierzyła, przekonana przez

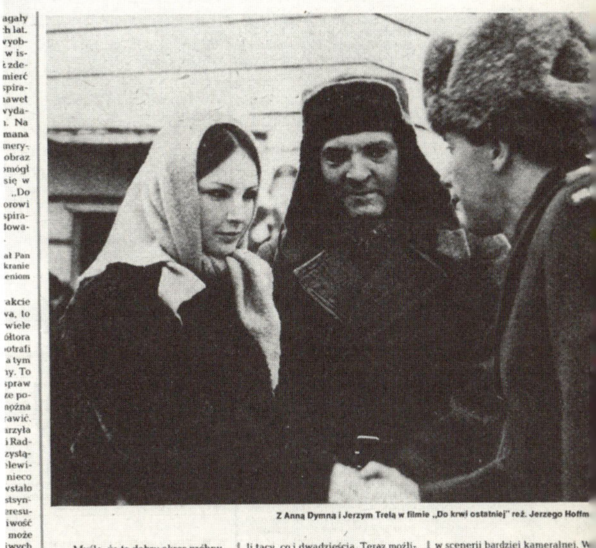

SZUKAJĄC W SOBIE

FILM 1/1979

Z JERZYM TRELĄ o filmie „Do krwi ostatniej”

O jego kreacjach w krakowskim Starym Teatrze mówi się wiele, ale na ekranie pojawia się nieczęsto. Jego skromny filmowy dorobek – ten, który już znamy – to mniejsze i większe role, które tworzą pewną całość: wizerunek człowieka zamkniętego w sobie, skupionego wokół dręczącej myśli, obsesji ćmiącej świadomość. Taki był „Groźny”, dowódca leśnego oddziału wędrującego „znikąd donikąd”, w filmie Kazimierza Kutza. Współpraca z Konradem Swinarskim, z Jerzym Jarockim, także z Krzysztofem Kieślowskim dała Jerzemu Treli umiejętność ukazywania nieuchwytnych przeżyć i stanów psychicznych poprzez szorstką, zamkniętą w sobie zewnętrzność. Gra milczeniem, mówi z pauzami, każe widzowi domyślać się treści najistotniejszych.

W filmie „Do krwi ostatniej” reż. Jerzego Hoffmana, Jerzy Trela gra rolę najtrudniejszą: komunistę Zygmunta, więźnia z Polski przedwrześniowej, który poznał także gorzki los człowieka pozbawionego kredytu zaufania, gdy znalazł się po drugiej stronie granicy. W jego sylwetce twórcy filmu zawarli rysy, bez których nie udałoby się powiedzieć tak wiele prawdy o skomplikowanej pod każdym względem sytuacji twórców ludowego Wojska Polskiego w 1943 r. Rola Zygmunta była szczególnie wymagająca, ponieważ niesie jeden z najważniejszych wątków ideowych, ale nie zapewnia automatycznie popularności, gdyż nie był to „człowiek do kochania”. Tym wyżej ocenić należy sukces aktorski Jerzego Treli.

● **Jakby Pan określił graną przez siebie postać?**

– Słyszałem określenie: sekciarz. To zbyt ostre, ale jest w tym nuta prawdy. W postaci porucznika Gawlika zostały wyostrzone pewne cechy charakterystyczne dla ludzi jego pokroju w owych czasach. Jest to przypadek szczególny. Człowiek ten wiele przecierpiał, długo nie mógł znaleźć miejsca w życiu, stając się coraz bardziej nieufny, coraz bardziej zamknięty w sobie, a jednocześnie coraz niezłomniej przekonany o słuszności tego, w co wierzy.

● **O jego przeszłości przedwojennej wiemy bardzo mało: że był więziony za przekonania komunistyczne...**

– Mieliśmy bardzo mało miejsca na ukazanie jego prehistorii. Widz musi ją sobie dopowiedzieć na podstawie kilku słów. Przede wszystkim jednak założyliśmy z reżyserem, że Zygmuntem rządzą dwa zasadnicze motywy: jest komunistą i jest Polakiem patriotą. To nie była sytuacja łatwa w tych latach – 1939, 1940, 1941... Człowiek, który ucieka przed prześladowaniami, przeważnie nie ucieka dlatego, że gdzieś tam, ktoś może go powitać z otwartymi ramionami, ale dlatego, że chce coś ocalić, czegoś bronić. Taka była polityczna sytuacja, że niezależnie od tego, gdzie się znalazł, w Polsce czy w Związku Radzieckim, ten człowiek był polskim komunistą.

● **Proces jego wewnętrznych przemian przebiega potem przez cały film...**

– Kiedy przeczytałem pierwszą wersję scenariusza, powiedziałem reżyserowi Hoffmanowi, iż podejmę się grać tylko pod warunkiem, że podczas zdjęć będziemy konstruowali postać wciąż na nowo. Nie uznaję tak zwanych sztandarowych bohaterów pozytywnych, to dla mnie fałsz, jesteśmy już za dorośli, aby nie szukać człowieka w takich postaciach, aby nie niszczyć stereotypów, do których tak wygodnie przywyknąć. Chodziło mi przede wszystkim o zburzenie wszelkich śladów stereotypu, który istniał jeszcze w pierwszych wersjach scenariusza. A jest to postać, którą skonstruować było bardzo ciężko. W końcu przez nią właśnie wyrażało się wiele zasadniczych przesłań ideowych filmu. Oparciem stał się język – szorstki, bardzo zwykły, chwilami nawet brutalny, a także bardzo skomplikowany stosunek uczuciowy do rodziny.

● **Ta zaborcza, despotyczna miłość do siostry...**

– Tłumaczy ją właśnie narastająca w nim świadomość, że idealistyczna, bezkrytyczna wiara w wyznawane ideały gdzieś tam się w końcu załamuje. Zygmunt stara się być wobec siebie twardy, stara się narzucić sobie maskę, nie pokazać, co w nim jest naprawdę. Siostra jest dla niego przede wszystkim najbliższym partnerem, jej może zaufać w pełni, więc jej uczucie do człowieka „z drugiej strony barykady” uważa za zdradę. Jest toporny, pokręcony psychicznie, nie potrafi mówić o tym, co go dotyczy najgłębiej, a to przybliża klęskę.

● **Klęską jest przede wszystkim stosunek do syna...**

– Przede wszystkim klęską jest świadomość, która przyszła za późno. Świadomość, że coś w życiu ominął, może to, co dla człowieka najważniejsze? – a kiedy pojął, kiedy chciał odzyskać miłość syna, było już za późno.

● **To cała druga część filmu. Następuje tu kompletne odwrócenie sytuacji. Zygmunt z części pierwszej zawsze wie, jak ma postąpić, podejmuje błyskawiczne decyzje...**

– Dlatego, że kieruje się przekonaniem: „tak trzeba” – tak trzeba w określonej sytuacji historycznej czy politycznej. Trzeba zdusić w sobie uczucia, aby nie zaszkodzić sprawie. Być bezwzględnym... Ale stopniowo narastają w nim wątpliwości co do samego siebie, co do swoich decyzji. Spotkanie z synem jest ostatnią kroplą, która przepełnia miarę. Nie potrafi znaleźć słowa, które mogłoby przełamać w chłopcu wrogość. I wtedy świadomość winy rozrasta się do tego stopnia, że nawiązanie kontaktu z chło
cem okazuje się niemożliwe. Wie,
każde zetknięcie się z nim jest d
syna bolesne i że to on musi ustąp
on musi się poświęcić, bo jest ojcer

● **Dopiero ich wspólna śmierć podc**
bitwy jest chwilą pojednania. Czy jedn
ten moment nie jest nieco melodrama
czny?

– Melodramatyczne są dla mn
sytuacje, w których występują ludz
„niezłomni”. Widziałem takie film
w których bohaterowi-żołnierzo
dowódca proponował dwa dni urlop
aby odwiedził żonę we wsi, w pobli
której kwaterowali, a ten odmawi
że niby „po zwycięstwie”. To są d
mnie sceny głęboko fałszywe. Najba
dziej denerwuje mnie tak zwana je
noznaczność. Nic, co dotyczy człowi
ka, nie może być w sztuce jednoznac
ne. Scena śmierci miała kilka wer
i być może ta, która weszła do film
nie jest jeszcze doskonała, a
przynajmniej nie czuję w niej fałsz
Decyzja, którą podejmuje Zygmu
idąc na pewną śmierć, nie wynik
przecież z jednorazowego impuls

est wynikiem zrozumienia, że coś w jego życiu się ostatecznie załamało, że czemuś nie potrafi sprostać. I właśnie ta decyzja przynosi mu to, o czym marzył: pierwszy prawdziwy kontakt z synem, jego przebaczenie, słowa miłości. To okazuje się ważniejsze niż wiele rzeczy, które przedtem uważał za ważne; te gazetki, których tak mu było brak w dywizji, te podejrzenia, których się nie mógł pozbyć, zbladły, nikły wobec grozy, wobec śmierci, wobec masakry tylu kolegów. Odczuł coś, co nazwać można przymusem moralnym, żeby spojrzeć z boku na swoją własną śmierć, nie czuć się raz jeszcze winnym wobec syna, który go na tej drodze wyprzedził...

● Proszę wybaczyć pytanie może naiwne, ale nieuniknione: w jaki sposób aktor grać może stany, sytuacje przekraczające zwykłą ludzką wytrzymałość, takie, w których człowiek znaleźć się może tylko raz w życiu, w sytuacji ostatecznej. Grać to znaczy analizować fragment po fragmencie, próbować, powtarzać, pamiętać o scenografii, miejscu ustawienia kamery, sylabizować tekstu...

– Stworzono na ten temat wiele teorii, wiele recept, są różne szkoły... Nie wierzę w nie. Szkoły, recepty, metody są po to, by aktor nauczył się wykonywać swój zawód. Ale to, o co pan pyta, to już nie jest zawód, to jakby... ponadzawodowe. Musi być ponadzawodowe, aby mogło być wstrząsające i prawdziwe, choć to przecież fikcja, którą stwarzamy przez to, że techniczny balast, że pytanie „jak" – po prostu nie istnieje. Kiedy uczymy się czytać, sylabizujemy literka po literze, składamy słowa, potem tego już nie ma, nie składamy słów, tylko czytamy. Aktor powinien osiągnąć taką samą umiejętność czytania w swym zawodzie. Jeśli tego nie osiągnie – nie może wzruszyć, bo nie można wzruszyć dukając litera po literze. Trzeba szukać w sobie i znaleźć podobne przeżycia, podobnie intensywne. Wewnętrznego napięcia można szukać wyłącznie w sobie samym. Dlatego to, co gramy, raz jest bardziej wiarygodne, raz mniej, raz jest lepsze, raz gorsze. Zależy to także od tego, na ile aktor zdoła się skupić, nie tyle przeżyć tę sytuację, ile pożyć nią chwileczkę...

● Która scena była z tego punktu widzenia najtrudniejsza?

– Wspominam szczególny wysiłek, jaki towarzyszył filmowaniu sceny pierwszego spotkania Zygmunta z synem, w namiocie dowódcy w Sielcach. Oczywiście mieliśmy ją dokładnie obmyśloną, była już w scenariuszu. Hoffman z całą ekipą filmowali coś innego, a ja zacząłem „podchody" do tej właśnie sceny. Chodziłem ze trzy godziny po lesie i zastanawiałem się, jak ją ugryźć. Zastanawiałem się nad takimi sytuacjami: dwu najbliższych sobie ludzi spotyka się po latach i między nimi staje mur nie do przebycia. Im dłużej myślałem, tym bardziej uświadamiałem sobie, że nie chodzi tu o tragedię tego jednego człowieka czy tych dwu: że to tragedia, jaką przeżywały tysiące, tysiące Polaków na całym świecie, i że nie mogę grać jego osobistej sprawy, ale sprawę, która rozkrwawiała świadomość tysięcy. Że nieważne jest jakie tu padają słowa, co wyrażają. Gdyby ci ludzie myśleli zupełnie inaczej, ich ból byłby taki sam. O tym nie można mówić, ale to musi być w podtekście, w milczeniu. Żeby widza bolało nie tylko to, że oto ojciec i syn nie mogą się porozumieć, ale przede wszystkim to, że tylu ludzi przeszło przez tak tragiczne doświadczenia, niszczące, nie do naprawienia... To przede wszystkim starałem się mieć w pamięci.

● Wynika z tego, że prawda w filmie nie może się ograniczać do zewnętrzności, że musi być głębsza, wewnętrzna...

– Mówi się banalnie, że dana scena ma duszę albo jej nie ma. Słowa, które są wypowiadane, to rzecz w zasadzie drugoplanowa. Jeżeli są wynikiem myśli, które proponuje owa dusza aktorska, na pewno będą dobre. Nie można wypatrzeć tej duszy, nie można wykryć nawet analizując każdy kawałek celuloidowej taśmy. Przemawia do widza spoza kadru, jest w tym nieuchwytnym kontakcie, jaki widz nawiązuje nie z ruchomymi cieniami na ekranie, ale z myślą, która jest poza ekranem.

● Czy reżyser może uzyskać ów efekt „duszy" filmu bez udziału aktora? Poprzez montaż, poprzez zdjęcia, poprzez własną pracę nad filmem?

Zależy, jak to będziemy rozumieć. Wiemy z historii kina, że różni reżyserzy potrafili obywać się zupełnie bez aktorstwa świadomego. Że brak współpracy aktora nie przeszkadzał im na przykład w osiąganiu nastroju, w sterowaniu uczuciami widzów. Ale sądzę, że jeżeli to mają być filmy o ludziach, a nie tylko projekcje reżyserskich przemyśleń, to nie ma takich możliwości. Można montażem zmienić treść ideową filmu, ale nie można zniszczyć człowieka, nie można odebrać mu człowieczeństwa, jeżeli naprawdę jest na taśmie. Dlatego najlepsze rezultaty osiąga się wówczas, gdy istnieje pełne porozumienie między twórcą-reżyserem i aktorem-twórcą.

Rozmawiał
OSKAR SOBAŃSK

ewska)

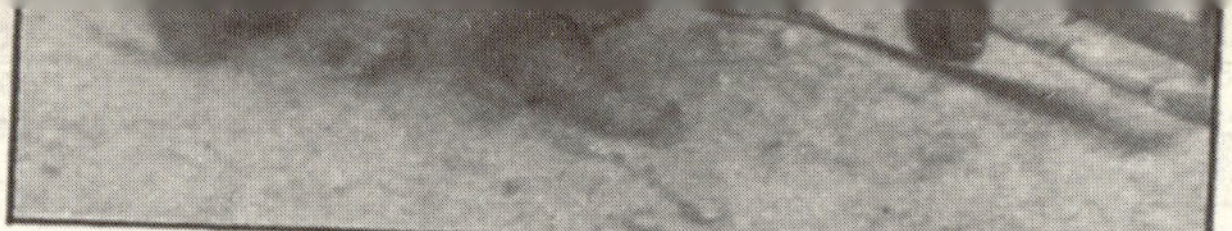

lotow)

Marek Lewandowski i Jerzy Trela

Jerzy Trela i Jacek Zejdl

trzej-
v na

dział
zaj-

ma-
wie-
ierze
vszy-
ęcia
dzić
wal-
wy-
kaz
kró-
szło
.
od
sera
dają
zoł-
ów.
dla-
ich

ym
ta-
że
nie
vie
eł-

ala
ką
a-
ie
ą-

podejrzliwego Zygmunta. Radwan chce popełnić samobójstwo, nie starcza mu jednak determinacji.

Druga część filmu zaczyna się w maju 1943, kiedy w Sielcach nad Oką formuje się Dywizja Kościuszkowska. Przybywają zewsząd Polacy wywiezieni w 1941 do Związku Radzieckiego, mający dopiero teraz szansę dostania się do polskiej armii – tylko tą drogą mogą wrócić do Polski. Zygmunt Gawlik jest teraz oficerem przyjmującym ochotników. Do Sielc przybywa również Andrzej Radwan, który zostaje przyjęty do armii mimo sprzeciwu Gawlika.

Kiedy już trwają szkolenia żołnierzy, Zygmunt przeżywa nieoczekiwane spotkanie z synem, który również przybył do Sielc i został żołnierzem.

Ostatnia, długa sekwencja filmu to obraz dramatycznej i krwawej bitwy pod Lenino. Dywizją Kościuszkowską dowodzi generał Berling, w szeregach oficerów znajdują się Zygmunt Gawlik i Andrzej Radwan, a także szkolący wcześniej Polaków oficerowie radzieccy. Ania jako sanitariuszka przygotowuje się wraz ze szpitalem polowym do przyjęcia rannych, Zbyszek jest w załodze czołgu. Napięcie przed bitwą, jej dramatyczny i krwawy charakter, o którym decydują także działania dowództwa, nieoszczędzającego ludzi, zostały przedstawione bardzo sugestywnie, do dziś wywołują niemałe wrażenie. W finale, zgodnym w dużej mierze z prawdą historyczną (straty Dywizji w bitwie pod Lenino były ogromne, generała Berlinga oskarżano o nieudolność i złą wolę), większość bohaterów ginie.

Jerzy Trela otrzymał rolę niewdzięczną, delikatnie mówiąc. Trudno polubić jego bohatera, zatwardziałego komunistę, zdolnego podporządkować wszelkie uczucia i odruchy swojej ideologii. Fabuła, obejmująca szeroką panoramę wydarzeń historycznych, nie pozwalała na zbudowanie jakiejś przekonującej, wyrosłej z przeszłości motywacji jego działań. W roku 1978 dzielny żołnierz, komunista z Ludowego Wojska Polskiego, nie miał szans na bycie bohaterem traktowanym z sympatią przez publiczność. Aktor doskonale zdawał sobie z tego sprawę. „Kiedy przeczytałem pierwszą wersję scenariusza, powiedziałem reżyserowi Hoffmanowi, iż podejmę się grać tylko pod warunkiem, że podczas zdjęć będziemy konstruowali postać wciąż na nowo. Nie uznaję tak zwanych sztandarowych bohaterów pozytywnych, to dla mnie fałsz, jesteśmy już za dorośli, aby nie szukać

Finałowa scena filmu *Do krwi ostatniej* Jerzego Hoffmana, 1978.
Jerzy Trela jako Zygmunt Gawlik, Jacek Zejdler – Zbyszek Trepka.

człowieka w takich postaciach, aby nie niszczyć stereotypów, do których tak wygodnie przywyknąć. [...] Oparciem stał się język – szorstki, bardzo zwykły, chwilami nawet brutalny, a także skomplikowany stosunek uczuciowy do rodziny”[7]. Zdecydował się jednak na udział w filmie, który miał być w zamierzeniu szeroką i możliwie uczciwą – na miarę ówczesnych uwarunkowań politycznych – panoramą wojennych losów Polaków na Wschodzie. Nazwisko Jerzego Hoffmana oraz ekipa grających w filmie kolegów aktorów gwarantowały profesjonalizm pracy.

Jerzy Trela musiał szukać w scenariuszu tych momentów, w których jego bohater jest przede wszystkim człowiekiem, z całym splotem złożonych uczuć, a nie jedynie konsekwentnym ideologiem. Ratunkiem dla jego roli były relacje rodzinne, generujące emocje. Najpierw zaborczość wobec ślicznej młodszej siostry, dla której chciał być zawsze autorytetem i mentorem, ciężko znosił więc jej związek z innym mężczyzną, w dodatku obcym pod względem przekonań. Jego nieufność wobec Andrzeja Radwana nabierała wiarygodnego rysu niepokoju, a może nawet zazdrości o ukochaną młodszą siostrę, wobec której pełnił po trosze rolę ojca i opiekuna.

Drugi, jeszcze silniejszy motyw związany był z nieznanym, porzuconym przed laty synem. Gawlik poświęcił życie rodzinne dla sprawy, ale miał wyrzuty sumienia, gnębiło go poczucie winy. I oto nagle, wezwany w jakiejś sprawie dyscyplinarnej, staje przed nim zadziorny, pełen charakteru i uroku młodości chłopak – jego syn. Syn, którego matka „zaginęła w transporcie”, a o ojcu nic nie wie. Syn i matka są niewinnymi ofiarami represji, jakie spadły na polskich obywateli ze strony Związku Radzieckiego, którego politykę Gawlik legitymuje.

Nadchodzi bardzo krótki moment szansy na odzyskanie syna: „Wiesz, to ja... to ja jestem twoim ojcem”. Ale nie będzie żadnej nagrody ani pojednania. „To pan?... Ja nie mam ojca, byliśmy zawsze z mamą sami!”. Zbyszek wytrzymuje napięcie, rzuca na koniec gniewną prośbę przeniesienia do czołgów, żeby być jak najdalej od tego człowieka, do którego latami tęsknił i latami go nienawidził. Potem, po wyjściu z namiotu, szlocha, leżąc na trawie.

Jerzy Trela długo przygotowywał się do tej sceny. „Szczególny wysiłek towarzyszył filmowaniu pierwszego spotkania Zygmunta z synem, w namiocie dowódcy w Sielcach. Hoffman z całą ekipą filmowali co innego, a ja zacząłem «podchody» do tej właśnie sceny. Chodziłem ze trzy godziny po lesie i zastanawiałem się, jak ją ugryźć. Dwu najbliższych sobie ludzi spotyka się po latach i między nimi staje mur nie do przebycia. [...] Nieważne jest, jakie tu padają słowa, co wyrażają. Gdyby ci ludzie myśleli zupełnie inaczej, ich ból byłby taki sam. O tym nie można mówić, ale to musi być w podtekście, w milczeniu. Żeby widza bolało nie tylko to, że oto ojciec i syn nie mogą się porozumieć, ale przede wszystkim to, że tylu Polaków przeszło przez tak tragiczne doświadczenia, niszczące, nie do naprawienia..."[8].

W kolejnych kadrach widzimy Gawlika, który krąży wokół syna, obserwuje go z daleka, podchodzi, usiłując nawiązać kontakt... Chłopak się odwraca, milknie, nie przyjmuje prób ojca. Symboliczne pojednanie następuje w scenie finałowej. Zygmunt atakuje niemieckie pozycje ze swoją piechotą, wspierają ich czołgi. Jeden z nich zostaje trafiony pociskiem, żołnierze usiłują wydobyć się z płonącego czołgu. Wśród nich Zbyszek – trafiony kulą leży na pancerzu czołgu. Zygmunt w desperackim porywie ściąga go stamtąd, w kolejnym ujęciu niesie na rękach ciało zabitego syna. Karabinowy ostrzał nie ustaje, kule dosięgają także Zygmunta. Umierają razem, zjednoczeni wspólną śmiercią.

Wątek trudnej relacji z synem rozegrany został przez Jerzego Trelę wypróbowanymi wcześniej środkami: minimalne, stłumione reakcje emocjonalne objawiają się głównie w spojrzeniu, w ruchu oczu. We wszystkich pozostałych scenach Trela ma stanowcze, nieruchome spojrzenie, świdrujące rozmówcę na wylot. Czasem jest to spojrzenie rzeczowe i przyjazne, czasem oskarżycielskie – ale zawsze stanowcze, mające ciężar i moc. Kiedy jednak przeżywa silne emocje, to spojrzenie się gubi, jakby traciło ów stanowczy, konkretny punkt orientacyjny. Oczy poruszają się w różnych kierunkach, w poszukiwaniu czegoś, co pozwoli zaczepić i uspokoić wzrok. Widać wówczas, że cała konstrukcja psychiczna bohatera została wytrącona z rytmu wykonywania zadań, ugruntowanych niezłomnymi przekonaniami.

W wielu filmowych rolach Jerzy Trela grał ludzi doświadczonych przez historię, twardych, którzy nie pozwalają sobie na okazywanie uczuć – świadomych, że w obliczu trudnego losu byłoby to tylko nieznaczącą, nawet szkodliwą słabością. Ale ci ludzie jednocześnie doświadczają bardzo silnych emocji: śmierci bliskich, zagrożenia, desperacji walki, tragicznych wyborów. I trzeba równocześnie przekazać te wszystkie emocje i stłumić ich zewnętrzny wyraz, ograniczyć do niezbędnego minimum – żeby utrzymać wiarygodność postaci.

Motyw odzyskanej po latach miłości do syna nie udałby się, gdyby nie filmowy partner Treli, Jacek Zejdler (w napisach do filmu figuruje forma nazwiska „Zajdler"). Charyzmatyczny młody aktor, niezwykle utalentowany, znany młodej publiczności z tytułowej roli w kultowym serialu *Stawiam na Tolka Banana* był wówczas świeżo upieczonym absolwentem łódzkiej Filmówki i nadzieją polskiego kina. Pięknie zagrał młodego, upartego chłopaka z charakterem, honorowego i zawziętego, a przy tym bardzo wrażliwego. Niestety była to jego ostatnia filmowa rola – na początku roku 1980, tuż po Nowym Roku, znaleziono Jacka Zejdlera martwego w jego mieszkaniu, obok kuchenki, z której wydobywał się gaz. Do dziś nie wiadomo, jakie były okoliczności jego śmierci – krążyły legendy, że padł ofiarą ubeckiego zamachu, ponieważ był mocno związany z opozycją.

Do krwi ostatniej był dla Jerzego Hoffmana filmem osobiście ważnym, świadectwem przeżyć tysięcy Polaków, które podzieliła również jego rodzina. Jako ośmioletni chłopiec został wywieziony z rodzicami na Syberię; jego ojciec wstąpił w 1943 roku do Dywizji Kościuszkowskiej, dzięki czemu po wojnie mógł dość szybko ściągnąć rodzinę do Polski. Twórca filmu chciał przekazać w miarę możliwości rzetelny obraz tamtych wydarzeń i uwikłań. Pośród nich sprawą ogromnej wagi dla społeczeństwa polskiego była prawda o Katyniu. Jerzy Hoffman był pierwszym reżyserem, który odważył się wspomnieć w swoim filmie o Katyniu.

„Sprawa polska po odkryciu grobów w Katyniu i protestach Sowietów została zepchnięta na margines polityki aliantów. Hoffman pokazał to w dwóch scenach. Pierwsza to odtworzenie autentycznej rozmowy Sikorskiego z Anthonym Edenem, podczas której brytyjski minister spraw zagranicznych upomina polskiego premiera, że wystąpił z obraźliwym oskarżeniem pod adresem sojusznika – Związku Radzieckiego – bez skonsultowania się z Anglikami. Druga z tych scen to krótki dialog między dwoma fikcyjnymi bohaterami, którzy rozważają, czy Sowieci mogli rzeczywiście dokonać tej zbrodni:

– A jeśli to prawda?
– To niemożliwe.
– A jeśli to jednak prawda?
– Żeby istnieć, musimy być z nimi.

Na kolaudacji *Do krwi ostatniej* było obecnych kilku członków Biura Politycznego, którzy nie sprzeciwili się wprowadzeniu filmu na ekrany.

Na oficjalną premierę filmu zaproszono nawet Wiktora Kulikowa – głównodowodzącego wojsk Układu Warszawskiego. Jak wspomina sam Hoffman – marszałek nie zrozumiał zapewne wszystkich dialogów, bo skandal wybuchł dopiero kilkanaście dni później, gdy poprzez inne kanały dotarło do Rosjan, co te dwie sceny w istocie oznaczają. Reżysera filmu nazwano wówczas wrogiem Związku Radzieckiego, film zdjęto z ekranów. [...] W dopuszczonej ostatecznie do kin wersji nie było już scen mówiących o mordzie w Katyniu. Złagodzono także inne dialogi żołnierzy w bitwie pod Lenino"[9]. Anna Dymna opowiada, jak w trybie pilnym wzywano aktorów na korekty postsynchronów – nie pozwolono nawet wspominać o Lwowie, a zamiast zdania „Tęsknisz do Lwowa?" trzeba było wkleić „Tęsknisz do domu?".

Publiczność nie mogła wiedzieć o działaniach cenzury ani o tym, że Jerzy Hoffman miał w planie film o Monte Cassino, który byłby opowieścią symetryczną do tej o bitwie pod Lenino – całość miałaby szanse pokazać wojenne losy Polaków w szerokiej perspektywie. Film odbierano więc jako kolejną historię gloryfikującą Ludowe Wojsko Polskie, dzieło zrobione na zamówienie władz. W roku 1979, kiedy film był wyświetlany w kinach, rosły nastroje buntu wobec politycznej rzeczywistości, coraz mocniej działała opozycja, i taki obraz, nawet w miarę politycznych możliwości rzetelny i profesjonalnie zrobiony, nie był na pewno tym, czego widownia oczekiwała. Nie trafił we właściwy czas.

Trzy duże produkcje, które z różnych powodów nie odniosły sukcesu, a ich intencje rozminęły się z rezultatami, to dostatecznie dużo, by nabrać sceptycyzmu co do własnej kariery filmowej. Ten dystans pojawił się jednak już wcześniej, kiedy Jerzy Trela porównywał jakość pracy twórczej na scenie teatralnej i na planie filmowym.

„Mam dosyć sceptyczne zdanie na temat współpracy reżysera z aktorem w filmie. Oczywiście, do spotkania z Kazimierzem Kutzem nie miałem szczęścia zetknąć się z czołówką reżyserską polskiego filmu. Stosunek reżysera filmowego do aktora jest często nieufny – bardzo często zdarzało mi się słyszeć zdania: on jest zmanierowany, bo to aktor teatralny. To jakieś nieporozumienie, ignorancja – nie wiem, jak to nazwać. [...] To, że aktor w filmie ma pewien «luz» – to kwestia stopnia świadomości zawodowej,

Na następnej stronie: Na planie *Pana Tadeusza* w reżyserii Andrzeja Wajdy, 1999.

a nie tego, że jest «surowy» czy dostaje tekst 10 minut przed ujęciem: bo jak nie będzie umiał na pamięć, to nie będzie «zmanierowany», będzie «prawdziwie mówił». To bzdura, ale często zdarza się słyszeć taki bełkot w filmie. Zrezygnowałem w tym roku z trzech głównych ról w filmach, nie dlatego, że «gardzę» filmem, ale ze względu na teatr. Uważałem, że moje miejsce jest tu, bo tu w tej chwili dzieje się coś istotnego, ważkiego dla mnie i w ogóle dla polskiego teatru, śmiem powiedzieć – dla polskiej kultury”[10]. Trela wypowiadał te zdania w roku 1975, i rzeczywiście po doświadczeniach twórczych wzlotów, jakie dawały próby z wybitnymi reżyserami w Starym Teatrze, po osiągnięciu nieprzeciętnej skali aktorskich możliwości, utwierdzanych każdym kolejnym wieczornym przedstawieniem, praca w filmie mogła się wydawać mniej ciekawa. Na pewno znacznie mniej od aktora zależało, a poczucie kreacji swojej roli było ograniczone.

„Kiedyś w swoim życiu dokonałem pewnego wyboru. Jeżeli miałem możliwość grania w filmie według jakiegoś słabego scenariusza, a w teatrze otrzymałem propozycje od Swinarskiego czy Jarockiego, to ona przeważała i wcale tego nie żałuję”[11]. Tym bardziej że nieraz zdarzało mu się odczuwać brak profesjonalizmu reżyserów filmowych w dziedzinie twórczości aktorskiej.

„Często obserwuję w polskim kinie dosyć specyficzną manierę. Wielu scenarzystów, później reżyserów, wychodzi z założenia, że im mniej aktor będzie przygotowany, im mniej będzie wiedział, tym lepiej «wypadnie» na ekranie. Improwizacja jest rzeczą wskazaną, ale tylko do pewnego stopnia. Bez dobrze napisanej roli, przygotowania wielu wariantów zagrania konkretnych scen nie ma prawdziwego filmu. Zamiast duszy bohatera na ekranie szeleści papier”[12]. Gdzie indziej dodaje z pewną goryczą: „Kiedyś przez przypadek na planie filmowym usłyszałem taką rozmowę: «Wszystko jest już przygotowane, tylko co zrobić z tymi pajacami?». Chodziło – rzecz jasna – o aktorów. Reżyser pamiętał o dekoracji, światłach, a aktorzy w całym przedsięwzięciu okazali się elementem najmniej znaczącym – pajacami”[13].

W latach siedemdziesiątych i osiemdziesiątych sporo grywał w filmach, choć, jak sam twierdzi, częściej „występował”, niż naprawdę grał. Rzeczywiście trudno byłoby porównać te role z jego rolami teatralnymi – była to

W roli porucznika Szłapowicza w filmie *„Anna” i wampir* w reżyserii Janusza Kidawy, 1981.

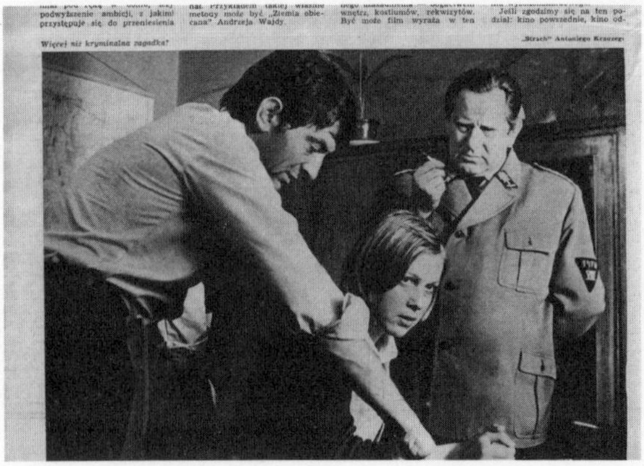

Jerzy Trela jako porucznik MO Węglewski, Joanna Żółkowska jako Agnieszka, Leszek Kubanek jako sierżant Świdor. *Strach* w reżyserii Antoniego Krauzego, 1975.

zupełnie inna skala. Obsadzano go wiele razy w rolach drugoplanowych, i to dość schematycznie: najczęściej powtarzająca się rola to „porucznik MO" (z czasem kapitan). Tego porucznika MO o różnych nazwiskach zagrał w filmach *Złote koło, Kocie ślady, Strach, Układ krążenia, „Anna" i wampir*. Trela z poczuciem humoru mówi, że przeważnie obsadzano go „na gębę", a że gębę ma ponurą, to grywał milicjantów, żołnierzy, rozmaitych bojowników... Rzadko ludzi w pełnym wymiarze.

„Udział w filmie – oprócz satysfakcji, artystycznego spełnienia, to także wykonywanie zawodu, z którego żyję. Cóż, nigdy nie kryłem, że nieraz brałem udział w filmie, żeby sobie kupić przysłowiową lodówkę. Albo malucha"[14]. Nabierał jednak doświadczenia w istnieniu przed kamerą, co nawet tym epizodycznym czy drugoplanowym rolom nadawało głębię – bywało nieraz tak, że z całego filmu widzowie najbardziej zapamiętywali właśnie epizod Treli. Poznawał też całe środowisko filmowe – reżyserów, operatorów, dźwiękowców – i teatralne, bo spotykani koledzy aktorzy zazwyczaj pracowali również w teatrach. W *Kolumbach* grał z Janem Englertem, rok później, w kryminalnym filmie *Kocie ślady*, zetknął się po raz pierwszy z Januszem Gajosem, z którym przyszło mu niejeden raz pracować w filmach i spektaklach Teatru Telewizji. W wypowiedziach o filmie Jerzy Trela zawsze podkreśla, jak ważną osobą, decydującą nieraz o wymiarze artystycznym filmu, jest autor zdjęć. Podziwiał na planie operatorów – artystów, którzy potrafili zajrzeć do wnętrza aktora, sfilmować go w taki

Pierwsza z długiej serii ról z gatunku „porucznik MO" – w roli porucznika Prałata w filmie *Złote koło*, reżyseria Stanisław Wohl, 1971.

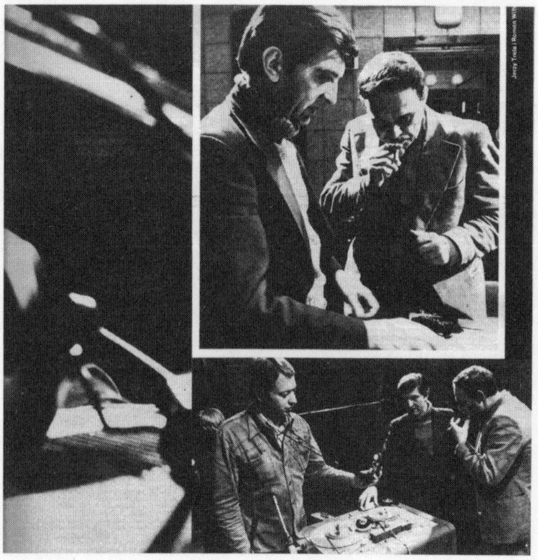

Z Romanem Wilhelmim w filmie *Ćma* w reżyserii Tomasza Zygadły, 1980.

sposób, by wydobyć i spotęgować całą głębię gry. Z Edwardem Kłosińskim zetknął się jeszcze przy *Sędziach* – Kłosiński bardzo pomagał Swinarskiemu, który się na filmowej materii niezbyt dobrze znał. Z Jerzym Wójcikiem pracował przy *Aniele w szafie*, podziwiając jego nieprawdopodobną wiedzę o człowieku i czując wsparcie z jego strony. Miał okazję obserwować, czego dokonywali na planie *Na srebrnym globie* Andrzej J. Jaroszewicz i Jerzy Zieliński, debiutujący jako operator; biegali oni za aktorami z kamerą, filmowali, niemal narażając życie, deszcz spadających meteorów, który imitowały efekty pirotechniczne.

„Szczęście w filmie mnie omijało, nie trafiłem na swoją rolę w filmie, bo jedna ważna rola w filmie wyznacza kierunek – to jest zasada, od tego się zaczyna. Jedna rola, w której zaistnieje się dostatecznie mocno, gdzie można w pełni się rozwinąć i pokazać światu swoją osobowość. I ta osobowość zostaje kupiona, zaakceptowana. To był przypadek Cybulskiego, Olbrychskiego czy Jasia Nowickiego w *Barierze*. A mnie się w młodości nic takiego nie przydarzyło.

Kolumbów darzę sentymentem, bo uważam, że był to – jak na tamte czasy – obraz prawdziwy. Trzeba powiedzieć sobie szczerze, że nie udało mi się potem trafić na rolę, która w równym stopniu byłaby mi bliska, która mogłaby mnie wykreować. Bardzo często zdarza się przecież, że po zagraniu jednej roli – za to bardzo ważnej – jej odtwórca określa się jako aktor, dalsze są już tylko jej rozwinięciem. Tak było z Cybulskim –

DRZAZGI

O filmie WOJCIECHA WÓJCIKA

Jerzy Trela i Edward Żentara

D waj
dża
stec
skiem. Są plast
wać malowidła
go kościoła. M
przyjazny ludzi
drej pokory wo
rzeń i dramató
konceptu, spok
wsze potrafi s
w najlepszym s
sekwentnie i – s
rozmowa z tutej
sza wizyta w
i pierwszy – dro
nudzącej się m
tów? gitowców

Szefem tej gr
wały, niepohan
okrutny. Jawi s
typowy małom
charakter – te
swoją bandę i
innych w braw
i chuligańskich
wkrótce staje si
jackim szpanie
nuta, jakby z inn
go losu – samo
motaniny, wresz
wiczne prowok
dzanie się i wyzy
przecież „samo
raczej konsekw
szych wydarzeń
że przyczyny t
Romana tkwią
owe wydarzeni
gi", które cho
przed ludzkim
łują określone d

Piotr, przeciw
zoru także typ
ka". Ale i on m
także ustawiczn
wystawia się na
to, co u Romar
pełnym wahań
niem, u Piotra –
często cyniczna
nie wie nic. Pic
wszystko, wszy
się – jak twierd
aby raz jeszcze
memu własną d
memu, bowiem
daje mu się, iż
godnym siebie
kiem. Champio

Operator Jerzy G
Wójcik

rozmowa z
JERZYM TRELĄ, aktorem, rektorem Państwowej Wyższej Szkoły Teatralnej w Krakowie

KROPLE TWORZĄ RZEKĘ

● Trzy lata temu na pytanie: jak wytłumaczyć paradoks polegający na tym, że dawny kontestator zdecydował się pełnić urząd rektora, odpowiedział pan: „Szkoła teatralna może być lepsza". Podtrzymuje pan swą deklarację?

– Tak, może być lepsza. To nie oznacza, że składałem jakąkolwiek deklarację. Uważam, że i w życiu, i w sztuce, deklaracje są zgubne – zarówno dla idei, jak dla składających je ludzi. Jestem aktorem, uczestnikiem tego, co dzieje się w teatrze. Wszelka popraw[a] w nim oznacza poprawę i dla mnie. U[rząd] rząd rektora objąłem z wyrachowania - [...] mam nadzieję, że tracę czas w sposób nie tylko korzystny dla innych, ale i dla siebie.

● Wprowadził pan nowy przed[...]miot „Nauka partnerstwa". Studenc[i] poznają artystyczne biografie zna[...]nych aktorów, sprawdzają wiadomoś[...]ci na scenie partnerując mistrzom Łomnickiemu, Englertowi, Nowickie[...]mu...

Maćkiem, Kobielą – Piszczykiem, tyloma innymi. Ja nie dostałem takiej szansy, ale daleki byłbym od żalów, uczucia niespełnienia"[15].

Deski teatralne i studio telewizyjne – gdzie spędził większość życia – dawały mu poczucie wystarczającego spełnienia artystycznego, nie zabiegał więc szczególnie o role filmowe. Wcześnie otrzymał również lekcję poglądową, czym może stać się popularna rola filmowa.

W 1969 roku brał udział w zdjęciach do filmu *Dzień oczyszczenia*, w reżyserii Jerzego Passendorfera – grał tam niewielką rólkę partyzanta, członka oddziału majora „Dziadka". W roli majora występował wybitny aktor teatralny i filmowy, Stanisław Jasiukiewicz, mający na koncie wiele głównych ról w klasycznym repertuarze. Zdjęcia kręcono w Karkonoszach, w Sobieszowie pod Jelenią Górą i w pobliskim zamku Chojnik. Był to czas niezwykłej popularności serialu *Czterej pancerni i pies* – Jasiukiewiczowi przydarzyło się zagrać w trzech odcinkach ojca głównego bohatera.

„Dzieci wchodziły na dziedziniec zamku, gdzieśmy kręcili, i zawsze go któreś rozpoznało, no i taką chmarą do niego leciały, że «ojciec Janka, ojciec Janka!». Jasiukiewicz był bardzo szlachetny i kulturalny, nigdy nie klął, nawet po spożyciu większej dawki alkoholu. Przepięknie mówił, używał pięknej polszczyzny na co dzień. I któregoś dnia, w południe, kiedy już umęczyły go te dzieci, nie wytrzymał, rzucił czapką o ziemię i mówi w desperacji: «Kurwa, Gustaw-Konrad, Don Juan, Mazepa, to, tamto, a oni mi cały czas z tym ojcem Janka!»".

Właściwie nie zaistniał w całym nurcie kina moralnego niepokoju z lat siedemdziesiątych – co trochę dziwi, bo rodzaj teatralnych kreacji go do tego predestynował. Może jednak bano się jego zbytniej teatralności – twórcy tego nurtu dążyli do pogłębionego realizmu, przełamywali zwietrzałe ich zdaniem konwencje zachowania się na ekranie, szukali naturalności.

Trela zagrał jednak w jednym, ale ważnym filmie. Był to *Spokój* Krzysztofa Kieślowskiego, z nowatorską, bardzo zbliżoną do ówcześnie odczuwanej prawdy życiowej główną rolą Jerzego Stuhra jako Antka Gralaka. Antek wychodzi z więzienia i marzy o ułożeniu sobie życia, o tytułowym spokoju: zatrudnia się na budowie i na imprezie w knajpie wygłasza swój program życiowy: „Kobita, dzieci, własny kąt. Obiad zawsze w domu, żadne stołówy, żadne bary mleczne, nic. Przecież dwa, trzy tysiące to ja wszędzie zarobię. Ja więcej nie potrzebuję, Mietek. Pieniądze oddaję żonie, sobie tylko na papierosy. Robota, po robocie do domu, dzieciaki do lekcji. Telewizja, pierwszy, drugi program, wszystko będę oglądał".

Jednak nawet ten minimalny, skromny program okazuje się nie do zrealizowania w skorumpowanej rzeczywistości lat siedemdziesiątych. Najpierw Gralak ma trochę szczęścia: na budowie przyjmuje go do pracy kierownik, który nie zważa na jego więzienną przeszłość. Poznaje dziewczynę, żeni się... Ale na budowie zaczynają ginąć materiały, cement i cegła – sprzedaje je na lewo kierownik, narażając załogę na przestoje i brak premii. Pracownicy się buntują, nawet strajkują przeciw kierownikowi. Antek chce żyć dobrze z kolegami i zachować uczciwość, a jednocześnie być lojalny wobec szefa, który go zatrudnił i okazał mu pomoc. Nie da się jednak być w porządku wobec obu stron – Antek odrzuca niemoralną propozycję kierownika, ale równocześnie traci zaufanie kolegów, którzy biorą go za donosiciela.

Rolę kierownika, głównego antagonisty Antka Gralaka, powierzył Kieślowski Jerzemu Treli. To bardzo niestandardowa decyzja, pokazująca, że wybitni reżyserzy kierują się zawsze własnymi intuicjami wobec możliwości aktora, nie zważając na ich dotychczasowe role. Trela jako cwaniak, drobny krętacz realnego socjalizmu, usiłujący sprytnie manipulować ludźmi – to w roku 1976, kiedy aktor miał już „na plecach" swoje wielkie romantyczne role – dziwna decyzja. Lecz Trela świetnie się z niej wywiązał. Od początku widać, że to człowiek fałszywy: gra rolę „swojego chłopa", rozumiejącego ludzkie słabości – a naprawdę wykorzystuje je później dla własnych celów. Kryminalna przeszłość Antka jest dobrym argumentem, żeby go oskarżyć o kradzież. Najważniejsze są dla niego dobra materialne, które trudno w socjalistycznej gospodarce zdobyć uczciwą pracą, toteż kierownik umiejętnie „kombinuje".

Trela jest w tej roli szybszy niż zazwyczaj: szybciej chodzi, mówi, porusza się. Jak człowiek nieustannie kombinujący, szukający okazji do przekrętów. Jest giętki i zwinny, znika gdzieś jego zwyczajna sztywność i hieratyczność. Kierownik prawdziwym zainteresowaniem darzy jedynie swoje pojazdy, motor i samochód, wyznaczniki statusu, z których jest dumny.

Jako kierownik budowy w *Spokoju* Krzysztofa Kieślowskiego, 1976.
Na następnej stronie: Trzej wielcy polskiego aktorstwa: Jerzy Trela jako górnik Skarga, Jerzy Radziwiłowicz jako proboszcz i Janusz Gajos jako inżynier Miodek w filmie *Śmierć jak kromka chleba* Kazimierza Kutza, 1994.

Z Bożeną Stachurą i Agnieszką Holland podczas gali rozdania Orłów – Polskich Nagród Filmowych, 2002.

Ale nie potrafi długo patrzeć ludziom w oczy, ucieka gdzieś spojrzeniem w bok, patrzy jakoś z ukosa albo spode łba. Trudno mu wytrzymać konfrontację z prostą uczciwością Antka.

Trela i Stuhr stanowili w teatrze dobrze sprawdzającą się parę – kontrastowi pod względem temperamentu, wyglądu, rodzaju ekspresji, świetnie się dopełniali. W *Spokoju* głównie Jerzy Stuhr miał możliwość pokazania nowego rodzaju aktorstwa, spontanicznego, bardziej prawdziwego, ale Trela dorównywał mu w poszukiwaniach autentycznej ekspresji filmowej.

Być może Kieślowski czuł pewien niedosyt współpracy z Jerzym Trelą, bo rok później, zwłaszcza kiedy okazało się, że *Spokój* został zatrzymany przez cenzurę i trafił na półkę (zaprezentowano go dopiero w roku 1980), reżyser postanowił opracować własny scenariusz w teatrze. *Życiorys*, wyreżyserowany w 1977 roku w Starym Teatrze, był jedyną pracą teatralną Kieślowskiego. Tym razem reżyser dokonał zamiany: oskarżonym robotnikiem, także o nazwisku Gralak, był Jerzy Trela, a Jerzy Stuhr – jego głównym przeciwnikiem, nowym pierwszym sekretarzem partii w komitecie zakładowym. „O walorach przedstawienia stanowi w znacznej mierze sprawny i wyrównany zespół aktorski Teatru Starego. Jerzy Trela kreuje postać Gralaka z dużą sugestywnością. Jest skupiony, czujny, chwilami bezradny, jakby niepewny swoich racji, nie potrafi się sprytnie bronić, ale wierzymy mu, że walczy o prawo do pozostania w partii z autentycznym przekonaniem i uporem. Jego gładki antagonista – Jerzy Stuhr – grał z uśmiechem, maskującym bezwzględność, prowadził rolę błyskotliwie i konsekwentnie”[16]. Obaj aktorzy sprawdzili się w tym odwróconym układzie.

Kieślowski, pracujący w filmie, nie do końca zdawał sobie sprawę z odmienności wymagań teatralnych. „Podczas próby generalnej tekst został na tyle zmieniony – część wyrzuciła cenzura, część poprzestawiał sam Kieślowski – że wiedziałem, iż nie mam szans nad tym zapanować. A graliśmy, siedząc przy stole w sali im. Modrzejewskiej, gdzie dla suflera nie było miejsca. Myśl o premierze mnie przerażała. Na dwie godziny przed nią – olśnienie. Przecież stół jest przykryty sięgającym do podłogi suknem. Na szczęście rekwizytor miał latarkę. I tak Iwona Gołębiowska, świetna suflerka, uratowała mi premierę. A później towarzyszyła mi, już nudząc się, podczas kolejnych spektakli, bo nadal bałem się grać bez schowanej pod stołem Iwony"[17]. Kieślowski jakby nie do końca przyjmował do wiadomości, że w teatrze nie da się powtórzyć ujęcia, a gra toczy się bezpośrednio przed publicznością...

Ze Stanisławem Różewiczem na planie filmu *Anioł w szafie*, 1987.

W roli dźwiękowca Jana w filmie *Anioł w szafie*, w reżyserii Stanisława Różewicza, 1987.

Trochę później, już w latach osiemdziesiątych, Jerzy Trela otrzymał rolę w sporej mierze pokrewną w klimacie i estetyce kinu moralnego niepokoju. Stanisław Różewicz powierzył mu główną rolę w filmie *Anioł w szafie*, zrealizowanym w roku 1987. Ten kameralny, poetycki film jest właściwie pozbawiony klasycznie rozumianej akcji – to, co prawdziwie dramatyczne, toczy się w ludzkiej psychice, w snach i przeczuciach, w powracających obrazach pamięci.

Jan, główny bohater, jest dźwiękowcem zatrudnionym przy realizacji filmu, rzetelnym i budzącym zaufanie – pracujące na planie filmowym osoby proszą go o opinię, radę, interwencję... Jan jest powściągliwy, dyskretny, ale życzliwy ludziom – tak przynajmniej go postrzegają. Ale bardziej niż pośród zadań związanych z kręceniem filmu Jan żyje we własnym świecie wewnętrznym, odizolowany od doraźnych międzyludzkich napięć i emocji. Jego świat składa się z dźwięków, wywołujących obrazy, emocje, klisze wydobywane z pamięci. Naraz podczas nagrywania sceny między dwojgiem bohaterów słyszy w słuchawkach tajemnicze głosy, układające się w znaną przed laty melodię... Świat wokół jest przygnębiający i szary, pogrążony w drobnych uciążliwościach, które nie pozwalają normalnie żyć i pracować. Żona Jana, Teresa, relacjonuje ciągłe kłopoty w pracy: kogoś przesłuchiwano, pracownicy są narażani na utratę zdrowia. Na planie – atmosfera pośpiechu i bylejakości, groźba odebrania sprzętu. Teresa i Jan przeżywają rozstanie z córką, która wyemigrowała do Szwecji, niby po lepsze życie, lecz na niepewny los. Wokół planu filmowego krążą lokalne pijaczki; kradną Janowi mikrofon, a gdy próbuje go odzyskać, zostaje dotkliwie pobity. Wszystkie te rzeczy, niby mało dramatyczne, składają się na przytłaczającą atmosferę braku nadziei, frustracji, niepewności. Ta atmosfera drugiej połowy lat osiemdziesiątych – klimat bierności i przygnębienia, kiedy wygasły polityczne emocje, a nie rysowała się jeszcze perspektywa zmiany – została w filmie znakomicie uchwycona.

W świecie wewnętrznym do Jana powracają obrazy przeszłości. Podczas nocy spędzanej z ukochaną Elżbietą słyszał rozpaczliwe krzyki mężczyzny wzywającego pomocy. Nie zareagował na nie, nie podjął wyzwania. Prześladują go te krzyki i obraz ciała mężczyzny leżącego pośród jesiennych liści w parku. Jedzie do Kazimierza Dolnego, aby odnaleźć Elżbietę, lecz okazuje się, że dawno wyjechała – wkrótce po tajemniczym morderstwie w parku. Znajoma Elżbiety, starsza pani, bibliotekarka, pokazuje Janowi figurę gipsowego anioła, przygotowaną na własny grób – trzyma anioła w szafie, bo ukradną... W sąsiedztwie parku, na opuszczonym kirkucie stary Żyd czegoś bezskutecznie szuka. W sennych, na wpół wizyjnych scenach pojawia się słynna grafika Dürera *Rycerz, Śmierć i Diabeł* – nagrywający odgłosy ptaków w lesie Jan widzi przejeżdżającą obok kawalkadę tych dziwnych jeźdźców. W ostatniej onirycznej scenie w wewnętrznej projekcji Jana wszyscy znajdują się w tajemniczym, jesiennym pejzażu.

Z kilku względów była to dla Jerzego Treli bardzo ważna rola. Miał szansę stworzyć zupełnie inną od dotychczasowych filmową postać: człowieka wycofanego, pogrążonego w świecie wewnętrznym nadwrażliwca, który bardziej wsłuchuje się w siebie, niż podejmuje działania w konkretnej rzeczywistości. Aktor zagrał tę postać bardzo subtelnymi środkami, właściwie nie gra, tylko słucha, patrzy, rejestruje świat... Trzeba jednak niepospolitej osobowości i wewnętrznej siły, by tak pomyślana rola nie wypadła blado i bez wyrazu. Trela komunikuje widzowi istnienie i intensywność swojego wewnętrznego świata drobnymi sygnałami: lekkim opuszczeniem powiek, chwilą nieuwagi wobec rozmówcy, półuśmiechem, powściąganym niepokojem.

Wielką przyjemność sprawiła aktorowi praca z twórcami filmu. Stanisław Różewicz był twórcą bardzo osobnym, człowiekiem jakby niepasującym do hałaśliwego filmowego środowiska. Kręcił filmy, unikając rozgłosu i panujących w świecie kina mód, wedle własnej wrażliwości i poetycko-

-filozoficznych upodobań. W osobie Jerzego Wójcika, autora zdjęć, znalazł idealnego realizatora swoich zamierzeń.

Film pokazywany w roku 1988 nie zyskał większej popularności – narastała wówczas moda na kino akcji, w cenie były komedie obyczajowe. Wysoko ocenili go krytycy, dostrzegając nawiązania do wybitnych dzieł literackich i filmowych (*Upadku* Camusa i *Powiększenia* Antonioniego). Zwracano uwagę na świetnie skonstruowany klimat społeczny, w którym trudny do określenia niepokój i rozterki moralne rozbijają wewnętrzną równowagę. Ale publiczność lat osiemdziesiątych, zmęczona właśnie tą atmosferą, wolała oglądać filmy, które stanowiły odskocznię od ponurej codzienności. Przebojami tamtych lat stały się filmy *Wielki Szu* i *Och, Karol* – klimat kina moralnego niepokoju wydawał się mało atrakcyjny.

Dopiero w roku 2000 aktor otrzymał rolę, która pozwoliła mu zaprezentować szerokiej publiczności kinowej całą skalę umiejętności i talentu. Jerzy Kawalerowicz obsadził aktora w *Quo vadis*, w roli Chilona Chilonidesa – dzięki roli Jerzego Treli ta postać, w powieści drugoplanowa, urosła do rangi jednego z głównych bohaterów opowiadanej historii.

Film – zrealizowany z myślą o millenijnych uroczystości Kościoła – był polską superprodukcją w hollywoodzkim stylu. Kręcono go z niespotykanym dotąd w polskiej kinematografii rozmachem – nawet inne ekranizacje polskiej klasyki, jak *Ogniem i mieczem* czy *Pan Tadeusz*, nie dorównywały mu budżetem ani ilością zaangażowanych osób i środków. A budżet filmu był istotnie ogromny – w roku 2000 było to około 70 milionów złotych, suma wówczas bardzo wysoka. Zdjęcia kręcono we Francji i w Tunezji, gigantyczne dekoracje budowano w Warszawie i w Piasecznie. Prasa szeroko prezentowała proces produkcji, zamieszczając reportaże z planu i wywiady z twórcami, zwłaszcza aktorami. Światowa premiera filmu odbyła się w Watykanie, w obecności papieża Jana Pawła II, w miejscu męczeństwa pierwszych chrześcijan.

Głównym wątkiem filmowej narracji jest rozgrywka pomiędzy Markiem Winicjuszem i jego wujem Petroniuszem a Neronem, zaś stawką w tej rozgrywce jest utrzymanie władzy i los chrześcijan oskarżonych po pożarze Rzymu o jego wzniecenie. Miłosna historia pomiędzy Winicjuszem a Ligią jest motorem napędzającym i motywującym akcję. Chrześcijanie, ze świę-

Przed uroczystą premierą filmu *Quo vadis* w Watykanie, 2001. Jerzy Trela, Agnieszka Wagner, Michał Bajor, Małgorzata Pieczyńska, Paweł Deląg, niżej Bogusław Linda.

tym Piotrem na czele, są monolitycznym tłem – działają jako żywy obraz wiary; stanowią jednak raczej przedmiot toczącej się ponad ich głowami rozgrywki, której padają ofiarą.

Czwartą postacią, kształtującą przebieg wydarzeń – obok Winicjusza, Petroniusza i Nerona, wraz z jego zausznikami – jest osoba nienależąca do elity władzy, pozornie marginalna, z czasem jednak kluczowa w toczącej się wojnie. Chilon Chilonides, przedstawiający się jako wędrowny filozof, jest właściwie nędzarzem, człowiekiem poza nawiasem społecznym, nie przynależy do żadnej grupy. Zapewnia sobie minimalną egzystencję przebiegłością, sprytem i bezwzględnością. W przydrożnej karczmie, w drodze do Rzymu, nie waha się zabić greckiego lekarza, chrześcijanina Glaukosa, by sprzedać jego rodzinę handlarzowi niewolników.

Przed Winicjuszem i Petroniuszem zjawia się, aby pomóc odnaleźć Ligię uprowadzoną z pałacu cezara. Chilon jest w tej scenie błaznem, bardzo zręcznie posługującym się pochlebstwem, komediantem świetnym w sztuce inteligentnego wyciągania pieniędzy od zleceniodawców, których

umie rozbawić i ucieszyć celnym dowcipem. W działaniu objawia się jednak jako człowiek groźny i bezwzględny, który nie cofnie się przed żadną metodą prowadzącą do celu, a jego bronią są przede wszystkim podstęp, zdrada, umiejętność manipulowania ludźmi, zręczne kłamstwo. W rozgrywce z chrześcijanami ociera się o śmierć – ratuje go ich wiara, gdyż nie pozwala zabijać. Pośród nich jest także Glaukos, cudem ocalały, który, kierując się chrześcijańskimi zasadami, nie szuka zemsty.

Chilon wychodzi ze starcia żywy, lecz upokorzony – musiał objawić tym ludziom potworny, poniżający go lęk przed śmiercią. Ta ludzka szumowina nie odczuwa więc wdzięczności za darowanie życia, a tylko chęć odegrania się za swoje upokorzenie. Toteż gdy pojawia się możliwość zemsty, bo nad chrześcijanami zbierają się ciemne chmury, Chilon zgłasza się do Nerona, zobowiązując się wydać wszystkich chrześcijan. Zostaje sługą cezara, otrzymuje dom, noszą go w lektyce... Musi też oglądać igrzyska, w których jego ofiary są rozszarpywane przez lwy. Znosi to z trudem, jego mała, podła dusza nie wytrzymuje obrazów okrucieństwa i narastających wyrzutów sumienia, dotąd skutecznie tłumionych.

Przełom następuje w chwili, gdy Chilon towarzyszy Neronowi w przejażdżce pośród ogrodów, które władca kazał oświetlić żywymi pochodniami: płoną żywcem ukrzyżowani chrześcijanie. Chilon rozpoznaje Glaukosa, który przebaczył mu zamach na własne życie. Nie wytrzymuje i pada na kolana, prosząc umierającego o powtórne przebaczenie – w imię Chrystusa. I przebaczenie otrzymuje. Gdy wstaje z kolan, głośno oznajmia, że podpalaczem i zbrodniarzem jest Neron, a chrześcijanie są niewinni. To początek końca wielkiego cezara, przeciw któremu zwróci się rzymski lud. Chilon wydaje się na śmierć z rąk żołnierzy Nerona. To moment kluczowy w przedstawianej historii jako opowieści o fenomenie chrześcijaństwa: następuje tu prawdziwy cud nawrócenia grzesznika, spowodowany nie osobistym uczuciem, jak w przypadku Winicjusza, którego droga do wiary jest bardziej oczywista. Chrześcijaństwo objawia swoją moc działania poprzez miłość i przebaczenie.

Całą tę rolę budował Jerzy Trela środkami innymi niż dotąd stosowane przez niego w filmie. Nie grał tym razem ani heroicznego żołnierza, ani ponurego przedstawiciela wymiaru sprawiedliwości, ani wycofanego, zgorzkniałego ojca. Miał możliwość pokazania zupełnie odmiennej

Jako Chilon Chilonides w filmie *Quo vadis* w reżyserii Jerzego Kawalerowicza, 2001.

postaci – cynicznego błazna i kabotyna, który przechodzi radykalną przemianę wewnętrzną. Postaci obecnej w pełni swojego człowieczeństwa, upodlonej i zyskującej godność.

Błazen i kanalia zagrany jest przede wszystkim środkami groteskowymi, nawet komediowymi. Chilon jest ekspresyjny, ruchliwy, rysy twarzy są bardzo dynamiczne: poruszają się oczy i brwi, błyskawicznie zmieniają się grymasy twarzy. Z ust płyną z niezwykłą prędkością błyskotliwe, iskrzące dowcipem zdania. Chilon jest błaznem, ale przede wszystkim gra błazna: perfekcyjnie i z zaangażowaniem, bo błazeńska rola jest dla niego grą o życie, o przetrwanie, o zyskanie jakiegokolwiek statusu.

Po wewnętrznej przemianie ta maska opada. Twarz nieruchomieje, zastyga, jakby pokazywała swój prawdziwy, niewzruszony kształt, który spod tej maski się wydobył. Chilon nie patrzy już na otoczenie, ale w głąb własnej duszy. Zatrzymuje się potok kłamliwych słów. Zmuszany przez Tygellina, żeby odwołał oskarżenia, powtarza tylko: „Nie mogę". Żadne ciosy nie są go w stanie złamać.

Quo vadis, oglądane przez liczną widownię, zostało przez krytykę przyjęte z pewnym dystansem. „Nie jest to film zły, ale nie jest to także film dobry – po prostu nijaki", „*Quo vadis* cierpi na brak inwencji. Nie jest ani melodramatem, ani filmem akcji, ani moralitetem, ani historycznym freskiem o upadku antycznego świata"[18] – pisano. Zarzucano filmowi brak dynamiki; dominanta wąskich planów, która nie pozwoliła pokazać rozmachu akcji, nie wykorzystała wizualnego potencjału wspaniałych scenografii. Przyznawano jednak zgodnie, że największym atutem filmu było aktorstwo – i o ile poszczególne role były rozmaicie oceniane (na przykład Neron Michała Bajora czy święty Piotr Franciszka Pieczki), u jednych budząc zachwyt, u innych – rozczarowanie, o tyle rola Jerzego Treli była niezmiennie odbierana jako wybitna, zapadająca w pamięć, poruszająca. Wiedział o tym również reżyser filmu Jerzy Kawalerowicz, który już na planie deklarował, że właściwie mógłby zrobić film o Chilonie Chilonidesie.

Odbiór publiczności, opinie krytyków – to rzeczy, które z perspektywy wykonawców pojawiają się później i właściwie nie są bezpośrednio związane z pracą na planie. Ta wiąże się z całkiem innymi przeżyciami, zrodzonymi z ryzykownych ujęć filmowych: pożarów, konnych pościgów, bitew... Na planie *Quo vadis* trzeba było zainscenizować wielki pożar Rzymu. Chilon wywozi z pożaru rannego Winicjusza na grzbiecie muła. „Muł był bardzo sympatyczny, spokojny i miły. Robiliśmy kilka prób tej sceny, w której na mule wyprowadzam Winicjusza ze zgliszcz i strzelających jeszcze płomieni. Wszystko było dobrze, muł był potulny jak baranek. Natomiast kiedy doszło do kręcenia tej sceny i prowadziłem go tak samo, jak podczas prób, Winicjusz trzymał lejce. I nagle muła coś przestraszyło na tym pochrześcijańskim pogorzelisku. Nie wiem, czy iskry, czy co innego. Dość na tym, że muł wlazł mi kopytem na stopę, prawie nabijając jej śródstopie na kamień. Wrzasnąłem do Deląga, żeby go pociągnął na prawo, co zrobił, i moja stopa została uwolniona z połamanymi kostkami śródstopia"[19]. Rzadko się pamięta, że wrażenia publiczności bywają okupione jak najbardziej realnymi urazami i uszczerbkami na zdrowiu.

Ten błazeńsko-komiczny, choć równocześnie dramatyczny wizerunek Treli, pokazujący jego nieznane dotąd w filmie oblicze, miał szansę się rozwinąć dzięki następnej produkcji. Krańcowo innej – właściwie półprywatnej, niskobudżetowej, będącej inicjatywą grupy krakowskich przyjaciół i znajomych, w pewnym sensie portretujących siebie i własne miasto. *Anioł w Krakowie*, bo o nim tu mowa, wyreżyserowany przez Artura „Barona" Więcka, wyprodukowany przez spółkę Bereś & Baron Media Production, właściwie offowy, powstały niezależnie, zdobył liczne nagrody, w tym również aktorskie. Jerzy Trela otrzymał Polską Nagrodę Filmową Orzeł za drugoplanową rolę męską. Film zyskał wielką popularność i sympatię widowni, a scena pierwszego spotkania Anioła Giordano – Krzysztofa Globisza z kloszardem Szajbuskiem – Jerzym Trelą stała się sceną kultową, odtwarzaną setki tysięcy razy na internetowych portalach. Anioł Giordano, zesłany na ziemię, do Krakowa, przysiada na ławce na wiosennych Plantach, dziękuje Bogu za piękny dzień... „Chcesz w ryja?... Gnoju!" – słyszy w odpowiedzi. Tak zagaduje go siedzący na tej samej ławce menel, w berecie z przypiętym dzwonkiem. Wykonuje przy tym dziwne nieskoordynowane ruchy byłego karateki, a twarz rejestruje szereg błyskawicznych, nieoczekiwanych reakcji. Potem Szajbusek, z początku nieufny, staje się przewodnikiem Giordana po ludzkim świecie. W drugiej części filmu, *Zakochany anioł*, Szajbusek ze swoim kumplem Lupinem, kloszardem z Dworca Centralnego w Warszawie, w którego wcielił się Janusz Gajos, dokonują brawurowej akcji odbicia Giordana ze szpitala psychiatrycznego – i jest to jedna z lepszych sekwencji polskich komedii ostatnich lat. Od

Z Krzysztofem Globiszem i Januszem Gajosem w filmie *Zakochany anioł* w reżyserii Artura „Barona" Więcka, 2005.

czasu premiery *Anioła w Krakowie*, jak twierdzi Jerzy Trela, rozpoznają go menele na Dworcu Centralnym, prosząc: „Miszczu, daj dwa złote". Trela odpowiada: „Dostaniecie pięć, jak powiecie «mistrzu»". Tak w skromnej skali realizuje dydaktyczną funkcję sztuki.

„W teatrze jestem, w filmie bywam" – lubi powtarzać Jerzy Trela, podkreślając swój główny obszar artystycznej działalności. Można powiedzieć, że do kina miał mniejsze szczęście niż do teatru – trudno jednak nie widzieć w tym efektów świadomego wyboru. Co nie przeszkadza mu tworzyć w filmie postacie charyzmatyczne, przykuwające wewnętrzną siłą, i przede wszystkim wiarygodne. W 2013 roku zagrał w ważnym, nagrodzonym Oscarem filmie *Ida* w reżyserii Pawła Pawlikowskiego. Wystąpił w epizodycznej, ale jakże znaczącej roli Szymona Skiby – starego człowieka, który podczas wojny ukrywał w lesie żydowską rodzinę. Bohaterki filmu, grane przez Agatę Kuleszę i Agatę Trzebuchowską, docierają do niego, gdy jest już na łożu śmierci. Skiba nie bardzo rozumie, o co go pytają – być może nie wie, że ukrywanych Żydów zabił jego własny syn. Wątek Szymona miał być dłuższy, nakręcono więcej zdjęć, jednak ostatecznie reżyser zdecydował, że krótka scena w szpitalu jest wystarczającym elementem w kompozycji całości.

Z kolei w jednej z końcowych scen filmu *Ziarno prawdy* Borysa Lankosza prokurator Szacki (Robert Więckiewicz) nakłada kajdanki swojemu partnerowi w śledztwie. Jerzy Trela jako inspektor Leon Wilczur mówi: „Pan się myli, panie prokuratorze" – i nikt nie ma wątpliwości, że prokurator Szacki rzeczywiście się myli. Trudno nie wierzyć słowom wypowiadanym na ekranie przez Jerzego Trelę.

ROZDZIAŁ ÓSMY

Teatr Telewizji

Jednym z fenomenów polskiej kultury, nieznanym w innych krajach, jest teatr polskiej telewizji – specyficzny polski gatunek sztuki wizualnej. Powstał już u samych początków istnienia telewizji w Polsce – pierwszy spektakl nadano na żywo w 1953 roku. Wkrótce powołano redakcję Teatru Telewizji, który w ramach instytucji był zorganizowany na podobieństwo repertuarowego teatru: posiadał redakcję z odrębnym budżetem i dyrektorem, produkował i emitował przedstawienia, zatrudniał reżyserów, scenografów i dramaturgów.

W ciągu pół wieku istnienia Teatr Telewizji wyprodukował ponad pięć tysięcy przedstawień, które podpisywali najwybitniejsi reżyserzy: Konrad Swinarski i Andrzej Wajda, Adam Hanuszkiewicz i Jerzy Antczak, Jerzy Gruza i Kazimierz Kutz, Agnieszka Holland i Krzysztof Kieślowski. Nie było także żadnego wybitnego aktora czy aktorki w Polsce, którzy nie pojawiliby się w spektaklach na małym ekranie. Redakcja Teatru Telewizji dbała o wysoki poziom repertuaru: w ciągu kilkudziesięciu lat pojawiły się najważniejsze pozycje światowej i polskiej klasyki, a także współczesne, zarówno te z najwyższej literackiej półki, jak i rozrywkowe. Dzięki Teatrowi Telewizji miliony widzów mogły poznać wybitną dramaturgię i wspaniałe kreacje aktorskie, uczestnicząc w kulturze wysokiej, rozwijającej świadomość i estetyczny smak.

W latach sześćdziesiątych i siedemdziesiątych produkowano od stu do dwustu przedstawień rocznie, a prezentowano je w różnych cyklach – oprócz zwyczajowych przedstawień poniedziałkowych były także inne

Jako Lokaj w *Zrzędności i przekorze* Fredry w reżyserii Mikołaja Grabowskiego, Teatr TV, 2013.

cykle: Teatr Faktu, Studio Współczesne, Scena Młodych, cykle poetyckie, no i oczywiście słynna Kobra – kiedy nadawano ją w czwartkowy wieczór, pustoszały polskie ulice. Niebagatelna rola redakcji teatralnej polegała również na rejestracji wybitnych przedstawień polskich scen – czy to przenoszonych do studia teatralnego, czy zapisywanych bezpośrednio w teatrze, z udziałem widowni. Dzięki tej inicjatywie możemy dziś oglądać legendarne przedstawienia Starego Teatru: *Dziady* i *Wyzwolenie* Swinarskiego, *Noc listopadową* i *Zbrodnię i karę* Wajdy, *Matkę* Jarockiego.

Początkowo nadawano przedstawienia na żywo, wprost z teatralnego studia – niektórzy twierdzili, że właśnie w tej formie Teatr Telewizji był najlepszy, bo najbliższy tradycyjnej scenie. Do dziś krążą anegdoty o tamtym „heroicznym" okresie – jak aktorzy musieli grać pośród ruin dekoracji, która się nieoczekiwanie zawaliła, jak omyłkowo włączona kamera ukazała topless znanej aktorki, przebierającej się za kulisami do następnej sceny. Cytuje się kwestie nieprzeznaczone dla widowni (na przykład „to nie twoja kwestia, tylko moja!", skierowane do Zbigniewa Cybulskiego, który notorycznie mylił się i plątał tekst). Później wskutek rozwoju techniki zaczęto nagrywać i montować spektakle, potem wychodzić w plener, stosować coraz bardziej wymyślne sztuczki operatorskie i montażowe... Jednak te wszystkie zmiany nie naruszyły zasadniczego charakteru wytworzonego nowego gatunku.

Na specyfikę owego gatunku, lokującego się pomiędzy filmem a teatrem, składa się kilka czynników. Z filmem łączy go przede wszystkim pośrednictwo kamery, brak żywego kontaktu z aktorami. Z teatrem – stosunek do słowa. Inaczej niż w filmie, nie obraz, ale słowo ma tu większe znaczenie – liczy się dramatyczna struktura wyrażana w zdaniach, język, a także bardziej teatralny sposób wypowiadania kwestii. Inna jest przestrzeń – ograniczona do telewizyjnego studia – ma większy stopień umowności, jest zazwyczaj zamknięta, kameralna. Na ostateczny efekt rzutuje także sposób pracy: w telewizji kręci się długimi ujęciami, czasem gra się bez przerwy cały akt sztuki – nie ma tu dopracowanych, ale osobnych kadrów jak w filmie, jest za to bliższe teatrowi wrażenie organiczności toczącej się akcji, pewnej spontaniczności i nieprzewidywalności.

Równie ważną cechą charakterystyczną jest rodzaj aktorstwa, wyrosłego z konwencji teatralnej, dostosowanego jednak do pracy kamery, operującej przede wszystkim zbliżeniami. W Teatrze Telewizji obserwujemy twarze aktorów w niezwykłej bliskości, co daje efekt niemal intymnego kontaktu.

„Uważam, że tajemnicą i dobrodziejstwem telewizji jest jej romans z intymnością. Istnieje pewna amerykańska teoria, mówiąca o tym, że człowiek porusza się w pewnych określonych sferach. Szerszych i węższych, intymniejszych, które pieczołowicie chroni. I jest sfera najintymniejsza, bodajże 17 cm, do której człowiek nikogo nie dopuszcza za wyjątkiem tych, których chce dopuścić. Myślę, że tajemnica telewizji tkwi w tych 17 cm, w tym niezwykłym pejzażu intymności i drążeniu tej warstwy psychologii, której nie dotyka ani teatr, ani kino. Tak więc szansa widowiska telewizyjnego [...] polega na zabudowaniu, kreowaniu tych 17 cm. I kto to rozumie, będzie «telewizyjny»"[1] – podkreślał Kazimierz Kutz.

W produkcji przedstawień dla Teatru Telewizji uczestniczył bardzo aktywnie krakowski ośrodek telewizji, zlokalizowany na Krzemionkach, uzupełniony potem o halę w Łęgu. Tu nakręcono liczne słynne przedstawienia, a dzięki pracy na miejscu można było angażować wybitnych krakowskich aktorów – mogli oni pogodzić udział w tych widowiskach z występami w teatrze.

Jerzy Trela nie miał, jak sam zauważa, wielkiego szczęścia do kina. Nie spotkał w młodości reżysera, który odkryłby i wykorzystał jego filmowy potencjał. Niepełną obecność w kinie rekompensowała mu jednak z nawiązką praca w Teatrze Telewizji. „Dzięki Teatrowi Telewizji czuję się aktorem spełnionym na tak zwanym ekranie. Teatr Telewizji stworzył mi te możliwości, których brakowało mi w filmie, a mianowicie wiele ciekawych ról, które dawały mi materiał do tworzenia postaci na miarę moich możliwości. Oczywiście, nie wszystkie, ale było kilka takich, których nie muszę się wstydzić"[2].

Rzeczywiście, w Teatrze Telewizji Jerzy Trela nie tylko stworzył wielkie role, porównywalne rangą do tych teatralnych. Otrzymał też szansę zagrania całej galerii różnorodnych i pełnowymiarowych postaci: w repertuarze dramatycznym, poetyckim i komediowym, w sztukach współczesnych i w klasyce. W ciągu czterdziestu lat pracy telewizyjnej zagrał około stu pięćdziesięciu ról – w najbardziej intensywnych twórczo latach dziewięćdziesiątych przygotowywał po osiem do jedenastu ról rocznie. W samych tylko latach 1994–1997 stworzył w Teatrze Telewizji trzydzieści siedem ról, a większość z nich stanowiły role główne albo pierwszoplanowe.

Do telewizji trafił wkrótce po rozpoczęciu pracy w Starym Teatrze – pierwsza odnotowywana premiera to *Nos* Gogola, wyreżyserowany przez Jana Łukowskiego w teatrze Rozmaitości, zarejestrowany przez krakowską telewizję. Zaraz potem rozpoczęła się trwająca wiele lat współpraca z dwójką reżyserów, którzy nauczyli go specyfiki pracy w studiu i dali szansę na stworzenie ambitnych, ciekawych ról. Irena Wollen, absolwentka łódzkiej Filmówki, a wcześniej krakowskiej polonistyki, była także współzałożycielką studenckiego Teatru 38, a także aktorką Teatru Rapsodycznego. Całą niemal swoją zawodową karierę związała z krakowskim ośrodkiem telewizji, w którym pełniła także w latach 1974–1977 funkcję głównego reżysera. Miała opinię profesjonalistki, znanej przede wszystkim z umiejętności znakomitego doboru obsady: celnie obsadzeni aktorzy odnosili u niej znaczące sukcesy. Drugim ważnym dla Treli reżyserem w tym okresie był Bogdan Hussakowski – reżyser i aktor, wieloletni dyrektor teatrów w Opolu, Łodzi, Krakowie, a także pedagog Wydziału Reżyserii krakowskiej szkoły teatralnej. Publiczności znany był z rzetelnego stosunku do tekstu dramatycznego, który umiał wnikliwie i interesująco interpretować, ale także z wyczucia teatralnego żywiołu, który nadawał jego przedstawieniom tempo i wysoką temperaturę.

Trzecim twórcą, z którym Trela współpracował nieco później, był reżyser Jan Błeszyński, z którym zrealizowali ważne spektakle: *Widok z mostu* Arthura Millera, *Wróg ludu* Ibsena i dramat O'Neilla *Żałoba przystoi Elektrze*.

Pierwszą rolą, jaką sobie w późniejszych obrachunkach cenił, był poeta François Villon w widowisku *Wielki testament*, wykorzystującym jego najgłośniejsze dzieło, *Wielki testament* – premiera spektaklu pod tym tytułem, wyreżyserowanego przez Irenę Wollen, odbyła się w roku 1972. W następnych sezonach najlepsze postacie stworzył w inscenizacjach klasycznej literatury rosyjskiej – Gogola, Czechowa, Aleksandra Ostrowskiego.

Praca w studiu na krakowskich Krzemionkach miała i ten walor, że właściwie była przedłużeniem towarzyskich kontaktów z teatru, rozszerzeniem istniejącej tam wspólnoty. Trela grał głównie z koleżankami i kolegami ze Starego Teatru: Izabelą Olszewską, Anną Polony, Elżbietą Karkoszką, Ewą Kolasińską, Jerzym Stuhrem, Wiktorem Sadeckim, Jerzym Bińczyckim, Jerzym Nowakiem i wieloma innymi. Przenosiło się to na atmosferę pracy: przy *Graczach* wszyscy ostro zaczęli grać w karty, także poza obowiązkami zdjęciowymi. W obsadzie zabrakło jednak słynnego

Z Haliną Wyrodek w spektaklu telewizyjnym *Wielki testament* w reżyserii Ireny Wollen, 1972.

z wielogodzinnych seansów pokera Bińczyckiego. „Któregoś dnia na próbie zjawił się Jerzy [Bińczycki]. Głupia sytuacja, bo przecież nie był obsadzony w tym przedstawieniu. Bińczycki wchodzi, mówi wszystkim «cześć» i jak gdyby nigdy nic siada z kartami"[3]. Były to czasy, gdy nawet uznani i rozpoznawalni aktorzy mieli czas na wymyślanie kolegom dowcipów wymagających pomysłowości i zaangażowania... Może właśnie ta atmosfera zintensyfikowanej teatralności, jaką wytwarzała aktorska wspólnota, w której ciągle ktoś coś dla zabawy odgrywał, przełożyła się na atmosferę spektaklu? „W *Graczach* [...] Trela zapragnął udowodnić, że Gogolowski szuler jest w istocie «aktorem do kwadratu»: gra gracza i gra jako gracz"[4]. Ta formuła stała się właściwym tematem przedstawienia – nie chodziło o realistyczno-obyczajowy portret, ale raczej o pokazanie fenomenu gry jako ludzko-ludzkiego teatru wzajemnych póz i masek.

Dwukrotnie został Jerzy Trela obsadzony w roli, jakiej nie doczekał się nigdy w teatrze: dekadenckiego amanta. Najpierw w sztuce dziewiętnastowiecznego rosyjskiego dramaturga Aleksandra Ostrowskiego, autora realistycznych sztuk portretujących drapieżnie rosyjskie społeczeństwo,

Panna bez posagu. Sztuka opowiada historię Larissy, córki niezamożnej wdowy z ambicjami; obydwie kobiety muszą rozegrać sprawę dla ich przyszłości kluczową, czyli zamążpójście dziewczyny. Larissa jest zakochana w Paratowie, który ją jednak porzuca, wyjeżdżając. Dalej następują typowe dla tego rodzaju dramatu perypetie, w których relacje uczuciowe wchodzą w kolizje z przynależnością klasową i stanem posiadania. Paratow wraca, kiedy Larissa jest już zaręczona z Karandyszewem, nie ma zresztą zamiaru żenić się z dziewczyną.

„O wiele ciekawszy od bohatera *Zbrodni i kary* wydać się musi Paratow, potraktowany przez aktora w myśl wszystkich zasad metody Stanisławskiego. Pouczająca w tym względzie jest scena miłosnego rozstania z Larissą (Anna Polony), która dla ratowania rodziny decyduje się poślubić znienawidzonego, ale bogatego konkurenta. Paratow, całkowicie zgnębiony moralnie i wykończony fizycznie, przechodzi w tym ostatnim spotkaniu z ukochaną kobietą przez piekło różnych reakcji: od sarkastycznej kpiny do bezgłośnie wypowiedzianego wyrzutu porzuconego kochanka. Trela rozgrywa wszystkie stany bohatera – uraz złości, ambicję i dumę, zaniepokojenie i załamanie – niemal bez ruchu, korzystając z dobrodziejstwa telewizyjnego zbliżenia”[5].

Nad telewizyjnym Płatonowem pracował równolegle z pracą nad swoją największą rolą teatralną, Konradem z *Wyzwolenia*. Nie był pewny, czy może taką pracę podjąć – sam Konrad Swinarski doradził mu, by przyjął tę propozycję. „Rola Płatonowa, która, przyznaję, była dla mnie odprężeniem w tamtym okresie, dawała mi możliwość zabawy myślowej i warsztatowej. Wydaje mi się, że sam bohater Czechowa miał krytyczny stosunek do siebie, świadomość własnej śmieszności, podłości, zmarnowanego życia, pustki. Sam kreował sobie pewien świat, to znów świat kreował jego, a on się temu poddawał. Tak że jeśli ktoś miał tu dystans, to nie aktor do roli, ale... postać do siebie. [...] Nie staram się kompromitować Płatonowa w sposób oczywisty – ale chyba to kabotyństwo, które istnieje w Platonowie, istnieje i w każdym z nas”[6].

Płatonow z wczesnej sztuki Antoniego Czechowa, niepublikowanej za życia pisarza, to rosyjski Don Juan połączony z Hamletem – pogrążony w dekadencji i pijaństwie, rozgoryczony i snujący filozoficzne rozważania wiejski nauczyciel. Jest jednak jedynym interesującym mężczyzną w okolicy, toteż krążą wokół niego zakochane kobiety: piękna Generałowa,

W „Płatonowie" Antoniego Czechowa

SPOTKANIE Z AKTOREM

JERZY TRELA

...Teraz duszą jam w moją ojczyznę wcielony,
Ciałem połknąłem jej duszę,
Ja i ojczyzna to jedno...

Ekran 1974/28

atrakcyjna i inteligentna młoda wdowa; Sonia, żona jej pasierba, dawna znajoma Płatonowa z czasów idealistycznej moskiewskiej młodości; sąsiadka Maria Grekow, wreszcie żona Sasza. Zakochana w Płatonowie jest nawet służąca w domu Wojnicewów, Katarzyna... Tym bardziej go wszystkie kochają, im bardziej jest impertynencki, pijany, im bardziej je odpycha i obraża. Aż w końcu Płatonow ginie, zastrzelony przez Sonię, uwiedzioną i odtrąconą. Obiecał jej nowe życie, wyjazd do Moskwy, nie przychodzi na kolejne spotkania... Żona truje się z rozpaczy, Maria podaje go do sądu za obrazę... Płatonow nie ucieka przed tragicznym finałem, przeciwnie, sam wydaje się go prowokować, jakby badał, kiedy ktoś wreszcie przeciwstawi się jego destrukcji.

Jerzy Trela jako Płatonow był człowiekiem ulepionym z cudzych projekcji, które odruchowo usiłował zrealizować. Grając z otoczeniem, pokazywał się takim, jakim widzieli go – lub chcieli widzieć – inni. Ale ta dwuznaczna relacja, tyleż obnażająca cudze wyobrażenia, co od nich zależna, wprawiała go we frustrację, objawianą na przemian arogancją i straceńczą autodestrukcją. Był więc zarazem bezkompromisowy i radykalny w swoich ocenach postaw otaczających go ludzi, świadomy własnej przegranej – i własnego błazeństwa, niedającego mu w istocie żadnego prawa do oceny. Te sprzeczności, łączące się w piorunującą mieszankę słabości i siły, męskiej, czasem cynicznej szorstkości i momentów załamania, działały jak afrodyzjak na krążące wokół niego kobiety. Każda chciała go uratować, zbawić, zostać tą jedyną, która wydobędzie Płatonowa z Płatonowa.

Reżyser Bogdan Hussakowski, zdecydował się na wyrazisty chwyt interpretacyjny: cały przedstawiony świat rosyjskiej prowincji jest dosłownie pogrążony w morzu alkoholu. Piją wszyscy, popadając albo w chamstwo i agresję, albo w rzewne urojenia – tracą jednak kontakt z rzeczywistością, nie są w stanie ani jej rozpoznać, ani racjonalnie podejmować decyzje. Właśnie ta interpretacja wzbudziła zastrzeżenia cenzorów, którym nie spodobało się pokazywanie rosyjskiego społeczeństwa, nawet dziewiętnastowiecznego, obciążonego tak poważną skazą. Przedstawienie musiało odczekać dwa lata, zanim wreszcie zadecydowano o jego emisji.

W obydwu spektaklach Jerzy Trela świetnie się sprawdził jako amant mimo woli, trochę *à rebours* – nie ten, który uwodzi, ale który jest uwodzony. Pozornie jednak, bo w istocie uwodzi wszystkie kobiety właśnie przez to, że je odpycha. Jest szorstki, bywa cyniczny, a nawet okrutny – lecz to właśnie składa się na jego męską siłę, nieodparcie przyciągający, mroczny erotyzm. Tę ukrytą wewnętrzną temperaturę skrywa pod maską twardego, pogardzającego sentymentami człowieka.

„Role telewizyjne początku lat siedemdziesiątych, związane zwłaszcza ze «złotym okresem» krakowskiego Teatru Telewizji 1972–1974, dodały twarzy Treli rys prawdziwego realizmu. Paratowowi z *Panny bez posagu* (reż. Irena Wollen) – wykolejonemu inteligentowi pokrywającemu uczucie maską sarkastycznego półuśmiechu, towarzyszył ostry i bezkompromisowy tytułowy bohater *Płatonowa* (reż. Bogdan Hussakowski). Prokurator z *Buntu na «Caine»* Wouka rozpoczyna kolekcję ludzi twardych w imię określonych ideałów, bezwzględnie zmierzających do celu. Taki sam będzie po latach jako bohater filmu Hoffmana *Do krwi ostatniej*, niesympatyczny oficer Dywizji Kościuszkowskiej. [...]

Telewizyjna naturalność, mająca swe zasadnicze źródło w konieczności ograniczenia temperatury reakcji i rozwijająca się w przyruchach i minigestach, wspaniale zaowocowała potem na deskach scenicznych. Postacie «z życia wprost przeniesione»: proletariacki bohater *Życiorysu* Kieślowskiego, Marcin z teatralnego serialu Andrzeja Wajdy *Z biegiem lat, z biegiem dni* czy Dyrektor z Gawlikowego *Egzaminu*, dzięki odcieniom charakterystyki wewnętrznej i niuansom interpretacji tekstu ożyły nagle na oczach widzów i przestały szeleścić papierem autorskich konstrukcji"[7]. Te trafne obserwacje Krzysztofa Miklaszewskiego, pierwszego monografisty Treli, wskazują, jak nieodwołalnie w sztuce, także w sztuce aktorskiej, kolejne podejmowane zadania są ze sobą w ścisłej relacji – chociaż zwykło się analizować twórczość teatralną, filmową i telewizyjną osobno, to przecież w przypadku materii aktorskiej poszczególne role łączy nie tyle medium przekazu, ile charakter postaci i rodzaj materiału literackiego.

Bez wątpienia udział w licznych telewizyjnych przedstawieniach poszerzył jego warsztat o postacie z innego repertuaru. W teatrze grywał bohaterów przemawiających innym językiem, dla których musiał szukać symbolicznych gestów i metafor, dalekich od codzienności. Psychologiczna, życiowa motywacja rzadko się przydawała – dramat wymagał przełożenia na język teatralnej umowności o innej niż realistyczna proweniencji. Spektakle telewizyjne dały okazję rozwinięcia środków psychologicznych, budowania postaci kompletnych, bliskich życiowej prawdzie. Pozwalały przećwiczyć tak ważną również na planie filmowym ekonomię środków wyrazu, które – w porównaniu ze sceną – musiały być daleko bardziej ściągnięte i dyskretne.

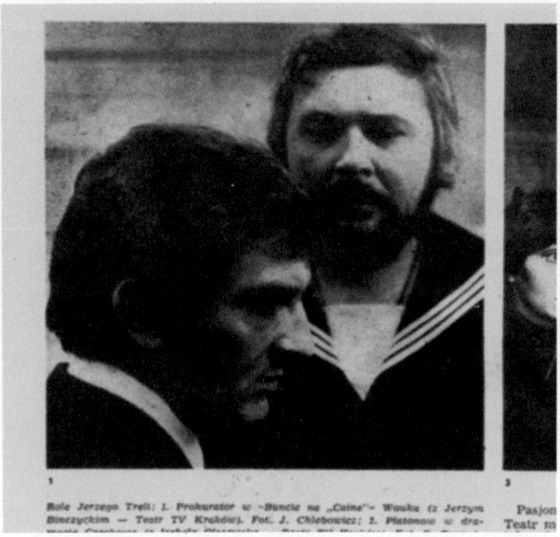

Jerzy Trela i Jerzy Bińczycki w spektaklu telewizyjnym *Bunt na U.S.S. Caine* wg Wouka w reżyserii Ireny Wollen.

Pod koniec lat siedemdziesiątych Trela jeszcze raz spotkał się z Krzysztofem Kieślowskim. W roku 1979 reżyser zrealizował *Kartotekę* Różewicza, właściwie w poetyce filmu telewizyjnego – wiele ujęć tego przedstawienia, łącznie z blokiem na warszawskim osiedlu, w którym mieszka Bohater, przypominało późniejsze obrazy ze słynnego cyklu *Dekalog*. Bohaterem był w tej wersji *Kartoteki* Gustaw Holoubek – w pewnym sensie grał samego siebie, dyrektora teatru wychodzącego nad ranem z popremierowego bankietu w senny, zimowy pejzaż centrum Warszawy. Bohater czeka na tramwaj, spotyka innego dyrektora, Zygmunta Hübnera, wsiada do taksówki. Wszystko się toczy w cieniu Pałacu Kultury, gdzieś na skrzyżowaniu Marszałkowskiej z Alejami Jerozolimskimi – niedaleko Dworca Centralnego i Teatru Dramatycznego, któremu Holoubek wówczas szefował. Potem wraz z Bohaterem przenosimy się do typowego mieszkania inteligenta późnego PRL-u.

Trela zagrał w tym przedstawieniu jeden z epizodów – podobnie, jak wszystkie postacie *Kartoteki* pojawiające się na zasadzie korowodu widm zjawiających się przed Bohaterem. Kapral Wrona przychodzi z balkonu jak prawdziwe widmo – puka w okno, prosi o sznapsa. „Pan podchorąży nie pamięta, jak mnie rozwalił?". Wrona jest prostym chłopem, partyzantem w mundurze – i ofiarą Bohatera, inteligenckim wyrzutem sumienia. „Tego dnia miałem odejść z oddziału. Dostałem nawet od kucharza kilo słoniny

Z Elżbietą Karkoszką w *Żegnaj, Judaszu* Ireneusza Iredyńskiego w reżyserii Jolanty Słobodzian, 1980.

i ćwiartkę spirytusu. A pan mi strzelił w brzuch". Trela w konfrontacji z Bohaterem Holoubka wydaje się autentyczny, obdarzony wewnętrzną siłą – i racją, gdy mówi do swojego byłego dowódcy i zabójcy: „Pan był wykształcony, ale głupszy był pan ode mnie. Choć miałem tylko siedem oddziałów. Politycznie pan był głupszy. Nabrali pana". Prosty żołnierz ma naturalny instynkt prawdy, którego nie posiadają uwikłani w pokrętne motywy inteligenci. Bohater Holoubka plącze się w odpowiedziach, stara się zbyć swój upostaciowany wyrzut sumienia, czuje jednak, że już nigdy się go nie pozbędzie.

Przedstawienie Kieślowskiego, z wielką wrażliwością rejestrujące duchowy stan polskiego społeczeństwa u schyłku lat siedemdziesiątych, zapowiadało równocześnie sprawy, z którymi już wkrótce przyszło się owemu społeczeństwu zmierzyć. Kwestia rozliczeń przeszłości, wzajemne relacje inteligencji i robotników, współodpowiedzialność za kształt społecznego bytu – już wkrótce miały się stać ważnymi pytaniami epoki politycznych wstrząsów. Nadano je w październiku 1979 roku, a parę miesięcy później, w styczniu 1980 ta sama wielomilionowa telewizyjna widownia mogła zobaczyć *Wyzwolenie* ze Starego Teatru, zarejestrowane przez Laca Adamika i Agnieszkę Holland. Na kilka miesięcy przed wybuchem sierpniowych strajków i powstaniem „Solidarności" przedstawienie budziło nieznane tęsknoty, stawiało na ostrzu noża sprawę narodowej tożsamości, rzucając imperatyw wolności. Teatr Telewizji, w zadziwiająco niewielkim stopniu nękany ingerencjami cenzury i naciskami politycznymi (choć oczywiście nie poruszał tematów i tytułów zakazanych) niemało przyczynił się do emancypacji społecznych żądań.

Czasy „Solidarności", czyli niespełna półtora roku między sierpniem 1980 a 13 grudnia 1981 Teatr Telewizji poświęcał głównie gorączkowemu wypełnianiu białych plam i wzbudzaniu obywatelskiej refleksji – najczęściej za pomocą poetyckich montaży. Jerzy Trela recytował Rilkego i Lechonia, Tuwima i Miłosza.

W latach osiemdziesiątych twórczość telewizyjna, choć nadal trwała, nie miała ani wcześniejszej rangi, ani swobody tworzenia. Z jednej strony działała pod presją bojkotu środków przekazu, wprowadzonego przez opozycję i respektowanego przez środowisko, z drugiej – w warunkach wzmożonej cenzury. Niewiele powstało wówczas wybitnych spektakli Teatru Telewizji, choć były i wyjątki. Trela we współpracy ze Stanisławem Zajączkowskim i Janem Błeszyńskim zrealizował kilka wartościowych przedstawień – głównie neutralnych politycznie pozycji z klasyki dramatu. W reżyserii Błeszyńskiego powstały wówczas *Widok z mostu* (1980) – Trela bardzo sobie cenił swoją rolę Marka w tym spektaklu, a w latach późniejszych, 1983–1985 *Wróg ludu* Ibsena, *Żałoba przystoi Elektrze* O'Neilla, *Granica* Nałkowskiej, *Brytanik* Racine'a. Zwłaszcza role Ibsenowskiego doktora Stockmanna, tytułowego „wroga ludu", oraz Adama Branta z dramatu O'Neilla można zaliczyć w dorobku aktora do istotnych i udanych.

Prawdziwie twórczy rozdział – i dla Teatru Telewizji, i dla Jerzego Treli w szczególności – rozpoczął się w momencie, kiedy do realizacji widowisk telewizyjnych przystąpił Kazimierz Kutz. Praktycznie wyrzucony ze Śląska, gdzie zamieszkiwał przez kilkanaście lat, pozbawiony pracy na Wydziale Radia i Telewizji Uniwersytetu Śląskiego, przeniósł główny obszar swej działalności do Krakowa – głównie do studia krakowskiego oddziału telewizji. Od roku 1986 rozpoczął także pracę wykładowcy Wydziału Reżyserii krakowskiej Państwowej Wyższej Szkoły Teatralnej, zatrudniony przez jej rektora – Jerzego Trelę.

Można powiedzieć, że tym, czym była dla Teatru Telewizji w latach sześćdziesiątych działalność Adama Hanuszkiewicza, w latach siedemdziesiątych – Jerzego Antczaka i Jerzego Gruzy, w latach 1987–2000 stała się twórczość Kazimierza Kutza. Osiemnaście zrealizowanych w tym okresie przez Kutza przedstawień wyznaczyło nowe ramy gatunku i przywróciło przygasającą w latach osiemdziesiątych popularność telewizyjnych spektakli.

Wydarzeniem stał się już pierwszy spektakl z tej serii – *Opowieści Hollywoodu*. Sztuka brytyjskiego autora Christophera Hamptona ukazuje w serii odsłon życie wybitnych niemieckich pisarzy na wojennej emigracji w Stanach Zjednoczonych. Narratorem owych opowieści uczynił Ödöna von Horvatha, niemieckiego pisarza pochodzenia węgiersko-austriackiego – był to chwyt literackiej fikcji, w rzeczywistości Horvath nigdy nie był w Ameryce – w roku 1938 zginął w Paryżu, przygnieciony konarem drzewa złamanego w czasie burzy. Horvath obserwuje życie niemieckich artystów, zmuszonych szukać jakiegokolwiek dochodu w roli scenarzystów filmów i słuchowisk, ubiegających się o pracę w hollywoodzkim przemyśle filmowym. Bracia Heinrich i Thomas Mannowie, Bertolt Brecht oraz żony pisarzy, wszyscy należący wcześniej do elity intelektualnej i towarzyskiej Niemiec, muszą się skonfrontować z oczekiwaniami produkcji skierowanej do masowego odbiorcy, z żądaniami przedstawicieli amerykańskiego środowiska filmowego, nastawionego na zysk. To zmusza ich do rozmaitych kompromisów, pośród których jedni zachowują przyzwoitość, inni pokrywają naginanie poglądów i ustępstwa kabotynizmem, jeszcze inni prezentują otwarty cynizm. Horvath przygląda im się z ironią i wyrozumiałością równocześnie, nie osądza, lecz trzeźwo dostrzega wszystkie wykręty i rozterki.

W roli Ödöna von Horvatha wystąpił Janusz Gajos – obsadowa decyzja Kutza okazała się dla aktora niezwykle ważna, rozpoczęła dojrzały etap jego kariery, która wcześniej utknęła na wiele lat w komediowym wizerunku Tureckiego z kabaretu Olgi Lipińskiej. Gajos zagrał tę rolę koncertowo, z wielką zręcznością przechodząc na różne poziomy kontaktu z widzem – i z wykreowanym światem portretowanych bohaterów. Towarzyszyła mu doborowa obsada: Jan Peszek jako Thomas Mann, Jerzy Bińczycki w roli jego brata Heinricha, Henryk Bista jako Brecht, a także Anna Dymna, Monika Niemczyk, Ewa Kolasińska. Oprócz wspaniałego aktorstwa zwracano także uwagę na sposób, jaki znalazł reżyser na zbudowanie przekazu, odnawiający dotychczasowe środki telewizyjnego medium.

W *Opowieściach Hollywoodu* Jerzy Trela zagrał bardzo niewielką, epizodyczną rolę Jakuba Mironowicza Łomachina, radzieckiego konsula

PL ISSN 40-076
Indeks 3790

teatr

Nr 5 (848) Maj 1987 Rok XLII

Paweł Konic — Warszawskie Spotkania Teatralne ✶ Grzegorz Sinko — O „Opowieściach Hollywoodu" Hamptona w Teatrze TV ✶ „Wesele" Wyspiańskiego w Radomiu i Gorzowie Wlkp. ✶ „Stuknięta" Gelmana w Bydgoszczy ✶ Aleksander Grigorian o przemianach w teatrze radzieckim ✶ Wspomnienie o Krystynie Jamroz ✶

w Stanach Zjednoczonych. W jednej z ostatnich scen pojawia się u Heinricha Manna, borykającego się z całkowitym brakiem środków do życia, co jest konsekwencją jego niezgody na cenzurowanie własnych powieści. Łomachin przychodzi, by wręczyć pisarzowi honoraria pochodzące z rzekomych tantiem za jego utwory, publikowane w Związku Radzieckim, kładzie na biurku grubą kopertę... W ewidentny sposób chce kupić pisarza. Horvath spod wpółprzymkniętych powiek przygląda się z boku walce, jaką toczy jego przyjaciel z pokusą... Trela niczego tu właściwie nie gra, znacznie ważniejsze jest samo zjawienie się w ekipie Kutza, pośród aktorów i realizatorów, z którymi przyjdzie mu tak owocnie współpracować w następnych przedsięwzięciach. Będzie ich sporo: od *Opowieści Hollywoodu*, kręconych w roku 1986, wyemitowanych w 1987, do *Kartoteki rozrzuconej* z roku 1998 weźmie udział w jedenastu przygotowanych przez Kutza dla telewizji przedstawieniach. Zagra role epizodyczne, drugoplanowe i kilka głównych, które przeszły do historii polskiego teatru, lokując się pośród najważniejszych aktorskich osiągnięć Treli.

Kazimierz Kutz jest twórcą w pełnym tego słowa znaczeniu współczesnym – portretuje otaczających go ludzi, ma wyjątkowe wyczucie problemów i nastrojów, jakie podsuwa konkretny czas, reaguje na duchowe potrzeby publiczności w określonym momencie społecznego procesu. W telewizji posługiwał się zawsze dramatami dwudziestego wieku, zwłaszcza polskimi, najlepiej wyrażającymi problemy współczesnej widowni. Realizował Różewicza, Mrożka, Janusza Głowackiego, Eustachego Rylskiego, śląskiego autora Stanisława Bieniasza. Ale sięgał również po twórczość pisarzy rosyjskich różnych pokoleń: Erdmana, Wieniedikta Jerofiejewa, Rybakowa, Czechowa, Aleksandra Ostrowskiego, dostrzegając i wyciągając z nich zawsze to, co w sposób bardzo bezpośredni korespondowało ze współczesnym klimatem społecznym i mentalnym. Na jego sukces składała się również umiejętność wyboru materiału literackiego, który w danym momencie okaże się strzałem w dziesiątkę, czymś, co skumuluje najbardziej aktualne odczucia i rozterki publiczności.

U schyłku epoki PRL-u, kiedy rozluźniała się cenzura (także pod wpływem przebiegającej w Związku Radzieckim pieriestrojki) pojawiła się możliwość wprowadzenia do repertuaru pozycji dotąd znajdujących się na indeksie. Do takich należał *Samobójca* Mikołaja Erdmana. Dramat napisany w roku 1930 nie spodobał się Stalinowi – wódz uznał go za społecznie szkodliwy, co równało się z zakazem wystawiania, a autora skazywało co najmniej na uciążliwe kłopoty. Sztukę wystawiono dopiero pół wieku po jej napisaniu, w latach osiemdziesiątych.

Bohaterem dramatu jest Siemion Siemionowicz Posiekalnikow, zwykły, mały człowieczek niepasujący do heroicznych zmagań budowy Związku Radzieckiego. Siemion, mężczyzna w średnim wieku, sfrustrowany jest brakiem pracy, utrzymują go żona i teściowa. Jedyną przyjemnością jest nocne wyjadanie pozostałej z obiadu pasztetowej, co doprowadza do desperacji żonę. „Tak żyć nie można!", krzyczy do męża, który w odpowiedzi wychodzi – może po to, by się zabić? Istotnie, Siemion bliski jest tej myśli, rodzina, aby temu zapobiec, postanawia ziścić jego marzenie – naukę gry na helikonie, która ma przynieść i zajęcie, i pieniądze. Gdy i to się nie udaje, Siemion naprawdę postanawia się zastrzelić, zostawiając kartkę „Z powodu mojej śmierci proszę nikogo nie winić". I tu sprawa zaczyna się komplikować.

Bo przecież nie ma sensu popełniać samobójstwa na darmo. Jeśli już ktoś chce się zabić, trzeba to wykorzystać i przedstawić jako polityczny protest, oskarżenie, powód do szantażu. Zjawia się przed bohaterem cały korowód postaci, nalegających, aby zastrzelił się, wskazując konkretny powód. Jest pośród nich niedoszły literat i kupiec, duchowny, a także dwie miejscowe piękności, żądające, by wyznał, że powodem samobójstwa była nieszczęśliwa miłość do nich.

Główną rolę zagrał ponownie Janusz Gajos. Jego bohater jest rzeczywiście małym człowiekiem, który chce tylko żyć – szeptem, bez rozgłosu, bez krzyku. Chce mieć pracę, kąt do mieszkania i możliwość, by ponarzekać, że życie jest ciężkie, bardzo ciężkie. Jednak w totalitarnym świecie budowy państwa dla mas nawet takie żądanie jest zbyt wygórowane.

Podsiekalnikow Gajosa oscyluje między tragizmem i kabaretem, karykaturą i dramatyczną prawdą. Prostacko i bez żenady pożera pasztetową, budząc odrazę. Zdesperowany, zapędzony w kozi róg wybucha płaczem, budząc współczucie. Jest śmieszny i żałosny, a przecież tak samo godny życia jak wszyscy ludzie. Gajos umiał świetnie połączyć groteskę i komizm z empatią wobec bohatera, tym bliższego, im bardziej jest bezradny nie tylko wobec rzeczywistości, ale także wobec zasadniczych pytań egzystencjalnych. „Czy w państwie masy mas będzie istniało życie pozagrobowe?". „Czy życie pozagrobowe i dusza istnieją? Według religii – tak, według nauki – nie, a zgodnie z sumieniem – nie wiadomo". Te pytania brzmią tym dotkliwiej, że są formułowane w obliczu możliwej śmierci przez takiego właśnie bohatera – godnego politowania prostaczka.

Gajosowi partneruje Jerzy Trela jako Aristarch Dominikowicz Grand-Skubik, zbiedniały inteligent, niedoszły pisarz z ambicjami, z żółcią przeżywający niedocenienie przez świat jego talentu. To właśnie on pierwszy wpada na pomysł spożytkowania samobójstwa, bo w tych czasach „to, co pomyśli żywy, może powiedzieć tylko martwy". Kręci się więc wokół Podsiekalnikowa, podsuwając mu list pożegnalny własnego autorstwa, w którym zadane zostaje niezwykle odważne, prowokacyjne pytanie: „Czemu tak utalentowana jednostka, jak Aristarch Dominikowicz, nie znajduje swego miejsca w dziele budowy nowego?".

W przykrótkim, zniszczonym paletku Aristarch Jerzego Treli, modulując zabawnie głos, wypowiada kaskady słów, którymi jak kusiciel osacza biednego Siemiona. Roztacza przed nim horyzonty podupadłego inteligenta z pretensjami, równie żałosnego, co przekonanego o własnej dziejowej misji. Trela zbudował tę rolę środkami groteskowo-komediowymi, czym zaskoczył część widowni, nieznającej takich jego możliwości – istotnie, widzowie telewizyjni i kinowi kojarzyli go dotąd z rolami heroicznymi albo z twardym realizmem.

Kutz wykreował w *Samobójcy* świat groteskowy i odpychający, zaludniony odstręczającymi ludzkimi typami. Sam główny bohater nie ma zbyt wielu atutów, nie wzbudza bynajmniej oczywistej sympatii. A jednak ratuje go w oczach widza odruch wstydu, zdradzającego jakieś głęboko zakopane, lecz dochodzące do głosu poczucie godności. W ostatniej scenie zbiegły przed samobójstwem Podsiekalnikow konfrontuje się z doznaniem, jak cenne jest życie w jakiejkolwiek bądź postaci. Z ulgą znajduje zawiniętą w gazetę pasztetówkę, zaczyna ją łapczywie pożerać, napychając sobie ponad miarę usta. I wtedy spostrzega na sobie wzrok dziecka, dziesięcioletniej dziewczynki, która na niego uważnie patrzy. Zasłania się przed tym wzrokiem ręką, żałośnie osłaniając swoje prostactwo. Jest w tym geście reżysera (tej dziewczynki nie ma w tekście dramatu) jakieś poruszające współczucie dla świata, który wprawdzie postrzegany jest szyderczo i okrutnie, ale przecież równocześnie zasługuje na wyrozumiałość.

Na następnej stronie: Z Leszkiem Kubankiem, Krzysztofem Globiszem i Anną Dymną w spektaklu *Samobójca* Mikołaja Erdmana, w reżyserii Kazimierza Kutza, 1989.

Komendant w *Do piachu*
Tadeusza Różewicza
w reżyserii Kazimierza Kutza,
1990.

Nadszedł rok 1989 – moment politycznego przełomu, a wraz z nim nadzieja, że o pewnych sprawach, także dotyczących bolesnej przeszłości, będzie można mówić otwarcie, bez półprawd i uwikłań. Kazimierz Kutz sięgnął po *Do piachu* Tadeusza Różewicza, dramat pisany przez wybitnego pisarza przez siedemnaście lat, który przez siedem lat nie mógł się doczekać publikacji.

W roku 1979 jego prapremierę przygotował warszawski teatr Na Woli, kierowany przez Tadeusza Łomnickiego, który był również reżyserem spektaklu. Wkrótce po premierze rozpętała się burza, atakowano teatr z prawa i z lewa, a sprzeciw wobec sztuki zgłaszali przedstawiciele różnych środowisk, zresztą z różnych powodów. Kombatanci, byli partyzanci i środowisko ZBOWiD-u zarzucali splugawienie heroicznych wysiłków Polaków w walce z najeźdźcą, oburzali się naturalistycznym językiem i brutalnością obrazów. Publicyści sympatyzujący z opozycją uznali sztukę za atak na Armię Krajową, co miało być na rękę komunistycznym władzom. Ale sekretarzom partyjnym sztuka także się nie spodobała, zbyt odbiegała od stereotypowego obrazu wojny, pokazywanej w konwencji przygodowej albo patetycznej. W rezultacie sztukę – na prośbę samego autora, przytłoczonego emocjami, jakie wyzwolił – zdjęto z afisza i nie wystawiano przez kolejne dziesięciolecie.

Co tak zbulwersowało odbiorców z różnych parafii w roku 1979? Dramat Różewicza pokazywał oddział partyzancki, jednak nie w sytuacji walki, ale codziennego, zwykłego życia oddziału w lesie. Żołnierze śpią w nędznej ziemiance; za dnia czyszczą broń, oprawiają świnię, toczą pogawędki, palą... Nawet uczestniczą w polowej mszy świętej. Czekają – na akcję, na jakieś wydarzenie, które zmieni ich zawieszony w próżni los. Właściwie nie ma tu Niemców, wspomina się tylko o jakiejś mało udanej akcji. W łonie oddziału rysują się napięcia: to koniec wojny, więc z woli dowództwa łączą się ze sobą odziały Batalionów Chłopskich, Armii Krajowej i Narodowych Sił Zbrojnych. Taki właśnie oddział portretuje Różewicz w *Do piachu*. Żołnierze różnych sił nie mają do siebie wzajemnego zaufania, co bardziej świadomi zdają sobie sprawę z ideowych różnic – toteż co chwilę wybuchają mniejsze i większe konflikty.

Osią konstrukcyjną dramatu jest historia szeregowca Walusia, wiejskiego parobka, prawie analfabety. Waluś mentalnie jest dzieckiem, które nic nie wie o świecie i żarliwie domaga się od starszego kolegi opowiadania o Krakowie, gdzie „króle leżom", a nazwisko Kmicica zna tylko jako pseudonim dowódcy oddziału NSZ, który „koło Wielgiego alowców wybił". Waluś, namówiony przez Marka i Burego, poszedł na bandziorkę. Jego sprytniejsi kompani zwiali do Częstochowy, a Walusia aresztował oddział AK. To na niego spadnie cała odpowiedzialność za niedopuszczany i karany śmiercią rozbój – choć Waluś nie czuje się winny, zapiera się, że nie zgwałcił księżej gospodyni, nic nie wziął z rabunku. Zostaje uwięziony w ciasnym szałasie, gdzie siedzi jak zwierzę, wypełzając na czworakach, żeby zjeść miskę zupy. I w końcu przychodzi rozkaz: rozstrzelać. Dla posłuchu, żeby zapobiec grożącemu partyzantce rozprzężeniu. Cóż z tego, że Waluś zgrzeszył raczej naiwnością i głupotą, i wszyscy o tym wiedzą. „Rozkaz to rozkaz. Ojciec nie ojciec, brat nie brat... Ciebie też bym rozwalił, gdyby mi kazali", mówi jeden z żołnierzy. Walusia trzeba złożyć w ofierze, i nikt nie protestuje. Dramatycznym skutkiem wojny jest przyzwyczajenie do zadawania śmierci, traktowane jak coś zwykłego, za co nie ponosi się odpowiedzialności, bo „wodze za nas myślą". I Waluś jest prowadzony na śmierć na sznurku, jak zwierzę. Przed lufą karabinu odmawia *Ojcze nasz*, ale nie wytrzymuje, sra ze strachu. Na buty przeprowadzających egzekucję rozpryskuje się mózg Walusia.

Taki obraz wojny, pokazanej od strony spustoszeń, jakie czyni w ludziach – niezależnie, po której stronie walczą – nie mógł się spodobać nikomu. Całkowite odheroizowanie walki, ujawnienie brutalnych relacji i bezwzględności, jakie siłą rzeczy pojawiają się tam, gdzie ona się toczy, Różewicz mógł zaświadczyć własnym doświadczeniem – sam jako dwudziestoletni chłopak był członkiem takiego partyzanckiego oddziału. A jednak uznano jego przetworzone artystycznym gestem świadectwo za „szkalujące" i niedopuszczalne. Tadeusz Łomnicki, także wskutek tej inscenizacji (nie była to jedyna przyczyna, choć istotna) został pozbawiony dyrekcji teatru Na Woli.

W drugiej połowie roku 1989 wydawało się, że społeczeństwo polskie dojrzało do tego, by skonfrontować się z takim gorzkim, tragicznym obrazem przeszłości, ze świadomością, że każda wojna zaraża złem wszystkich, którzy w niej uczestniczą – niezależnie od faktu, czy zajmują pozycję agresorów, czy napadniętych. Wydawało się również, że w sytuacji świeżo uzyskanej wolności politycznej nie będzie powodów do manipulacji i rozgrywek, typowych dla poprzedniego okresu.

Do piachu uchodzi słusznie za jedno z najlepszych przedstawień Kutza, a na pewno jest przedstawieniem najistotniejszym społecznie. I jedno z arcydzieł gatunku, jakim jest spektakl telewizyjny: reżyserowi udało się połączyć atuty teatralnej, głęboko dopracowanej gry aktorskiej z zaletami pracy w studiu i techniki montażu. Dramat został podzielony na epizody opatrzone tytułami – te epizody można odczytać w innym niż realistyczny porządku, jako stacje męki i drogi krzyżowej Walusia. Kutz eksponuje naturalizm życia partyzantów, gnieżdżących się na wspólnych pryczach w ciasnej ziemiance, brudnych, zapuszczonych. W pierwszym epizodzie Marek, były panicz, wygłasza kabotyńską wzniosłą mowę i pijany rzyga do patefonu. Przez następne epizody przewijają się, jak uporczywy motyw, obrazy świniobicia: patroszenia wnętrzności, miednic pełnych flaków i wątroby. Waluś chłepcze grochówkę jak zwierzę, głośno i zachłannie. Szokująca jest scena finałowa, gdy przerażony chłopak krzyczy „nie strzymom!" i opuszcza spodnie. „Daj mu się wysrać", rzucone kompanowi, który już podnosi broń, jest ostatnią, minimalną próbą ocalenia godności śmierci.

A równocześnie całe przedstawienie zbudowane jest na kontrapunkcie wobec tej szokującej fizjologii, wobec „dosłowności ludzkich spraw", jak je określał Różewicz. Waluś dostępuje odkupienia podczas mszy świętej – żarliwie się modli, wzywa baranka Bożego, bijąc się chłopską pięścią w pierś. Scena jest tak ustawiona i sfilmowana, by nie było wątpliwości, że modlitwa Walusia zostaje wysłuchana, a jego dusza unosi się w niebiosa. Kapral Sfinks, starszy człowiek, kucharz oddziału, karmi Walusia co lepszymi porcjami, próbując go równocześnie nauczyć kultury, choćby tego, że mówi się „dziękuję". Żywi wobec chłopaka ciepłe, ojcowskie uczucia – bezinteresowne i elementarnie ludzkie. Gdy Waluś odchodzi na śmierć, czyni wszystko, by chłopak jak najdłużej wierzył, że po prostu wyprowadzają go z lasu, żeby puścić wolno. Brutalność i nędza codziennego bytu sprawiają, że wszystko, co przekracza biologiczne potrzeby i odruchy przetrwania, świeci niezwykłym blaskiem, pozwalającym wznosić się na poziom człowieczeństwa, świata wartości, nawet sacrum.

Nad tym rozpadającym się, zdegradowanym wojną oddziałem czuwa Komendant. To wspaniała rola Jerzego Treli, prosta i mocna, a równocześnie bardzo dyskretna, pozwalająca wybrzmieć protagoniście spektaklu, Walusiowi. Nie miałoby *Do piachu* takiej rangi, gdyby Kutz nie natrafił na idealną dla tej roli osobowość Piotra Cyrwusa, wówczas młodego, niedoświadczonego aktora, obdarzonego jednak zestawem cech predestynujących go do wiarygodnego skonstruowania tej arcytrudnej postaci. I utrzymania jej na takim poziomie przekazu, by mimo prostactwa, naiwności, ograniczenia umysłowego nie popaść w śmieszność, lecz ocalić godność Walusia.

Przedstawienie Kutza rozpoczyna się obrazem nocnego marszu oddziału przez las, któremu towarzyszy głos z off-u: „Z mojego domu kamień na kamieniu...". To wiersz Różewicza, recytowany przez Jerzego Trelę – dyskretny gest lokujący postać Komendanta blisko autora tekstu. Komendant patrzy z dystansu na przedstawiony świat, a jednocześnie jest za niego odpowiedzialny, jakby kształt i charakter tego świata zależał w jakiejś mierze od jego spojrzenia. Komendant siedzi za stołem, patrzy, obserwuje, słucha. Rejestruje i waży w sumieniu. Cierpliwie wysłuchuje uwag świeżo przybyłego do oddziału porucznika NSZ, wymuskanego jak na paradę, który zgłasza konieczność budowy osobnej latryny dla oficerów, by nie zmniejszać koniecznego w wojsku dystansu między kadrą oficerską a prostymi żołnierzami. Komendant słucha tych absurdalnych w ich sytuacji wywodów spokojnie, choć z rysującą się na twarzy dyskretną ironią i rozbawieniem. Odpowiada jednak serio. „My tu tworzymy trochę jakby rodzinę, znam każdego z tych ludzi jak brata, syna. [...] Na podstawie wielomiesięcznych obserwacji doszedłem do wniosku, że wspólna latryna nie zmniejszyła mojego autorytetu... i jeszcze jedno panu powiem, ci ludzie mają dużo taktu, jakoś tak się składa, że mijamy się". Tą wypowiedzią Komendant przywraca właściwe, ludzkie proporcje całej sytuacji, przeciwstawia elementarnie ludzką prawdę ideologicznemu zaślepieniu. W interpretacji Jerzego Treli dowódca oddziału staje się wcieleniem podstawowych ludzkich i społecznych cnót: odpowiedzialności, szacunku do innych, wyrozumiałości. Dzięki niemu ten świat ma szansę na chwilę równowagi, ocalenia przed szaleństwem wojny wykrzywiającym ludzkie reakcje – choć i on nie ma wpływu na tragedię, która musi się rozegrać.

Przedstawienie zrealizowane pod koniec 1989 roku parę miesięcy czekało na emisję, a gdy je pokazano we wrześniu 1990 roku, na Kutza posypały się gromy jeszcze większe, niż paręnaście lat wcześniej na Łomnickiego – może dlatego, że telewizyjna publiczność była znacznie liczniejsza. Do redakcji Teatru Telewizji nadchodziły listy piętnujące tę „obrzydliwą i deprawującą" sztukę, a pod adresem Kutza pisano: „Co to za człowiek, wyzuty ze wszystkiego? Gdzie jest cenzura? Kto daje na to pieniądze?"[8]. Wskutek trwającej przez parę miesięcy nagonki i ataków zakładowej „Solidarności" Kazimierz Kutz zrezygnował z funkcji prezesa Ośrodka Telewizji Kraków, którą pełnił od lutego 1990 roku.

Wieniedikt Jerofiejew to kolejny, po Erdmanie, rosyjski pisarz, którego twórczość cenzurowano i rozpowszechniano tylko w drugim obiegu. Kutz sięgnął po jego dramat *Noc Walpurgii albo Kroki Komandora* – przejmujący obraz rosyjskiej psychuszki, czyli szpitala psychiatrycznego, który pełnił bardziej funkcję więzienia dla ludzi niewygodnych dla władzy niż miejsca, gdzie kogokolwiek leczono. Szpital psychiatryczny pełni tu jednak rolę metafory totalitarnego świata, wypełnionego przemocą, w którym alkohol staje się jedyną sferą odczuwanej wolności.

Akcja dramatu jest właściwie bardzo skromna: do szpitala przyjmują Lwa Guriewicza, nie po raz pierwszy – Guriewicz bywał już niejeden raz w klinice. Po wywiadzie z pacjentem, które jest właściwie przesłuchaniem, Guriewicz zostaje wysłany na salę chorych. Tak się nazywa miejsce będące w istocie katownią: pacjenci – sadyści tworzą tu więzienną hierarchię, prześladując i upokarzając swoich współtowarzyszy. Guriewicza zmuszają, by zdobył alkohol, najbardziej pożądane tutaj dobro, kradnąc klucze swojej znajomej, pielęgniarce Nathalie. Kradzież się udaje, Guriewicz przynosi z magazynu wielki baniak z alkoholem. Każdy może napić się do woli... Lecz, jak się poniewczasie okazuje, jest to trujący alkohol metylowy – pacjenci-więźniowie umierają kolejno w upojeniu, tracąc najpierw wzrok, lecz doznając przedśmiertnego uczucia wyzwolenia. Tragiczna pomyłka czy świadomy akt desperacji? Sanitariusz Boria, równie sadystyczny jak samozwańczy szefowie sali, kopiąc do nieprzytomności żywego jeszcze Guriewicza, przemawia z satysfakcją: „No i co słychać, gnido? Tęsknimy do krematorium? Mało wam było komór gazowych? Wszystkich wykończył, żydowska menda!". Nathalie szlocha, a właściwie wyje z bólu i rozpaczy.

Jerzy Trela jako Guriewicz jest człowiekiem na dnie: zarośnięty, w szarej kufajce, pogrążony w ciągu alkoholowym, chory, trawiony gorączką. Pracuje w jakimś sklepie, wcześniej imał się przeróżnych zajęć – z życiowej konieczności, bowiem naprawdę Guriewicz jest poetą. Przed przesłuchującym go tępym i bezwzględnym personelem medycznym broni się tym, co ma najcenniejszego: inteligencją i mową. Zasypuje ich niekończącymi się absurdalnymi i szalonymi opowieściami, błyskotliwymi i dowcipnymi. Robi to tak, by wzbudzić niepewność co do swoich władz umysłowych, ale równocześnie nie dać drugiej stronie żadnego argumentu. Ten zniszczony sowieckim życiem i nałogiem człowiek zachowuje wewnętrzną wolność, pozwalającą na duchowy dystans wobec zniewalającego świata, a inteligencja i wirtuozeria w posługiwaniu się językiem daje mu nawet momenty przewagi. Trela przekonująco łączy jakości przeciwstawne w naszym systemie wyobrażeń: erudycję, oczytanie, umiejętność improwizowania literackimi motywami – a więc to, co kojarzy się z wysokim statusem społecznym – z fizyczną i materialną degradacją, jakiej doświadcza. Stwarza przejmującą figurę artysty – zesłańca wrzuconego pomiędzy kryminalistów, którzy bez udziału władzy zrobią swoje.

W szpitalu znajduje się jednak osoba, której obecność pozwala wierzyć w istnienie innego, lepszego świata. Nathalie jest przyjaciółką Guriewicza, jego dawną kochanką, a przede wszystkim prawdziwą kobietą, wyrozumiałą, dobrą, cierpliwą. Grająca tę rolę Anna Dymna opowiada, jak Kazimierz Kutz kazał jej do tego wizerunku kobiecości, przywracającej światu ład i normalność dodać jeszcze jeden poziom: „Aniu, ślicznie, pięknie to zagrałaś, a teraz pamiętaj, jesteś jak matka Ukraina, jak matka Rosja, słyszysz ten wiatr nad stepami, jesteś jak burza nad nimi. A teraz zagraj to samo co przed chwilą, tylko pamiętaj o tych stepach i burzy"[9].

Wieczna Kobiecość i Matka Rosja, Nathalie, i żydowski poeta alkoholik Guriewicz spotykają się w pielęgniarskiej dyżurce. Nathalie daje poecie zastrzyk, by ustąpiły wstrząsające nim drgawki. Przychodzi ulga, a w jej następstwie gwałtowne pragnienie chwilowego choćby szczęścia i zapomnienia. Miłosne zbliżenie, do jakiego między nimi dochodzi, jest rozpaczliwe, estetycznie odpychające, a równocześnie przejmujące jako akt desperackiej próby bliskości i ucieczki, choćby na moment, z koszmarnego świata. W ujęciu reżysera ów świat pokazany został z całą drastycznością: elektrowstrząsy, ślinotok, drgawki, zadawane ciosy, psychiczne i fizyczne tortury. Pragnienie wolności, konstytuującej ludzką indywidualność, rzadko ma postać tak wyrazistą, jak w świecie podobnego koszmaru.

Jeszcze raz Jerzy Trela miał okazję zagrać podobną postać – rosyjskiego Żyda artysty wyrzuconego na margines społeczeństwa – w duecie z Anną Dymną. Zrealizowana parę lat później *Antygona w Nowym Jorku* to dramat Janusza Głowackiego, napisany podczas amerykańskiego etapu życia pisarza i osadzony w nowojorskiej rzeczywistości: akcja rozgrywa się na Manhattanie, w Tompkins Square Park, zamieszkałym przez bezdomnych. Trójka bohaterów dramatu to Sasza, Żyd z Leningradu, malarz, czterdziestoparoletni Polak Pchełka (w tej roli Jan Peszek) i Portorykanka Anita, lekko szalona, zbierająca do wózka stare ubrania. Anita szuka Johna – ubzdurała sobie, że John jest jej ukochanym, bo kiedyś stanął w jej obronie i nie pozwolił policjantom jej upokorzyć. Potwierdzają się jednak pogłoski, że John nie żyje – którejś nocy zamarzł i zabrano go do kostnicy dla bezdomnych, chowanych później w zbiorowych grobach. Anita chce mu wyprawić prawdziwy pogrzeb, namawia więc Pchełkę i Saszę, żeby za uzbierane przez nią dwadzieścia dolarów podjęli wyprawę do kostnicy po ciało Johna. Wyprawa się udaje tylko połowicznie – przywożą wprawdzie ciało, ale na miejscu okazuje się, że to nie John. Anita wydaje się tego nie zauważać, odprawia swoje portorykańskie obrzędy... Jeszcze trzeba pokonać przeszkodę w postaci zmarzniętej na kość ziemi i rytuał pogrzebowy zostaje dopełniony. Między Saszą i Anitą zaczyna nawiązywać się jakaś bliższa relacja, Sasza rozważa powrót do Leningradu, Anita daje mu białą koszulę i grzebień... Ale nadchodzi Pchełka i częstuje Saszę denaturatem, który przyprawia go o całkowitą niemoc. Kiedy więc słyszy wołanie Anity na pomoc i odgłosy gwałtu, nie jest w stanie ruszyć jej z pomocą. Fabułę zamykają światła policyjnych kogutów – zapowiedź akcji oczyszczania parku z bezdomnych, i sucha informacja, że park otoczono trzymetrowym ogrodzeniem, a Portorykanka powiesiła się na jego bramie.

Rola Saszy jest prawdziwym majstersztykiem – chyba najwybitniejszą spośród telewizyjnych ról Jerzego Treli. Sasza siedzi na ławce, okutany w szaliki, nieruchomy. Siedzi w milczeniu i stuporze, oddzielony od rzeczywistości, skoncentrowany tylko na tym, żeby przeżyć, nie zamarznąć i doczekać zbawiennego łyku alkoholu. Ten ludzki wrak, pozornie mało kontaktujący, skrywa inne oblicze: mędrca – filozofa, sceptyka, który wie o życiu wszystko, bo sam wszystkiego doświadczył: przelotnego sukcesu, miłości, zdrady. Bycia pionkiem w rękach mocodawców tego świata i wegetacji na dnie egzystencji. Sasza widzi na wylot wszystkie iluzje, jakimi karmią się jego towarzysze. Wysłuchuje kłamstw Pchełki o jego przygotowaniach do przyjazdu żony, o nieszczęśliwym wypadku, w którym utracił pieniądze... Słucha opowieści Anity o jej związku z Johnem, którego w rzeczywistości prawie w ogóle nie znała. I waży w sobie moment, w którym powinien te iluzje obnażyć, dla ich własnego dobra. Kiedy nie wytrzymuje i wybucha, wywalając prawdę i demaskując złudzenia, czyni to nie tylko ze zwykłej irytacji kłamstwem, ale też po to, by tych ludzi zmusić do zobaczenia na trzeźwo własnej sytuacji. Sasza jest jak rosyjski niedźwiedź, który okazuje się czarownikiem.

„I Jerzy Trela! Wielka, olśniewająca rola. Od pierwszego ujęcia, jakby zastygłej maski. Strup, po wódzie i po życiu. Zator myślowy, chód tabetyka. Aktorstwo oszczędne, a tak wyważone, że najdrobniejszy sygnał uderza jasnością intencji. Jak choćby ten aktorski majstersztyk, kiedy skacowany i spięty łyknął nareszcie – i powieki z ulgą osunęły się o ułamek milimetra, spojrzenie wyrównało, głos uspokoił i przechodzi w monotonne rozluźnienie frazy. Wspaniałe! Acz od techniki wspanialsze, że jest ona tylko środkiem wirtuoza, który warsztatem tak precyzyjnym, iż niemal uchodzącym uwagi, tworzy człowieka. Więcej niż portret charakterystyczny: labirynt wnętrza i jeszcze więcej – ponadindywidualny wymiar litości nad rozpaczą, ruiną i męką niewygasłych marzeń. W pełnym rynsztunku charakterystycznym i wysoko ponad nim, jednocześnie”[10].

Dwukrotnie Trela został obsadzony przez Kutza w roli Stalina. Najpierw w *Dzieciach Arbatu*, adaptacji powieści Anatolija Rybakowa, o losach młodej rosyjskiej inteligencji w latach trzydziestych, w epoce najstraszniejszego terroru. Stalin pojawia się wysoko w oknie, w białym mundurze, jak współczesna ikona Boga Ojca. Mówi dobrotliwie, lecz treść jego słów budzi grozę: „Kochamy naszą młodzież. Ale trzeba ją wychowywać. Nie można jej schlebiać. Trzeba ją traktować tak, jak ogrodnik, który pielęgnuje drzewo". Co to oznacza, łatwo zgadnąć: trzeba ciąć niepotrzebne gałęzie, kształtować wzrost i rozwój wedle potrzeb ludowej ojczyzny.

Dzieci Arbatu nie były najbardziej udanym przedsięwzięciem Kutza, przede wszystkim ze względu na zbyt rozwlekłą i niespójną adaptację tekstu powieści, ale miały inną ważną funkcję. W rolę moskiewskiej młodzieży wcieliła się grupa studentów krakowskiej PWST – był to efekt współpracy uczelni z Ośrodkiem Telewizji Kraków, mającym wymiar dydaktyczny i wspierający adeptów aktorstwa w drodze zawodowej.

Prawdziwy, pełnowymiarowy Stalin Treli to oczywiście ten ze spektaklu z Tadeuszem Łomnickim. *Stalin* Gastona Salvatore, kręcony pod koniec 1991 roku, pokazuje dyktatora u schyłku jego dni, tkwiącego w izolacji, w willi na obrzeżach Moskwy. Stalin potrzebuje błazna, a że rozważa swoją nieuchronną sukcesję, wzywa słynnego aktora grającego z wielkim powodzeniem na jednej ze scen Szekspirowskiego Leara. Ten dramat jest ulubioną lekturą Stalina – poucza dyktatora, jak nie popełnić błędów, przekazując władzę. Toteż dyktator życzy sobie obecności kogoś, kto mógłby mu tego Leara odegrać, z kim można by o postaci Szekspirowskiego władcy porozmawiać. Przywożą więc Icyka Sagera, przerażonego nagłym wezwaniem dyktatora.

Pięć kolejnych odsłon spektaklu to kolejne etapy rozgrywki między wielkim aktorem a bezwzględnym satrapą. Rozgrywki nierównej: Sager walczy o życie, Stalin jest wszechwładnym panem sytuacji, bawi się nim jak kot myszą. Dozuje mu informacje na temat aresztowanego syna, prowokuje, zmusza do wyznań. W końcu Sager już wie, że przegrał – walczy więc tylko o ocalenie godności.

O *Stalinie* wiele pisano – przede wszystkim w związku z Tadeuszem Łomnickim, grającym Sagera. Była to jego ostatnia rola, wielki aktor zmarł krótko przed premierą *Króla Leara* Szekspira w poznańskim Teatrze Nowym. Zamierzona kolejność miała być odwrotna: najpierw premiera teatralna, potem spektakl telewizyjny odsłaniający przenikanie się życia i sztuki. Stało się jednak inaczej – *Stalin* został wyemitowany wieczorem 2 marca 1992, w dniu pogrzebu Łomnickiego.

Jerzy Trela miał w tym przedstawieniu zadanie bardzo trudne – nie tylko ze względu na opisywany wcześniej krótki okres przygotowań. Przedstawienie powstawało przede wszystkim ze względu na rolę Łomnickiego – konstrukcja sztuki dawała wielkiemu aktorowi okazję do gry na różnych poziomach i do przekazania ogromnej skali ludzkich emocji, od nadziei po rozpacz. Łomnicki jako aktor grający Leara (nad którym rzeczywiście pracował) przed Stalinem, motyw gry teatralnej jako gry o życie – to wszystko stanowiło wyzwanie godne geniusza sceny. Trela miał zapewne świadomość, że w pewnym sensie stanowi tło dla tego wielkiego występu, ale tło decydujące również dla sukcesu partnera. Trudno byłoby bowiem uwierzyć w uczucia Sagera, gdyby naprzeciw niego znajdowała się figura pozbawiona siły, niewiarygodna w swoim historycznym wymiarze. Starał się więc jednocześnie udzielić miejsca bogatej i efektownej roli Łomnickiego, jak i zrównoważyć ją stworzeniem równie mocnej, choć mniej spektakularnej postaci. Stworzyć Stalina – zagadkę dręczącą przeciwnika swoimi nieoczekiwanymi reakcjami, od pozorowanej dobroduszności po brutalność.

Stalin jest inteligentny i przebiegły, umie bezbłędnie rozszyfrować i wykorzystać każdą ludzką słabość – na tym polega jego siła. Wszystkie władze umysłu służą jednak tylko jednemu: utrzymaniu władzy, nawet za cenę najgorszego bestialstwa, wedle zasady „kiedy umiera jeden, to tragedia, ale miliony to już zwykła statystyka". Stalin jest najpotężniejszym człowiekiem na świecie, tyranem decydującym o losie milionów, ale w codziennym obejściu zachowuje się jak prostak niekrępujący się swojego prostactwa. Sypia na piecu, gdzie wygrzewa stare, obolałe kości. Załatwia się przy gościu, bawi go, gdy Sager krztusi się zbyt mocnym alkoholem. Nie wiadomo, czy jego bezceremonialność ma szokować, czy oswajać. Z satysfakcją odgrywa dobrego wujaszka: „Cóż ja poradzę, że ten wstrętny Beria chce Was aresztować, towarzyszu Sager, pamiętajcie, że

Jerzy Trela w roli Stalina w spektaklu telewizyjnym *Stalin* Gastona Salvatore w reżyserii Kazimierza Kutza, 1992.

Was ostrzegałem". A chwilę później jego twarz zmienia wyraz, wyziera z niej bezwzględność, pogarda, wyrachowane okrucieństwo.

Stalin Jerzego Treli przemawia cały czas bardzo spokojnie, nigdy nie podnosi głosu. Czasem mówi z dobroduszną wyrozumiałością, czasem szorstko i brutalnie – nigdy jednak nie daje się wyprowadzić z równowagi, nikt nie jest w mocy sprawić, aby zdjął maskę. Chodzi sztywnym krokiem starego człowieka, niezdarnie i z pewnym wysiłkiem złazi z pieca. Cała przerażająca siła ulokowana jest w twarzy: nieruchomej, wyciosanej z kamienia, nieznacznie zmieniającej wyraz – choć właśnie ta nieznaczna zmiana wyrazu twarzy oznacza śmiertelny wyrok albo ułaskawienie. Stalin ma grube, ciężkie powieki, lekko przymknięte – przypomina starego jaszczura, czekającego w słońcu na ofiarę, którą się nakarmi.

Sager jest błaznem, powinien więc bawić króla. Stalin przynosi stos teczek, kładzie je na biurko. To akta spraw żydowskich lekarzy i działaczy, oskarżonych o zdradę. „Zagrajcie nam coś zabawnego. Za każdym razem, gdy rozbawicie Stalina, uratujecie życie jednego Żyda". Sager zaczyna gorączkowo opowiadać dowcipy o Stalinie, które krążą na mieście, dyktator jest rozbawiony, teczki uratowanych spadają na podłogę. I wreszcie pada dowcip, który się Stalinowi nie podoba. W ułamku sekundy jego twarz zastyga, przybierając wyraz chłodnego okrucieństwa. „Wasz syn umarł w obozie". Przed Stalinem stoi już nie aktor, ale Hiob, Lear nad ciałem Kordelii.

Życiowi wykolejeńcy, demoniczny dyktator, oficer rozpadającego się oddziału – Trela miał do zagrania całe spektrum ponurych ról, co prawda wspaniale dramatycznych i dających szansę stworzenia bogatego wizerunku postaci, ale niewykorzystujących całego potencjału aktora.

Na szczęście nie zapomniano o jego talencie komediowym. Najpierw Olga Lipińska obsadziła go w swojej inscenizacji *Zemsty* w roli Rejenta Milczka – w towarzystwie doborowym. Cześnika zagrał Jan Nowicki, Papkina Jan Peszek, Dyndalskiego Jerzy Bińczycki, Podstolinę Anna Dymna. W interpretacji Olgi Lipińskiej Fredrowskie arcydzieło pozostało komedią, pełną czułości wobec bohaterów, nie zamieniając się – jak to bywało w innych współczesnych inscenizacjach – w gorzki dramat obnażający odwieczne polskie wady.

W ujęciu Jerzego Treli Rejent Milczek nie miał cech zapiekłego żółciowca – był raczej bardzo inteligentnym graczem, pełnym uroku, mają-

Z Iwoną Bielską. Jerzy Trela w roli hrabiego Tomasza Lekcickiego, *Rodzina* Antoniego Słonimskiego w reżyserii Kazimierza Kutza, 1995.

cym także pewien dystans do siebie. Trela, uwodząc otoczenie – i publiczność – dyskretnie zaznaczał również dystans do postaci, rozegranej jak wirtuozowska partia muzyczna, pokazująca jakby mimochodem umiejętności warsztatowe wykonawcy.

Jeszcze bardziej brawurową rolę komediową zapewnił Jerzemu Treli Kazimierz Kutz, realizując w roku 1995 *Rodzinę* Antoniego Słonimskiego. Komedia Słonimskiego była prawdziwym przebojem w latach międzywojennych, potem została zapomniana – nie wystawiano jej również ze względów cenzuralnych. Kutz przywrócił jej świeżość i blask, sprawił, że zabrzmiała bardzo współcześnie.

Akcja toczy się w Lekcicach, w ziemiańskim dworku tyleż pięknym, co finansowo podupadłym – głównie wskutek eksperymentów naukowych właściciela, niezainteresowanego gospodarowaniem hrabiego Tomasza Lekcickiego. Jego dorosła córka Marysia postanawia ratować majątek i daje ogłoszenie o wynajęciu pokoi wraz z utrzymaniem. Hrabia by tego nie przeżył, więc Marysia wmawia mu, że pierwsi klienci, właściciele pralni z Warszawy, to rodzice jej koleżanki, których zaprosiła na wypoczynek. Do Lekcic przybywa również młody hitlerowiec Hans – jego matka pochodziła z tych okolic, on zaś chce ustalić swoje pochodzenie, bo jakiś dziennikarz zarzucił mu żydostwo. Ma nadzieję, że jest nieślubnym synem hrabiego. Lokalne władze, ze starostą i wojewodą, domagają się od hrabiego Tomasza, by przyjął w domu odwiedzającego okolicę sowieckiego komisarza

Jerzy Trela jako Sasza i Jan Peszek jako Pchełka, *Antygona w Nowym Jorku* Janusza Głowackiego w reżyserii Kazimierza Kutza, 1994.

Lebensona, wysoką polityczną figurę. Po licznych perypetiach okazuje się, że nikt nie jest tym, za kogo się uważał: Hans jest synem żydowskiego młynarza, proletariusz Lebenson – nieślubnym dzieckiem hrabiego Lekcickiego, zaś sam hrabia, wysoko ceniący swoje szlacheckie cnoty i polską gościnność, jest właścicielem pensjonatu. W finale wszyscy godzą się z nową tożsamością – dzięki wsparciu rodziny, która jest ponad wszelkie dziejowe burze.

Kazimierz Kutz i tym razem zebrał doborową obsadę: Jerzemu Treli jako Tomaszowi Lekcickiemu towarzyszą Anna Polony jako jego siostra Lucysia, Dorota Segda w roli jego córki, Zbigniew Zamachowski jako hitlerowiec Hans, a także Jerzy Bińczycki, Andrzej Grabowski, Iwona Bielska, Tadeusz Huk, Roman Gancarczyk, Edward Linde-Lubaszenko. Jak zwykle u Kutza wszyscy grają koncertowo – od wiecznie lekko odurzonej eterem ciotki Lucysi, piszącej przez dwadzieścia lat wiersz o ptaszku, który wrócił do gniazdka, po rozpanoszonego lokaja Michała, który wykonuje tylko te polecenia, które uważa za właściwe.

Trela jako hrabia – kobieciarz, cieszący się na wieść o każdym nowym nieślubnym dziecku, szalony eksperymentator i uroczy causeur – jest nieodparcie zabawny i pełen uroku. Jego konwersacja skrzy się inteligentnym, nieraz złośliwym dowcipem, a sceptycyzm i ironia wydają się chronić go przed głupstwem świata. Nie przed kobietami wszakże – na to hrabia nie ma żadnej obrony. Nawet żona właściciela pralni, pani Wandzia, wzbudza jego zainteresowanie i zostaje skutecznie namówiona na nocny romantyczny spacer we dwoje. Tylko raz hrabia traci rezon – i nawet na moment przytomność, gdy okazuje się, że w jego szlacheckim gnieździe, zawsze otwartym i hojnym dla wszelakich gości, pobiera się od tych gości dziesięć złotych za dobę... Ale zaraz dostosowuje się do sytuacji, przybierając ton uniżonego hotelarza: „Zaraz będzie rachuneczek...".

Dobrze, że Kazimierz Kutz wpadł na taki obsadowy pomysł – bo wydawać by się mogło, że w żadnym wypadku nie jest to rola dla Jerzego Treli. Bon vivant i niepoprawny wynalazca, arystokrata i uwodziciel, z ufryzowanymi włosami i czarnym wąsem, w lnianej marynarce z fularem – trudne to do wyobrażenia dla kogoś, kto znałby Trelę wyłącznie z jego dramatycznych, poważnych ról.

Bardzo trudno byłoby wymienić wszystkie istotne role, jakie Jerzy Trela stworzył dla Teatru Telewizji – jest ich pewnie kilkadziesiąt, w tym kilkanaście wybitnych, zaliczających się do historii tego gatunku. Po etapie współpracy z Kazimierzem Kutzem, zakończonej *Kartoteką rozrzuconą* z roku 1998, aktor brał udział w przedstawieniach innych reżyserów, partnerując nie tylko swoim znanym kolegom, ale również aktorom młodego pokolenia, pośród których znajdowali się również jego uczniowie. Wystąpił w bardzo różnych gatunkowo widowiskach: bajkach dla dzieci i montażach poetyckich, w sztukach publicystycznych i w dramatach psychologicznych, w sztukach z odległej klasyki i współczesnych.

Poetyka spektaklu telewizyjnego okazała się nader właściwym i skutecznym medium dla aktorstwa Jerzego Treli. W teatrze aktora i widza dzieli odległość uniemożliwiająca rejestrowanie subtelnych reakcji i niuansów gry, trzeba też bardziej teatralnie, donośnie operować głosem, który musi wypełniać całą salę, docierać do ostatnich rzędów – trudno więc uzyskać kameralne, intymne brzmienie. Film przemawia głównie obrazem, szerokim planem – zbliżeniami operuje jedynie w ograniczonym stopniu, nie szuka drobiazgowego zapisu aktorskich reakcji. Jerzy Trela należy do aktorów grających przede wszystkim spojrzeniem i głosem, w mniejszym stopniu gestem i bryłą ciała. Te właśnie walory kamera telewizyjna potrafiła bezbłędnie wydobyć.

Rozmowa z Jerzym Trelą

Konrad w „Dziadach" Adama Mickiewicza – i wieloletni sekretarz POP PZPR w Starym Teatrze. Od sześciu lat rektor Szkoły Teatralnej w Krakowie.

... obyście nigdy nie musieli brać udziału w polityce

● W wywiadzie dla „ITD" w 1976 roku powiedział pan, że aktorstwo nie jest posłannictwem ani karierą, lecz najwyżej powinnością. Co to w ogóle znaczy „powinność"?

– Wielcy artyści, wielcy twórcy teatru mają prawo do wielkich słów, takich jak „misja", czy „posłannictwo". Natomiast ja nigdy nie utożsamiałem swego zawodu z posłannictwem. Określenie „powinność" wydaje mi się stosowniejsze, a oznacza po prostu wykonywanie zawodu, który jest potrzebny społeczeństwu.

● A więc nie misja i nie posłannictwo, lecz dlaczego nie kariera?

– Jest to pojęcie mnie osobiście obce, a w naszych warunkach dość mętne. Określenie „robić karierę" kojarzy mi się od lat z oszustwem, a ściślej – zaczęło mi się z tym kojarzyć gdzieś w drugiej połowie lat 70. Jeżeli warunki w jakich żyjemy w przyszłości będą inne, może słowo „kariera" nabierze innej treści, takiej, jaką ma na świecie.

● Kiedyś w TV stwierdził pan, że w aktorstwie najważniejsze jest dążenie do prawdy. Lecz co to znaczy: prawda w teatrze?

– Czasami w teatrze, czy w ogóle w sztuce można przez moment otrzeć się o prawdę – i to wszystko, więcej nie udało się nikomu. Przecież teatr czy kino jest tylko iluzją.

● Śledząc pana dorobek artystyczny można odnieść wrażenie, że praca w teatrze jest dla pana ważniejsza niż w telewizji lub w filmie. Czy tak jest rzeczywiście?

– Moje największe przeżycia związane z zawodem miały miejsce w teatrze, co nie oznacza, że unikam telewizji czy filmu. Jednak teatr cenię najwyżej. Zresztą teatr telewizji jest w ogóle dosyć specyficzną instytucją. Dzieje tego teatru bywały zmienne, niegdyś, zwłaszcza za Antczaka czy Hanuszkiewicza dorównywał najlepszym scenom, później

W filmie „Anioł w szafie" Stanisława Róże

W filmie „Krzyk i krzyk" Zsólta Kézdi-Kovácsa

Z Jerzym Radziwiłowiczem w „Człowieku z żelaza" Andrzeja W

ROZDZIAŁ DZIEWIĄTY

Lata osiemdziesiąte

W końcu lat sześćdziesiątych, które były okresem społecznej i mentalnej stagnacji, wśród młodzieży narastały nastroje buntu i pragnienie radykalnej odmiany rzeczywistości. Z wielką siłą wybuchły one na Zachodzie w protestach studenckich wiosną 1968 roku – w Paryżu studenci budowali barykady i walczyli z policją w regularnych starciach ulicznych, płonęły sklepy i samochody.

W Polsce protesty studentów miały inne przyczyny i inny charakter – tym niemniej istotnie wpłynęły one na wydarzenia polityczne, które zaważyły na klimacie społecznym następnych lat. Słynny wiec na Politechnice Warszawskiej w marcu 1968 miał swój odpowiednik także w buncie studentów krakowskich, zakończonych starciami z milicją. Teatr miał swój istotny udział w studenckiej rewolcie – rozpoczęła się ona w końcu stycznia 1968 od protestów przeciwko zdjęciu z afisza *Dziadów* w reżyserii Kazimierza Dejmka, spektaklu Teatru Narodowego z Gustawem Holoubkiem w roli Konrada.

Tę atmosferę buntu wykorzystywali chętnie partyjni profesorowie uczelni, przedstawiając rodzaj argumentacji przemawiający do wielu młodych ludzi: zmieńcie rzeczywistość poprzez zaangażowanie w nią, wstępujcie do partii, a wtedy zmienicie jej oblicze. Można tu zacytować wypowiedź Janusza Gajosa, studiującego w latach sześćdziesiątych w łódzkiej szkole filmowej:

„Elżbieta Baniewicz: Do partii się Pan jednak zapisał?

Janusz Gajos: To było, proszę Pani, w latach sześćdziesiątych ubiegłego wieku. [...] Kiedy teraz próbuję spojrzeć wstecz na chłopca z małego miasteczka, nieświadomego wielu ukrywanych przed nim rzeczy, wcale się nie dziwię, że zaufał człowiekowi, który zrobił na nim duże wrażenie, imponował mu swoją wiedzą, wobec którego mógł się poczuć bezpiecznie.

Był to jeden z profesorów owej wymarzonej Szkoły. Zaliczał mnie do «studentów godnych naśladowania». Powiedział kiedyś: «Słuchaj, ja jestem w partii... Mnie też się wiele rzeczy nie podoba. Należysz do najzdolniejszych w szkole, więc kto to ma zmienić, jeśli nie wy – młodzi i zdolni...». Uznałem, że facet ma rację. A potem było tak, jak było. Nadzieje, próby uczestniczenia w tym, w co się weszło, i rozczarowanie"[1].

Inny reprezentant pokolenia '68, Jerzy Stuhr, wspominając studencki strajk i interwencję milicji na Uniwersytecie odnotowuje taki epizod:

„Potem jeden z asystentów, nasz faworyt, zaczyna: «Macie dość partii?». «Tak jest!!!». On: «Chcecie ją zniszczyć?». My w ryk: «Tak jest!!!». Ale sadzi, kurczę, fruwa marynara. On: «Chcecie ją rozwalić? To wstąpcie do niej i rozpieprzcie ją od środka!». Może on ma rację? Ale jak to tak normalnie wstąpić do partii? Kurde! Co on!"[2].

Stuhr tej argumentacji nie uległ, o czym mógł zadecydować silny wpływ tradycji rodzinnej i jej ukształtowanego światopoglądu.

„Do partii wstąpiłem w czasie studiów – mówi Jerzy Trela. – Przełom 1967/1968 roku, kiedy chcieliśmy – my młodzi – mieć wpływ na świat. W tej chwili wielu tak powie, ale nam przyświecała taka myśl. Po 1970 zapał osłabł, jednak przyszła nowa władza i nadzieja. I tak się zmieniało, później się znowu nie zmieniało – a ja tkwiłem w martwym punkcie"[3].

Trudno powiedzieć, co było impulsem w przypadku Jerzego Treli – on sam mówi jedynie, że to była jego decyzja i nie wskazuje na żadną presję z zewnątrz. Jako młody człowiek zaangażowany – poprzez działalność w Teatrze STU – w sprawy całego środowiska studenckiego, podlegał zapewne takim samym wpływom i sugestiom, jak jego koledzy.

Warto może przypomnieć, że do partii należało wiele osób – także ze środowiska artystycznego. Liczyła ona w końcu około trzech milionów członków, całkiem spory procent ludzi pracujących. W każdej instytucji publicznej istniała tak zwana Podstawowa Organizacja Partyjna, ze swoim sekretarzem, która zapewniała pewien stopień ideologicznej kontroli i możliwość bezpośredniego wglądu partii w działalność tych instytucji.

W środowisku artystycznym tę przynależność traktowano i wykorzystywano różnie. Najczęściej szeregowi członkowie partii nie przywiązywali do tego faktu specjalnej wagi, mając świadomość, że kryteria sztuki nie podlegają ideologii, a o pozycji decyduje jednak talent, nie opcja polityczna. Dla niektórych był to konieczny warunek pełnienia jakiejś funkcji kierowniczej, dyrektora teatru albo szefa zespołu filmowego – godzono się na tego rodzaju konieczność, przez środowisko traktowaną z wyrozumiałością. Byli tacy, którzy zaangażowaniem w działalność organizacyjną rekompensowali sobie brak powodzenia na obszarze artystycznym – często zresztą byli to ci sami ludzie, którzy później mocno zaangażowali się, z tych samych powodów, w zakładowe struktury „Solidarności". Czasem zapisywano się do partii w nadziei, że coś pożytecznego da się w ten sposób załatwić, czasem – by władzy odebrać argument do rozwiązania czy szykanowania danej placówki. Tak na przykład postąpił Jerzy Grotowski. Sam należąc do partii, skłonił do wstąpienia cały swój zespół Teatru Laboratorium (na ten krok nie zdecydowała się jedynie Maja Komorowska), nad którym gromadziły się ciemne chmury, grożąc przerwaniem finansowania działalności i uniemożliwieniem pracy – a możliwość prowadzenia dalszych poszukiwań twórczych była dla zespołu najważniejsza. Przedstawiciele środowiska, nawet nie należąc formalnie do partii, pełnili czasem funkcje w jakimś stopniu związane z uczestnictwem we władzy – jak na przykład Gustaw Holoubek, który był posłem na sejm i prezesem SPATiF-u.

W latach siedemdziesiątych w społecznym odbiorze udział artystów w jakichś organach czy instytucjach władzy nie był postrzegany jako szczególnie problematyczny – liczyły się przede wszystkim umiejętności zawodowe i potencjał artystyczny. Poza tym właśnie środowisko artystyczne, głównie literackie, teatralne i filmowe, formułowało w swoich dziełach postulaty odnowy moralnej i próbowało wywalczyć większy zakres politycznej wolności. Kino moralnego niepokoju, *Człowiek z marmuru* Andrzeja Wajdy, działalność teatrów alternatywnych, twórczość literacka wydawana pod koniec lat siedemdziesiątych poza cenzurą, w tak zwanym drugim obiegu – wszystkie te zjawiska przyczyniły się do kształtowania świadomości społecznej, dzięki której mogło dojść do wybuchu masowych protestów w sierpniu 1980 roku.

Nie dziwi zatem, że ludzie teatru niemal od początku przyłączyli się do tych protestów – aktorzy z Wybrzeża występowali podczas strajku w Stoczni im. Lenina w Gdańsku i w gdyńskiej Stoczni im. Komuny Paryskiej. We wrześniu 1980 Gustaw Holoubek powiedział z trybuny sejmowej: „Czujemy się w obowiązku, aby w imieniu środowiska, które mam zaszczyt reprezentować, zgłosić pełną solidarność z tym, co się wydarzyło na polskim Wybrzeżu i w reszcie kraju"[4]. Teatry spontanicznie wprowadzały do repertuaru pozycje wcześniej zakazane przez cenzurę: grano

Ambasadora i *Pieszo* Mrożka, sztuki Vaclava Havla, montaże poetyckich utworów Czesława Miłosza, Zbigniewa Herberta, Stanisława Barańczaka, sztuki Karola Wojtyły *Brat naszego Boga* i *Przed sklepem jubilera*. Środowisko powołało w listopadzie 1980 roku NSZZ „Solidarność" Pracowników Teatru, a wiosną 1981 przywrócono historyczną nazwę – Związek Artystów Scen Polskich, ZASP, organizacji branżowej, przemianowanej na SPATiF.

Społeczna euforia miała także swój wymiar dramatyczny: nowo powstałe struktury „Solidarności" w poszczególnych teatrach uznały za swój obowiązek rozprawić się z dyrektorami należącymi do partii lub bliskimi władzy. Tadeusz Łomnicki został pozbawiony dyrekcji teatru Na Woli przez „Solidarność" Zakładów Radiowych im. Marcina Kasprzaka, do których należał budynek, August Kowalczyk musiał odejść z Teatru Polskiego. W Krakowie z Teatrem im. Juliusza Słowackiego pożegnali się Jerzy Krasowski i Krystyna Skuszanka. Decydowały względy polityczne, w znikomym stopniu artystyczne bądź merytoryczne, dotyczące fachowości dyrektorów. Zastępowano ich osobami cieszącymi się autorytetem środowiskowym, często związanymi z demokratyczną opozycją. Teatr Polski objął Kazimierz Dejmek, dyrektorem Teatru Słowackiego został krytyk Andrzej Kijowski.

Burzliwe zmiany nie ominęły również Starego Teatru – teatralna „Solidarność" doprowadziła do usunięcia dyrektora Gawlika, do czego zresztą przyczyniły się obie strony konfliktu. W roku 1977 Jan Paweł Gawlik został szefem Teatru Telewizji – zarzucano mu, że od tej pory nie zajmuje się w dostatecznym stopniu teatrem, żądano, aby tę funkcję porzucił, wysunięto szereg innych postulatów... Gawlik nie chciał jednak iść na żadne ustępstwa, nie uważał, by przeciwna strona miała prawo do żądań wobec niego. Decyzja była bolesna – Gawlika wprawdzie nie traktowano z sympatią, część zespołu jednak zdawała sobie sprawę, że jest sprawnym menedżerem, dbającym o interesy teatru. Nawet jego szefowanie Teatrowi Telewizji miało dwie strony: odbierało możliwość pełnego zaangażowania w sprawy teatru, a równocześnie umożliwiało rejestrację słynnych przedstawień Starego. Jerzy Trela, źle znoszący teatralne konflikty, starał się zachować dystans – i zrozumienie, że pewien czas wymusza określone działania. „Trzeba było kogoś wywalić, a kto był pod ręką? Dyrektor, dyrektorów się wywalało. Był taki czas. Gawlik to bardzo przeżył. Pojęcie «menedżer» jeszcze wtedy nie istniało, a on był kimś takim".

Na szczęście dla teatru następcą Gawlika został Stanisław Radwan, kompozytor, cieszący się w środowisku dużym autorytetem. Radwanowi

5 5/85/5 Krak. Teatralia

Echo Krak. 8 X 85 Nr 196

Mówi Jerzy Trela – kandydat na posła

Nie mam programu – mam poglądy

Powierzyć komuś rolę, podjąć się roli — oto często w potocznym języku pojawiające się sformułowania, stosowane w znaczeniu przenośnym. W Pańskim przypadku nabierają one niemal dosłowności. Czy przed tą rolą, rolą posła czuje Pan tremę, czy się Pan jej trochę nie boi?

— Mam tremę i boję się z wielu powodów — odpowiada Jerzy Trela, aktor, rektor PWST w Krakowie, kandydat na posła z okręgu nr 33. *Obawiam się tego, że jako aktor mogę być traktowany trochę jak maskotka, jak ktoś, kogo się pokazuje, ale nie traktuje poważnie. Wierzę jednak, że tak nie będzie i dlatego podejmuję tę decyzję, podejmuję się — nie, nie grać roli — być posłem jeżeli mi ten mandat zostanie powierzony.*

Druga poważna obawa wiąże się ze specyficzną presją, powszechnym przekonaniem, że będąc posłem, przestanę być aktorem. Jestem przeciwny wszelkim deklaracjom, natomiast tę jedną mogę złożyć — że aktorem nie przestanę być.

Mówię to zawsze i podkreślam raz jeszcze — aktor realizuje się na scenie, tam może najwięcej zrobić, najwięcej z siebie dać. Mając taką świadomość uważam zarazem, że w sytuacjach krytycznych, trudnych, a za taką uważam ciągle sytuację naszego kraju, nie mogę ograniczyć się wyłącznie do mojej osobistej, bardzo intymnej miłości do teatru. Poczucie patriotyzmu i moja świadomość obywatelska zmuszają mnie do takiego właśnie, a nie innego postępowania — postępowania zgodnego z mymi poglądami.

— Wydaje się oczywiste, że jeżeli zostanie Pan posłem, będzie Pan pracował w sejmowej Komisji Kultury. Jaki program będzie Pan w niej prezentował, o co zabiegał?

— *Nie mogę przedstawić żadnego programu i powiem szczerze, że podziwiam tych, którzy takie poselskie programy potrafią formułować. Ja nie mam programu, ja mam poglądy. Uważam mianowicie, że nawet w najbardziej skomplikowanej sytuacji społeczno-politycznej trzeba pamiętać, że kultura stanowi o bycie narodu. Dzięki niej możemy trwać i istnieć. Nie myślę o rozrzutności i nie zamierzam do niej nawoływać, ale uważam, że nawet bardzo biednemu narodowi nie wolno oszczędzać na sztuce, oświacie, nauce, bo to byłoby bliskie samounicestwienia.*

Wiem, że z całym uporem będę to wszystkim wbijał w głowę, będę robił wszystko, żeby uwierzyli, iż to przekonanie jest słuszne. I tylko nadzieja i wiara, że moje wysiłki zostaną potraktowane poważnie przez tych, którzy decydują o losach państwa, narodu, pozwala mi myśleć, że jeżeli obowiązek poselski zostanie mi powierzony, podporządkuję mu się z całą świadomością wszystkich tego konsekwencji.

— Gdyby założyć abstrakcyjną sytuację, że nie ma sejmowej Komisji Kultury, czy potrafiłby Pan wskazać na jakąś inną, w której mógłby Pan pracować. Jednym słowem — czy poza sztuką jest coś, co Pana pasjonuje?

— *Nie, nie podjąłbym się pracy w innej komisji, bo tylko na kulturze (choć i to jest dla mnie pojęcie nieprecyzyjne) się znam, w każdym razie tak mi się wydaje. Zresztą dla mnie kultura oznacza przede wszystkim sztukę. Nie są mi oczywiście obojętne problemy oświaty, ale i one widziane pod kątem przygotowania do uczestnictwa w sztuce.*

Nie chcę udawać, że jako poseł mógłbym być wszechstronny. Jestem aktorem, artystą polskiego teatru, człowiekiem sztuki — jej przede wszystkim chcę się poświęcać. Także w Sejmie.

Dziękuję za rozmowę

ELŻBIETA GRZEGORCZYK

---

wiać? Czy nie za długo finalizuje się legalizację NZS-u, powodując radykalizację postaw? Uważam, że w obecnej sytuacji należy uczynić wszystko, by doprowadzić do rejestracji NZS-u; trzeba zrozumieć, że to pokolenie potrzebuje własnej organizacji, a taką już jest NZS.

— Mamy oto jeszcze jeden przykład trudnej lekcji demokracji...

— Dlatego podkreślam, jeżeli poszukujemy demokracji, pluralizmu, to nie obarczajmy się epitetami, nie „warczmy" na siebie, a szukajmy w sobie nawzajem człowieka... Nie kierujmy się też spontanicznością. Mam jednak nadzieję, że okażemy się jako społeczeństwo w tych wyborach dojrzali.

— Proszę powiedzieć, co Pan sądzi o swoich konkurentach w walce o mandat senatora?

— Towarzystwo jest doborowe, ale pan pewnie chciałby, żebym odniósł się głównie do barw konkurencyjnych, czyli do dwóch kandydatów „Solidarności". Bliżej jest mi znany pan prof. Roman Ciesielski, z którym zetkną-

Jerzy Trela:

Nie obiecuję nowej twarzy i nowych haseł

ZAMIAST WSTĘPU

Na scenie największego Teatru Wyborczego w historii PRL stają przed audytorium różni aktorzy. Tacy, którzy mają świadomość, że spektakl polityczny nie kończy się z chwilą kiedy opadnie wyborcza kurtyna i ci, którzy wychodząc na scenę domagają się oklasków jeszcze przed wygłoszeniem kwestii. Widownia słucha. Zdaniem fachowców niezbyt przygotowana do ogarnięcia istoty wydarzeń. Chłonie wypełnione wielkimi słowami kwestie wygłaszane ze sceny. Które z nich trafią do umysłów? Proponujemy Czytelnikowi zapis niewielkiego fragmentu owego spektaklu...

SCENA PIERWSZA

Mieszkanie kandydata na senatora. Dochodzi północ. Kandydat gości dziennikarza. Dziennikarz zamierza cwanymi pytaniami wywrócić bebechy kandydatowi ku uciesze widzów, którzy zanim gestem ręki opowiedzą się „za" lub „przeciw" lubią popatrzeć na jatki.

Kandydata nie stać na kolorowe reflektory, w których świetle wyglądałby korzystniej. Tego co chce powiedzieć audytorium, nikt jeszcze nie powielił w formie ulotki, bo teraz już nic nie robi się na darmo. Nie ma nawet suflerów i organizatorów widowni. Dziennikarz i kandydat siedzą za stołem, milczą, każdy myśli o sobie.

— Nie mam wystarczających kompetencji, aby współtworzyć nowy ład gospodarczy — mówi kandydat.

— A najważniejsza jest ekonomia — dziennikarz jest zdziwiony, że oto trafił na rozmówcę, który zamiast wymyślić coś błyskotliwego, przyznaje się tak od razu...

— Ekonomia to sprawa ekonomistów, fachowców, rządu, administracji państwowej. Senat ma dbać, aby rząd i administracja funkcjonowały służąc wszystkim obywatelom, a nie ich frakcjom czy ugrupowaniom. Kandydat wstępując do Senatu musi zostawić w domu wszelkiego rodzaju barwy, wejść odziany tylko w jedną, narodową. Kandyduję do Senatu, nie obiecując nowych twarzy i nowych haseł. Nie chowam w rękawie żadnego cudownego remedium.

— No tak — mruczy dziennikarz.

SCENA DRUGA

Jak poprzednio. Dziennikarz krąży po pokoju.

— Mówi się, że Senat będzie sumieniem narodu. Ja chcę wiedzieć, co myśli ktoś, kto będzie tym sumieniem. Co Pan sądzi o przerywaniu ciąży?

— Teraz temat ten jest dezawuowany przez nadmierne pyskowanie. A przecież wymaga rozpatrzenia bez szkodliwej w tym przypadku spontaniczności. Być może za parę miesięcy mógłbym wyrazić swoje zdanie. Dziś nie zazdroszczę tym, którzy już zajęli skrajne pozycje, już się w nich okopali i chcą walki...

— Jedni mówią, że Polska może wyjść z kryzysu tylko urobiona po łokcie i z zaciśniętym pasem, inni, że niekoniecznie ale trzeba pokombinować. Którzy są Panu bliżsi?

— Pracuję i już jestem urobiony po łokcie. Zaciskanie pasa kojarzy mi się z głodem, a przecież na głód nie zasłużyliśmy. Samo kombinowanie — jak Pan powiedział — jednakowoż nie wystarczy i mylą się ci, którzy myślą, że zastąpi pracę. Takie mam zdanie w tej sprawie.

SCENA TRZECIA

W pokoju jak poprzednio, z tym, że kandydat i dziennikarz są coraz mniej zadowoleni z rozmowy.

— Nic ciekawego nie powiedział Pan swoim potencjalnym wyborcom. Jest Pan znanym aktorem, rektorem PWST. Wszyscy znają Pański zestaw poglądów na temat roli kultury w życiu narodu.

— Nie powiedziałem nic, co byłoby niezgodne z moimi przekonaniami.

— Ale co sobie pomyśli widz, gdy usłyszy to co ma Pan mu do powiedzenia. No co sobie pomyśli? Ot, wychodzi na scenę facet i z tego co mówi orientujemy się, że to po prostu normalny, uczciwy człowiek. No i co myśli Pan, że to wystarczy, by wygrać wybory?

— A czy Pan myśli, że nie powinno?

Dziennikarz wychodzi, życząc kandydatowi reflektorów i organizatorów widowni, święcie przekonany, że bez tych elementów nawet uczciwy człowiek się nie przebije.

— Więc Pan naprawdę nie chce niczego obiecać? — Dziennikarz czepia się jeszcze w drzwiach.

— Tyle już obiecywano, że zbyt często obietnice stawały się kłamstwami. Nie wolno już obiecywać jakim się będzie, trzeba po prostu być — mówi kandydat.

Dziennikarz staje w korytarzu, zrobiło mu się głupio... Zrozumiał.

KONIEC

Kurtyna opadnie niebawem i niebawem się podniesie. Widownia czeka na nowe spektakle, koniki robią interesy na biletach, pracownicy zaplecza sceny kombinują jak zdobyć trochę farby na dekoracje, a kasjerka liczy deficyt.

Wystąpili: — *JERZY TRELA — kandydat na senatora*
— *BOGUSŁAW NOWAK — dziennikarz*

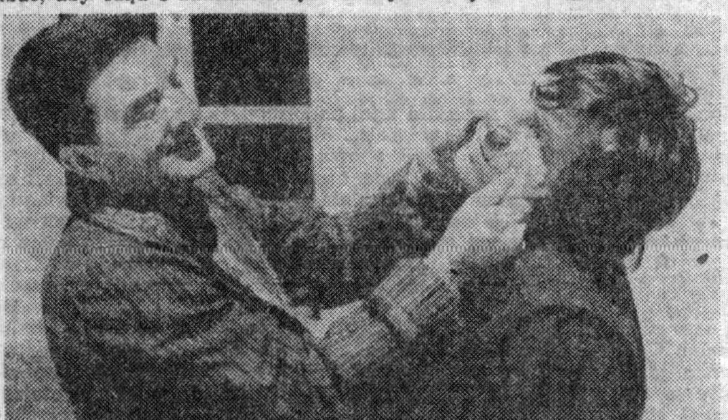

Jerzy Trela i Jerzy Radziwiłowicz w czasie próby do spektaklu „Portret" S. Mrożka w reżyserii Jerzego Jarockiego.

Zdjęcia: J. Bednarczyk

Echo Kr. 26-28 V 89

ISKIERKA NADZIEI

Z JERZYM TRELĄ rozmawia Wacław Krupiński

— Wiele osób uczestniczących w obecnej kampanii wyborczej to znani aktorzy, dziennikarze, którzy jakby chcieli walką o mandat zdyskontować swą zawodową popularność. Do Pana, który osiem lat temu wygrał plebiscyt „Przekroju" na najpopularniejszego aktora powojennego Krakowa, odnieść tę uwagę można niewątpliwie...

— 8 lat temu nie kandydowałem ani do Senatu, co zrozumiałe, bo go nie było, ani do Sejmu...

— Teraz jednak pojawił się Pan, i to na liście kandydatów do godności senatora. Czyżby dlatego, że — jak wyznał Pan kiedyś — woli Pan trudniejsze sytuacje, a wygrać mandat senatora będzie niewątpliwie mniej łatwo?

— Powiedziałem tak kiedyś, co wcale nie oznacza, że jestem masochistą. Po prostu trudniejsze sytuacje dają człowiekowi większe możliwości poznania. Poza tym doświadczenia z Sejmu już mam. Oczywiście ten teraz tworzony będzie inny, ale wybory do Senatu to coś zupełnie nowego, to pierwsze w pełni demokratyczne wybory w Polsce. Choć mam pewne wątpliwości co do tego, obserwując stosowane metody, również takie które 20 czy 10 lat temu były bardzo mocno przypisane stronie nazywanej skompromitowaną. Niemniej istnieje jakaś uczciwa walka, dająca możliwość sprawdzenia co zostało we wszystkich frakcjach, partiach, ugrupowaniach z człowieka, czy ludzie potrafią znaleźć w człowieku to, co ludzkie...

— Wspomniał Pan, iż ma doświadczenia związane z poselskim mandatem — nie jest to w tej kampanii dobrze widziane; nie spotkał się Pan z zarzutem, że myśli o następnej kadencji, bo liczy, że załatwi to, czego dotąd nie zrobił?

— Na to pytanie mogę z czystym sumieniem odpowiedzieć twierdząco, bo to, co mnie jako posła i twórcę interesuje, czyli walka o kulturę narodową, o należne jej miejsce, o środki na nią, to jest długi proces; tego nie da się załatwić od — do, w trakcie jednej czy dwóch kadencji. Szybko natomiast chciałbym doprowadzić do końca parę drastycznych spraw ludzkich, bardzo dramatycznych, którymi nie powinien zajmować się poseł; zrobię wszystko, by znalazły pozytywny finał bez względu na to, czy znajdę się w Senacie czy nie — po prostu jako Jerzy Trela, bo mi wstyd, że tak jest...

— W swej ulotce wyborczej napisał Pan na wstępie: „Nie zmieniam programu". Poproszę o komentarz.

— Po prostu od lat mój program jest taki sam, to ten, z którym występowałem na forum Narodowej Rady Kultury i Sejmu, a dotyczy on właśnie kultury, tego, na czym najlepiej się znam, co jest mi bliskie. Wiem, że żyjemy w czasach kryzysu, ale właśnie tym bardziej nie wolno dopuścić do zepchnięcia kultury na margines, bo byłby to pierwszy krok do samounicestwienia się narodu. Nawet jaskiniowcy dbali o kulturę... A dzięki czemu myśmy przetrwali w najgorszych czasach zaborów, dziejowych załamań — dzięki sile kulturowej, dzięki pielęgnowanej tradycji.

— „Sztuka ma siłę, która poraża biurokratów" — stwierdził Ingmar Bergman; w realiach Polski to jednak biurokraci zniewalali sztukę, kulturę. Wierzy Pan, że walka o godne miejsce dla kultury jest do wygrania?

— Wiem jedno: ta walka musi istnieć i się nasilać. Chciałbym zresztą, by kultura znajdowała w naszym życiu miejsce wszędzie, byśmy mogli mówić zarówno o kulturze rolnej, jak i kulturze politycznej.

— Nic Pan nie mówi o pluralizmie, demokracji...

— Naturalnie, że jestem za pluralizmem, za demokracją, za wolnością i godnością człowieka, za poprawą jego bytu itp., to już jednak nie mój program, ale moje poglądy, również zresztą nie zmieniane od lat.

— 5 lat temu jako nowy rektor PWST postawił Pan w swej uczelni na pluralizm, zatrudniając na stałe księdza profesora Józefa Tischnera. W 1984 roku nie była to — jak można się domyślać — decyzja, za którą wyłącznie chwalono.

— Wiedziałem jedno: że innej podjąć nie wolno. Artyści powinni mieć możliwość zetknięcia się z różnymi postawami, z różnego rodzaju filozofiami, a tu dodatkowo mogła im ona być prezentowana przez taki autorytet i na najwyższym poziomie...

— Powiedzmy w tym miejscu jasno, by nie było zarzutów o ukrywanie Pana poglądów politycznych, że...

— ...ukształtowały się one przed 20 laty, kiedy to razem z wieloma moimi wybitnymi często kolegami — nazwisk nie będę wymieniał, bo niektórym w tej chwili może to być nie na rękę — wstąpiliśmy do partii, wierząc święcie, że nasz udział w życiu publicznym coś zmieni, na coś wpłynie...

— A co po 20 latach zostało Panu z tej wiary?

— Mimo wielu przykrych doświadczeń, wielu chwil goryczy, została mi jeszcze iskierka nadziei, która pozwala mi żyć, a bierze się nie z obłoków, ale z faktu pewnej ewolucji, jaka następuje i zmian, które w żółwim tempie, ale jednak zachodzą — głównie, co najważniejsze, w mentalności ludzi. Jest to więc nadzieja nie tyle partyjna, co człowieka tu, na tej ziemi urodzonego, pośród tego narodu o tak powikłanych losach, gdzie prawie każda rodzina doświadczyła jakichś krzywd w latach wojny lub później... Dlatego uważam, że przeszłe cierpienia nie powinny dzielić, nie powinny stać się elementem przetargu w walce o mandaty. Też mógłbym wyliczać szereg krzywd rodzinnych — włącznie z Sybirem, Starobielskiem, tragiczną śmiercią ojca po wojnie, likwidacją mienia itd. Ale czy to są argumenty w walce wyborczej?

— Są. Bo padają. A czy okażą się skuteczne, zobaczymy...

— Senat to, moim zdaniem, najpoważniejszy i najważniejszy reprezentant narodu. Dlatego przejście przez próg Senatu wymaga porzucenia wszelkich szat. Zaskakują mnie i przerażają wypowiedzi niektórych kandydatów na senatorów, dających do zrozumienia, że wniosą do Senatu swoją nieufność, a co gorsze — zawiść. Tak nie może być! To będzie przegrana Senatu. Jeśli ma on być sumieniem narodu, to powinien skupiać ludzi wolnych — zarówno od naleciałości z zewnątrz, jak i własnych, na ile to możliwe, słabości. Człowiek wolny to jednostka niezależna od wszelkiego rodzaju wpływów, a nie świadomie oddana jednej moralności i to w przeświadczeniu, że to jedyna i najlepsza...

— A co z dyscypliną partyjną?

— Jeżeli przy „okrągłym stole" uzgodniono taki kształt Senatu, to oczywiste, że żadna dyscyplina partyjna nie może w nim — w przeciwieństwie do Sejmu — obowiązywać. I podobnie powinno być z innymi stronami czy ugrupowaniami. Obowiązywać powinna dyscyplina i moralność własna.

— Jest Pan zaangażowany w działalność m. in. Narodowej Rady Kultury, Rady Konsultacyjnej; co Pana tak gna w rejony polityki — temperament, przekonanie o posłannictwie?

— Charakter, a ściślej poczucie odpowiedzialności; rektora — za szkołę teatralną, aktora — za sprawy polskiego teatru i kultury w ogóle... A tego nie da się rozstrzygnąć w marzeniach. O to trzeba się dopominać, pertraktować. Przykładem choćby zniesienie służby wojskowej studentów uczelni artystycznych. Przez trzy lata — wspólnie z wieloma osobami, które mi pomagały — prowadziłem rozmowy na ten temat. Pozytywny efekt tych starań traktuję jako wspólne osiągnięcie ludzi mających zrozumienie dla kultury, zdających sobie sprawę, że — co ciągle powtarzam aż do znudzenia — bez kultury naród nie może istnieć, że nie można dewaluować sztuki, że nie można opowiadać bajek o budowie nowych, wspaniałych teatrów i oper, bo to nieprawda — niewiele się buduje, są tylko plany. Na szczęście, jeśli idzie o naszą szkołę, inwestycyjne bariery udaje się z trudem przełamywać — po 17 latach.

— Jakie doświadczenie zdobyte w kierowaniu uczelnią oceniłby Pan jako przydatne w Senacie?

— Może to zabrzmi nieskromnie, ale głównie umiejętność godzenia odpowiedzialności za grupy reprezentujące różne, nierzadko sprzeczne, interesy. Także inny, bo z pozycji rektora — kontakt ze studentami...

— Obawiam się, że teraz nie jest on łatwy, zważywszy nastroje panujące w uczelniach.

— Niestety, lata paternalistycznego stosunku starszego pokolenia do młodych, zakładania, że ich problemy jakoś się załatwi, że są kwestie ważniejsze — zrobiły swoje. A z ogniem młodości igrać nie wolno. Tak jak nie wolno spełniać wszelkich żądań młodzieży. Swoją drogą, czy nie za późno zaczęto z nią rozmawiać? Czy nie za długo finalizuje się legalizację NZS-u, powodując radykalizację postaw? Uważam, że w obecnej sytuacji należy uczynić wszystko, by doprowadzić do rejestracji NZS-u; trzeba zrozumieć, że to pokolenie potrzebuje własnej organizacji, a taką już jest NZS.

— Mamy oto jeszcze jeden przykład trudnej lekcji demokracji...

— Dlatego, podkreślam, jeżeli poszukujemy demokracji, pluralizmu, to nie obarczajmy się epitetami, nie „warczmy" na siebie, a szukajmy w sobie nawzajem człowieka... Nie kierujmy się też spontanicznością. Mam jednak nadzieję, że okażemy się jako społeczeństwo w tych wyborach dojrzali.

— Proszę powiedzieć, co Pan sądzi o swoich konkurentach w walce o mandat senatora?

— Towarzystwo jest doborowe, ale pan pewnie chciałby, żebym odniósł się głównie do barw konkurencyjnych, czyli do dwóch kandydatów „Solidarności". Bliżej jest mi znany pan prof. Roman Ciesielski, z którym zetknąłem się już na początku swej pracy jako rektor i który (razem z prof. Janem Janowskim) pomógł uratować nasze zamiejscowe wydziały we Wrocławiu przed likwidacją. Później obserwowałem jego konsekwentne stanowisko jako przewodniczącego Rady Głównej Nauki i Szkolnictwa Wyższego. Dlatego nie zdziwiłem się teraz, gdy w sytuacji powszechnego despotyzmu propagandowego wykazał odwagę by publicznie wypowiedzieć się o partyjnym kandydacie do Sejmu i ocenić go bardzo dobrze jako fachowca jako człowieka... Wydaje mi się że ten obiektywizm świadczy o szlachetności prof. Ciesielskiego.

— Rozmawiamy na kilka dni przed wyborami; proszę powiedzieć jak widzi Pan swoje szanse, na czyje głosy Pan liczy?

— Ludzi, po prostu ludzi, którzy rozumieją mój stan ducha i to, co mam do dania a mam do dania siebie — takiego jakim jestem.

udała się rzecz bardzo trudna: przeprowadzenie Starego Teatru przez burzliwe politycznie lata osiemdziesiąte bez większych uszczerbków personalnych i ustępstw artystycznych.

Przynależność do partii nie była w odczuciu Treli przeszkodą, by zapisać się do „Solidarności" – przeciwnie, uważał, że obydwie struktury, partia i „Solidarność", powinny dążyć do polepszenia społecznego bytu. „Jestem członkiem «Solidarności». Nie jestem czynnym działaczem, chociażby dlatego, że jako partyjny mógłbym być posądzony o koniunkturalizm, ale równocześnie popieram wszystkie potrzeby, wszystkie wołania ludzi pracujących o to, co im się słusznie należy. Jestem człowiekiem, który całe życie wierzył, że będziemy mieli kiedyś szkoły, w których znajdą się prawdziwi nauczyciele, dobrze przygotowani do zawodu i mający za co żyć, że dzieci w szkołach będą uczone prawdziwej historii, że w szpitalach nie będzie brakowało lekarstw, a chorych nie będzie się odsyłało na przepustkę do domu, kiedy pojawia się wizytacja władz"[5] – mówił aktor w ankiecie przeprowadzanej jesienią 1980 roku przez pismo „Kultura". Wtedy, kiedy był o to proszony, brał udział w „Solidarnościowych" imprezach – na przykład w uroczystości poświęcenia sztandaru „Solidarności" w Nowej Hucie.

Po wprowadzeniu stanu wojennego ludzie teatru, zaangażowani w proces przemian, szukali pokojowego, lecz widocznego dla społeczeństwa sposobu zademonstrowania swojego oporu wobec władzy i jej posunięć. Kierownictwo odrodzonego ZASP-u, wespół z kilkoma dyrektorami warszawskich teatrów – wymienić tu trzeba Zygmunta Hübnera, Janusza Warmińskiego, Kazimierza Dejmka – sformułowało ideę bojkotu środków masowego przekazu. Pracownicy teatru – aktorzy i reżyserzy – mieli odmawiać występowania w programach radia i telewizji, a także w produkcji filmowej, nie uczestniczyć również we wszelkich imprezach oficjalnych, nie udzielać wywiadów do legalnej prasy. Zdawano sobie sprawę, że nieobecność znanych postaci na szklanym ekranie będzie dotkliwa dla władz, a równocześnie pozwoli zamanifestować społeczeństwu własną postawę. Choć nie była to żadna oficjalna instrukcja, a jedynie zalecenie przekazywane nieformalnie, środowisko teatralne na ogół trzymało się jej wytycznych – znakomita większość aktorów dostosowała się do reguł bojkotu, również Jerzy Trela. Niewielką liczbę tych, którzy tego nie uczynili, spotykały różnego rodzaju przykrości: w niezależnej prasie podziemnej nazywano ich „kolaborantami" i „artystami reżimowi", byli też narażeni na

Troje rektorów krakowskiej PWST: Jerzy Stuhr, Danuta Michałowska i Jerzy Trela. Z tyłu: Janusz Zakrzeński, Krzysztof Globisz i Maja Komorowska. Jubileusz pięćdziesięciolecia PWST, 1996.

akcję „wyklaskiwania" albo „wychrząkiwania", czyli uniemożliwiania bądź zakłócania scenicznego występu przez zorganizowaną grupę publiczności.

Już w okresie „Solidarności", w latach 1980–1981, a potem po wprowadzeniu stanu wojennego wielu artystów rezygnowało z członkostwa w partii, oddając partyjne legitymacje – nieraz dotyczyło to całego składu Podstawowej Organizacji Partyjnej teatru, co czyniło dalszą działalność tej struktury niemożliwą. Legitymację oddał Tadeusz Łomnicki, w przeszłości członek Komitetu Centralnego PZPR. W 1982 roku Gustaw Holoubek zrezygnował z mandatu poselskiego. W środowisku, którego znakomita większość popierała demokratyczną opozycję lub była w jej działalność bezpośrednio zaangażowana, taka decyzja cieszyła się poparciem i uznaniem. Wielu niegdyś aktywnych działaczy partyjnych, sekretarzy POP w swoich instytucjach, zamieniło się w radykalnych przeciwników komunistycznej władzy.

Jerzy Trela na taki krok się nie zdecydował. „Byłem namawiany, żeby się wypisać z partii, że będę jeździł i pod pomnikami wierszyki mówił – co mnie trochę przyhamowało"[6]. Wiele powodów mogło się na to złożyć: niechęć do swego rodzaju środowiskowego koniunkturalizmu, jakim ten akt był w tamtym momencie; konsekwencja co do raz podjętych wyborów i zobowiązań; także świadomość, że każda decyzja nie będzie potraktowana jako autonomiczny gest czyjejś woli, ale zostanie wykorzystana do wizerunkowej wojny. „Aktorom, którzy są niejako osobami publicznymi, myślę tu o aktorach znanych, podsuwa się różne możliwości. Chce się ich gdzieś tam mieć, pokazać. A my mamy tego za dyrektora, a my mamy tego za działacza. Ten tu nam klęczy, ten tu nam klaszcze. Mamy takiego pajaca i tu, i tam. To się nazywa manewrowanie człowiekiem"[7]. „Zdaję sobie sprawę z tego, że i mnie może też to czekać. Tylko nie wiem, w jakiej kolejności. Czy najpierw będę klęczał, a później klaskał, czy najpierw klaskał, a później klęczał za karę, że klaskałem"[8] – mówił z sarkazmem.

Najważniejszym motywem okazało się jednak poczucie przydatności wobec teatru. W zmienionej sytuacji politycznej byt teatru uchodzącego za „zbuntowany" był niezmiernie kruchy. Radwan, dyrektor z opozycyjnego rozdania, niezależny artysta, w oczach władz nie gwarantował, że Stary Teatr pokornie podporządkuje się odgórnym dyspozycjom. Potrzebny był ktoś, kto mógłby z owymi władzami rozmawiać, negocjować, w razie potrzeby interweniować – właśnie w roli aktora należącego do partii i mogącego z tej pozycji wysuwać określone postulaty. Działało tu proste prawo wymiany: lojalność wobec partii w niesprzyjających okolicznościach zakładała wzajemność w postaci ustępstw wobec teatru.

„Miałem dylemat, jak mogę być bardziej użyteczny dla ludzi: w partii czy poza nią? Bo dla siebie to jaka korzyść? Przynależność często była przeszkodą, już od końca lat siedemdziesiątych, szczególnie w środowisku filmowym. Nie pomagała w niczym. Pomagała, żeby zostać brygadierem, ale w moim zawodzie była obciążeniem. I – jak przystało na człowieka, który lubi mieć kamień na plecach – postanowiłem nieść to dalej. Słyszałem nieraz przykre rzeczy ze strony ludzi, którzy mnie nie znali, ze strony kolegów – nigdy"[9] – mówił z perspektywy czasu, w roku 2014.

Te „przykre rzeczy" miały nieraz bolesną formę. W dziesięciolecie premiery *Dziadów*, w lutym 1983 roku grano spektakl, jeden z ostatnich. Przed spektaklem na murze Starego Teatru pojawił się pod adresem Jerzego Treli obraźliwy napis. [Pomimo licznych pytań nie udało mi się ustalić jego dokładnej treści, różne osoby podawały odmienne wersje. Warto dodać, że wtedy – długo przed istnieniem internetowego hejtu – formułowanie radykalnych opinii pod czyimś adresem traktowano nader poważnie]. W udzielonym parę lat później wywiadzie aktor nazwał to wydarzenie „przykrostką" – „tak je nazwę, ponieważ nie chciałbym dawać zbytniej satysfakcji tym, którzy chcieli mi bardzo dokuczyć. Na przykład wypisując na murach Starego Teatru – w dziesięciolecie *Dziadów*, które graliśmy ku pamięci Konrada Swinarskiego – pewną paskudną sentencję o mnie. [...] Było mi przykro w ten wieczór. Ale myślę, że wtedy właśnie najlepiej zagrałem Konrada"[10]. Świadkowie tamtego epizodu twierdzą jednak, że był to dla niego dotkliwy cios.

Kilka miesięcy później, w czerwcu 1983 roku, dyrektor Stanisław Radwan otrzymał list od Jana Pawła Gawlika zapraszający zespół Starego Teatru do otwarcia Teatru Rzeczypospolitej spektaklem *Wyzwolenia*, prezentowanym w warszawskim Teatrze Dramatycznym.

W styczniu 1983 Teatr Dramatyczny, cieszący się w latach siedemdziesiątych i w latach 1980–1981 rangą jednej z kilku ważniejszych scen w Polsce, aktywnie zaangażowany w proces demokratycznych przemian, został pozbawiony swojego dyrektora – Gustawa Holoubka. Na jego miejsce mianowano Gawlika[11] – w dzisiejszej terminologii można by nazwać tę operację klasycznym wrogim przejęciem. W odpowiedzi na tę decyzję władz wraz z Gustawem Holoubkiem zespół opuściło kilkanaścioro aktorów, filarów sceny określających jej wizerunek. Aż do końca lat osiemdziesiątych teatr nie odzyskał swojej pozycji, stając się sceną marginalną artystycznie. Nowym pomysłem władz, mającym demonstrować „normalizację" życia w kraju, była powołana przy Teatrze Dramatycznym instytucja Teatru Rzeczypospolitej – jej celem miała być stała prezentacja najważniejszych przedstawień z całej Polski. Na czele Teatru Rzeczypospolitej stanął również Jan Paweł Gawlik.

Zespół Starego Teatru musiał podjąć trudną decyzję. Odmowa występu mogła się zakończyć bardzo dramatycznymi konsekwencjami: władze były zdolne pozbawić stanowiska dyrektora Stanisława Radwana, co zapewne poskutkowałoby odejściem, w geście solidarności, wielu prominentnych artystów sceny, a w ostatecznym rezultacie – rozbiciem zespołu, jak to nastąpiło w przypadku Teatru Dramatycznego. Zaproszenie przyjęto. Dyrektor wraz z zespołem umówili się, że będą się koncentrować wyłącznie na artystycznym kształcie spektaklu, z wolą przekazania go jak najbliżej zamierzeniom Konrada Swinarskiego, bez zwracania uwagi na cały polityczny kontekst wydarzenia. Taką postawą odnieśli swego rodzaju zwycięstwo – dwa przedstawienia, oglądane nie tylko przez partyjnych urzędników, ale w głównej mierze przez warszawską publiczność, spragnioną żywego teatru, przyjęte zostały bardzo gorąco. Trudno sobie wyobrazić, by nie dotarł do niej cały wolnościowy potencjał dramatu Wyspiańskiego.

teatr

Nr 12(807) Grudzień 1983 Rok XXXVIII

Dzieło Konrada Swinarskiego po latach: „Wyzwolenie" na otwarcie Teatru Rzeczypospolitej i „Dziady" w Teatrze TV * Komunikat jury Nagrody im. Konrada Swinarskiego

Artyści musieli się oczywiście liczyć z tym, że przez oficjalną prasę ich występ zostanie zinterpretowany jako akt znienawidzonej „normalizacji", która była w istocie przypieczętowaniem istniejących przemocowych relacji między władzą o społeczeństwem. W takim tonie opisywał i komentował je publicysta „Polityki":

„Było to przedstawienie trzech teatrów naraz. Na scenie występował Stary Teatr im. Heleny Modrzejewskiej z Krakowa, najsłynniejszy po wojnie teatr PRL (nb. wśród wielu laurów otrzymał i nasze skromne Drożdże). Zespół Starego Teatru w okresie kilkunastu miesięcy burzy i naporu przeżył ogromny wstrząs. Kulminacją tego wstrząsu było usunięcie z teatru jego wieloletniego dyrektora Jana Pawła Gawlika. [...] Faktem jest, że dziś na scenie Teatru Rzeczypospolitej wystąpił zespół, który uchodził w środowisku za jeden z najbardziej zbuntowanych, do tego stopnia, że wywalił swojego dyrektora. [...] Ażeby tak stać się mogło, obie strony musiały wykazać trochę dojrzałości. Dobrze, że tym razem przestały filozofować, «by nie przefilozofować Polski», jak mówi Konrad.

Na widowni nietrudno było zobaczyć osobistości oficjalne. W czwartym rzędzie po lewej stronie siedział premier Jaruzelski, zaś w rzędzie pierwszym para Żygulski–Świrgoń. [...] W Teatrze Dramatycznym pierwsze rzędy są bardzo blisko proscenium, w *Wyzwoleniu* wedle inscenizacji Konrada Swinarskiego, niektórzy aktorzy wręcz schodzą ze sceny na widownię, a reżyser ma swój stolik w pierwszym rzędzie. Kontakt między członkami rządu i aktorami jest więc nieomal fizyczny. Jeszcze rok temu któż by pomyślał, że coś takiego jest możliwe, że świat polityki i świat sztuki spotkają się pod jednym dachem Teatru Rzeczypospolitej na deskach Teatru Dramatycznego"[12].

Jednak nawet publikujący w oficjalnym obiegu dziennikarze wyczuwali, że atmosfera nie jest bynajmniej pojednawcza, a zgromadzeni wcale nie byli świadkami „cudu kompromisu", zwycięstwa zdrowego rozsądku i aktu pogodzenia się wrogich stron.

„20 października br. w sali Teatru Dramatycznego w Warszawie odbyła się, jak wiadomo z gazet, inauguracja Teatru Rzeczypospolitej. Powiem od razu, że nie była to najweselsza uroczystość, w jakiej zdarzyło mi się brać udział. Salę szczelnie wypełniły osoby oficjalne oraz urzędnicy rozmaitych instytucji zbliżonych do kultury, natomiast na palcach mogłem policzyć znajomych aktorów, ludzi teatru, literatury czy sztuki. Minister wygłosił przemówienie inauguracyjne, natomiast aktorzy nie wyszli do ukłonów i na pustej scenie ustawiono cztery wielkie kosze kwiatów od oficjalnych gości. [...] Na inauguracji Teatru Rzeczypospolitej nie spełnił się ów «cud teatru», o którym mówią liczne teatralne pamiętniki i w którym zdarza się niekiedy uczestniczyć"[13].

Zupełnie inaczej wyglądało całe wydarzenie z perspektywy środowisk opozycyjnych, które jednoznacznie pisały o chęci odegrania się Gawlika na zespole Starego, a jednocześnie zaprezentowania *Wyzwolenia* jako dzieła będącego wizytówką jego dyrekcji. Był to więc „szczególny rodzaj zemsty b. dyrektora Starego Teatru. [...] Można było – w razie odmowy – oczekiwać konsekwencji najgorszych, z rozwiązaniem zespołu łącznie"[14].

Po latach historyk, zbierający fakty, by stworzyć z nich w miarę przejrzysty i obiektywny obraz, napisze: „Dla Starego Teatru występy były trudnym doświadczeniem, gdyż brali udział w przedsięwzięciu, do którego mieli ambiwalentny i sceptyczny stosunek. Mimo to dwa pierwsze wieczory, 20 i 21 października 1983 roku, należy uznać za sukces. Bilety wyprzedano, a spektakl oklaskiwano gorąco. Na pierwszy plan wysuwały się wartości artystyczne, kontekst polityczny milkł wobec sztuki"[15].

Odbiór przedstawienia można zarejestrować i ocenić dopiero po jego zakończeniu – ale aktorzy, wchodząc na scenę, nie wiedzą, jaka będzie reakcja publiczności, jak zostanie ich spektakl przyjęty. W tym czasie, nabrzmiałym od politycznych emocji i zakulisowych działań różnych ośrodków władzy, można było się spodziewać różnych niespodzianek. Nie przypadkiem więc dopytywano Jerzego Trelę, jak podszedł do bardzo trudnego, także w sensie psychicznym, zadania, by wcielić się w Konrada w tak specyficznych okolicznościach.

„Wyszedłem na scenę grać, wykonać swoje zadanie. Ze świadomością, że muszę to zrobić najlepiej, jak umiem. Nie myślałem, czy to jest inauguracja, czy jubileusz. Szedłem zagrać przedstawienie. Było mi ciężko, bo w *Wyzwoleniu* jestem wystawiony na pierwszy plan, najbliżej widowni, czyli – co zostało już gdzieś powiedziane – prowadziłem dialog ze sceny z ministrami, co dawniej było nie do pomyślenia. Choć to nieprawda, grywałem przed ministrami. Zawsze ich widziałem, gdyż zwykle siedzą w pierwszym rzędzie, a to złe miejsce, bo źle widać.

Tego dnia spotkała mnie jednak niespodziewana przyjemność. Coś, co pomogło mi w przełamaniu oporów. Spotkanie z wybitnym aktorem, który był artystą tego teatru i powiedział mi, żebym wszedł na tę scenę i żebym grał, jak umiem najlepiej"[16].

W roku 1984 Jerzy Trela został wybrany na stanowisko rektora Państwowej Wyższej Szkoły Teatralnej w Krakowie. Do roku 1981 funkcja rektora była pełniona z nadania odpowiedniego ministra, z pogwałceniem tradycyjnego ustroju uniwersytetu (a w konsekwencji każdej uczelni wyższej) nakazującego wybór władz przez własne środowisko akademickie. W czasach „Solidarności" wywalczono powrót do tej tradycji, w 1981 w uczelniach po raz pierwszy wybrano swoich rektorów i dziekanów. W krakowskiej PWST rektorem została Danuta Michałowska, wybitna aktorka związana wcześniej z Teatrem Rapsodycznym, znana z niezależności politycznej i artystycznej, a prorektorem – Jerzy Radziwiłowicz.

W latach osiemdziesiątych na szczęście nie odebrano uczelniom tradycyjnego przywileju wyboru swoich władz, toteż następni wybierani rektorzy i dziekani cieszyli się zaufaniem swojego środowiska.

Wiosną 1984 roku wybory w szkole teatralnej były dość burzliwe. Danuta Michałowska nie mogła się ostatecznie zdecydować, czy będzie kandydować ponownie, ordynacja wyborcza, przewidująca pytanie kandydata o zgodę dopiero po akcie wyboru, komplikowała całą sytuację... Wszystko się przedłużało, a Trela spieszył się na przedstawienie do teatru. Zgodził się, byle prędzej, byle zdążyć na spektakl... Dopiero później uświadomił sobie ciężar własnej decyzji – ale nie było już odwrotu.

Na szczęście nie było – przynajmniej dla krakowskiej szkoły teatralnej. Może nie dla samego Jerzego Treli, który lata swojego rektorowania przypłacił nieustannym stresem i problemami zdrowotnymi. Na następną kadencję, w roku 1987, został już wybrany bardzo szybko i jednogłośnie. Sześć lat poświęcił uczelni, rezygnując ze sporej części działalności artystycznej: w tym czasie oczywiście grał w teatrze i kręcił filmy, jednak najważniejsza była szkoła.

Uczelnie w tamtym czasie, choć zachowywały pewną autonomię, poddawane były jednak silnej presji politycznej – wielu niewygodnych profesorów zostało odsuniętych od zajęć, nawet pozbawionych pracy w uczelni. Dotyczyło to szczególnie wydziałów humanistycznych i szkół artystycznych, uchodzących w oczach rządzących za ogniska buntu. W Państwowej Wyższej Szkole Teatralnej w Warszawie, dzisiejszej Akademii Teatralnej im. Aleksandra Zelwerowicza, za taki matecznik opozycyjnych akcji uchodził – całkiem słusznie – Wydział Wiedzy o Teatrze, którego studentów podejrzewano o organizowanie akcji wyklaskiwania artystów kolaborantów. Funkcji dziekana tego wydziału pozbawiono Martę Fik. W Katowicach, na Wydziale Radia i Telewizji Uniwersytetu Śląskiego, pozbawiono zatrudnienia Kazimierza Kutza – pod pretekstem braku dyplomu.

Różne formy represji spotykały najbardziej aktywnych w środowisku artystycznym działaczy opozycyjnych, od zniszczeń materialnych (jak przebite koła w samochodach, zniszczone zamki drzwi wejściowych), przez szykany w postaci fałszywych kompromitujących oskarżeń, nękania nocnymi telefonami z pogróżkami, aż po pobicia.

Najważniejsze zadanie dla rektora PWST rysowało się dość jasno: ochrona pedagogów i studentów przed różnego rodzaju szykanami, oskarżeniami, nawet aresztowaniami. Szkoła była wówczas w sytuacji trudnej i chwiejnej, na granicy normalnej egzystencji – wielu uczących tutaj należało do grona osób z czarnych list Służby Bezpieczeństwa.

Podczas urzędowania Jerzego Treli nikt nie został zwolniony z uczelni – przeciwnie, zatrudniono osoby niemogące z przyczyn politycznych znaleźć stałego zatrudnienia gdzie indziej. A warto przypomnieć, że istniał wówczas obowiązek zatrudnienia, umożliwiającego normalne funkcjonowanie społeczne (łącznie z otrzymywaniem przydziałowych kartek żywnościowych). Niezatrudnieni byli automatycznie traktowani jako element podejrzany.

Pracę na Wydziale Reżyserii rozpoczął wówczas Kazimierz Kutz – jego krakowska aktywność to nie tylko spotkania za studentami, ale przede wszystkim początek niezwykle twórczego okresu telewizyjnego. Wkrótce po zatrudnieniu w krakowskiej PWST Kutz rozpoczął w krakowskim ośrodku telewizyjnym pracę nad pierwszym ważnym przedstawieniem, jakim były *Opowieści Hollywoodu*. Na tym samym wydziale rozpoczęli zajęcia Bogdan Hussakowski i Tadeusz Nyczek. Największym zwycięstwem – i aktem odwagi – Jerzego Treli było podpisanie pięcioletniej, stałej umowy o pracę z księdzem profesorem Józefem Tischnerem, który później przez długie lata, aż do końca aktywności zawodowej, nauczał studentów reżyserii.

Trela z powodu Tischnera był oczywiście wielokrotnie wzywany przez władze na interwencyjne rozmowy. Rektorowi Treli udało się jednak

Z księdzem profesorem Józefem Tischnerem w redakcji „Przekroju", 1996.

obronić zatrudnienie Tischnera. Nieraz w trudnych sprawach wspierali go działacze partyjni o liberalnych poglądach i konstruktywnej motywacji. Do takich należał Andrzej Kurz, wykładający podstawy nauk politycznych i najnowszej historii na Wydziale Reżyserii, szef krakowskiego Wydawnictwa Literackiego, członek i wieloletni prezes Stowarzyszenia „Kuźnica", skupiającego postępową i otwartą część należących do partii dziennikarzy, wykładowców, autorów. Jako wykładowcy PWST Kurz i Tischner spotykali się przy wspólnym stole obrad senatu czy rad Wydziału Reżyserii.

Jerzy Trela opowiada o charakterystycznej sytuacji na początku 1985 roku: po zabójstwie księdza Jerzego Popiełuszki wydawało się, że w organach władzy toczy się wewnętrzna walka. Obawiano się, jakie mogą być następne kroki. Tischner wybierał się sam swoim samochodem do Warszawy. Całkiem „przypadkowo" okazało się, że jedzie tam również Andrzej Kurz – miał lecieć samolotem, ale po rozmowie z Trelą postanowił jechać razem z Tischnerem, co zostało później głośno oznajmione w sali obrad senatu, gdzie z dużą dozą prawdopodobieństwa mógł działać podsłuch.

Można powiedzieć, że w latach osiemdziesiątych udało się stworzyć w krakowskiej szkole teatralnej wspólnotę ludzi działających w interesie studentów i sztuki – co nie znaczy, że nie dochodziły do głosu animozje,

Zemsta Fredry podczas jubileuszu czterdziestolecia PWST w Krakowie. Od lewej: Kalina Jędrusik, Jerzy Bińczycki, Dorota Segda, Jerzy Stuhr, Gustaw Holoubek, Jerzy Trela.

charakterystyczne dla tamtego czasu. Polskie społeczeństwo było wówczas głęboko podzielone, a poszczególne strony żywiły do siebie nie tylko wrogość, lecz również pogardę i nienawiść – na tym tle relacje w PWST wyróżniały się jako sfera wolności i wzajemnego zaufania.

Jerzy Trela wielokrotnie interweniował w instytucjach partyjnych i państwowych, szczebla lokalnego i centralnego, w sprawach personalnych: osób zatrzymanych przez milicję, aresztowanych czy zagrożonych represjami. Wykorzystywał do tego celu wszelkie możliwe znajomości i kontakty prywatne. Dziś nie zgadza się na ujawnianie nazwisk osób, którym wtedy pomógł – w poczuciu niestosowności takiego gestu. W środowisku, w obszarze wiedzy prywatnej świadków tamtych czasów, te jego interwencje są znane i pamiętane. Nie dziwi więc, że ludzie świadomi jego ówczesnej roli, nawet przynależąc do zupełnie innego obozu, nigdy nie formułowali pretensji o jego polityczną przynależność.

Drugie zadanie Jerzego Treli jako rektora miało charakter pozornie prostszy i bardziej naturalny, w tamtej rzeczywistości okazało się jednak równie trudne. PWST miała fatalne warunki lokalowe – jej główna siedziba mieściła się na jednym piętrze budynku szkoły sióstr urszulanek przy ulicy Starowiślnej – wówczas Bohaterów Stalingradu; pozostałe trzy poziomy

Z kanclerzem PWST Franciszkiem Gałuszką podczas jubileuszu siedemdziesięciolecia Jerzego Treli w krakowskiej szkole teatralnej.

zajmowała krakowska Akademia Muzyczna. Budynek był dla potrzeb obu uczelni dużo za ciasny, a jego stan techniczny z roku na rok się pogarszał, grożąc katastrofą. Drugi lokal, przy ulicy Warszawskiej 5, wykorzystywano na przygotowanie przedstawień dyplomowych – również ten budynek gwałtownie wymagał remontu. Tymczasem lata osiemdziesiąte upływały pod znakiem nieustannych braków rynkowych, niemożności realizacyjnej i niewydolności gospodarczej. Dla PWST przeznaczono już w latach siedemdziesiątych odrębny budynek, przy zbiegu ulic Straszewskiego i Piłsudskiego (wówczas Manifestu Lipcowego), dawną siedzibę Wyższej Szkoły Pedagogicznej, przeniesionej tymczasem do nowo wybudowanej siedziby. Budynek przy Straszewskiego był całkowicie zrujnowany, ponadto zajmowały go różne instytucje; w przylegającej kamienicy, także przydzielonej PWST, mieściły się prywatne mieszkania.

„Jak już zostałem rektorem, a szkoła była w trudnej sytuacji, usłyszałem od wysokiego urzędnika państwowego – nie był to warunek, ale przestroga – «Jeżeli chcesz, żeby szkoła miała siedzibę, to przyjmij propozycję bycia posłem, jeżeli nie, wybij sobie budowę szkoły z głowy». I wybrałem – wariant złotego środka. Korzystny dla ludzi, dla których zostałem rektorem"[17]. I Jerzy Trela zgodził się zostać posłem na sejm IX kadencji, na lata 1985–1989. Kandydując na to stanowisko, mówił: „Obawiam się tego, że jako aktor mogę być traktowany trochę jak maskotka, jak ktoś, kogo się pokazuje, ale nie traktuje poważnie. Wierzę jednak, że tak nie będzie i dlatego podejmuję tę decyzję, podejmuję się – nie, nie grać roli – być posłem, jeśli ten mandat zostanie mi powierzony"[18]. Deklarował również chęć działania w Komisji Kultury oraz brak programu: „Ja nie mam programu, ja mam poglądy. [...] Kultura stanowi o bycie narodu. Dzięki niej możemy trwać i istnieć"[19].

Lata 1985–1990 upłynęły dla władz PWST pod znakiem zmagań budowlanych. Najpierw o wypracowanie koncepcji przebudowy, możliwej do zaakceptowania przez różne organy administracji zajmującej się sprawami miejskich budowli. Trzeba było uzyskać zgodę konserwatorów zabytków – choć stan budynku wedle architektów wymagał raczej rozbiórki niż remontu, ale w przypadku zabytku takie rozwiązanie nie wchodziło w grę. Następny etap to konkretne już problemy techniczne i ekonomiczne – koniec lat osiemdziesiątych to okres pogłębiającego się dramatycznie kryzysu gospodarczego, który skutkował przestojami spowodowanymi brakiem środków pieniężnych w kasach instytucji finansujących budowę.

Kiedy pojawiały się przeszkody nie do pokonania, Trela zabierał się za interweniowanie. Na przykład bezpośrednio u premiera ówczesnego rządu, ekonomisty Zbigniewa Messnera. „Raz próbowałem się dostać do premiera Messnera – tu, w Krakowie, w Hali Wisły. Wykombinowałem sobie, że zatrzymam go i porozmawiam. Idzie po schodach, ruszam, ale odpycha mnie jego goryl i lecę do tyłu. Upadając, odruchowo złapałem się marynarki Messnera, pociągnąłem go za sobą i przewróciłem. Zrobiła się afera, ale – w sumie dzięki temu gorylowi – Messner mnie wysłuchał, uzyskałem, co chciałem"[20].

Budowa nowej siedziby szkoły – bo remont starego gmachu był bardziej skomplikowany i kosztochłonny niż postawienie go od nowa – przypadła na najtrudniejszy okres gospodarczy, najpierw zastoju, potem burzliwej transformacji ekonomicznej i przestawiania trybów gospodarki na nowe zasady. Budowa nie udałaby się bez wsparcia władz lokalnych, zwłaszcza I sekretarza Komitetu Wojewódzkiego partii Józefa Gajewicza, który osobiście zaangażował się w operację pozyskiwania przedsiębiorstw budowlanych. Obfitowała również w niespodzianki: któregoś dnia, przy wzmacnianiu fundamentów, natrafiono na ogromny skład amunicji z czasów drugiej wojny światowej, kiedy indziej odkryto średniowieczną studnię. Ogromna mobilizacja, której przewodniczył Jerzy Trela wespół z dyrektorem administracyjnym uczelni Franciszkiem Gałuszką, została uwieńczona sukcesem – z początkiem 1993 roku studenci i pracownicy mogli przenieść się do nowej siedziby. W samą porę, gdyż w ramach nowego ustroju politycznego siostry urszulanki odzyskały swój budynek i zajmujące je instytucje musiały się wyprowadzić. Proces doprowadzenia siedziby uczelni do stanu pełnej funkcjonalności trwał jeszcze kilka lat – po upływie kadencji Jerzego Treli ten trud podjęli następni rektorzy – Jerzy Stuhr i Jacek Popiel.

Nie tylko PWST wymagała interwencji. Również Stary Teatr miał w połowie lat osiemdziesiątych napięte relacje z władzą. „Podobne sytuacje miałem ze Starym Teatrem. Kiedy był w sytuacji krytycznej, przyjechał Stasiu Radwan z Anią Polony, żeby coś zrobić. I chociaż miałem dylematy, pojechałem gdzieś tam, to znaczy do Narodowej Rady Kultury. Dla Starego Teatru w niej byłem"[21].

Obarczony taką odpowiedzialnością wobec macierzystej sceny, którą traktował jak dom rodzinny, Jerzy Trela potrafił w jej obronie nieźle namieszać. Teatr przygotowywał inscenizację rzadko grywanej sztuki Tadeusza Micińskiego *Termopile polskie*, w reżyserii Krzysztofa Babickiego. Dramat dotyczący upadku I Rzeczypospolitej w końcu XVIII wieku w negatywnym świetle prezentował politykę władz rosyjskich wobec Polski, i choć odnosił się do wydarzeń odległych, łatwo można było przewidzieć, że w odbiorze publiczności zabrzmi on jak aluzja do stosunków współczesnych. „W 1986 wystawialiśmy *Termopile polskie*. Słaby dramacik, ale polityczny, antyrosyjski. Cenzura, że to nie idzie. I presja kolegów: no zrób coś. Doprowadziłem do tego, że pół rządu i Komitetu Centralnego przyleciało z Warszawy specjalnym samolotem zobaczyć przedstawienie. Ostra ekipa, z sekretarzem Komitetu Centralnego od kultury, z którym już wcześniej miałem kłopoty. Zrobiła się afera, puścić czy nie, dyskusje przy koniaku i kawie. Nie chodziło tylko o przedstawienie, ale która opcja wygra, liberalna czy ta «mojego ulubionego sekretarza». Wygrała liberalna. Przedstawienie zostało puszczone. Szło krótko, średnie było. Mieczysław Rakowski mówił potem: «Panie Jerzy, warto się było o takiego gniota tłuc?». Warto, coś się przełamało"[22].

Pod koniec lat osiemdziesiątych, gdy na horyzoncie rysowały się coraz wyraźniej polityczne zmiany, w oficjalnej prasie pojawiały się wywiady otwarcie stawiające pytania o sens wyboru określonej opcji politycznej. W roku 1988 znana dziennikarka Urszula Biełous pytała:

„Wiadomo, że objął Pan stanowisko rektora jako wybitny artysta, będący członkiem PZPR. Jak Pan wie – bycie artystą, członkiem partii mającym do tego liczne funkcje, nie jest mile widziane, szczególnie w śro-

Z Leszkiem Kołakowskim po spektaklu *Wielkie kazanie księdza Bernarda* w Teatrze STU, 2008.

dowisku teatralnym, w ogólne w środowiskach twórczych. Rozmawiałam z ludźmi o odmiennych niż Pańskie – nazwijmy to – przekonaniach i muszę powiedzieć, że to, iż nosi Pan legitymację partyjną, nie odstrasza nikogo ani w szkole teatralnej, ani w Starym Teatrze, ani w kręgach elitarnej inteligencji. To się niezwykle rzadko zdarza, bo – jak Pan wie – na artystę, szczególnie wybitnego, a należącego do partii, spogląda się dzisiaj bardzo podejrzliwie. Wie Pan o tym?

Jerzy Trela: Wiem.

Urszula Biełous: I co Pan na to?

Jerzy Trela: Co ja na to...? Dlatego właśnie będę partyjny dalej. Nie można dzielić ludzi na czerwonych, zielonych i żółtych. Myślę, że powinny funkcjonować jedynie dwa podziały w stosunku do ludzi: Dobro i Zło. Według tych kryteriów powinno się oceniać człowieka, w tych kategoriach powinno się z nim rozmawiać, a nie z pozycji stronnictwa czy ugrupowania. W każdym razie – nie w kręgach sztuki. [...] Owszem, są tacy, którzy mówią: «Wszystko byłoby w porządku, gdyby...». Więc może moja przynależność jest formą masochizmu z mojej strony? Żartuję trochę. Choć był okres, kiedy ta przynależność utrudniała mi życie. [...]

Urszula Biełous: Niech mi pan powie, chociaż w jednym zdaniu, dlaczego Pan wstąpił do partii?

Jerzy Trela: A co to panią tak marmoli?

Urszula Biełous: Jak się Pan wyraził?

Jerzy Trela: Marmoli. To po krakowsku. Dlaczego Panią tak męczy ten temat?

Urszula Biełous: Bo to jest ważny temat. Wiem, jak środowisko jest uczulone na to. Dlatego tak drążę.

Jerzy Trela: Uważam, że nie muszę się tłumaczyć, dlaczego należę do PZPR. Albo ktoś mnie akceptuje, albo nie.

Oczywiście – jest mi nieraz ciężko, Czasem jest gorzko. Przykro. Naturalnie, wchodząc do klanu, wiele bym zyskał. [...] Człowiek ma własną wolę. Jeśli daje się «wpakować», jak Pani to wcześniej nazwała, to powinien mieć tego pełną świadomość. Jeżeli ja robię to, co robię, to przecież zgodnie z własną wolą. Widocznie odczuwałem taką potrzebę. Zdawałem sobie sprawę, że ktoś musi robić pewne rzeczy, które są czasem trudne, i w związku z tym można się narażać ciągle różnym stronom"[23].

W roku 1990 upłynęła kolejna, druga już i ostatnia – według przepisów pozwalających pełnić funkcję przez dwie kadencje z rzędu – kadencja rektorska Jerzego Treli. Jego następcą został kolega ze Starego Teatru Jerzy Stuhr. W następstwie przełomu politycznego 1989 roku przedstawiciele środowiska artystycznego – w tym Gustaw Holoubek i Andrzej Wajda – znajdowali miejsce w sejmie i senacie. Jerzy Trela uznał, że czas jego publicznej służby się skończył. Nie dał się już namówić na pełnienie żadnej funkcji, rektorskiej czy dyrektorskiej, do czego był nieraz namawiany. Poświęcił się wyłącznie twórczości aktorskiej – z wielkim pożytkiem dla publiczności. Lata dziewięćdziesiąte były dla niego okresem niezwykle płodnym, czasem intensywnego tworzenia w teatrze, telewizji i filmie.

Swoje zaangażowanie społeczne i polityczne z lat osiemdziesiątych Jerzy Trela tak dziś komentuje: „Czy to mnie dużo kosztowało? Tak. Miałem do wyboru albo wypisać się z partii, albo konsekwentnie w niej tkwić, zachowując się tak, jak uważałem, że powinienem"[24].

W redakcji „Przekroju" – Sławomir Mrożek, Anna Dymna, ks. prof. Józef Tischner, Jerzy Trela, Wacław Kaczmarczyk, 1996.

WESELE
WIDMO

ROZDZIAŁ DZIESIĄTY

Szekspir i Wyspiański

Co składa się na wizerunek aktora, rozpoznawalny przez publiczność, wyczekującą kolejnej roli z określonym nastawieniem? W przypadku aktorów filmowych spoiwem jest przede wszystkim typ bohatera, jakiego grywają. Ikony kina, takie jak Marlon Brando, Marylin Monroe czy Jack Nicholson, pozwalają nam z dużym prawdopodobieństwem przewidywać, z jakim rodzajem postaci zetkniemy się w ich kolejnym filmie. Dla aktorów teatralnych ważniejsza jest literatura dramatyczna, w której są obsadzani. Sztuki klasyczne, stanowiące najistotniejszą część repertuaru teatralnego, odległe językowo i kulturowo od współczesności, wymagają innego, specyficznego sposobu bycia na scenie. Określone konwencje wiążą się mocno z epoką, w której dramat napisano, lecz ponadto każdy autor wpisuje w swoje utwory przeznaczone dla teatru pewien typ ekspresji aktorskiej właściwy dla specyfiki danego dramatu.

Aktorzy wiedzą zatem doskonale, że co innego grać Szekspira, a co innego Moliera; inaczej trzeba się dobierać do Różewicza, inaczej do Mrożka. Najnowsze teksty dla sceny, operujące nieraz bardzo dziwnym językiem, pozbawione zarówno fabuły, jak i jednoznacznie określonych postaci, to kolejne wyzwanie dla wykonawców. Rewolucje teatralne, skutkujące także zmianą aktorskiego statusu, zaczynały się najczęściej od zaistnienia nowego typu dramatu, komunikującego się z odbiorcą za pomocą odmiennego języka i towarzyszącego mu zestawu chwytów. Zarówno Czechow, jak i Beckett, uchodzili na początku swej drogi twórczej za autorów niezrozumiałych, nawet nieudacznych, których „nie da się grać" – bo nie mieścili się w zawodowych przyzwyczajeniach aktorów. A jednak w istotny sposób zmienili sposób postrzegania ludzkiego dramatu – nie przez spek-

Projekt kostiumu Krystyny Zachwatowicz do *Wesela* Andrzeja Wajdy w Starym Teatrze, 1991.

takularne, melodramatyczne wydarzenia, które w realnym życiu rzadko występują, ale przez trwanie, nudne z pozoru rozmowy, czekanie. Okazało się, że dramatem może być właśnie to, że nic się nie dzieje, nie następuje żadna pożądana zmiana. Wymagało to jednak istotnych przesunięć w obrębie aktorskiej praktyki, nabycia umiejętności innego budowania znaczeń i napięć w obrębie roli.

Spośród różnych czynników, które wpływają znacząco na aktorski dorobek, trzy wydają się szczególnie istotne: repertuar, w jakim zostało dane aktorowi zagrać, spotkanie z reżyserem oraz historyczny moment zaistnienia roli, czyli trafienie w odpowiedni czas, w nastrój społeczny, w trudne do zdefiniowania, ale wyczuwalne oczekiwania publiczności. Można powiedzieć, że Jerzy Trela miał szczęście we wszystkich tych ważnych obszarach. O spotkaniach z reżyserami była już mowa, warto jeszcze odnotować związki Treli z literaturą.

Do najbardziej nobilitujących – przynajmniej w teatrze europejskim – należą przede wszystkim role w dramatach Szekspira, zwłaszcza w tragediach, oraz pozycje autorów narodowej klasyki. We Francji będzie to Molier i Racine, w Rosji – Gogol i Czechow, w Niemczech – Goethe i Schiller. W Polsce – wielka trójca romantyków: Mickiewicz, Słowacki i Krasiński, oraz Wyspiański. Na polskiej scenie ten, komu uda się zaistnieć w roli Hamleta albo Leara, Ofelii czy Lady Makbet, a z drugiej strony – Konrada, Fantazego, Hrabiego Henryka czy jako postaci z *Wesela*, może liczyć na wejście do grona aktorów liczących się, odnotowywanych, z czasem – pierwszoplanowych.

Trela nie zaistniał jako aktor Szekspirowski – co dość dziwne; zważywszy na możliwości i typ aktorstwa, wydawał się do postaci tych dramatów świetnie pasować. Jednak zbieg różnych okoliczności sprawił, że role w sztukach Szekspira nie zyskały rangi ważnych i pierwszoplanowych w jego dorobku.

Najpierw otrzymał epizodyczną, ale niewdzięczną rolę w znakomitym przedstawieniu Konrada Swinarskiego *Wszystko dobre, co się dobrze kończy* w Starym Teatrze – długo stał na scenie, ale nie miał żadnego znaczącego zadania aktorskiego. Klaudiusz w przygotowywanym *Hamlecie* miał być postacią równorzędną wobec głównego bohatera, reprezentantem silnej i racjonalnej władzy, a samo przedstawienie zapowiadało się jako wydarzenie o wielkiej skali – niestety, śmierć reżysera zniweczyła związane z tym przedstawieniem nadzieje. Powtórzony dwukrotnie w spektaklach

Andrzeja Wajdy – *Aktorzy Starego Teatru w scenach i monologach z „Hamleta"* i *Tragiczna historia Hamleta, księcia Danii* – Klaudiusz w wykonaniu Treli odebrał sporo pochwał, lecz sam spektakl nie miał dużego rezonansu, grany był dość krótko, a jeśli z czymś dyskutowano, to raczej z rolą Jerzego Stuhra jako Hamleta. Przy okazji tej pracy usłyszał od reżysera: „«Ty, Jurek, powinieneś grać Szekspira». Takie słowa mistrza Wajdy były dla mnie bardzo ważne, zwłaszcza że Szekspir fascynował mnie już w szkole teatralnej, gdy przygotowywaliśmy jego sonety"[1].

Osiem lat później, w roku 1989, Wajda jeszcze raz sięgnął do Szekspirowskiego arcydzieła, tym razem obsadzając w głównej roli Teresę Budzisz-Krzyżanowską. W *Hamlecie IV* Trela wystąpił w roli Aktora I i Grabarza – lecz była to rola dublowana, właściwie grał ją Jan Peszek, a Jerzy Trela sporadycznie go zastępował. Jeszcze raz zagrał u Wajdy w sztuce angielskiego geniusza, tym razem w dość oryginalnym przedsięwzięciu: w *Jak wam się podoba*, przedstawieniu dyplomowym krakowskiej PWST studenci wystąpili w towarzystwie swoich mistrzów. Studenci grali główne role młodych bohaterów zawiłej miłosnej intrygi, starszym przypadły role dojrzałych postaci: księcia, dworzan, starego sługi. Tę ostatnią zagrał właśnie Trela – na fotografii utrwalającej sceniczną sytuację Adam, wierny sługa, niesie swojego pana, Orlanda (Macieja Stuhra) na plecach. I znów nie była to w przypadku Treli bynajmniej rola istotna z artystycznego punktu widzenia, chociaż ważna w sensie zawodowej tradycji. Pokazywała na żywo i symbolizowała równocześnie akt przekazywania umiejętności i reguł profesji młodemu pokoleniu artystów.

Rangi wydarzenia nie dopracowała się również żadna z telewizyjnych inscenizacji dzieł Szekspira, w których Trelę obsadzano w rolach drugoplanowych.

Jeżeli aktor trzydziestoletni, jeszcze młody, ale już mający na koncie sporo doświadczeń, miewa szansę zmierzenia się z rolą Hamleta, to do wybitnego i dojrzałego twórcy sceny przychodzi w pewnym momencie król Lear. Z postacią starego monarchy, który oddaje władzę i dzieli pomiędzy córki swoje królestwo, ale wewnętrznie nie godzi się z tą decyzją, konfrontowali się w dziejach teatru najwięksi artyści. Grali ją Gustaw Holoubek,

Na następnej stronie: Z Jerzym Stuhrem i Teresą Budzisz-Krzyżanowską w przedstawieniu *Aktorzy Starego Teatru w scenach i monologach z „Hamleta"* w reżyserii Andrzeja Wajdy. Spektakl grano na dziedzińcu Wawelu w czerwcu 1981.

Zbigniew Zapasiewicz, Jan Frycz. Przez lata przygotowywał się do niej Tadeusz Łomnicki – długo nie mógł znaleźć teatru, w którym mógłby tę rolę zagrać, a gdy wreszcie przedstawienie w poznańskim Teatrze Nowym nabierało kształtu, Łomnicki zmarł na scenie podczas próby, kilka dni przed premierą.

Z dylematami tej postaci, z całym wnoszonym przez nią bagażem Trela zetknął się najpierw pośrednio, właśnie przy okazji pracy z Łomnickim w spektaklu *Stalin*. Gra pomiędzy Stalinem i aktorem Sagerem polegała na dyskusjach krążących wokół poszczególnych sytuacji z historii Szekspirowskiego władcy. Interpretacja postępowania Leara w ustach Stalina była formą psychicznej strategii, którą wobec Sagera stosował Stalin: za pośrednictwem wypowiedzi o Learze groził, ostrzegał, przekazywał swoje zamierzenia, stopniował proces zastraszania, doprowadzając Sagera do stanu, w którym ten przestawał panować nad sobą i rezygnował z wszelkiej ostrożności. Można powiedzieć, że wnikliwa lektura *Króla Leara* była koniecznym warunkiem podjęcia roli Stalina – nie tylko na poziomie tekstu autorstwa Gastona Salvatore. Prawdziwy, historyczny dyktator naprawdę był miłośnikiem tej tragedii i czytał *Leara* jako ostrzeżenie dla siebie oraz kronikę błędów władcy, który zrezygnował z rządzenia.

Nieprzypadkowo po nagłej śmierci Łomnickiego, kiedy przedstawienie było już właściwie gotowe, zaproponowano Treli, by przejął tę rolę. Aktor spontanicznie odmówił – zastąpienie Łomnickiego nie wydawało się możliwe, dawałoby poza tym błędną informację, że każdego artystę da się zastąpić. „Szacunek dla niego i dla teatru nie pozwalał mi na takie zastępstwo.

Po jakimś czasie Lear znowu zaczął mi chodzić po głowie. Przez prawie trzy lata rozmawiałem na ten temat z Mikołajem Grabowskim. W końcu zagrał u niego kto inny. Kiedyś w Krakowie zaczepił mnie Grzegorzewski i mówi: «Jurek, musimy razem zrobić *Króla Leara*». Zaciekawiło mnie, jak on zobaczy Leara. Odbyliśmy parę rozmów. Ale w tym czasie Lear urodził się w Teatrze Powszechnym i wycofaliśmy się z tego pomysłu na parę lat. A teraz doszedłem do wniosku, że już nie powinienem myśleć o tej roli. Lear jest co prawda starym królem, ale nie może go grać aktor, który przekroczył pewien wiek. [...] Znając siebie, jestem pewny, że emocjonalnie bardzo bym się w tę rolę zaangażował”[2]. Mimo takich deklaracji aktor wcale nie porzucił myśli o tej roli – wspominał gdzieś, że przy kręceniu *Quo vadis* reżyser Jerzy Kawalerowicz snuł plany nakręcenia *Króla Leara* z Trelą w roli głównej, z plenerami na irlandzkich wrzosowiskach... Ten projekt przyszedł niestety za późno, Kawalerowicz nie zdążył się do niego przymierzyć.

Lear jednak do Treli przyszedł, choć nie w klasycznym szekspirowskim wydaniu. W czerwcu 2015 roku w Małopolskim Ogrodzie Sztuk, powiązanym administracyjnie z Teatrem im. Juliusza Słowackiego, odbyła się premiera spektaklu *Kto wyciągnie kartę wisielca, kto błazna* w reżyserii Pawła Miśkiewicza, który postanowił napisać własny scenariusz, łączący wątki *Króla Leara* i dramatów Becketta. „Nie gram króla w koronie. Gram człowieka, który zdjął koronę – mówił Jerzy Trela. – Gramy spektakl inspirowany tragedią Szekspira, refleksję na temat Leara. [...] Lear jest osią, wokół której rozkręca się Beckettowski świat. To opowieść o nieuchronności losów człowieka. Próbujemy odpowiedzieć na bardzo trudne pytania o relacje pokoleniowe. Opowiedzieć o rozdźwięku między potrzebami i perspektywami młodych i starych"[3].

Spotkania z Szekspirem w przypadku Jerzego Treli pokazują, jak bardzo historia teatru jest owocem złożonych okoliczności (nie wystawia się na ogół dramatu, który właśnie wszedł na afisz w innym teatrze danego miasta), nieraz uniemożliwiających ciekawe, nowatorskie projekty. Można by napisać alternatywną historię teatru rejestrującą zamierzenia, które pomimo chęci reżysera czy aktora nie doszły do skutku. Aktorowi nie zawsze jest dane spełnienie w rolach, które chciałby zagrać, a nawet w takich, do których ma wszelkie predyspozycje.

Długo uchodził Trela za aktora teatru romantycznego – zadecydował o tym wielki rozgłos *Dziadów*, które utrzymywały się przez dziesięć lat w repertuarze, osiągając wielką liczbę zagranych spektakli, a potem żywotność wersji zarejestrowanej dla Teatru Telewizji. Jednak w latach siedemdziesiątych aktor nie grał właściwie innych ról w dramatach polskich romantyków – dopiero później obsadzany był w dramatach Krasińskiego (Mefisto w telewizyjnej *Nie-Boskiej komedii*, Masynissa w *Irydionie*) i Słowackiego (Major w *Fantazym*, Gruszczyński i Wernyhora w dwóch wersjach *Snu srebrnego Salomei*, teatralnej i telewizyjnej). Autorem, który miał na twórczość Treli wpływ najsilniejszy, był natomiast Stanisław Wyspiański.

Jeśli ktoś w polskim teatrze zasłużył na miano aktora Wyspiańskiego, jest nim bez wątpienia Jerzy Trela. Czterokrotnie brał udział w różnych inscenizacjach *Wyzwolenia*, grając kolejno Konrada, Reżysera, Starego Aktora i Geniusza. W *Weselu* zagrał trzykrotnie: był Jaśkiem, Poetą, Czepcem. Również cztery razy wystąpił w *Sędziach*, trzy razy jako Samuel i raz jako Natan. W *Powrocie Odysa* powracał jako Odys na Itakę, w *Warszawiance* jako Stary Wiarus chciał nadać swojej postaci więcej realizmu i przed wejściem na scenę wytarzał się w kałuży. Grał role w dramatach Wyspiańskiego u Swinarskiego i Wajdy, Grzegorzewskiego i Lupy. Jako reżyser pedagog przygotował ze studentami *Wesele*. Wielokrotnie recytował przy różnych okazjach monologi i poezję Wyspiańskiego. Można powiedzieć, że Jerzy Trela stał się prawdziwym medium scenicznym idei Wyspiańskiego, ale również jego wrażliwości i wyobraźni. Ambasadorem jego wizji i myśli.

Aktor przyznaje, że najpierw zafascynowała go malarska i plastyczna strona twórczości Wyspiańskiego: jako uczeń liceum plastycznego oglądał jego akwarele, witraże, projekty. Z Wyspiańskim dramaturgiem zetknął się na dobre w szkole teatralnej: z grupą kolegów przygotowywali *Sędziów* na pracę dyplomową. Najstarszy wiekiem i wyglądem Trela zagrał Samuela, wspaniałą i arcytrudną rolę – czuł, że jej wtedy nie sprostał, ale na lata pozostała dla niego wyzwaniem. Głębszy i decydujący o późniejszych wyborach zawodowych kontakt z Wyspiańskim nastąpił przy pracy ze Swinarskim nad *Wyzwoleniem*. Intensywne próby trwały siedem miesięcy, wiele godzin spędzili wspólnie nad zawiłościami tekstu i myśli Wyspiańskiego. „*Wyzwolenie* było dużym rebusem dla samego Swinarskiego, było nim także w szczególności dla mnie. I stało się dla mnie największą szkołą zawodu aktora, myślenia w tym zawodzie". Z rolą Konrada, ze słowami Wyspiańskiego w pełni się utożsamiał. Także w sensie głęboko ludzkim: myśl Wyspiańskiego stanowiła dla niego zarówno imperatyw wolności, jak i głębokie przeżycie tragizmu ludzkich uwikłań, które tę wolność ograniczają. „Gorycz tego człowieka, myślę o Wyspiańskim, prowadziła go do coraz większego rozgoryczenia, że właściwie nie ma możliwości przypasowania się do żadnej ideologii, bo ona jest obca człowiekowi, który chce być wolny, chce być czysty, chce być sobą. [...] Tylko powrót do czystości jest szansą, jest ratunkiem. Świadomość, że to jest niemożliwe, jest tragedią. Dla niego i dla bohatera *Wyzwolenia*. Tak ja to rozumiem"[4].

Konrad z *Wyzwolenia* mocno zaważył na Jerzym Treli – i w sensie artystycznym, i ludzkim. Każda następna rola, wymagająca głębszego, osobistego ładunku, wiązała się z koniecznością naruszania tego, co wówczas zostało ukształtowane. Zauważył to Krystian Lupa, który w 1981 roku, jeszcze jako młody reżyser bez ugruntowanej pozycji, obsadził Trelę w *Powro-*

cie Odysa. „Nie miałem wówczas świadomości, jak głęboko inicjacyjna była dla Treli praca przy *Wyzwoleniu.* W pewnym sensie zbagatelizowałem, nie dostrzegałem, jak bardzo to jest dla niego ważne i nieusuwalne. Powiedziałbym, że z Jurkiem Trelą każdego dnia, na każdym spektaklu niejako walczyłem ze Swinarskim. I ta walka nie była fiaskiem ani sukcesem, ale po prostu sposobem grania *Powrotu Odysa.* I była potrzebna. Nie mówię, że zwalczałem coś, co wydawało mi się niepotrzebne. Zwalczałem coś i przez to, że zwalczałem, Jurek się w jakiś sposób męczył. I to właśnie stało się wartością. Bardzo cenię pokorę, z którą on wówczas powierzył się takiej przygodzie. Nie wartościował. To nie tak, że on czegoś nie chciał, po prostu był rzeczywiście naznaczony i to było nie do zdarcia. To, że ten Odys nie był taki, jak chciałem, okazało się jakimś walorem, którego wówczas pewnie nie umiałem ocenić"[5].

Sędziowie Wyspiańskiego układają się w życiu artystycznym Treli w szczególnie ważny rozdział. „Samuel stanowi osobny rozdział. Postać Samuela przede wszystkim mnie prześladowała. Grając w przedstawieniu dyplomowym, wiedziałem, że to jeszcze nie ten czas, że mam przyklejoną brodę i za małe worki pod oczami. Myślałem, że może uda mi się zmie-

Jako Samuel w *Sędziach* Wyspiańskiego w reżyserii Jerzego Grzegorzewskiego, Stary Teatr, 1999.

Jako Samuel w *Sędziach* w swoim przedstawieniu dyplomowym PWST, 1969.

rzyć z *Sędziami*, i tak się stało. Najpierw w filmie Konrada Swinarskiego zagrałem Natana, a potem Samuela w Teatrze Telewizji w przedstawieniu Cezarego Nowickiego, a potem w Teatrze Narodowym w spektaklu Grzegorzewskiego.

Człowiek zawsze zmierza do jakiegoś ideału. Chciałem to wszystko, dramat postaci zawarty w jednym z najpiękniejszych monologów polskiej poezji i literatury, wydobyć – całą tkwiącą w nim wielość: i miłość, i rozpacz, i nienawiść, i bunt... Najwyższe namiętności"[6].

W przedstawieniu telewizyjnym Cezarego Nowickiego z roku 1995 mógł się zmierzyć z rolą Samuela jako dojrzały aktor – miał jednak w pamięci wspaniałą postać Wiktora Sadeckiego, który grał tę rolę w telewizyjnym filmie Swinarskiego. Trela był wówczas jego synem, Natanem, który przynosi zgubę rodzinie – grali z Sadeckim w bardzo bliskiej relacji, reagując nawzajem na najlżejsze impulsy idące od partnera. Kreacji Sadeckiego nie chciał, rzecz jasna, powtórzyć, dążył do zbudowania własnego oblicza tej postaci. Samuel Treli, inaczej niż Sadeckiego, nie był prorokiem swojego narodu, lecz jedynie nieszczęśliwym ojcem i przebiegłym, bezwzględnym kupcem. Ale przedstawienie telewizyjne, choć wartościowe, nie otwierało tak przepastnych możliwości interpretowania tekstu jak wersja Swinarskiego. Cały dramat odbywał się na poziomie czysto ludzkich rozgrywek – przede wszystkim między Dziadem w wykonaniu Jerzego Radziwiłowicza i Samuelem – bez metafizycznego wymiaru

Dwie role w *Weselu* Wyspiańskiego: Poeta w przedstawieniu Andrzeja Wajdy w Starym Teatrze (z Tadeuszem Hukiem), 1991, oraz Czepiec w spektaklu Jerzego Grzegorzewskiego w Teatrze Narodowym, 2000.

tragedii. Przedstawienie miało zbyt wiele rodzajowości, nastroju tworzonego muzyką i nieco przeładowaną scenografią. Jeśli w całości było mimo wszystko przekonujące, to głównie dzięki wspaniałej obsadzie, w której obok Treli i Radziwiłowicza znaleźli się Roman Gancarczyk, Małgorzata Hajewska-Krzysztofik, Marek Kondrat. Treli udało się stworzyć interesującą niejednoznaczną postać człowieka, którego prawdziwe intencje długo pozostają ukryte – a usprawiedliwione i niegodziwe dążenia splatają się w trudną do rozsądzenia, złożoną sieć motywów.

Artystycznym spełnieniem okazał się dopiero Samuel w *Sędziach* Jerzego Grzegorzewskiego w Teatrze Narodowym – równo trzydzieści lat po pierwszej przymiarce z przedstawienia dyplomowego. Trójka partnerów ze Starego Teatru – Jerzy Trela, Krzysztof Globisz jako Natan i Dorota Segda w roli Joasa – zbudowała emocjonalną i formalną konstrukcję przedstawienia. Stworzyli oni postacie, które były „artystycznie sztuczne i równocześnie organicznie wyprowadzone z ciała, rzeźbione rytmem wewnętrznego napięcia emocji”[7].

Samuel jest w tym spektaklu postacią dominującą, emanuje skumulowaną, groźną siłą – wydaje się, że nikt nie będzie zdolny go pokonać. Ta siła promieniuje od milczącej postaci, siedzącej na wysokim krześle tyłem do widowni – nawet wówczas, gdy nie widać jego twarzy i nie słychać głosu, czuje się potężną energię płynącą od Samuela. Wydaje się, że cała tragedia, która nastąpi, rozegrała się już wcześniej we wnętrzu Samuela, a teraz przybiera tylko formę wypadków odegranych na użytek sądu. Monolog Samuela nad zmarłym Joasem, jeden z najważniejszych w polskiej literaturze dramatycznej, jest trudnym do opisania aktem najwyższej sztuki aktorskiej.

„O ostatnim monologu niewiele powie opis działań aktora, ani nawet zadziwiającego brzmienia i rytmu jego mowy. Nie w nich kryje się tajemnica sztuki Jerzego Treli. Ona tkwi w samym aktorze. W jego niezwykłym oddaniu, przekraczającym siebie i granice indywidualności w stronę wspólnej nam wszystkim prawdy ludzkiego doświadczenia. Dotyka nią do żywego, porusza najgłębsze struny naszych uczuć. To tajemnica, której zgłębić niepodobna, tak jak niepodobna zgłębić tajemnicy ludzkiego losu. Niekiedy można – tak jak w tych *Sędziach* – doświadczyć jej w sztuce”[8].

Teatr żyje nie tylko klasyką – to oczywiste. Prawdziwie kształtują jego oblicze i tworzą przymierze z publicznością inscenizacje dramatów współczesnych. Powstają bezpośrednio dla konkretnych scen, ale również przynależą do tak zwanej klasyki współczesności, czyli najlepszych tekstów ostatniego półwiecza. W polskim teatrze do grupy autorów, którzy decydująco wpłynęli na jego charakter, należą Gombrowicz i Witkacy, Różewicz i Mrożek. Nie można wyobrazić sobie dzisiejszego teatru bez inscenizacji ich dramatów, kształtujących zarówno styl aktorski, jak i pewną szkołę reżyserii.

Jerzy Trela grywał postacie wymyślone przez wszystkich czterech wymienionych pisarzy – co wydaje się zrozumiałe w przypadku aktora tak wiele grającego: prędzej czy później musiał się z nimi skonfrontować. Dwóch autorów znajduje się szczególnie blisko jego upodobań i wrażliwości.

Najważniejsze spotkania z bohaterami Witkacego odbywały się w przedstawieniach Jerzego Jarockiego (*Szewcy*, *Matka*, *Trzeci akt według „Szewców”*) i Jerzego Grzegorzewskiego (*Tak zwana ludzkość w obłędzie* z roku 1992 i parę lat późniejszej wersji telewizyjnej tego spektaklu). Dzięki telewizyjnej rejestracji można do dziś oglądać ten wspaniały spektakl, podziwiając typową dla Grzegorzewskiego teatralną poetykę, w której zawiera się zabawa konwencjami teatru i zarazem bardzo poważne podejście do sztuki, brawurowy komizm i przejmujące obrazy końca pewnego świata.

Natan w *Sędziach* Stanisława Wyspiańskiego w filmie telewizyjnym w reżyserii Konrada Swinarskiego, 1974.

Trela zagrał pułkownika Abłoputo, jednego z „Onych" (autorski scenariusz Grzegorzewskiego oparty był w dużej mierze na tym dramacie). „Oni" to wysłannicy tajemniczej rewolucji, obejmującej wszechwładzę, niszczącej życie pary bohaterów, kolekcjonera sztuki i pięknej aktorki. Bezcenna kolekcja musi ulec zniszczeniu, bo odtąd nie będzie już sztuki – nastąpi kres wszelkiego indywiduum. Ten przerażający scenariusz realizowany jest jednak lekko, w tonie nieco operetkowym, jakby katastrofizm Witkacego domagał się scenicznego rozbrojenia. Pułkownik Melchior Abłoputo jest wprawdzie odpowiedzialny za zniszczenie sławnej galerii i nie ma zamiaru odstąpić od raz podjętego planu, ale też pociesza bohatera, Kaliksta Bałandaszka, niczym dobry wujaszek. Jest równocześnie groteskowy i budzący grozę, zabawny i tajemniczy. Realny w swoim wojskowym mundurze i zarazem absurdalny, jakby zawieszony pomiędzy rzeczywistością i abstrakcją. Widać, jak aktor cudownie i z wirtuozerią bawi się materiałem danym mu przez autora, i jak zarazem świetnie mieści się w klimacie teatru Grzegorzewskiego.

Role w dramatach Różewicza znalazły w przypadku Jerzego Treli najpełniejszy wyraz w spektaklach Teatru Telewizji – najpewniej zadecydowała o tym specyfika tej formy przekazu, łączącej intymność i dbałość o słowo. O *Kartotece* i *Do piachu* była już mowa w poprzednich rozdziałach. Tu warto wspomnieć o jeszcze jednej roli – Henryka, bohatera *Mojej córeczki*, samotnego człowieka, który traci swe jedyne dziecko, wciągnięte przez otchłań wielkomiejskiego zła i nihilizmu.

„Henryk to równocześnie Jedermann, przedstawiony poprzez jedną tylko relację: wobec córki. Potwierdza to sposób gry: oszczędna mimika, ciało jakby nieustannie usztywnione przez twarde linie garnituru. Aktor wydobywa także z postaci całą jej wzruszającą nieporadność, nieprzystawanie do świata, nieśmiałą delikatność (jego rozmowa z Mariolą przypomina kuszenie Józefa przez żonę Putyfara). Stworzona w ten sposób postać wywołuje wrażenie zagubionej, z drugiej zaś świadomej własnej godności – promieniuje takim rodzajem ciepła, które budzi sympatię z domieszką litości. To bardzo pięknie zagrana rola”[9].

Właśnie pisarstwo Różewicza, dyskretne, łączące poetycki wgląd w rzeczywistość z zamiłowaniem do konkretu, operujące ściszoną i skondensowaną formą, świetnie spełniało się w aktorstwie Jerzego Treli, zwłaszcza w jego wersji telewizyjnej. Czułe oko kamery mogło zarejestrować wszelkie subtelności precyzyjnych aktorskich partytur Treli.

Literatura romantyczna pojawiła się w biografii artystycznej Jerzego Treli trochę niespodziewanie, trochę wbrew upodobaniom aktora. W czasie kiedy otrzymał propozycję zagrania w *Dziadach*, fascynował się Dostojewskim i zaczytywał w swojej ulubionej – od czasów studenckich – literaturze rosyjskiej. Obok Dostojewskiego Gogol, Ostrowski, Czechow, a także autorzy dwudziestowieczni – Włodzimierz Majakowski i Mikołaj Erdman. Ci autorzy wydawali się najbliżej jego wrażliwości, łączyli głęboką wiedzę o naturze ludzkiej z ironią, groteską, wisielczym humorem. Ostre, tragiczne widzenie świata, dostrzeganie jego aberracji i wynaturzeń nie owocowało patosem emocji i języka, lecz adekwatną formą. Przerysowaną, operującą genialną metaforą, która w syntetycznym skrócie, bez konieczności długiej narracji, mieści sedno problemu. Wobec romantyzmu *Dziadów* miał Trela opory – wrodzony dystans i sceptycyzm utrudniały mu wejście na poziom absolutnie serio, bez możliwości stworzenia przeciwwagi w postaci autoironii. Swobodniej czuł się w rolach, gdzie taki dystans mógł zasygnalizować, choćby w pewnych sytuacjach.

Chyba najbardziej ulubionym autorem Treli jest Gogol – towarzyszy mu od samych teatralnych początków, jeszcze z czasów lalkowego teatrzyku w Nowej Hucie, gdzie po raz pierwszy brał udział w realizacji *Płaszcza*. Z Gogolem wiążą się pierwsze aktorskie sukcesy, w *Pamiętniku wariata* i w *Nosie*, przygotowanymi wspólnie z kolegami z Teatru STU, z Janem Łukowskim jako reżyserem. Parokrotnie miał okazję grać w sztukach i adaptacjach prozy Gogola w Teatrze Telewizji – w *Graczach* w reżyserii Bogdana Hussakowskiego, w adaptacji *Martwych dusz*, w *Ożenku* według Jerzego Stuhra, w *Płaszczu* w reżyserii Andrzeja Domalika. Sięgał również po jego utwory jako pedagog, przygotowując ze studentami przedstawienia dyplomowe: *Płaszcz* w roku 1984 i *Ożenek* w 1993. W Starym Teatrze wziął jeszcze udział w *Rewizorze* pod kierunkiem Jerzego Jarockiego, w roku 1980.

Najwyraźniej odpowiada mu stosowany brawurowo przez Gogola chwyt wielkiej metafory, która organizuje całą literacką wizję, kształtując przebieg fabuły. Im bardziej owa metafora zbliża się do absurdu i graniczy z nieprawdopodobieństwem, tym lepiej – szaleństwo czyni ją pojemniejszą. Uruchomienie takiej metafory na scenie bywa zadaniem wyzwalającym kreatywność aktorów i reżysera.

„W *Nosie* przypadła Treli rola przybyłego z Kaukazu biurokraty, któremu po przebudzeniu wydało się, że utracił upiększający oblicze organ powonienia. Bohater Gogola najpierw podejrzewa, a potem jest w pełni przekonany, że jeden z przechadzających się po Newskim Prospekcie radców dworu to właśnie jego nos”[10]. W spektaklu Jana Łukowskiego Trela został unieruchomiony za potężnym biurkiem, dosłownie przykuty do niego – biurko stawało się jego twierdzą i więzieniem jednocześnie. Uniemożliwiało aktywne śledztwo w sprawie własnego nosa, ale też chroniło przed ostateczną kompromitacją.

W *Płaszczu* metaforą społecznych zależności i systemu władzy, a także ludzkiego losu, staje się tytułowe wierzchnie okrycie. Baszmaczkin, drobny i ubogi urzędnik, nosi liche i wyświechtane, cienkie paletko – jest z tego powodu wyśmiewany przez kolegów. Napomniany przez naczelnika, że nie wypada urzędnikowi państwowemu chodzić w takim odzieniu, decyduje się zadłużyć i sprawić sobie odpowiedni płaszcz. Ciepły, szykowny, z futrzanym kołnierzem, wskazujący na odpowiednio wysoką społeczną rangę... Taki płaszcz to majątek, ale w petersburskim klimacie, podczas srogiej zimy wydaje się niezbędny. Płaszcz wywołuje nieoczekiwane zmiany w życiu Baszmaczkina: zaczyna być zapraszany przez kolegów do restauracji, ośmiela się nawet myśleć o ożenku, mając nadzieję na podwyżkę... Ale jego szczęście nie trwa długo: w drodze do domu, późnym wieczorem, zostaje napadnięty i obrabowany z płaszcza; na próżno wzywa pomocy stróżów porządku. Przemarznięty na kość, nabawia się zapalenia płuc i umiera.

W spektaklu telewizyjnym z roku 1999 można zobaczyć, jak starcie bezdusznej władzy i małego człowieka zostaje przedstawione poprzez kompozycję dwóch aktorskich kreacji, Janusza Gajosa i Jerzego Treli. Gajos jako wszechwładny generał Gromotrubow dokonuje inspekcji w urzędzie i pastwi się nad biednym Baszmaczkinem, zatrwożonym, rozczochranym, w poplamionym i znoszonym ubraniu. Gajos jest uzbrojony we wspaniały mundur z epoletami, binokle, ordery, stosownie ułożoną fryzurę, usłużnego adiutanta... Gra środkami ostrej groteski, tworząc śmieszną i groźną, nieludzką figurę, niczym wielka, nakręcona marionetka. Przerażony jego gniewem Baszmaczkin zaczyna się jąkać, nie potrafi nawet poprawnie wypowiedzieć swojego dziwacznego nazwiska: Akakij Akakijewicz Baszmaczkin... Bo rzeczywiście, co to za nazwisko, można z niego tylko szydzić, co generał oczywiście czyni. Baszmaczkin jest jednak przede wszystkim człowiekiem – cierpiącym, poniżonym ludzkim indywiduum. Drżą mu wargi, trzęsą się ręce, wydaje się, że za chwilę zemdleje z przerażenia. Te nieco przerysowane, ale jednak należące do kanonu psychologicznych środki, mistrzowsko użyte przez Trelę, pozwalają stworzyć budzącą empatię postać.

W przedostatniej scenie obrabowany urzędnik przychodzi do domu Gromotrubowa, by się poskarżyć i prosić o pomoc. Generał jest oburzony jego bezczelnością, próbuje go natychmiast wyrzucić za drzwi. Baszmaczkin jednak nie ma już nic do stracenia i zdobywa się na odwagę, by wyrzucić generałowi całą jego pychę, bezduszność, okrucieństwo. Gromotrubow zamiera, jakby w jego mechanizmie coś się nagle zepsuło. Urzędnik, broniąc swojej godności, nagle ogromnieje. Relacja, dotąd oparta na niebotycznej odległości między ekscelencją i urzędnikiem najniższej rangi, odwraca się.

Można oglądać ten spektakl również jako traktat o sztuce aktorskiej, sposobach budowania roli i zasadach partnerstwa, opartego na kontraście stosowanych środków tworzenia postaci.

Czy literatura wpływa na aktora podobnie, jak spotkanie z wybitnym reżyserem? W przypadku Treli wolno chyba tak powiedzieć. Wyspiański i Gogol zaszczepili w nim niezwykłą skłonność do syntezy, do wypowiadania się w sposób skondensowany, bez zbędnej paplaniny. Trela zawsze dąży do formy maksymalnie pojemnej, do najbardziej możliwego skrótu. Obok poczucia formy zawdzięcza obu autorom także myślenie metaforą, umiejętność przekazywania znaczeń na zasadzie języka poetyckiego – w opozycji do małego realizmu, zrodzonego z drobiazgowej obserwacji życia, przekazywanej wprost, w skali jeden do jednego. Jeśli można go nazwać poetą zawodu, to w tym właśnie sensie: nie dlatego, że jest „poetycki" (czyli sentymentalny, patetyczny, nastrojowy – takich jakości Trela nigdy nie używa), ale ponieważ operuje elementami swojej sztuki, tak jak poeta operuje słowami. Tak jak u poety język potoczny ulega dekonstrukcji i słowa wchodzą w nieoczekiwane relacje, dziwiąc się sobie nawzajem, tak u Jerzego Treli następuje rozbicie „naturalnych", powierzchownie obyczajowych sposobów zachowania, po to, by ułożyć z nich własną partyturę, zgodną z zasadami sztuki.

Jerzy Trela jest wielkim mistrzem słowa, aktorem mowy i literatury – podobnym nieco do Gustawa Holoubka. Sporym obszarem jego twórczości jest przekazywanie – bo nie można w jego przypadku użyć słowa „recytacja" – poezji, zamiana słowa napisanego na słowo mówione. Swój realnie i zmysłowo doświadczany kształt znajduje ono w żywym akcie współobecności aktora z publicznością. Wielokrotnie występował w Krakowskim Salonie Poezji u Anny Dymnej, a wcześniej, jeszcze w latach osiemdziesiątych, realizował w Teatrze Telewizji spektakle poetyckie. Trela mówi poezję, śledząc zawartą w niej myśl – dlatego nie stosuje żadnych aktorskich sposobów na uatrakcyjnienie wypowiedzi. Nie moduluje głosu, nie posługuje się kunsztowną, melodyczną intonacją, nie robi efektownych pauz i zawieszeń. Mówi prosto, z uwagą, czasem żarliwie, kiedy indziej z pewnym namysłem. Nie pomija żadnego słowa, koncentruje się na każdym znaczeniu.

Podobnie traktuje literaturę, którą czyta i nagrywa – w radiu czy w formie audiobooków. Zawsze słychać przede wszystkim autora: to jego frazie i myśli służy Trela swoją aktorską sztuką, która sama ma pozostać w cieniu. I nie może odwracać uwagi od samego tekstu, a jedynie wydobywać i podkreślać znaczenia. A jednak, przy całej skromności wykonawcy, nagrania te noszą niepowtarzalne piętno głosu Jerzego Treli. Charakterystycznego, niskiego i głębokiego głosu, niemożliwego do pomylenia z żadnym innym, nadającego czytanym zdaniom dodatkowego, wyjątkowego wymiaru.

ROZDZIAŁ JEDENASTY

Pedagog, rektor, mistrz

Początek października 2013 roku, inauguracja w Państwowej Wyższej Szkole Teatralnej w Krakowie – rektor uczelni profesor Ewa Kutryś informuje o prestiżowej Nagrodzie Prezesa Rady Ministrów dla profesora Jerzego Treli. Trela wstaje ze swojego krzesła na widowni i w tym momencie rozlega się burza oklasków, fala okrzyków, rytmiczne tupanie – wszelkie możliwe oznaki entuzjazmu i uwielbienia. Studenckiej młodzieży nie można uciszyć, fala euforii wydaje się nie mieć końca. Wreszcie rektor Kutryś gestem prosi studentów o uciszenie się.

Kilkanaście lat wcześniej, w październiku roku 1997, ówczesny rektor profesor Jacek Popiel zaprasza na scenę Jerzego Trelę, by wygłosił uroczysty inauguracyjny wykład. Reakcja studentów, całkiem innego pokolenia, jest niemal identyczna. Widać, że Trelę kochają i wielbią, jest ich mistrzem i idolem.

Praca artysty pedagoga jest mało spektakularna – nie przekłada się na widoczne efekty w postaci ról czy wyreżyserowanych przedstawień – a jednak niezwykle ważna: tworzenie artysty w drugim człowieku bywa trudniejsze niż praca nad własnym dziełem. Zwłaszcza współcześnie, kiedy nie istnieją gotowe wzorce, estetyka zmienia się bardzo szybko, a działalność artystyczna zdaje się nie mieć żadnych ograniczeń. Trudno byłoby zademonstrować: tak oto się gra, komponuje, maluje. Toteż twórczy pedagog musi umieć wyjść poza własną koncepcję sztuki, przekroczyć siebie – musi niejednokrotnie sprostać problemom, jakie stawiają mu uczniowie.

Pedagogiem krakowskiej PWST Jerzy Trela został nie od razu – inaczej niż wielu kolegów angażowanych na stanowisko asystenta tuż po studiach. Lata

Rektor PWST – jeszcze bez togi, której w tamtym okresie uczelnia nie posiadała.

Nagrody Jerzego Treli.

siedemdziesiąte poświęcił pracy w Starym Teatrze, lata osiemdziesiąte – w głównej mierze krakowskiej PWST. Szkoła stała się jego drugim domem, tak jak dekadę wcześniej Stary Teatr. Zmieniła się tylko rola: gdyby pozostać przy terminologii rodzinnej, w Starym Teatrze był najpierw synem, potem starszym bratem, w szkole natomiast musiał zbliżyć się do roli ojca.

Wybrany dość niespodziewanie dla siebie w roku 1984 na stanowisko rektora stanął przed koniecznością zbudowania własnego programu i strategii dla uczelni. „Dopiero po kilku dniach od ogłoszenia wyników uświadomiłem sobie odpowiedzialność, jaką na siebie wziąłem. Zacząłem powoli tworzyć swoje aktorskie credo, które było potrzebne studentom, pedagogom, a przede wszystkim tym, którzy odnosili się do mnie z pewnym sceptycyzmem.

Chciałem za wszelką cenę ochronić stan Szkoły. Nie mogłem dopuścić, by została pozbawiona części kadry pedagogicznej. Postanowiłem również zaprosić do pracy w Szkole wybitne indywidualności artystyczne, które wzmocniłyby ją od środka oraz jej pozycję na zewnątrz. Wówczas przyszli do PWST m.in. Bogdan Hussakowski, Kazimierz Kutz, Krzysztof Miklaszewski, Tadeusz Nyczek. Dla wielu z nich był to powrót do pracy w Szkole"[1].

Generalna myśl Jerzego Treli po objęciu funkcji rektora sprowadzała się do idei otwarcia uczelni w rozmaitych kierunkach. W połowie lat osiemdziesiątych szkoła teatralna była dość zamknięta na kontakty zarówno z szeroko pojętym światem sztuki, jak i z innymi uczelniami teatralnymi, zwłaszcza zza granicy.

„Doszedłem do wniosku, że Szkoła musi bardziej się otworzyć, ponieważ jest zbyt hermetyczna, brak jej wewnętrznej infiltracji. Wprowadziłem przedmiot, który nazwałem «Nauką partnerstwa». Zajęcia rozpoczął

niepracujący w PWST Jan Nowicki. Zadał studentom do nauczenia się kilka fragmentów *Biesów*, a potem z nimi grał. Relacja była bardzo czysta, ponieważ Nowicki nie stawiał im ocen. Nikt nie był od nikogo uzależniony. Po prostu starszy kolega grał z młodszymi. Oni zaś grali z doświadczonym partnerem. W «Nauce partnerstwa» uczestniczył też Tadeusz Łomnicki – profesor PWST w Warszawie. Namówiłem również Jana Englerta, ówczesnego dziekana Wydziału Aktorskiego w warszawskiej Szkole, głównie po to, aby próbował z naszymi studentami Fredrę"[2].

„Zresztą «namówiłem» to nie jest odpowiednie słowo, bo oni bardzo chętnie podjęli się tej pracy. Nowicki miał być trzy razy, był siedem i nie można go było wyrzucić! Łomnicki odmówił honorarium, chociaż siedział tydzień ze studentami. Zajęcia te powinny być dla studentów dopełnieniem tego, czego uczą się codziennie"[3].

Taka warsztatowa formuła krótkich, intensywnych zajęć umożliwiała zetknięcie się z artystami niezatrudnionymi na co dzień w uczelni, którzy wnosili niekonwencjonalne podejście do sposobów przekazywania zasad sztuki aktorskiej. Zresztą sama zasada wspólnego grania, przypominająca rzeczywistą pracę w teatrze, gdzie mistrzowie grają z debiutantami, pozwalała inaczej przyswajać aktorskie metody. Pomysł rektora Treli zwraca przy okazji uwagę na jego rozumienie zawodu, opartego na budowaniu relacji, kontakcie – wzajemnym między partnerami na scenie i kontakcie aktora z widownią.

Drugi bardzo ważny element strategii otwarcia polegał na intensywnym nawiązywaniu kontaktów z uczelniami i instytucjami zagranicznymi, które dawałyby okazję do wzajemnych wizyt i wymiany doświadczeń. Sytuacja była wówczas dość paradoksalna: z jednej strony wyjazd,

zwłaszcza na Zachód, łączył się z wieloma trudnościami, począwszy od zdobycia paszportów dla wszystkich uczestników (co nieraz wymagało interwencji), poprzez uzyskanie wiz, aż po zapewnienie środków finansowych w czasach, kiedy złoty nie był wymienialną walutą. Z drugiej strony w sferach kultury za granicą istniało w tym czasie duże zainteresowanie kulturą polską, spowodowane wcześniejszymi wydarzeniami politycznymi – i właśnie atmosferą odcięcia. Chęć przełamania politycznych barier i nawiązania żywej relacji sprawiała, że te kontakty chętnie inicjowano, kierując zaproszenia do uczelni. Można je było zignorować – co byłoby dla władz szkoły najwygodniejsze, albo włożyć sporo wysiłku, by aktorska młodzież z Krakowa mogła zetknąć się ze studentami i teatrami innych części Europy.

W czasie rektorowania Jerzego Treli każdy aktorski rocznik miał szansę zaliczyć występy za granicą – na ogół były to festiwale szkół teatralnych. W Moskwie i Lyonie, w Bratysławie i w Giessen, w Paryżu i w Erlangen. Ostatnia grupa studentów w tym okresie pojechała z rektorem Trelą i reżyserem przedstawienia dyplomowego Waldemarem Śmigasiewiczem do Stanów Zjednoczonych, gdzie zaprezentowano *Tango* Mrożka, a Jerzy Trela poprowadził warsztat mistrzowski, czyli tak zwaną Master Class.

Aby uprzytomnić dzisiejszemu czytelnikowi, jakie znaczenie dla studenckiej młodzieży miały te wyjazdy, warto przytoczyć urywki z dziennika Marty Stebnickiej, reżyserki dyplomowego spektaklu muzycznego według *Balu w operze* Tuwima:

„29 października 1986. Na próbie Edek Dobrzański z Jaromirem Knittlem – organizatorem i dyrektorem Europejskiego Festiwalu Szkół Teatralnych w Lyonie. Po zobaczeniu *Balu* zawiadamiają nas o wyjeździe na festiwal do Lyonu. Prawdopodobnie wystąpimy poza konkursem, ale

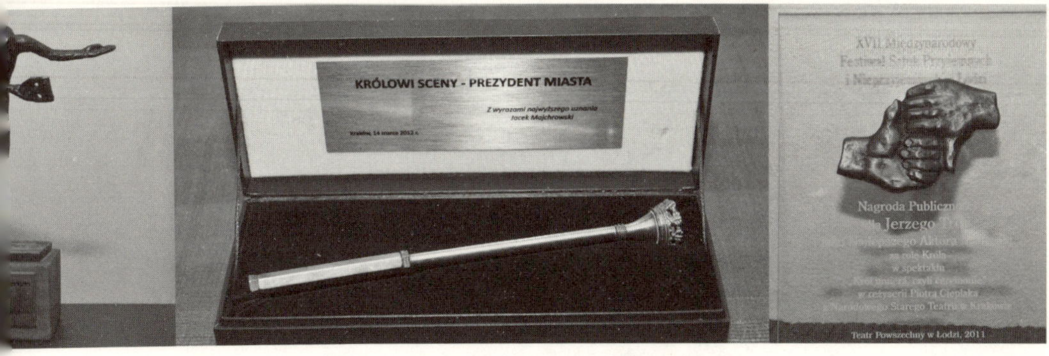

jeszcze nie wiadomo. Wszyscy zwariowali z radości. Nasz pan dziekan też był bliski wariacji. Prawie nikt ze studentów nie był jeszcze za granicą, na Zachodzie. To ci dopiero! [...]

16 stycznia 1987, godzina 21.15 – wyjazd autokarem do Lyonu z ulicy Warszawskiej. Żegna nas Trela. Widać, że się niepokoi i nie chce tego pokazać. Koledzy dali na mszę św. za nas. Zadyma. Mróz. Ślizgawica, no i pierwszy raz taka wyprawa, tak daleko. Trochę ciasno, bo więcej dekoracji. W środku ogromny piętnastolitrowy termos gorącej herbaty. Pomysł dyrektora”[4].

Powyższy fragment dobrze oddaje atmosferę tamtych czasów: emocje wyprawy w „wielki świat”, dotąd zamknięty, rodzinną atmosferę szkoły, mobilizację wszystkich zaangażowanych, jaką rodzą trudności. Ta sama grupa Marty Stebnickiej miała okazję jeszcze raz wyjechać do Francji – tym razem w czerwcu do Paryża, gdzie występowali z wielkim powodzeniem.

„Cóż jeszcze zastałem, obejmując funkcję rektora? Rozpoczęty przez panią rektor Danutę Michałowską remont budynku przy ulicy Warszawskiej, plany generalnego remontu gmachu przy ul. Straszewskiego oraz sterty przeróżnych projektów tych budynków”[5]. O budowie siedziby PWST była już mowa w jednym z poprzednich rozdziałów – tu warto jedynie przypomnieć, że ta wymagająca wielkiej mobilizacji operacja szła w parze z licznymi inicjatywami poszerzenia działalności dydaktycznej uczelni.

Ambitne zamierzenia w obu tych obszarach nie udałyby się bez współpracowników, o których Jerzy Trela wspomina z wdzięcznością przy każdej okazji, gdy wraca do okresu pełnienia swojej funkcji. W sprawy budowy zaangażował się dyrektor administracyjny Franciszek Gałuszka – to on je prowadził na poziomie konkretnych realizacyjnych rozstrzygnięć.

Pierwsze wyreżyserowane przez Jerzego Trelę przedstawienie dyplomowe studentów krakowskiej PWST: *Pluskwa* Majakowskiego, 1983.

W innych kwestiach związanych z uczelnią wielkim wsparciem dla rektora był Edward Dobrzański, najpierw jako dziekan Wydziału Aktorskiego, potem – jako prorektor. Ponieważ pełnił funkcję dziekana nieprzerwanie od roku 1968 do 1987, miał doskonałą orientację w sprawach administracyjnych, w kwestii przepisów, a także ogromną wiedzę praktyczną związaną z rozwiązywaniem praktycznych problemów szkoły na co dzień. Bardzo lubiany przez studentów, odnoszący się do nich ciepło i z humorem, był człowiekiem, na którego zawsze można było liczyć. Jerzy Trela miał do niego zaufanie, co pozwalało mu spokojnie wyjechać na plan filmowy albo występy gościnne z teatrem, pozostawiwszy szkołę pod opieką Dobrzańskiego.

Większość trwającej ponad trzydzieści lat pracy w PWST poświęcił Trela jednak nie urzędowaniu, ale pracy pedagogicznej w elementarnym rozumieniu. Nauczał przedmiotu nazywanego „scenami" – „klasycznymi" bądź „współczesnymi". Praca nad przygotowaniem konkretnego fragmentu dramatu, prezentowanego na koniec w formie pokazu. Przez jeden semestr, czyli kilka miesięcy, studenci wraz z pedagogiem przygotowują własną wersję sceniczną fragmentu dramatu, skupiając się w pracy przede wszystkim nad aktorską interpretacją postaci. „Sceny" to właściwie miniprzedstawienia – przedsmak prawdziwej pracy w teatrze. Trela sięgał tu do swoich ulubionych tekstów – Wyspiańskiego, Gogola, Czechowa, Erdmana.

Na próbie *Samobójcy* Erdmana, ostatniego jak dotąd dyplomowego spektaklu w reżyserii Jerzego Treli, PWST, 2013.

Rozwinięciem pracy nad scenami jest często przygotowanie przedstawienia dyplomowego – pedagog występuje wówczas w roli reżysera, choć czasem jego rola określana jest jako „opieka pedagogiczna", dla podkreślenia, że nie tyle chodzi tu o walory inscenizacyjne, ile o prezentację umiejętności studentów.

Jednak od wielu lat – zwłaszcza od chwili powstania wielu festiwali szkół teatralnych – w uczelni toczy się dyskusja nad tym, jakie są najważniejsze cele takiego dyplomu. Bardzo często rozbudowana inscenizacja i efektowne rozwiązania sceniczne pokazują raczej inwencję reżysera niż umiejętności studentów.

„Wydaje mi się, że niewłaściwą miarę przykłada się do przedstawień dyplomowych. Obserwatorzy i krytycy domagają się ciekawych inscenizacji i pod tym kątem oceniają dyplomy. Presja interesującej realizacji – za wszelką cenę – przesłania główny cel, jakim jest pokazanie młodego aktora.

Gdy trzy lata temu robiłem pierwsze przedstawienie dyplomowe ze studentami, z którymi pracowałem przez dwa lata, miałem na względzie przede wszystkim ich dobro. Chciałem pokazać ich zalety i słabości, by dyrektor-reżyser, który ich zaangażuje, wiedział o nich jak najwięcej, mógł ocenić, kto będzie się mieścił w jego zespole.

Robiąc drugi dyplom uległem atmosferze «ciekawej całości». Najlepszych wysunąłem na proscenium. Słabsze strony upychałem w głąb inscenizacji. Efekt był. Zebrali najwięcej nagród. Czy w tym jednak rzecz? Wydaje mi się, że nie"[6].

JERZY TRELA 665

rekomenduje:

Dajc

Zdecydowałem się udzielić rekomendacji nie jednej osobie, ale grupie młodych ludzi, którzy kończą w tym roku szkołę i idą w nieznaną przyszłość. Robię to dlatego, że choć każdy z nich to wartościowy materiał aktorski, rzadko się zdarza, żeby tak młodzi ludzie stworzyli tak dobry zespół i potrafili tak dobrze pracować. Mamy tu jak sądzę do czynienia z czymś w rodzaju sprzężenia zwrotnego. Wprowadziliśmy w naszej szkole przedmiot nazwany nauką partnerstwa. Zajęcia prowadzili Tadeusz Łomnicki, Jan Englert, Jan Nowicki, których też zafascynowała szansa zagrania ze studentami jako młodymi kolegami nie w roli profesorów, ale właśnie partnerów. Myślę, że ludzie, którzy zajmują się teatrem powinni tu przychodzić, oglądać ich, żeby sobie przypomnieć co to jest zespół teatralny. Ci młodzi ludzie stanowią wspaniałą osobowość zespołową i żal mi, że się gdzieś rozjadą po Polsce. Gdybym był na tyle władny i miał taką możliwość, to bym ich zabrał ze sobą, żeby zrobić z nimi teatr od początku.

I zrobiłbym to choćby dlatego, że wielu starszych narzeka na młodych, a oni są wspaniali, tylko trzeba trochę dobrej woli, a nie zrzędzenia. Na szczęście nie jestem jeszcze na tyle stary, żeby zrzędzić. Dostrzegam w nich to co było w moim pokoleniu, wtedy gdy startowaliśmy — poważny stosunek do zawodu i... lęk przed przyszłością. Ale skoro już teraz potrafili stworzyć zespół — co w teatrze jest najtrudniejsze — to znaczy, że są warsztatowo dobrze przygotowani, a to jest przecież punkt wyjścia, dopiero później możemy mówić o sztuce, o artyzmie. Staramy się w szkole rozbudzić w nich wrażliwość na sztukę, na siebie, na innych, na świat. Chciałbym, żeby los był dla nich łaskawy, nie w tym sensie, żeby wszystko przychodziło im łatwo, niech mają trochę trudności, ale żeby te trudności nie zniszczyły tego co w nich najcenniejsze — nieprawdopodobnej chęci pracy. Aktor funkcjonuje wtedy, gdy pracuje. Życzę im więc, żeby mogli jak najwięcej pracować i byłbym szczęśliwy, gdybym się dowiedział za parę lat, że pozostali tym świetnym zespołem.

Trwa próba „Mirandoliny" Carlo Goldoniego pod kierunkiem doc. Anny Polony

IV rok PWST w Krakowie AD 1987: Artur Dziurman, Janusz Głogowski, Grzegorz Grzyl, Agata Jakubik, Aldona Jankowska, Małgorzata Jęczmyk, Barbara Krasińska, Zuzanna Leśniak, Ewelina, Paszke, Piotr Piecha, Ireneusz Piekarowicz, Leszek Pniaczek, Maurycy Polaski, Łukasz Rybarski, Beata Rybotycka, Marek Sawicki, Maciej Słota, Krzysz[...] Stawowy, Jarosław Szwec, Małgorzata Then

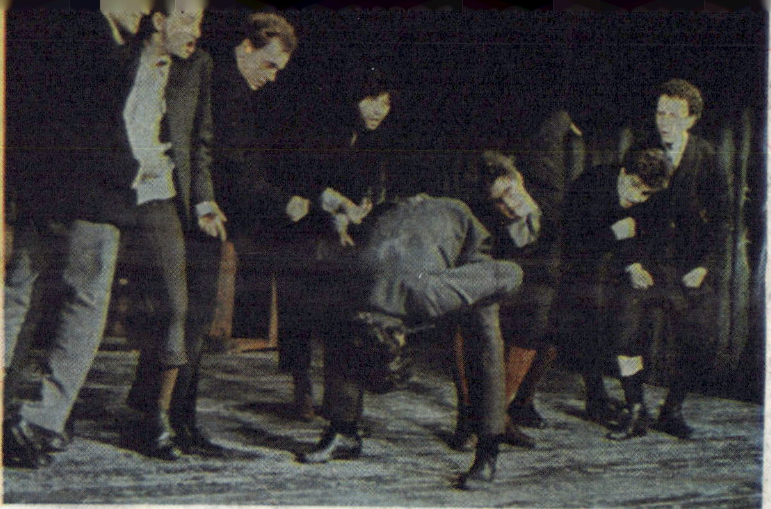

Dzięki „Ferdydurke Gombrowicz poczuli smo sławy jeszcz przed opuszczenie uczelni

Zdjęcia: STEFANIA CIESIELS

e nam szansę

Pojedynek na miny z „Ferdydurke" w w naniu Macieja Sloty i Jarosława Szweca

Dzięki doc. Andrzejowi Kruczyńskiemu charo ryzacja nie będzie miała przed nimi żadnych jemnic

Zacytowane powyżej rozterki Jerzy Trela rozstrzygnął w pracy nad następnymi dyplomami: za najważniejszą uznał możliwość zaprezentowania umiejętności każdego studenta, nawet słabego – uważał, że szkoła ma obowiązek dać każdemu szansę zaistnienia, pokazania się od najlepszej strony, nawet jeśli wiązałoby się to ze słabszym wyrazem całości. Realizując kolejne dyplomy – *Płaszcz* (1984) i *Ożenek* (1993) Gogola, dwie wersje *Samobójcy* Erdmana (1998 i 2013), *W małym dworku* Witkacego (1992), *Wesele* Wyspiańskiego (2002), *Damy i huzary* Fredry (2011) – kierował się zawsze zasadą prezentacji przede wszystkim studentów, powściągając własne ambicje inscenizatorskie.

Dlatego bardzo charakterystyczna jest jedna z recenzji dyplomowego spektaklu – *Samobójcy* Erdmana z roku 1998:

„Można by, rzecz jasna, uczepić się Treli i poszczypać go ździebełko za ślamazarność pierwszej godziny, za cokolwiek nazbyt spowolniony rytm całości, za czasami niezręczne zszywanie scen, ale przecież nie o to chodzi. W dyplomach aktorskich bowiem chodzi zawsze o to samo, o, że tak powiem, ową pasztetową, czyli o życie. O dalsze życie studenta, który właśnie przestaje być studentem. I jest dobrze, gdy w takim spektaklu pojawią się dwie, trzy role, które warto obejrzeć. W przedstawieniu Treli jest ich sześć. Kto wie, może tak dużo dlatego, że Trela nie chciał przeszkadzać?

Dariusz Toczek (Podsiekalnikow), Sonia Bohosiewicz (Teściowa), Jacek Król (Kałabuszkin), Dariusz Starczewski (Inteligent), Grzegorz Falkowski (Pisarz) i Marcin Kobierski (Głuchoniemy). Nie, że te role warto obejrzeć – to jednak fatalnie powiedziane. To po prostu trzeba obejrzeć. Generalnie rzecz ujmując: sześć niebywale czysto skrojonych ludzkich charakterystyczności, podszytych gdzieś – może najwyraźniej u Toczka – jakimś czystym gatunkiem wzruszenia”[7].

Niestety najmniej wiadomo o samej metodzie pedagogicznej Jerzego Treli, czyli tego, jak pracuje ze studentami. Nie mówi o tym w wywiadach, nie pisze rozpraw podsumowujących pedagogiczne doświadczenia. Można sądzić, że zapytany o taką metodę zaprzeczyłby, że taka istnieje. Rzeczywiście, z relacji studentów wynika, że nigdy nie podchodzi do pracy wedle z góry określonych zasad, ale za każdym razem kieruje się dwiema sprawami: zadaniami, jakie stawia tekst literacki, i potrzebami konkretnej grupy uczących się aktorstwa młodych ludzi. Rozpoznanie tych potrzeb, nazwanie trudności, jakie studenci napotykają w pracy z wybranym dzie-

Po lewej: Jerzy Trela – rektor, Dorota Segda – studentka. Na odwrocie opis Doroty Segdy: „Tak uśmiecha się Mój Rektor. Tu – do mnie". *Po prawej:* Spotkanie wigilijne w krakowskiej PWST, 1986.

łem literackim, determinuje sposób pracy. Trela raczej nie lubi mówić o tym, co zamierzałby zrobić, nie snuje długich interpretacji tekstu, analizę sprowadza do rzeczowych, konkretnych odczytań poszczególnych dialogów. Pracuje, raczej próbując sytuacje, na zasadzie: spróbujcie to zagrać, pokażcie, jak byście to zrobili, i zaczniemy się zastanawiać nad innymi możliwościami. Praca jest zatem w najbardziej podstawowym znaczeniu praktyczna: polega na kolejnych próbach i przymiarkach, na sprawdzaniu skuteczności kolejnych pomysłów.

Wobec braku informacji w tym zakresie warto przytoczyć świadectwo studenta Jerzego Treli Michała Chołki, absolwenta PWST z roku 2010, który swoje doświadczenia pracy spróbował zapisać:

„Spotkanie z Jerzym Trelą zaliczam do tych nielicznych i najcenniejszych w życiu. Miałem dużo szczęścia – Trela został opiekunem mojej grupy.

Jerzy Trela jest niezwykłą postacią. Obcowanie z tym człowiekiem powoduje, że chce się wierzyć w teatr, chce się uprawiać zawód aktora. Trela sukcesywnie, od pierwszego roku studiów, rozbudzał w nas zamiłowanie do tej profesji. Zarażał nas teatrem. Uczył pokory, szacunku dla sceny, szacunku dla pracy własnej i partnerów. Swoimi anegdotami, nieraz zabawnymi, nieraz przejmującymi rozniecał w nas pasję. Obserwował nasz rozwój.

Kiedy, siedząc na widowni, gestykulował razem ze studentem będącym na scenie, kiedy razem z nim, poprzez mimikę twarzy, wyrażał jego

Siedemdziesięciolecie Jerzego Treli w krakowskiej PWST. Jubilat z rektor Ewą Kutryś (po lewej) i profesorem Edwardem Dobrzańskim.

emocje, oznaczało to, że «scena idzie». Był to dla nas, studentów, znak, że to, co robimy, jest w granicach przyzwoitości. Nawet gdy w późniejszych latach studiów nie mieliśmy już z nim zajęć, bo jak mówił: «żeby zachować zdrowe relacje w grupie, trzeba czasem od siebie odpocząć», to interesował się nami, opiekował, przychodził na nasze egzaminy, kibicował nam – jednym słowem był dla nas jak ojciec.

Trela wykazał się ogromną cierpliwością w stosunku do nas – szczególnie podczas pierwszego naszego spotkania, przy pracy nad tekstem *Żegnaj, Judaszu* Iredyńskiego. Praca ta była dla nas trudna. Czuliśmy ogromny respekt przed Jerzym Trelą, każdy z nas bał się popełnić błąd przed wielkim aktorem i jednocześnie pedagogiem. Nie znaliśmy się także między sobą, w grupie, na tyle, by móc swobodnie współpracować, współtworzyć. Nie byliśmy jeszcze zespołem.

Profesor na wszelkie możliwe sposoby próbował wyzwolić nas z pęt strachu i rozbudzić w nas prawdziwe emocje. Kiedy brakowało mu już pomysłów na uruchomienie nas, wchodził na scenę i pokazywał, czego bardzo nie lubił robić. Działo się tak już w ostateczności. Te «pokazy» były bezcenne. Wszystkim nam utkwiła w pamięci taka sytuacja właśnie z pracy nad *Żegnaj, Judaszu*. Trela wszedł na scenę i w sekundę wpadł

Promocja książki Beaty Guczalskiej *Aktorstwo polskie. Generacje*, czerwiec 2014.
Jerzy Trela, Dorota Segda, autorka, Józef Opalski.

w stan histerycznej rozpaczy po stracie najbliższej osoby, po czym zszedł ze sceny i z uśmiechem skrępowania powiedział: «No, mniej więcej tak ma to wyglądać. Przepraszam, że pokazałem». Zaparło nam dech w piersiach. Po tym zdarzeniu musieliśmy zrobić przerwę w zajęciach, gdyż nikt nie był w stanie wejść na scenę. Poczuliśmy powiew geniuszu ukrytego w bardzo skromnej osobie profesora Jerzego Treli.

Podczas tej pracy nauczyłem się dwóch rzeczy. Przede wszystkim determinacji – nigdy nie należy odpuszczać. Proces twórczy nie powinien mieć końca, on trwa tak długo, jak grany jest spektakl. «Do pracy trzeba podchodzić uczciwie. Jak się robi letnio, to i sztuka wychodzi nijaka» – mawiał Trela.

Uczył również, że nie należy bać się na scenie, bo tylko wówczas, kiedy jesteśmy wyzbyci wszelkich blokad, w swobodnych warunkach, możemy coś stworzyć. Ku naszemu zdziwieniu wręcz namawiał do błędów: jedynie w Szkole można sobie na to pozwolić bez ponoszenia większych konsekwencji. W teatrze nie będzie na to miejsca. Swoje mądrości przekazywał często w bardzo zabawny sposób:

«Po co pan się boi. Przecież pan jest na scenie. Gdyby pan był w Iraku, to mógłby pan się bać. Ale pan jest na scenie. Niechże się pan nie boi».

Przy każdym kolejnym spotkaniu naszej grupy z Mistrzem otrzymywaliśmy kolejne dawki cennych informacji i rad. Zajęcia były prowadzone w ten sposób, że był czas na żarty i na wytężoną pracę. Ten pedagogiczny zabieg pozwolił nam zbliżyć się do siebie, wzbudzić w nas tak cenne wzajemne zaufanie, które jest niezbędne do wykonywania tego zawodu. Również dobór materiału do pracy był na tyle zróżnicowany, abyśmy mogli «posmakować» różnego rodzaju teatru. Począwszy od Gogola, poprzez monologi Szekspira, aż do współczesnej dramaturgii. Trela dbał o każdego z nas indywidualnie. Starał się tak dobierać teksty, nad którymi później pracowaliśmy, żeby nikt nie został pokrzywdzony, to znaczy, żeby nikt cały czas nie grał postaci charakterologicznie do siebie podobnych bądź typów postaci, które danej osobie nie sprawiają większych trudności. Tak było na przykład przy doborze monologów. Trela w bardzo delikatny sposób zasugerował, że przetworzenie na siebie tekstów, które wybraliśmy, niektórym z nas przyjdzie z łatwością, i że dla naszego dobra, w trosce o nasz rozwój, namawia do zmiany. Całe szczęście, że zastosowaliśmy się do tej rady. Nauczyliśmy się w ten sposób rzetelnej analizy tekstu.

Czasami Trela ustawiał nas na scenie, to znaczy kazał robić rzeczy, których do końca nie rozumieliśmy, a on ich nie tłumaczył. Dopiero pod koniec pracy objawiał się nam sens i zaczynaliśmy rozumieć, że to, co początkowo ślepo wykonywaliśmy, jest potrzebne. Wydaje mi się, że ten zabieg był stosowany po to, abyśmy sami doszli do pewnych wniosków. W ten sposób zmuszeni byliśmy do intensywnych poszukiwań, do intensywnego myślenia. Często nie zgadzaliśmy się z tym, co zostało nam narzucone, dzięki czemu musieliśmy wykonać samodzielną pracę nad poszukiwaniem sensów tego, co robimy. Można powiedzieć, że Trela dawał nam początek i koniec. Środek musieliśmy wypełnić samodzielnie. To bardzo cenne doświadczenie”[8].

Wśród studentów krążą opowieści o profesorze, który nieraz studentów całkiem niemetaforycznie dokarmiał, przynosząc siatki z jedzeniem: czasem robił to w celach czysto dydaktycznych: kiedyś, żeby nadrobić zaległości w zajęciach przed egzaminem, Trela zjawił się rano obładowany torbami z pieczywem, serem i wędliną, by przez cały dzień zamknąć się ze studentami w sali i pracować, nie rozbijając toku pracy na zbędne wychodzenie na posiłki.

Z Maciejem Stuhrem w przedstawieniu dyplomowym studentów PWST *Jak wam się podoba* Williama Szekspira w reżyserii Andrzeja Wajdy, 2001.

Wychowankowie Jerzego Treli pozostają jego studentami także po zakończeniu szkoły – wspiera ich rozmaite inicjatywy, pomaga w różny sposób. Czasem udzielając bezcennych rad zawodowych, kiedy indziej – uczestnicząc w jakimś organizowanym przez nich projekcie. W latach osiemdziesiątych grupa absolwentów pod wodzą Andrzeja Dziuka postanowiła założyć teatr w Zakopanem, nie mając ku temu żadnych warunków: instytucji, budynku, etatów... Młodym zapaleńcom oferowano przejście całą grupą do teatru w Grudziądzu, lecz słusznie uparli się przy Zakopanem, chcąc stworzyć coś od początku własnego. Trela jako rektor bardzo czynnie zaangażował się, by ich marzenie się spełniło – załatwiał dotację w ministerstwie, interweniował gdzie mógł, żeby zespół miał jakieś możliwe do przeżycia warunki pracy. Udało się – zakopiański Teatr Witkacego był w latach osiemdziesiątych prawdziwym hitem, miejscem pielgrzymek zainteresowanych teatrem ludzi z całej Polski, i chociaż dziś nie jest o nim tak głośno, działa dalej, mając swoją wierną publiczność.

Jerzy Trela stara się pomagać swoim studentom w sensie zawodowym i ludzkim, nawet jeśli już dawno ukończyli szkołę. Czuje się za nich odpowiedzialny – to część jego fundamentalnej odpowiedzialności za polski teatr.

ROZDZIAŁ DWUNASTY

Leńcze – to, co najważniejsze

Jerzy Trela urodził się 14 marca 1942 roku – w środku wojny – we wsi Leńcze, na pogórzu beskidzkim, niedaleko Wadowic i Kalwarii Zebrzydowskiej. Przez Leńcze, położone trzydzieści parę kilometrów na południowy zachód od Krakowa, biegnie linia kolejowa ze Skawiny do Suchej Beskidzkiej; w samej miejscowości jest okazała, zabytkowa stacja kolejowa. Nie przypadkiem więc w Leńczach mieszkali kolejarze: w rodzinie Jerzego większość dorosłych mężczyzn również była kolejarzami, w tym brat mamy. Dziadek ze strony mamy, także kolejarz, osiadł w Leńczach i wybudował dom.

„Mój ojciec przywędrował z Krakowa, też był kolejarzem. Wujek przyprowadził go kiedyś do domu i tak już zostało. [...] Te opowieści o nastawianiu zegarka według przejeżdżającego pociągu. U mojego ojca to był odruch. Nosił zegarek, taką cebulę, i gdy jechał pociąg, zawsze go wyjmował. Gdy byłem mały, nie bardzo orientowałem się, w czym rzecz, a on po prostu sprawdzał, czy jego zegarek dobrze idzie. Albo może i odwrotnie, może sprawdzał, czy pociąg jest punktualny. Mój ojciec był maszynistą. Kilka razy zabrał mnie ze sobą, żebym sobie pojeździł. To było straszne przeżycie, bo ta maszyna – jak u Tuwima – fukała, dyszała. Jedno mi szczególnie utkwiło

Na stronie obok: Z rodzicami przed domem rodzinnym w Leńczach, około 1944.
Powyżej: Stacja kolejowa w Leńczach.

Z rodzicami w Leńczach.

w pamięci – nieprawdopodobny upał wewnątrz lokomotywy, to było w lecie. Zresztą ojciec często cierpiał na bóle głowy. Wynikało to z faktu, że wychylał głowę z lokomotywy, by zobaczyć semafor"[1].

Mama, Janina z domu Krzeszowska i ojciec, Józef Trela, pobrali się w czasie wojny – „z sankami szli do kościoła i z powrotem zjeżdżali z góry, dom był położony niżej"[2]. W dziecinnej pamięci zachowało się wyraziste wspomnienie o ojcu: „Ojciec na podwórku rąbał drzewo. Ja mu się przyglądałem: ojciec rąbiący drzewo – było w tym coś fajnego. Na palcu miałem kapsel od butelki, zamykany na drut, to się nazywało krachla. Odłamana z kawałkiem szkła. Kręciłem nią na palcu i w pewnym momencie krachla spadła i uderzyła ojca w policzek. Ojciec był człowiekiem zdecydowanym, twardym. Ja stałem przerażony, że dostanę straszne lanie. Nigdy wcześniej mnie nie bił, ale zawsze miałem przed nim respekt. Widziałem, jaki potrafił być w sytuacjach krytycznych. A czasy, w jakich żyliśmy, wymagały okazania swojej siły i zdecydowania. Zobaczyłem jego spiętą twarz, po chwili zaczęła cieknąć krew... I nagle jego oczy zmieniły się. Oczy zaczęły się śmiać i roześmiał się do mnie"[3].

Inne wspomnienie dotyczy pierwszych w życiu nart, wystruganych przez ojca z drewna. „Do szkoły miałem pod górkę, ale ze szkoły z górki, i już w pierwszej klasie po szkole przypinałem te narty i zjeżdżałem do domu"[4].

Z mamą, 1943.

Z mamą, ciocią i kuzynem.

Ze wczesnych lat dziecinnych pamięta jeszcze, jak patrzył z okna i płakał, kiedy pod koniec wojny matkę zabrano do obozu w Płaszowie (wujek wyciągnął ją stamtąd za dwa litry spirytusu), i jak pod koniec wojny zatrzymywali się w ich domu żołnierze różnych formacji. „Pierwsze lata powojenne były dobre. Ojciec pracował jako maszynista, miał budować nowy dom, kupił materiały. Matka prowadziła wyszynk koło stacji kolejowej. Zaraz po wojnie przychodzili tam różni ludzie, głównie z lasu, pili wódkę, ja oranżadę. Jak się strzelali między sobą, uciekałem pod ladę. Na moich oczach jeden chłop wszedł do knajpy i mówi: «Wstawajcie, sołtys, bo będę strzyloł!». Ten sołtys to było olbrzymie chłopisko, wstał i się śmieje: «No to strzyloj!». Dostał siedem pocisków.

Po śmierci ojca zaczął się dramat. Miałem dziewięć lat, gdy zginął w wypadku. [...] Ojciec wracał pociągiem z Przemyśla. Pojechał w dodatkową trasę, dorabiał na ten dom, który miał budować. Wjeżdżali na stację

Z kuzynem, lata czterdzieste.

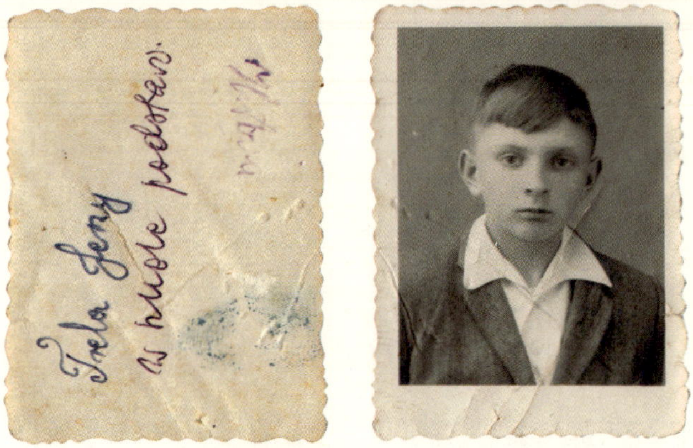

Uczeń szkoły podstawowej.

Płaszów, kiedy najechały na nich wagony z węglem, zwrotnica nie była przełożona"[5].

Ten wypadek, bardzo dramatyczny (ojciec został dosłownie zgnieciony przez nadjeżdżający pociąg), sprawił, że mały Jerzy nie chciał być kolejarzem, choć takie było pragnienie jego matki. Pojechała nawet z synem na egzaminy do technikum kolejowego, ale Jerzy Trela – jedyny raz w życiu – z premedytacją nie zdał tych egzaminów.

Sytuacja domowa była bardzo trudna, matka, mająca na utrzymaniu dwoje dzieci – Jerzego i jego młodszego o kilka lat brata – nie miała praktycznie z czego żyć. „Matka dostała po ojcu strasznie marną rentę, wyszynk jej zabrali. Któregoś dnia, w 1951, przyszli i zaplombowali. Została bez niczego, sprzedawała materiały odłożone na dom. Jak miałem trzynaście lat, wujek zabrał mnie do Wrocławia, żeby mamie ulżyć. Nie chciałem tam być. Miałem atak wyrostka robaczkowego, ból nie taki, żeby umierać, ale ja umierałem. Wymyśliłem sobie, że jak pójdę do szpitala, to nie wrócę do Wrocławia. Tak się stało"[6].

Dostał się do krakowskiego Liceum Sztuk Plastycznych. „Tylko że internat kosztował 360 złotych, a matka miała 230 złotych renty. Trafiłem do domu dziecka w Krzeszowicach, przysługiwał mi z racji sytuacji. Po kilku tygodniach dyrektor liceum wydostał mnie stamtąd. Mogłem spać w bursie szkół artystycznych, pieniądze przechodziły przez Krzeszowice do internatu, ale ile to starań było"[7]. W bursie zaprzyjaźnił się z młodymi muzykami, oglądał i słuchał, jak w krakowskich piwnicach zaczynano grać

Pierwsza Komunia Święta, około roku 1951.

jazz. Sam nawet próbował grać na gitarze i perkusji, i dotąd najbardziej lubi słuchać jazzu.

W liceum plastycznym poznał przyszłą żonę, Georgette Jensz, rodem z Wilna (oryginalne imię Georgette odziedziczyła po francuskiej babci). Pobrali się w 1965 roku w krakowskim kościele Świętego Mikołaja przy ulicy Kopernika.

Rodzina Jenszów w czasie wojny w Wilnie była zaangażowana w ruch oporu: Jerzy Jensz, ojciec Georgette, jako żołnierz Armii Krajowej zatknął wraz z kolegą Arturem Rychterem w lipcu 1944 roku polską flagę na szczycie Góry Zamkowej, na Baszcie Gedymina, podczas dokonywanej przez AK próby przejęcia Wilna przez polskie siły zbrojne. Jesienią 1944 został uwięziony i zesłany do łagru; aresztowano i zesłano również jego żonę i siostrę. Po ciężkiej chorobie został zwolniony z łagru i wrócił do Wilna. W 1946 wraz z czteroletnią córką wyruszył w ramach ewakuacji ludności polskiej z Litwy do Gdańska. Żona i siostra, zwolnione później, dołączyły do nich w 1948 roku. W Gdańsku Jerzy Jensz ukończył studia, rozpoczęte przed wojną na Politechnice Warszawskiej; pracował potem jako inżynier na różnych budowach. W roku 1950 przeniósł się z rodziną do Krakowa i rozpoczął pracę przy budowie kombinatu w Nowej Hucie. Później, na emeryturze, zajmował się dokumentowaniem działalności wileńskiej AK w czasopiśmie „Okruchy wspomnień AK", którego był redaktorem.

Na stronie obok: Z żoną i synem Piotrem, 1967. *Po prawej:* Z synem Piotrem, około 1970.

Z żoną i córką Moniką,
lata siedemdziesiąte.

Po ukończeniu liceum plastycznego Georgette zamierzała studiować na Akademii Sztuk Pięknych, ale nie przyjęto jej na studia. Postanowiła zdobyć zawód pomocny ludziom: została pielęgniarką. „Przez trzynaście lat byłam pielęgniarką w szpitalu i w przychodni. Każda śmierć pacjenta, a zwłaszcza dziecka, pogrążała mnie w skrajnej rozpaczy. Płakałam i długo nie mogłam się uspokoić. Trzeba była zrezygnować z tej pracy”[8], wspomina Georgette Trela. Wobec intensywności pracy zawodowej Jerzego Treli taka decyzja była zapewne bardzo pożądana: ktoś musiał tworzyć dom i na co dzień zająć się wychowaniem dwójki dzieci – syn Piotr urodził się w roku 1967, córka Monika siedem lat później. Dom Jerzego i Georgette był w tym czasie otwarty dla przyjaciół i kolegów z teatru, wiele razy odbywały się tam spotkania i rozmowy. Pomieszkiwał u nich przez rok Olgierd Łukaszewicz, nieposiadający wówczas własnego lokum.

W wywiadach Jerzy Trela wyraża żal, że nie mógł – z racji zaangażowania zawodowego – poświęcić wystarczająco dużo czasu rodzinie. „Przecież ja prawie zupełnie nie mam dla nich czasu. Wygląda to tak – wpadam do domu, witam się z nimi szybko, szybko coś jem, żegnam się i wychodzę. Kiedy wracam po spektaklu w nocy – już śpią...”[9].

Z żoną na premierze *Wesela* w reżyserii Jerzego Grzegorzewskiego w Teatrze Narodowym, Warszawa 2000.

Zawsze starał się spędzić z najbliższymi choćby dwa wakacyjne tygodnie. Urlop spędzał w ukochanych Bieszczadach (gdzie po maturze pracował przez chwilę przy wyrębie lasu) albo – już z dziećmi – nad Bałtykiem.

Piotr i Monika pracują dziś w branży filmowej: Piotr jest operatorem, Monika – kierownikiem produkcji. „Moje dzieci dokonały wyboru same i ja nie chciałem im absolutnie przeszkadzać ani sugerować niczego. Syn przez jakiś krótki okres chciał zostać aktorem, bo mu moje koleżanki wmówiły, że jest przystojniejszy ode mnie, wyższy o głowę, i że powinien zostać aktorem. Ale ja mu to próbowałem wybić z głowy i udało mi się.

Nie wiem, czy zrobiłem dobrze, czy źle, ale myślę, że gdyby bardzo chciał być aktorem, toby był, mimo moich ostrzeżeń i sceptycyzmu"[10].

Parokrotnie miał okazję współpracować ze swoimi dziećmi na planie filmowym i telewizyjnym. „Z Piotrkiem robiłem parę filmów: *Anioł w Krakowie* i *Zakochany anioł*, robiłem *Historię filozofii po góralsku według księdza Tischnera*, i parę teatrów telewizji. Z Moniką też robiłem spektakle, w Teatrze Telewizji, i dwa filmy. Dzieci mnie obserwowały, a ja patrzyłem z satysfakcją, że znalazły swoje miejsce i że się sprawdzają w tym, co robią. I pokornie ich słuchałem, jako że byli moimi zwierzchnikami – Monika od produkcji, a Piotrek od zdjęć".

Piotr i jego żona Renata, lekarka, mają dwoje dzieci, bliźniaki Jakuba i Sonię, dziś czternastoletnie. Wnuki występują z dziadkiem w spektaklu *O psychiatrach, psychologach i innych psycholach* w Teatrze STU; Kuba wystąpił także podczas *Wielkich monologów*, jakie Jerzy Trela nagrał w kościele w Bobowej. Najmłodsza z grona wnuków jest sześcioletnia Marysia, córka Moniki i jej męża, także pracującego w branży filmowej.

Leńcze zawsze pozostawały jego domem, choć wyszedł z niego i musiał stać się samodzielny już w wieku trzynastu lat. „Co to za radość była jechać do matki na Wigilię, na łazanki z kapustą! Pracowała w przedszkolu i podnieśli jej rentę, ale to dopiero, jak poszedłem do szkoły teatralnej – w wieku dwudziestu trzech lat, bo po maturze musiałem pracować"[11].

Rodzina na planie: Jerzy Trela pod parasolem, w pierwszym rzędzie w białej kurtce Monika Trela, w drugim rzędzie pierwszy od lewej Piotr Trela. W pierwszym rzędzie z parasolem Artur „Baron" Więcek, reżyser filmu *Jegomość ksiądz Tischner i jego filozofia po góralsku*, 2006.

Z wnukiem Jakubem Trelą podczas nagrywania *Wielkich monologów* w kościele w Bobowej, wrzesień 2013.

Po liceum plastycznym, kiedy podjął pracę w nowohuckim teatrzyku, dojeżdżał z Leńcz. „Kiedy wracałem pociągiem przed pierwszą w nocy, na stacji czekał na mnie pies, którego wziąłem do domu z budy jako szczeniaka. Znał rozkład jazdy pociągów. Jak przestałem dojeżdżać, jeszcze trzy miesiące przychodził na stację o tej samej porze”[12].

Do 1992 roku żyła mama – na pozór niepogodzona z tym, że został aktorem, a nie kolejarzem. Choć sama grała w teatrze amatorskim, chciała, by Jerzy miał poważny zawód. Po jej śmierci syn znalazł w jej rzeczach zbiór wycinków z gazet, recenzji i fotografii z jego przedstawień. „Kryła to za życia, za różne rzeczy mnie chwaliła, za aktorstwo nie”[13].

Po lewej: Najmłodsza wnuczka Marysia. *Po prawej:* Z wnukami Sonią i Kubą. Z tyłu synowa Renata i syn Piotr.

Aktor wyremontował rodzinny dom, wokół którego rosną drzewa jeszcze z czasów jego dzieciństwa. „Pani architekt mówiła, że szkoda pieniędzy, ale serce wzięło górę"[14].

Jerzy Trela jako Lear w autorskim spektaklu Pawła Miśkiewicza
Kto wyciągnie kartę wisielca, kto błazna według *Króla Leara* Szekspira.
Premiera odbyła się 26 czerwca 2015 roku
w Małopolskim Ogrodzie Sztuki w Krakowie.

PRZYJACIELE O TRELI

Anna Dymna

Beata Guczalska Z Pani biografii artystycznej wynika, że Jerzy Trela był ważnym Pani partnerem scenicznym i filmowym.

Anna Dymna Był i, mam nadzieję, będzie. Debiutowaliśmy razem na scenie Starego Teatru w *Królu Mięsopuście*, w roku 1970. Byłam wtedy studentką i właśnie skończyłam drugi rok PWST, a dla Jurka była to pierwsza rola po przyjściu do Starego Teatru. Reżyserował mój profesor, Bogdan Hussakowski. Od tamtej pory znam Jurka Trelę. Zaraz, to ile lat my się znamy? Czterdzieści pięć.

Do szkoły zdawałam w 1968 roku, więc kiedy byłam na pierwszym roku, Jurek był na czwartym – a rok czwarty robił już dyplomy na Warszawskiej, więc właściwie w czasie studiów się nie poznaliśmy.

Trudno mi mówić o Jurku, zawsze mam z tym kłopot. O innych kolegach umiem mówić, a o nim właściwie się wstydzę. Darzę go jakimś dziwnym uczuciem i nie bardzo umiem je nazwać. Jest dla mnie ważną osobą. Czuję do niego coś niezwykłego – na pewno mogę powiedzieć, że kocham go jak brata, jak kogoś spośród najbliższych. Gdybym nawet rok go nie widziała, niczego to w naszej relacji nie zmieni. Najważniejsze, że jest. Jego obecność daje mi przez całe życie jakieś poczucie bezpieczeństwa i siłę. Nie wiem, na czym to dokładnie polega.

Nie potrafię go oceniać ani krytykować – po prostu biorę go całego takim, jaki jest. Wiem, że jeśli postępuje tak, a nie inaczej, wynika to z całości jego osoby. Mnie się to w Jurku zresztą najbardziej podoba. Bez względu na to, na jakim jest etapie swojego życia czy w jakim stanie, Jurek jest zawsze taki sam.

Jurek jest człowiekiem, przy którym nie umiałabym skłamać – ponieważ on z wielką starannością dba, żeby uszanować drugiego człowieka.

Jest uważny w stosunku do ludzi, pilnuje, aby ktoś sobie nie pomyślał, że on o nim źle myśli. Dlatego nikogo nie lekceważy: przy produkcji filmowej są wózkarze, rekwizytorzy, jacyś ludzie z obsługi, i jemu zawsze zależy, by wiedzieli, że ich też szanuje.

Jurek Trela wszystko robi dokładnie. Nie należy do tych kolegów, którzy przyjdą, poklepią po ramieniu, powiedzą wylewnie „cześć" i lecą dalej. Jak się z kimś wita, to dokładnie, jak się żegna, to dokładnie. Równie dokładnie i z namysłem składa życzenia, o których zawsze pamięta. To nie jest człowiek byle jaki. My się wszyscy czasem byle jak zachowujemy, a Jurka Treli nigdy na tym nie złapałam. Również staram się pielęgnować tę dokładność i uważność w kontaktach z ludźmi – uczę się od niego, jest moim mistrzem.

Wielką ucztą jest słuchanie jak czyta wiersze w naszym Salonie Poezji. U niego każde słowo jest ważne... spada jak bochen chleba, jak kamień.

Umie nadawać wszystkiemu głębię – zarówno słowom, jak i stosunkom międzyludzkim. Jurek niesie w sobie prawdę. Dlatego granie z nim jest zawsze przeżyciem i radością. Ma w sobie coś ogromnie ludzkiego, co sprawia, że jego role nigdy nie są wydumane, wymyślone i atrakcyjne tylko na pokaz, że, proszę, ja tutaj zadam szyku, zobaczcie, jak gram... Jest bardzo kontaktowym aktorem i zawsze prowokuje swojego partnera do uczciwego i prawdziwego grania.

Darzę go szacunkiem, który czasami w pewnym sensie onieśmiela. No bo nie chciałabym go nigdy zawieść. Na szczęście Trela potrafi tak z partnerem pracować, że to onieśmielenie mija – bo ma się wrażenie, że on również jest onieśmielony. Jurek nigdy nie zachowuje się jak gwiazda, która wszystko wie. Pracuje, zasuwa, gryzie tę rolę, wszystko robi przez siebie.

Pamiętam, jak w *Nocy Walpurgii* mieliśmy wspólną scenę, dość trudną – Jurek mówił sporo tekstu i nagle złapałam się na tym, że w ogóle nie gram, tylko się gapię jak widz z zachwyconą gębą! I serio się przeraziłam, że zachowuję się jak jakaś amatorka, a przecież mam tu grać! Trela ma w sposobie bycia coś tak autentycznego, co tak mocno wciąga, że człowiek czasem zapomina, że to jest teatr.

Najbardziej byłam onieśmielona, kiedy w *Chłopcach* Grochowiaka – chociaż już tyle lat się znamy! – mówiłam do niego: „prosiaczku"... Naprawdę się wstydziłam, także tego, że, jako stara baba, nie powinnam się wstydzić.

B.G. W *Dziadach* graliście Państwo razem przez dziesięć lat, przeszliście przez niezwykle ekscytujące próby do *Hamleta*... To chyba bardzo łączy?

A.D. Opowiadanie o Treli jest równocześnie mówieniem o moim życiu – dlatego jest dość trudne. Rodzaj kontaktów, jakie się zawiera w takim zespole jak nasz, nie da się opisać, nie da się tego wytłumaczyć człowiekowi z zewnątrz. My po prostu, będąc w tym zespole, przeżyliśmy wiele wspólnych napięć, które bardzo łączą. Pracujemy w nieustającym ogromnym stresie, żeby wywoływać emocje na użytek sztuki. Obnażamy się przed sobą, często kompromitujemy – więc proszę sobie wyobrazić, jak dalece musimy sobie ufać, żeby zdobyć się na wzajemną kompromitację. Uważam, że wielkość tego zespołu polegała na tym, że nikt się nie wstydził. Pamiętam, że wielokrotnie w filmie spotykałam się z aktorami, którzy ten wstyd odczuwali i to ich blokowało.

Ponieważ musimy sobie do bólu ufać, jesteśmy później dla siebie bardzo wyrozumiali. Jeśli wiem, że mój kolega nie wytrzymuje presji i w stresie się napije, zrobi coś głupiego – to traktuję go tak, jakby to był mój syn, brat czy tato. Musimy być dla siebie wyrozumiali, być pokorni, znosić nawzajem swoje wady – to wcale nie jest takie proste.

Trudno o tym mówić – to są bardzo intymne sprawy.

Każde spotkanie z Jurkiem Trelą na scenie to był najcudowniejszy czas. Przewalały się ustroje, rozpętywały różne afery... a my jakoś razem trwamy. W ogień bym za niego poszła.

B.G. Dość długo kręciliście razem film *Do krwi ostatniej* w reżyserii Jerzego Hoffmana. To była chyba dość wyczerpująca praca?

A.D. Film *Do krwi ostatniej* robiłam w czasie moich nieszczęść: spaliło mi się mieszkanie, umarł mój mąż, potem miałam wypadek.

Na zdjęcia do Kalinina (teraz nazywa się z powrotem Twer, jak przed rewolucją) przyjechałam dzień po pogrzebie Wiesia. Podobno cała ekipa czekała na mnie zdenerwowana cały dzień, dodając sobie siły na spotkanie ze mną i moją tragedią skąpymi zapasami alkoholu, a Jurek mówił: „Nic dzisiaj nie piję, bo jak Ania przyjedzie, muszę się nią zaopiekować". No ale lot był opóźniony i gdy tak opóźniała się godzina mojego przyjazdu, stwierdził: „Wypiję pięćdziesiąteczkę, resztę zostawię dla Ani, jej może się przydać". Wreszcie dojechałam, zmęczona, nieprzytomna.

Pamiętam tę noc... okropny hotel, brudno, ciemno. Jurek czekał. Przytulił mnie, pomilczał... no bo co tu mówić... i zapytał po chwili: „Ania, masz jakieś środki nasenne?". A ja, taka zmęczona, pomyślałam: „Boże, czego on chce ode mnie? Przecież środków nasennych nie może zażyć, bo się chyba napił!". Ale Jurek nalegał. Wreszcie wyciągnął z kieszeni buteleczką i powiedział: „Aniu! Uratowałem dla ciebie troszeczkę ginu. To ci na pewno lepiej pomoże niż jakieś relanium i może zaśniesz". I wręczył mi resztkę ginu. Ten łyk mnie uratował. Kiedy położyłam się spać, Jurek siedział obok mojego łóżka na podłodze i trzymał mnie za rękę. Zasnęłam od razu. Poczułam się bezpiecznie i spokojniej. A jego chyba pluskwy pogryzły. Nie wiem, czy to pamięta, ale ja mu tego nigdy nie zapomnę. To się odbywało bez słów, bo Trela to jest człowiek, który słowa szanuje, więc nie jest z tych, co będzie coś gadał, udawał. U niego słowo to jest słowo.

Zdjęcia do filmu trwały prawie rok, ponieważ trzeba było sfilmować wszystkie pory roku. Część zdjęć kręciliśmy w Związku Radzieckim. Cała historia filmu dotykała najboleśniejszych wydarzeń naszej historii – o których nie można było wtedy otwarcie mówić. Zdjęcia były bardzo trudne, ale sama atmosfera na planie wspaniała. To mi wtedy ratowało życie. Jurek Hoffman jest nietypowym reżyserem, który pieczołowicie dba o atmosferę na planie. Jest w tym podobny do Jurka Treli – też lubi prostych ludzi. I oni jego tak samo uwielbiają, w ogień by za nim wskoczyli. Kiedy wypada dwudniowa przerwa w zdjęciach, Hoffman organizuje wyjście na grzyby do lasu, bankiet... Chce, żeby ludzie ze sobą rozmawiali, żeby byli razem, żeby było przyjemnie.

B.G. Jak godziliście film z pracą w teatrze?

A.D. Wszystkie filmy robiliśmy, godząc je z teatrem. W niektórych przypadkach codziennie dojeżdżałam na spektakle z Wrocławia do Krakowa, taksówką. Tak kręciłam *Nie ma mocnych*, *Kochaj albo rzuć* – jeździłam na zdjęcia do Wrocławia, do Warszawy. A nie było jeszcze takich dobrych dróg. Paru dużych ról nie zagrałam tylko z powodu braku benzyny. I Jurek też tak jeździł...

Nigdy nie narzekałam, nie kaprysiłam, choć ten tryb życia był wykańczający. Ale patrzyłam, jak inni koledzy, w tym Jurek, dają sobie radę, wytrzymują wszystko, więc i ja zaciskałam zęby, uciszałam swój bolący

W filmie *Tylko strach*, 1993.

kręgosłup i, torturując swój organizm, z radością pracowałam od świtu do nocy, i w nocy też.

Gdyby nie było takich ludzi jak Jerzy Trela obok mnie, nie uprawiałabym w ogóle tego zawodu. Gdyby byli tylko tacy, którzy istnieją głównie na okładkach kolorowych czasopism i udzielają plotkarskich wywiadów, to byłby ostatni możliwy dla mnie zawód. Prawdę mówiąc, jest on czasem dość upokarzający. Moi koledzy, przede wszystkim Jurek, pomogli mi przetrwać wszystkie moje tragedie. Dawali mi siłę i ratowali życie swoją życzliwością. Dlatego teraz tak trudno mi o tym opowiadać, i słowa, których używam, mogą wydawać się za duże. Ale dzięki Jurkowi wiedziałam, że mój zawód jest piękny, potrzebny, ważny, że aktor to nie tylko „małpa", która podskakuje na scenie ku uciesze publiczności, ale może też wzruszać, przekazywać prawdę, pomagać komuś żyć. I wiedziałam, że cały związany z tym zawodem wysiłek nabiera sensu. Granie z Jurkiem pozwalało mi wydobywać z siebie coś głęboko prawdziwego.

Przez całe życie był moim kochanym nauczycielem, i to takich najważniejszych rzeczy.

Gdybym miała powiedzieć, że jestem dumna z tego, że jestem aktorką, to między innymi dlatego, że Jurek Trela też jest aktorem.

B.G. Sporo pracowaliście także w Teatrze Telewizji – na przykład w słynnych przedstawieniach Kutza.

A.D. Nie wiem, jak Jurek to robił, ale na użytek roli potrafił wywoływać w sobie stany chorobowe. Był czasem naprawdę chory, ale wykorzystywał te choroby do budowania roli. Raz miał wrzody, kiedy indziej – wysoką gorączkę. Wywoływał w sobie stan, na którym opierał całą rolę, zbudowaną bardzo precyzyjnie. Dlatego był później tak wiarygodny, do bólu... ale wspaniale tym wszystkim zawsze steruje. Wydaje się, że po prostu nic nie gra... po prostu jest.

Z postaciami, które kreuje, robi, co chce. Tego właśnie staram się uczyć studentów: musisz wydobywać emocje, ale nie mogą te emocje powodować tobą, tylko ty musisz kierować nimi. A Jurek tym żongluje – jak na przykład w *Wielkim kazaniu księdza Bernarda*.

Przykro mi, że nie jesteśmy już razem w teatrze – Jurek odszedł ze Starego. Ja nadal tam jestem, ale wciąż marzę, żeby jeszcze kiedyś z nim zagrać.

Mimo że Jurek chyba dokładnie wie, czego chce i w co wierzy, to zarazem jest zawsze pełen wątpliwości. Jest delikatny i wrażliwy. Widać, że potrzebuje potwierdzenia, czy naprawdę zrobił coś dobrze.

Są tacy ludzie, którzy, przechodząc przez drzwi wahadłowe, idą z prędkością, jaka im odpowiada, nie oglądają się za siebie i nie obchodzi ich, że może te drzwi kogoś zabiją. A Jurek bardzo długo trzyma drzwi i patrzy, czy tam ktoś przypadkiem nie idzie.

Jurek jest prawy i uczciwy. Dobrze wiem, ile kiedyś ludziom pomagał dzięki temu, że był w partii. Walczył o tyle rzeczy! Wykorzystywał swoją pozycję, żeby ratować pewne wartości, sprawy. Choć chyba był taki czas, że niektórzy mieli mu za złe jego partyjność – ale to tylko Jurek by mógł opowiedzieć. Nie walczył nigdy o siebie i o jakieś dla siebie korzyści.

Wiedzieliśmy, jak mieszka, jak żyje, i czego się dorobił... po wielu latach pracy kupił sobie opla corsę, takiego turkusowego.

Jurek był i jest po prostu normalnym, dobrym człowiekiem. Na przykład dzwoni do mnie i mówi: „Anka, wiesz co, bo mam spady w Leńczach" –

ma stary sad i jabłka mu czasem spadają. Dostałam od niego kilka razy parę skrzynek tych jabłek, bo wiedział, że robię soki i przeciery... o takich rzeczach też pamięta.

Myślę, że jesteśmy podobnie skonstruowani. Ja jestem takie zwierzę – muszę sobie pokopać w ogrodzie, zrobić przetwory, nastawić nalewkę, wyprać coś – potrzebuję swojego miejsca, domu i związanych z nim przyziemnych problemów. I Jurek też musi mieć taki swój azyl.

Józef Opalski

Beata Guczalska Jaka była personalna konfiguracja w Starym Teatrze? Obserwowałeś to z bliska, ale jednak z dystansu, nie będąc w zespole. Na filmie z prób do *Dziadów* widać – co mnie uderzyło – że Trela jest jakby onieśmielony.

Józef Opalski Kiedy późnym latem 1972 roku dowiedzieliśmy się, że Jurek będzie grał Konrada w *Dziadach*, byliśmy pełni obaw, czy Swinarski nie zwariował. Trela grał przedtem różne rzeczy, ale miał zupełnie inne emploi. Nieprzystające do romantycznego bohatera.

W tym czasie Zygmunt Konieczny napisał *Tryptyk* dla Ewy Demarczyk i wielu reżyserów miało go realizować: i Wajda, i Jarocki, i Swinarski, i Tomaszewski. Pojechaliśmy w tej sprawie z Ewą Demarczyk do Tylmanowej, do domku Wiktora Sadeckiego, gdzie przebywał Swinarski. I stwierdziliśmy, że jest zupełnie odklejony od rzeczywistości. Niedawno wyszedł z kliniki psychiatrycznej, tu w Krakowie, na Kopernika. I bardzośmy się z Ewą wtedy przestraszyli, bo Swinarski nagle wyskoczył z krzaków, zaczął potwornie wrzeszczeć i mówił, że tak będą wrzeszczeć dziady w jego *Dziadach*. I jeszcze Trela jako Konrad. Byliśmy pełni obaw: że to jest chory człowiek, że po prostu zwariował.

A okazało się, że jak każdy wybitny reżyser zobaczył w Treli coś, czego nikt inny nie widział.

I miał rację. Ale Trela był okropnie niepewny, przeżywał rolę Konrada jak jakąś traumę, bał się tego.

Na początku, kiedy przyszedł do teatru, nie miał łatwo. Stopniowo zdobywał jednak autorytet, mimo przynależności do partii. Z czasem stał się kimś, kto był wzywany, żeby różne konflikty rozładowywać, godzić zwaśnione strony, cieszył się bowiem ogólnym szacunkiem.

Podczas jubileuszu siedemdziesięciolecia Jerzego Treli, 2012.

Na pewno nikt, kto go zna, nie powie o Treli inaczej, tylko że jest to człowiek o niezwykłej uczciwości. W tym środowisku to jest rzadkie, ponieważ on nigdy nie intrygował, nigdy nie kombinował.

Jest trochę hipochondrykiem i wystarczy mu powiedzieć, że kaszle, a już leci do lekarza. To akurat jest bardzo zabawne. Ale nie spotkasz człowieka, który by Ci powiedział: zawiodłem się na Treli, co – powtarzam – w naszym środowisku jest naprawdę unikalne.

B.G. Jak mówisz o tej partii, to widać z wypowiedzi różnych ludzi, że on załatwiał coś dla instytucji, pojechał coś tam załatwić... I dlatego jemu się tego nie wytyka – przynajmniej nie w środowisku.

J.O. W środowisku nie, ale jak wiesz, na murach pisano o Treli różne rzeczy... Ale też na jego wyjątkowość składają się różne czynniki. Trela pamięta, że są święta, i dzwoni do nas wszystkich z życzeniami. Trela pamięta, że są imieniny, i dzwoni do nas z imieninowymi życzeniami. Trela, jeśli może coś pomóc załatwić, na pewno nie odmówi. Trela jest wspaniałym aktorem i wspaniałym człowiekiem, co składa się na jednostkę dość osobliwą w teatralnym światku.

B.G. W dodatku on ma bardzo szczególny sposób bycia. Sprawia czasem wrażenie, jakby był wręcz nieśmiały. Tymczasem przeciętne wyobrażenie o aktorze jest jednak takie, że to ktoś bardziej podobny do Stuhra – giętki, swobodny, elokwentny, wygadany. Aktor, który gra, i wszystko zagra, gdy zajdzie potrzeba: rektora, mędrca itd. Rzadko się zdarza, żeby ktoś z tej profesji w codziennym życiu był tak dogłębnie nieaktorski. Może trochę Radziwiłowicz w tym względzie jest do Treli podobny.

J.O. Ostatnio była w szkole Wigilia: Trela przyszedł, stanął w kąciku, potem przywitał się z tymi najstarszymi, usiadł na chwilę – widać było, że się spieszy, ale usiadł. Jasne, że czuje się za tę gromadę teatralną wciąż odpowiedzialny. Choć nie sprawuje teraz żadnych funkcji, to wie, że każde jego pojawienie się jest na wagę złota. I nie wchodzi z okrzykiem: „O, patrzcie, przyszedł Trela!", tylko: „Jak się czujesz, co słychać, a dawnośmy się nie widzieli..." – jest bardzo skromnym, ale i ciekawym człowiekiem, bardzo.

B.G. A jednocześnie pilnuje, żeby mu nikt nie wszedł w życie rodzinne... Widać, że go ta rodzina trzyma, choć on tego nie pokazuje.

J.O. Georgette jest jakimś odbiciem Jurka, to także jest osoba, która siedzi w kącie i nie zwraca na siebie uwagi. Założyła skrzynkę mailową jakieś dwa lata temu, więc czasem jej coś tam wysyłam. Nie mogę powiedzieć, żebym znał ją dobrze, ale każde z nią spotkanie jest bezpretensjonalne i bardzo miłe. Jurek się komputerem nie posługuje.

Na temat życia prywatnego Treli nie znajdziesz żadnych informacji o skandalach, „wyczynach" itd. Jest taki list Swinarskiego do Swinarskiej, gdzie pisze, że ten taki, tamten siaki – tylko Trela jest nieskazitelnej uczciwości. On był zafascynowany Trelą po prostu, Jurek był bardzo ładnym chłopcem, więc mu się bardzo podobał. Swinarskiego różne rzeczy bawiły, pewnie też to, że Trela się trochę wstydził – nie zmienia to faktu, że odkrył w nim różne rzeczy, które do dzisiaj funkcjonują – i w Jurku jako aktorze, ale też w Jurku – człowieku.

Nie złapałem przez tyle lat Treli na jakimkolwiek oszustwie. Oczywiście narzeka: „Wisz co, no mam problem, to bedzie trudne..." – i te pauzy słynne – „no wisz... no... jakoś to trzeba rozwiązać...".

Prawdą jest, że aktorstwo to jest trochę zawód nie dla mężczyzn. I Trela się trochę wstydzi, że jest aktorem – to są oczywiście moje domniemania. Zdarzało mu się grać różne role, nie zawsze wybitne. Na przykład w *Affabulazione*, które przetłumaczyłem i w którym Łomnicki szalał w Warszawie, stwarzając jedną ze swych legendarnych kreacji. Tu w Krakowie, w przedstawieniu Babickiego, Jurek się jakby krępował, był „nie na swoim miejscu".

B.G. To było okropne przedstawienie, tam grała Karkoszka i Trela – aktorzy tak niepasujący do tego high life'u włoskiego...

J.O. Teraz, jak gra Barrymore'a – trochę się męczy z tekstem, nie jest to najlepsza literatura, ale Trela mówi: „No wisz, ale ja nie mogłem odmówić Krzysiowi...".

B.G. Jak grał w *Termopilach polskich* księcia Józefa, to aż zęby bolały...

J.O. Ale bronił tego i nigdy złego słowa nie powiedział. Tak jak nie wytrzymywał *Dziadów* Grzegorzewskiego i wymyślił sobie monolog na pustej scenie – i był przejmujący.

Nie przypominam sobie w żadnym przypadku, na żadnej próbie – a byłem na wielu – konfliktu Trela–reżyser. Raczej coś mruczał, na przykład do Jarockiego: „Panie, jak ja to mam zagrać, co pan chcesz...".

B.G. Ale Jarocki się z Trelą świetnie dogadywał, ja to widziałam na próbach *Ślubu* – Jarocki kompletnie inaczej rozmawiał z Radziwiłowiczem, inaczej z Globiszem, inaczej z nim. Z nim w ogóle dużo nie rozmawiał, tylko takie były: „Panie Jerzy, tu...", „Tu, no to dobre będzie...". On nie potrzebuje takiej stymulacji jak inni – to znaczy potrzebuje stymulacji, ale innej.

J.O. We współpracy z reżyserami albo się wycofuje, albo mruknie coś tam, eee, ale takich spektakularnych konfliktów, jakie są w teatrze na porządku dziennym, to w odniesieniu do Treli chyba nie było.

A to, co się działo w zespole po śmierci Swinarskiego, jest nie do opisania. Jakim cudem oni to wszystko przeżyli... I tu Gawlik miał rację, że wymusił na nich granie *Wyzwolenia*. Zespół nie chciał grać – teksty w rodzaju „Gdzie jest Konrad..." nie chciały im przejść przez gardło. Dla Polony i Treli to była jakaś potężna trauma. Dla Polony także, z powodów prywatnych, ale w Jurku zachwiały się fundamenty pracy w teatrze.

B.G. Moim zdaniem był to ewenement teatralny – nie zdarza się, by reżyser i zespół byli aż tak związani.

J.O. Na ogół ludzie teatru, nawet najwybitniejsi, mają jakieś swoje życie rodzinne. Swinarski poza teatrem nie miał nic. Mieszkał w strasznych warunkach w teatrze, pomimo że miał pieniądze – wystarczyło przecież, że zrobił jedno przedstawienie za granicą, zwłaszcza w tamtych czasach – ale łaził w dziurawych tenisówkach. Nigdy nie dbał o swoją karierę; mógł być spokojnie Brookiem, Strehlerem, ale to wymagałoby wysiłku pozaartystycznego. A jego to w ogóle nie interesowało. Wolał siedzieć w SPATiF-ie, pić i gadać z aktorami – taki miał *façon d'etre*. Pieniądze przepijał, rozdawał prezenty, przywoził zawsze coś zza granicy – a to coś dla Treli, a to Polony sweterek, a to komuś coś tam... I miał dla nich zawsze czas. Przecież niektóre przedstawienia za dyrekcji Gawlika były naprawdę głupie. A on mimo to na nie chodził, stał za kulisami na tych idiotyzmach, konał ze śmiechu i mówił, że to jest fantastyczne – oni to uwielbiali. Trochę taka socjotechnika, tak jak przy *Pokojówkach*, kiedy świadomie skłócał trzy grające tam aktorki – Polony, Lassek i Dubrawską. Umiał w najlepszym tego słowa znaczeniu manipulować charakterami, tym kłębowiskiem żmij, jakim teatr jest bez wątpienia.

A Trela był zawsze ciekawy czegoś nowego. Pamiętam pierwsze przedstawienie Grzegorzewskiego w Starym Teatrze, czyli *Marsz*. To był jakiś idiotyzm: leżeli na leżakach, pluli z rurek jak dzieci – Olszewska, Trela, Polony na leżakach, a gdzieś z boku słynny pantograf Grzegorzewskiego. O co chodziło, jeden pan Bóg wie – ale zarazem był to fascynujący spektakl. Prawdopodobnie od tamtej premiery Grzegorzewski był tak przywiązany do Treli.

B.G. Tak, bo Swinarski to jedno, ale był jeszcze Grzegorzewski. Oni obaj mieli coś takiego, że nie należy wszystkiego mówić i nie musi się racjonalizować.

J.O. A każdy reżyser z przyjemnością pracuje z aktorem, o którym wie, że nie będzie intrygował, plotkował za kulisami, obrażał go i tak dalej.

B.G. Z Grzegorzewskim łączyło Trelę poczucie formy – przekonanie, że formę trzeba wypróbować, bo nie da się jej wyjaśnić.

J.O. To była zupełnie inna praca niż ze Swinarskim, gdy godzinami siedzieli nad tekstem.

Jednak kiedy Trela grał potem u Grzegorzewskiego, te analizy, dokonywane wcześniej i odłożone, nagle procentowały. Łatwiej potem było wejść w, powiedzmy, abstrakcyjną formę.

B.G. Obaj reżyserzy – Swinarski i Grzegorzewski – cierpieli na kliniczny alkoholizm i Trela też bardzo dużo pił.

J.O. Ale nie pamiętam, żeby po pijaku coś zawalił albo robił awantury. Pijany – zachowywał się raczej jak dziecko. Kiedy grał, nigdy nie było alkoholu po nim widać. A są tacy, którzy zapominają wejść na scenę, o tekście już nie mówiąc.

Nawet pod tym względem Trela jest fenomenem – nie kojarzę żadnej afery z tym związanej. A krążą przecież niesamowite historie o pijących aktorach.

Kiedyś jechaliśmy z Wrocławia rano. Spotykam Trelę na peronie, ma bardzo wypchane kieszenie. Pytam, co tam ma. „Zobaczysz". Pociąg rusza, ósma rano, a on mówi: „Słuchojże, bo mi powiedzieli, że jak się wódkę pije i zagryza migdałami, to człowiek się nie upije". I ciągnie mnie do kibla. A ja mówię: „Jurek, ja nie będę o ósmej rano pił". Miał dwie flaszki i kilo migdałów. Wypił jedną i padł, wyciągnąłem go z tego kibla. W przedziale usnął, obudził się chyba w Katowicach i mówi: „Widzisz? Działa!".

B.G. A jakim był rektorem? Prawdę mówiąc, Trela mi się średnio kojarzy z rektorem – urzędnikiem.

J.O. Najlepsze przemówienia, jakie pamiętam na rozpoczęcie roku akademickiego, to były Jurka Treli – zawsze zwięzłe i trafiające w punkt: o sytuacji szkoły, o jej problemach, o studentach. Świetne.

Czasy, kiedy był rektorem, były politycznie trudne, wybuchały różne konflikty. Trela, podobnie jak Błoński na UJ, który był prorektorem do spraw studenckich, ratował studentów. Liczba ludzi, studentów, pracowników, których Jurek uratował z różnych sytuacji, jest naprawdę imponująca. Interweniował bezpośrednio, wykorzystując wszelkie znajomości, starał się łagodzić sytuację.

Pod wieloma względami jest absolutnie niezwykłą postacią. I kiedy, z perspektywy lat, myślę o Jurku Treli, to myślę z uśmiechem: cóż to za dobry człowiek. I jaki aktor!

Dorota Segda

Beata Guczalska Bardzo duża część Twojej pracy zawodowej jest związana z Jerzym Trelą. W pewnym momencie zaczynaliście równolegle nowy etap: Ty – studia w PWST, Jerzy Trela – pracę rektora. Ale wcześniej, jak wspominałaś w jednym z filmów dokumentalnych, chodziłaś wiele razy na *Dziady*.

Dorota Segda Wychowywałam się w Krakowie, byłam uczennicą II LO im. Jana Sobieskiego. Chodziłam w czasach licealnych wielokrotnie na *Dziady* i byłam w sposób absolutnie pensjonarski zakochana w Treli i w Konradzie. Naprawdę miałam liczne dowody skończonej i wielkiej miłości do niego.

I oto znajduję się w szkole. To zdjęcie, które widzisz [zdjęcie wisi na ścianie u Doroty Segdy w gabinecie prorektora PWST] jest bardzo znaczące i w istotny sposób pokazuje istotę kontaktu między studentką a rektorem. Ma ono jeszcze podpis z drugiej strony – narysowana na nim strzałka sięga do głowy Treli i na odwrocie napisane jest moim pismem równiutkim, okrąglutkim jak u dziecka: „Tak uśmiecha się Mój Rektor. Tu – do mnie".

Pensjonarskie zakochanie zmieniło się w skończony szacunek i kult tego Mojego Rektora. Ale widzę też na tym zdjęciu Jurka, który jest uśmiechnięty dokładnie tak, jak go pamiętam z okresu, kiedy był moim rektorem: idzie przez korytarz i z pewną nieśmiałością, z niesamowitą empatią i ciepłem kłania się każdemu studentowi. To było na Starowiślnej, gdzie wszyscy siedzieliśmy tak po bokach, pokotem, właściwie jeden na drugim, bo szkoła ulokowana była tylko wzdłuż tego jednego korytarza. I zanim on przeszedł, mijało chyba z pół godziny, bo przy każdym się zatrzymywał, uśmiechał... Był dla nas niesamowitym wzorcem skromności – to było niezwykłe, że taki autorytet, gwiazda w tamtych kategoriach, może się tak zachowywać. Uważam, że do dzisiaj każdy dyrektor teatru

W spektaklu *Król umiera, czyli ceremonie*, 2008.

powinien robić wszystko, żeby mieć Trelę w bufecie, jako wzorzec zachowań ludzkich, udowadniających, że będąc gwiazdą, można się zachowywać skromnie, empatycznie, można zwracać uwagę na ludzi, być kulturalnym i nie mieć przewrócone w głowie. On samym takim przejściem przez korytarz nam to wszystko pokazywał.

Był kochany, a my wtedy nie zdawaliśmy sobie sprawy, ile trudu kosztowało go, żeby omijać wszystkie rafy systemu – przecież to był rok 1984. Pamiętam moich kolegów z grupy, którzy robili mu wstręty, że nie możemy chodzić na wykłady Tischnera na reżyserii. A potem dopiero dowiedziałam się, że to był bezwzględny warunek, żeby Tischner w ogóle uczył: zajęcia miały być zamknięte, tylko dla Wydziału Reżyserii. A tu oburzenie – zamiast dziękować, mieliśmy pretensje, że on czegoś zabrania!

Trela mnie bezpośrednio nie uczył, ale pamiętam go jako człowieka, który zawsze bronił studentów – ja jestem chyba ostrzejsza, mimo że też ujmuję się za studentami. Kolega z mojego roku pił przez całe studia i przyszedł pijany na przedstawienie konkursowe na festiwalu w Łodzi. Wszyscy, łącznie z publicznością, czekali na niego chyba z pół godziny, bo zniknął. My, koledzy, chcieliśmy, żeby wyleciał ze studiów. Trela zrobił wszystko, żeby go obronić. Nie wyobrażam sobie, co by musiał zrobić student, żeby Trela go usunął ze studiów. Bo trzeba dać szansę itd.

Mam jeszcze osobiste wspomnienie: kiedy byłam na czwartym roku, zaproponowano mi pracę na etacie w Starym Teatrze. Od trzeciego roku właściwie grałam dużo, a na czwartym roku już miałam etat. I na tę stałą pracę studentki musiał wyrazić zgodę senat, co zrobił pod wpływem rekomendacji rektora.

Ile rzeczy on ludziom załatwiał, bo go o to prosili! Wykorzystywał swoje znajomości – a łatwo mu to nie przychodziło, bo nie był w partii po to, żeby coś załatwić sobie. Czasami obracało się to przeciwko niemu, co niesłychanie przeżywał.

Nie było możliwe, żeby Jurkowi przypisać jakąś podłość.

B.G. To chyba dość niezwykłe przeżycie – jesteś studentką, a naraz zaczynasz grać z wielkimi aktorami – Twoimi profesorami – na scenie.

D.S. Zaczęłam od razu intensywnie pracować, a poza tym występowałam w takich przedstawieniach, z którymi dużo jeździliśmy. Trela stał się więc nie tylko moim kolegą ze sceny, ale też z autobusu. I przez to szybciej się z nim zaprzyjaźniłam, aczkolwiek oczywiście przejście na „ty" było dla mnie bardzo trudne. Wydawało mi się to niemożliwe, ale dosyć szybko się urzeczywistniło, bo Jurek jest niesłychanym kompanem. Będąc jeszcze na trzecim roku, pojechałam na mój pierwszy w ogóle wyjazd teatralny, do Jerozolimy ze *Zbrodnią i karą*, w której on nie grał, ale pojechał jako gość, na zaproszenie tamtejszego zespołu.

B.G. W *Zbrodni i karze* zastępowałaś Barbarę Grabowską?

D.S. W ten sposób weszłam do teatru – ona była już wtedy bardzo chora.

W 1989 roku, zaraz po premierze *Hamleta IV* pojechaliśmy z tym spektaklem na festiwal do Nowego Jorku, a stamtąd na trzy tygodnie do Meksyku. Trela pojechał tam za Peszka, bo to w zasadzie była rola Peszka [mowa o roli Aktora I i Grabarza] i on ją częściej grywał; także podczas tournée w Japonii był Peszek, ale do Ameryki nie mógł pojechać ze względu na inne zobowiązania, pojechał więc Jurek.

Dla nas ten miesiąc wyjazdu – Stany, Meksyk – był czymś niezwykłym, a tu jeszcze te zmiany ustrojowe w Polsce, człowiek się tym wszystkim zachłystywał. Jeździliśmy taksówką na pustą plażę w Acapulco, Jurek cały czas zapewniał lodówkę... Okazał się człowiekiem niesłychanie zabawowym, duszą towarzystwa – a w kompanii z Biniem [Jerzym Bińczyckim] przechodzili samych siebie. Co oni z Biniem wyprawiali! Uwalniali sardynki do basenu... To było cudowne. Oni byli z Biniem bardzo blisko i Binio kochał go jak brata, ale często z niego pokpiwał. Bo Jurek ma trochę spiskową teorię różnych rzeczy i podchodzi z podejrzliwością do sytuacji, które są zupełnie normalne. Węszy w nich jakiś podstęp... Jemu to chyba zostało z czasów partyjnych, kiedy miewał różne nieprzyjemności. Na przykład chcieliśmy mu zrobić jakieś śmieszne zdjęcie, to on się nagle strasznie zdenerwował, że to zdjęcie ktoś może wykorzystać, i powiedział mi: „Ty żeś jest głupio i naiwno" – i do mnie to potem przylgnęło. (Tu muszę zdradzić, że my często, naśladując Jurka, wyolbrzymiamy jego krakowski akcent – on się wtedy trochę obrusza, ale w tym przecież też tkwi jego wdzięk!)

Ja teraz także jestem wyczulona na różne zdjęcia – to skutek istnienia prasy celebryckiej, choć to ma inne podłoże. Ale faktycznie może byłam wtedy „głupio i naiwno".

Dzięki Jurkowi weszłam bardzo szybko w świetny team złożony z najfajniejszych, moim zdaniem, ludzi ze Starego Teatru. My mieliśmy przy tym *Hamlecie* taki zwyczaj, że po każdym spektaklu organizowaliśmy bankiet – każdy według alfabetu miał swoją kolejkę. W obsadzie było trzynaście osób, a Teresa Budzisz-Krzyżanowska, z racji podwójnego nazwiska, była na liście dwa razy: jako „Budzisz" i jako „Krzyżanowska" [Teresa Budzisz-Krzyżanowska grała w spektaklu rolę Hamleta]. Zagraliśmy tego *Hamleta* ze sto pięćdziesiąt razy, większość za granicą, i naprawdę był bankiet po każdym przedstawieniu... Czasami trwał pół godziny, a czasami do rana, ale zawsze był. Dzisiaj jest nie do wyobrażenia, żeby wszyscy zostawali jeszcze razem po przedstawieniu, nieraz na długo.

B.G. Ten sezon – 1990/1991 – w Starym Teatrze był dla Ciebie niesamowity: zagrałaś w pięciu premierach bardzo duże role (*Księżniczka Turandot*, *Fantazy*, *Ślub*, *Wesele*, *Śmierć Iwana Iljicza*), u wybitnych reżyserów – Zioły, Bradeckiego, Jarockiego, Wajdy, Grzegorzewskiego, z czego w trzech przedstawieniach wspólnie z Trelą. W *Weselu* Wajdy grałaś Pannę Młodą, on – Poetę.

D.S. Odbiorców wzruszała scena Poety z Panną Młodą, jakoś tak czule ją graliśmy. Nie była to na pewno scena o głupiej dziewczynie, która nie wie, co to jest Polska.

Raz się zdarzyła sytuacja zabawna, bo dialog jest taki:

POETA
A jest jedna mała klatka –
o, niech tak Jagusia przymknie
rękę pod pierś.

PANNA MŁODA
To zakładka
gorseta, zeszyta trochę przyciaśnie.

POETA
– A tam puka?

PANNA MŁODA
I cóz za tako nauka?
Serce – !– ?

POETA
A to Polska właśnie.

I Poeta klęczał przy tym u moich stóp.

Nagle, na jakimś może setnym przedstawieniu, prowadzimy z Jurkiem ten dialog, no i jest: „A tam puka?", a ja odpowiadam: „I cóz za tako nauka? Polska!". Zupełnie nie wiem, dlaczego tak powiedziałam, odbierając Poecie słynną pointę. Nigdy nie zapomnę oczu Treli rozszerzonych z zaskoczenia, i jego „aaa... właśnie!".

Nie wiem, czy jest aktor, z którym zagrałam więcej przedstawień, niż z Trelą. Z nim właśnie grałam moje najważniejsze przedstawienia: *Ślub*, *Sen srebrny Salomei*, *Fausta*, *Sędziów*, dwukrotnie *Wesele*.

Dlatego trudno mi przyjąć do wiadomości, że na dobre odszedł ze Starego Teatru. Nie mogę sobie wyobrazić, że już nigdy nie zagram z Trelą. Stary Teatr bez Treli jest czymś, co pozbawiono kawałka duszy.

B.G. On chyba to odejście mocno przeżywa, chociaż otwarcie tego nie mówi. Ale wymieniłaś przedstawienia dwóch wybitnych reżyserów, Jarockiego i Grzegorzewskiego.

D.S. Praca z Jarockim bardzo nas łączyła – byliśmy często w opozycji do reżysera. Jarocki nas gnębił, i to niesprawiedliwie, zwłaszcza przy *Fauście* – sam szukał, nie był pewien różnych rozwiązań i po prostu wyżywał się na nas. Po tej drugiej, naszej stronie barykady – jeśli można to tak nazwać – tworzyło się poczucie wzajemnej więzi i bliskości.

Pozostaje dla mnie niepojęte, że Jurek Trela – człowiek o tej pozycji zawodowej i talencie – tak się dawał gnębić. A Jarocki (przy całej miłości do niego) należał do takiego typu ludzi, którzy gnębią innych, kiedy czują, że ktoś im na to pozwala. I na Treli uwielbiał się wyżywać, a Jurek jakoś nigdy nie umiał odpowiedzieć mu: „Weźże się odwal".

B.G. Trela mówił: „Ja go znałem, nie chciałem się z nim kłócić, to wolałem stać i milczeć". Miał taką strategię: wiedział, że tamten się musi wyżyć, i koniec. Umiał to znosić z całą swoją mądrością.

D.S. Pewnie tak, zresztą Jarocki uwielbiał Jurka i uważał go za wielkiego aktora, tylko tak widać musiał. Nieraz mnie śmieszyło, jak mały Jarocki podskakiwał do takiego nosorożca na scenie, jakim był Trela. Bo ja na przykład się z nim kłóciłam i on wobec mnie tak sobie nie pozwalał.

Przy *Fauście* mieliśmy z reżyserem najwięcej zatargów – zarzucał nam, że nie pamiętamy różnych ustaleń. Myśmy z Jurkiem Radziwiłowiczem ostro się stawiali.

Ale oczywiście potem wspomina się tę pracę jako coś istotnego, do bólu – bo czuło się, jak to niesie widzów.

B.G. Pracowaliście także wiele razy wspólnie w spektaklach Grzegorzewskiego.

D.S. Z Grzegorzewskim było zupełnie inaczej, bo on dawał totalne pole wolności.

B.G. A nie czuliście się zagubieni trochę? On miał wspaniałą wyobraźnię i tak dalej, ale przecież nie dawał konkretnych wskazówek.

D.S. Ale właśnie Grzegorzewski bazował na tym, że my mamy swój warsztat i wypełniamy jego świat. To nie było łatwe, ale w teatrze zawsze coś przeszkadza: albo to, że jest za mało wolności, albo że za dużo. Mieliśmy całkowite zaufanie do jego gustu, i od razu, proponując coś, widzieliśmy po jego minie, że to jest nieodpowiednie. Więcej nic nie było trzeba, nawet nie musiał mówić.

A *Sędziowie* to jest przedstawienie, które powstało w trzy tygodnie. Niby nie było długie, ale zrobione bardzo misternie, dokładnie wykończone. Jak dziś pamiętam te wieczory, bo myśmy wtedy – Trela, Globisz i ja – mieszkali tygodniami w Warszawie, w pokojach gościnnych Teatru Narodowego na Wierzbowej, na górze. I schodziliśmy w pantoflach na próbę, co nas jakoś rodzinnie ze sobą związało – te wieczory, kiedyśmy schodzili na dół i we trojkę wymyślali coś... Krzysiek ze swoją pazernością na granie zagarniał strasznie dużo czasu dla siebie, mnóstwo rzeczy proponował, a Jurek stał z boku i mówił: „Dajże mu se spróbować...". Wiadomo, że Globisz musi zagarniać, wymyślać, a Trela sobie zajmował miejsce po cichu. To było naprawdę magiczne, w wielkiej formie był wtedy Jurek Grzegorzewski, nie pił...

Z Trelą grałam jeszcze w fantastycznym *Weselu* u Jurka Grzegorzewskiego – ja Rachelę, on Czepca.

Jurek jest dla mnie jak połączenia ojca z synem i z bratem. Chociaż na scenie grałam zazwyczaj jego córkę albo jakąś podopieczną, a nawet syna, przez lata! [Mowa o roli Joasa w *Sędziach* w reżyserii Grzegorzewskiego]. Mówiłam wtedy: „Jurek, ja tak bym chciała jeszcze zagrać jakąś twoją kochankę, jakąś żonę". I szczęśliwie udało mi się zagrać Julię w spektaklu *Król umiera*, gdzie też uwielbiałam kontakt z nim.

Stanisław Radwan i Dorota Segda

Beata Guczalska Do *Wesela* Grzegorzewskiego, zrealizowanego w Starym Teatrze w 1977 roku, pisał Pan muzykę. W spektaklu została bardzo mocno podkreślona postać Jaśka – nie wiem, na ile wynikało to z wcześniejszej koncepcji reżysera, na ile z faktu, że obsadzono w tej roli Trelę. W finale zamiast tańca chocholego podobno sam Trela coś krzyczał.

Stanisław Radwan Rozgorzała ostra dyskusja, czy bez dosłownego tańca istnieje taniec chocholi, wymyślony przez Wyspiańskiego jako zakończenie. Grzegorzewski pracował zawsze w relacji do konkretnego miejsca – najpierw była zawsze myśl o przestrzeni. Kiedy przychodziliśmy na pierwszą próbę, zazwyczaj była już jakoś – przynajmniej częściowo – zaaranżowana i trzeba się było w niej znaleźć. Dla Grzegorzewskiego liczyło się bardzo, żeby nawiązać do krążących w tym miejscu myśli – od Konrada Swinarskiego. Okno otwierane na plac Szczepański, występujące w *Dziadach*, dla niektórych przynajmniej widzów stanowiło oczywiste nawiązanie. O wiele ważniejszy był sam samobójczy gest.

Jeśli więc chodzi o ten finał, okazało się, że statyczna sytuacja wcale nie zlikwidowała pojęcia tańca, tylko miał on szersze znaczenie, odbywał się niejako po znacznie szerszym kręgu.

B.G. Ale muzyka tam była?

S.R. Tak. To muzyka robiła ten taniec. Ale były koleżanki i koledzy, którzy protestowali: „Jurek, ale jak to, bez tańca?" i tak dalej... Grzegorzewski nigdy nie mówił kategorycznie „nie, co mi głowę zawracacie", ale też nie bardzo dyskutował. No i wszedł Trela, i wszystko się stało jasne. Bo on zagrał Jaśka wzbudzającego reakcję „ja nie rozumiem" – ale to intelektualista nie

Stanisław Radwan, kompozytor, dyrektor Starego Teatru w latach 1980–1990.

rozumiał. Jasiek był po prostu naprawdę zagubiony i zrozpaczony, jakby mówił: ja nie rozumiem, dlaczego wy po tylu doświadczeniach, po tylu batach, nie potraficie się dogadać i zrobić coś wspólnie. Kiedy zwracał się do poszczególnych uczestników wesela, nabierało to jakiegoś niesamowitego wymiaru. Ten wymiar mógł osiągnąć tylko Trela, który ma taką prostotę w sobie, że znajduje się wprost, bezpośrednio w sytuacji: on jest w tym chocholim tańcu, a nie gra relacji z ideą chocholego tańca. I stąd się brało to dojmujące poczucie bezradności. Ten Jasiek w wykonaniu Treli był zupełnie rewelacyjny.

Proszę pamiętać, że to był rok koszmarny (pomijam marzec '68, to straszne upokorzenie pod każdym względem), po Radomiu. Nie wszyscyśmy sobie zdawali sprawę, że tam już się tworzyły prądy, dzięki kilku ludziom, że już się coś skojarzyło, co można było później w '80 roku zobaczyć: robotnicy w stoczni dopuścili najpierw intelektualistów, a potem zobaczyli, jakie to jest konieczne, żeby był ktoś taki jak Geremek i Mazowiecki. A to był problem, który Jurka Grzegorzewskiego wtedy potwornie męczył – że obie strony się nie zejdą.

B.G. No, dotąd się nie schodziły, w '68, w '70...

S.R. To nieschodzenie się zaczęło się już od rozbiorów, rabacja, obydwa powstania – chłopi mordowali powstańców, bo to się lepiej opłacało. Oczywiście, wina była już wcześniej... A Grzegorzewskiego to wtedy bolało, i to był o tym spektakl. Idealny do tego był Trela, z różnych powodów.

Czasem bywało takie niebezpieczeństwo, że jego postać – Jerzego Treli, ale widziana przez Konrada – będzie używana symboliczne. Jak on sobie z tym radził, że nigdy nie grał symbolu, to jego tajemnica. I to nie jego rzemiosła, tylko jego fenomenalnego myślenia...

Dorota Segda Ale to wynika z całej jego postawy, z człowieczeństwa. Jeśli z uwagą słucha studenta na korytarzu i z taką samą uwagą słucha partnera, to równie uważnie przygląda się postaci, którą gra. Zawsze po ludzku, a nigdy nie ideologicznie albo formalnie – szuka przede wszystkim konkretnego człowieka.

S.R. Znasz to, Dorotko, tysiąc razy lepiej ode mnie, że ta jego rezerwa... Dla mnie to jest w ogóle człowiek tajemnica. Cały czas odczuwam w nim coś nie tyle niezrozumiałego, co nieobjętego. Często bywało tak, że z rezerwą zaczynał próby, i coraz bardziej otwierał się na partnerów. Ja się czułem jego partnerem i zawsze tak samo traktowałem Jerzego Trelę – jako partnera w robocie. Nawet jako cenzora – w tym najlepszym sensie, artystycznym. Kiedy się coś proponowało, a on tego nie zaakceptował, powiedział: „Eee, nie gadaj", to już było wiadomo, że coś jest nie tak. Bo jeśli komunikat artystyczny ma przechodzić na drugą stronę, do publiczności, to po naszej stronie, czyli nadawców, musi być absolutnie klarowny.

Pamiętam, jak przy *Sędziach* Grzegorzewski powiedział do niego: „No, ale się skrzywiłeś!". Nie, Trela się nie krzywi, nie ma takich gestów czy demonstracji. Tylko jest takie krótkie: „Nie gadajże". On się czasem wyłączał, ale było to tak widoczne dla tych, którzy go znali, że nie musiał jakichś swoich racji wykładać. I zresztą nigdy się nie dał wciągnąć w żadne teoretyczne rozmowy. Nie, u niego to jest prostota – używam tego słowa w absolutnie ewangelicznym sensie.

A do tego niebywała siła. Gdy wchodzi na scenę, to wnosi jakąś niebywałą siłę, to jest strasznie mocne. Ta siła wiąże się jednak z doprowadzeniem do prostoty u siebie – z tego się ona bierze. Jeżeli do tego, co chcę przekazać na różnych piętrach, wtrąca się własne ego, to nie ma tej siły.

Według mnie jego tajemnica polega na tym, że on jest zawsze Trelą, i zawsze Jaśkiem, i Poetą, i tak dalej. Jest tymi dwoma ludźmi jednocześnie. Jaką drogą do tego dochodzi, nie mam pojęcia. I robi to zawsze z taką pokorą, prostotą – ja wiem, że to są niemodne słowa, ale dla mnie te cechy mają właśnie ci artyści, którzy nie zajmują się sobą. Co wcale nie znaczy, że jemu na sobie nie zależy. Nigdy nie dał sobą pomiatać.

D.S. Ale dlaczego nie odpyskował nigdy Jarockiemu, tylko czekał, aż on się wywścieka i dawał po sobie jeździć? Nie wiem.

W pracy z młodymi reżyserami, nie z kimś rangi Jarockiego, którzy nie wiedzą, mówią głupoty, niespecjalnie mają coś do zaofiarowania i strasznie dużo gadają, nie przypominam sobie ani jednej sytuacji, w której Jurek ujawniłby tę ich nieporadność i w jakiś sposób ich podsumował, ośmieszył, w ogóle wszedł w jakąś rozmowę. On zawsze z niesamowitą cierpliwością do końca czekał, że może coś z tego wyniknie. Chociaż wiedział, że w końcu trzeba to będzie zrobić samemu... Nigdy nie daje im poznać, że gadają głupoty, nigdy. Im się wydaje, że mówią coś mądrego, a Trela ich słucha... A on ich słucha, no bo co ma zrobić?

W relacji z Jarockim, kiedy już następował kres tego jeżdżenia po nim, podczas którego on się tak nie odzywał, to wtedy szedł się napić, i wtedy dopiero odreagowywał. A teraz już nie pije, więc nie wiem, gdzie to odreagowuje...

B.G. Ale już Jarockiego nie ma, więc nikt tak po nim nie jeździ.

A dlaczego, Pana zdaniem, pozostał w partii, choć nie było to dla niego bynajmniej wygodne?

S.R. Było wiele argumentów, które musiały do niego trafiać, bo to jest człowiek niezwykle otwarty na ludzi. Po pierwsze, wiedział, że może w ten sposób pomóc, a po wtóre – on zawsze głęboko przeżywa wszystko, co ma związek z polską kulturą, więc jak mu się mówiło, „możesz zbudować szkołę", to ten cel i fakt, że bierze udział w tworzeniu polskiej kultury, były decydujące. Nie jest do pomyślenia, żeby zrobił jakieś najmniejsze choćby świństwo. Przeciwnie, nadstawiał głowy, żeby innych ratować.

A dlaczego tak bardzo chciał, żeby Tischner został w szkole teatralnej? Nie po to, żeby zrobić kozacki gest „ja mogę to załatwić". Wiedział po prostu, jaki wpływ na młodzież ma Tischner, a dla niego to było ogromnie ważne. On jako pedagog wiedział doskonale, jak można uformować – dzięki Tischnerowi – myślenie młodych ludzi.

Trela nigdy nie gra, nie uczestniczył w żadnych rozgrywkach. Zawsze były dla niego cele – cele z najwyższej półki. Cenił wszystko, co było budowaniem kultury, budowaniem ciągłości. Nawet dzisiaj, gdy się z nim rozmawia, pojawiają się czasami słowa: „Ale to tak nie można, bo coś się niszczy". To jest imponujące, bo on pokazuje „ja jestem ten oracz na tej kulturalnej roli". To mu daje siłę, poczucie, że jest w jakimś łańcuchu: obojętne, co by kto nie powiedział, on ma poczucie swojej racji, wie, co jest z korzyścią dla kultury, to będzie to robił po prostu.

B.G. Zapytam jeszcze o występ Starego Teatru w Teatrze Rzeczypospolitej w roku 1983. Jak do tego doszło, Gawlik wam to zaproponował?

S.R. Atmosfera wokół tego była tak strasznie brudna, że trudno to dziś przekazać. Trzeba by tamte realia objaśniać, żeby zrozumieć, na czym polegało upokorzenie nas.

Wtedy głoszono z partyjnych mediów „normalizację". To było straszne hasło, bośmy znali je już z 1968 roku. „Normalizacja" oznaczała posłuszeństwo – ten jest normalnym obywatelem, który jest posłuszny. Czyli normalna komuna, wiadomo.

Nieco wcześniej, na zebraniu dyrektorów wszystkich instytucji artystycznych w Warszawie, w obecności premiera Rakowskiego, mówiłem że ludzie mają prawo do sprzeciwu wobec propagandy. Że bojkot jest sprzeciwem wobec propagandy i nie wolno ubliżać ludziom, którzy nie chcą niezgodnie ze swoim sumieniem gdzieś występować. I zostawcie ich. W teatrze przecież grają, służą kulturze w dalszym ciągu. (Jacek Weksler i inni mówili w czasie przerwy: „Radwana już nie ma w Starym Teatrze").

Jan Paweł Gawlik, zanim objął dyrekcję Teatru Telewizji, był bardzo dobrym dyrektorem, szanował to, co Zygmunt Hübner stworzył, bo niewątpliwie baza była stworzona przez Hübnera, z programem, z ludźmi.

Ale potem, jako dyrektor Teatru Rzeczypospolitej, chciał pokazać, że „za moich czasów powstało *Wyzwolenie* i to jest moja wizytówka". To zaproszenie było więc elementem rozgrywki ze Starym Teatrem.

A poza tym Gawlik zrobił straszną rzecz, i nigdy nie zrozumiem, dlaczego w „Życiu Literackim" na tydzień przed otwarciem Teatru Rzeczypospolitej opublikował paszkwil na zespół Starego Teatru. Całą historię tego, co się działo w '80 roku opisał ze swojej perspektywy, ale w sposób rażąco stronniczy, wręcz obraźliwy.

Zdecydowałem wtedy, że nie przyjdę na konferencję prasową przed otwarciem Teatru Rzeczypospolitej i tym naszym występem – a w moich obowiązkach, jako dyrektora, było także prezentowanie teatru. Powiedziałem: „Nie podam Panu ręki, bo ten artykuł to jest tak, jakby mnie ktoś zaprosił do swojego domu, ja pukam, on otwiera i pluje na mnie w progu". I konferencji nie było.

Po spektaklu też zorganizowano spotkanie – z wierchuszką, z generałem Jaruzelskim. I ja mówię do Treli: „Jurek, ja nie pójdę. Ja nie mogę, wolę od razu dymisję złożyć, niech mnie wywalą. Natomiast nie możemy zrobić bojkotu faceta, który bądź co bądź może jednym ruchem skreślić Stary Teatr, jeśli nie osobiście, to przez swoich popleczników. Pójdźcie, kto tam może". I Trela się skręcał, nie chciał, wreszcie mruknął: „No oczywiście, mnie to zawsze tak...".

Ale miał też momenty wielkiej satysfakcji – na przykład podczas audiencji u papieża w Watykanie, gdzie byliśmy z zespołem Starego Teatru w lutym 1981 roku. Papież wielu ludzi znał i do Jurka podszedł, i obydwiema rękami go ścisnął. Co mu powiedział, nie wiem, ale wyraźnie z atencją, bo on *Dziady* widział.

Gdy jechaliśmy do tej Warszawy, napięcie było ogromne, ale aktorzy zagrali fantastycznie. Myśmy postanowili, że dwie sfery – sztuki i polityki – traktujemy rozdzielnie. Powiedziałem im: „Traktujcie ludzi jak normalną publiczność, ponieważ w imię sztuki tu jesteście, a nie w imię jakiejkolwiek polityki". Chcieliśmy pokazać, że liczy się przede wszystkim Wyspiański.

Niektóre koleżanki i koledzy mieli mi za złe tę decyzję, a to była naprawdę ostro postawiona sprawa wobec mnie: albo–albo. Nie o moją osobę chodziło, ale o teatr. Pułkownik, który mnie wzywał na Mogilską, straszył mnie: „Proszę pana, ale pan może w każdym momencie wylecieć". Odpowiedziałem: „Moje sprawy łatwo się rozwiązują: dowiedziałem się, że jest wolna posada organisty na Spiszu. Ja mam zawód w ręku.

Nie muszę być dyrektorem za wszelką cenę". Wymyśliłem ten Spisz nie wiem skąd.

B.G. Bardzo podziwiam, żeście ten trudny okres przetrwali.

S.R. Wiele rzeczy było przekazywanych z centrali na poziom KW, czyli Komitetu Wojewódzkiego PZPR. I tam dwóch naszych kolegów było w komisji kultury, Jerzy Trela i Edward Lubaszenko. Obaj bardzo twardo występowali po stronie Starego Teatru, w jego najlepszym interesie – a wiem to nie od nich. To są rzeczy już nie do odtworzenia, a myślę też, że ani jeden, ani drugi nie chcieliby o tym mówić.

I Trela, i Lubaszenko wykłócali się o repertuar, o ludzi, którzy mieli realizować przedstawienia. Trela traktował to w ten sposób: „To jest mój dom, moja kultura, więc ja będę chronił, walczył, nadstawiał karku".

Nieraz jako dyrektor zastawałem zamknięte drogi cenzury, złożyłem jakąś propozycję repertuarową i miałem sygnał „nie, nie ma o czym mówić". A na drugi dzień cenzor dzwonił: „Proszę przyjść, będziemy gadać". Nigdy nie pytałem Jurka, jak on to robił. O tym żeśmy nigdy nie gadali.

Dam pani przykład, jak czasem potrafił rozładować dyskusję. Wiosna 1982, stan wojenny, i ja rozmawiam z brytyjskim dziennikarzem o Eliocie, o przedstawieniu *Mord w katedrze*, na czym polega bojkot. Mówiłem o faktach. I potem jakiś urzędnik partyjny zaczepił Trelę: „Co to jest, to jest skandal, on daje po angielsku wywiady!". A na to Trela spokojnie: „No bo zno angielski". Lepszego wymyku nie mogę sobie wyobrazić. Taki zawsze był, z prostotą i jednocześnie odwagą wychodził z różnych sytuacji.

Anna Polony

Beata Guczalska Jak Pani poznała Jerzego Trelę?

Anna Polony Kiedy przyszedł do Starego Teatru, najpierw graliśmy razem w *Żegnaj, Judaszu* Iredyńskiego, ale tam nie mieliśmy wspólnych scen i nie poznaliśmy się jakoś szczególnie. Nastąpiło to dopiero później, w *Godach życia* Przybyszewskiego w reżyserii Wandy Laskowskiej (byłam główną bohaterką, Hanką, która dla kochanka porzuciła męża i dziecko, Jerzy zaś uwodzicielem, zakochanym we mnie, ale brutalnym, który zmusił mnie do miłości, właściwie zgwałcił). No i miałam trochę problem z tą rolą, ponieważ Jerzy – którego miałam nienawidzić – podobał mi się dużo bardziej niż partner grający mojego ukochanego! Lubiłam grać ten spektakl – był melodramatyczny, ale równocześnie na granicy parodii, pastiszu tej konwencji, więc jedna część widowni prawie płakała, a druga się śmiała, co dla aktorów było podniecające. Nasze piękne zdjęcie z Jurkiem wisiało w korytarzu Teatru Kameralnego.

No a potem przyszły *Dziady* – i ta praca nas już mocno połączyła.

B.G. Zdziwiła się Pani, że Swinarski obsadził Trelę?

A.P. Ale ja pierwsza się o tym dowiedziałam! Konrad Swinarski długo się zastanawiał nad obsadzeniem tej jakże znaczącej postaci – nie było wtedy w teatrze odpowiadającego mu aktora. I wreszcie pewnego dnia powiedział mi: „Wiesz, kto by to mógł zagrać? Trela. Bo to jest taki czysty człowiek". Zatkało mnie, ale tylko przez moment, bo zaraz stwierdziłam: „Wiesz, to jest chyba dobry pomysł".

We wrześniu 1972 roku Konrad wyszedł z kliniki po leczeniu, po wielkim kryzysie psychicznym, i był w bardzo niedobrym stanie, zapuścił brodę... I Marek [Walczewski, wówczas mąż Anny Polony] zaproponował mu: „Wiesz co, nie byłeś nigdzie na wakacjach, przejedźmy się do Zakopanego, do Morskiego Oka, zjemy tam obiad, porozmawiamy". (Nie było jeszcze takich tłumów, no i dało się dojechać!) Nagle Konrad zapragnął pójść wyżej, do Czarnego Stawu. Gnał do góry jak szalony, nie mogliśmy za nim nadążyć. Widać było, że jest w jakiejś strasznej gorączce wewnętrznej.

A podczas prób Konrad zlecił mi współpracę z Jurkiem nad częścią IV. W naszym przedstawieniu część IV połączona była z obrzędem, czyli częścią II, w której grałam Pasterkę.

Jurek miał pewien problem z tym fragmentem roli. O ile w części III postać Konrada była mu bliska, to nie mógł jakoś pogodzić się z tą wybujałą uczuciowością czy egzaltacją, która cechuje część IV.

Okazywanie uczuć w ogóle go krępowało – także na scenie było mu trudno otwarcie pokazać miłość do kobiety. Przypuszczam, że jest to efekt męskiego, trochę twardego wychowania: „nie wypada mężczyźnie okazywać słabości w stosunku do kobiety". Odczuwałam nawet pewien dyskomfort, gdy graliśmy w *Godach życia*, bo nie umiał mi okazać miłości, miał jakąś blokadę. A przecież na scenie muszą zaistnieć fluidy między dwojgiem ludzi, żeby relacja była wiarygodna dla publiczności.

Kiedyś pozwoliłam sobie na głupi żart: Krzysztof Miklaszewski przygotowywał wtedy dla telewizji cykl *Twarze teatru*, odcinek o Treli, i sprowokował mnie: powiedzże coś zabawnego, żeby nie było tak sztywno. Powiedziałam, że generalnie lubię z nim grać, tylko nie lubię grać scen miłosnych, bo jest zawsze taki zamknięty, i właściwie nie wiadomo, czy istnieje jakaś więź między postaciami – chyba dlatego, że jego żona jest zazdrosna. I Żorżeta się obraziła. Jurek miał do mnie ogromne pretensje, że coś takiego powiedziałam, co ją tak uraziło! Żorżeta, wybacz mi ten nietakt i nie pamiętaj o tej głupocie!

Oczywiście Jurek lubi kobiety, choć tego nie okazuje. Wtedy przyciągał panie swoim mrocznym wyglądem, uwodził tajemniczością i pewnego rodzaju dystansem, jaki wytwarzał.

Pracowaliśmy więc nad tą częścią *Dziadów* i on się w pewnym momencie otworzył – nie na mnie, ale na swoje wyobrażenie o zawiedzionej miłości, bardzo intymne, i znalazł drogę, żeby mówić o tym z ogromnym żarem i intensywnością. Pracowaliśmy także nad gestem, ale Jerzy nie chciał

Podczas jubileuszu siedemdziesięciolecia Jerzego Treli, 2012.

przyjąć moich propozycji, bo uznał – pewnie słusznie – że w jego wykonaniu nie byłoby to wiarygodne. I wymyślił sobie rękę na sercu, jakby go to serce bardzo bolało – to był taki prosty i wzruszający gest.

W *Wyzwoleniu* byliśmy już z Jurkiem tak skumplowani, że również na scenie rozmawialiśmy ze sobą jak brat i siostra, jak bardzo bliscy sobie ludzie.

I gdy nastąpił ten moment dramatyczny...

B.G. Mówi Pani o śmierci Swinarskiego?

A.P. Tak. Straciłam grunt pod nogami po śmierci tego człowieka. On był częścią duszy – myślę, że nie tylko mojej, Jurka Treli także. Pamiętam reakcję Jurka Radziwiłowicza na tę wiadomość – łzy lały mu się ciurkiem po twarzy.

B.G. Czy to prawda, że nie chcieliście grać *Wyzwolenia*?

A.P. Tak, ale tylko pierwszego dnia po katastrofie. Potem dyrektor Gawlik tak nas męczył, że musieliśmy ulec. Nie wyobrażałam sobie tego spektaklu na trzeci dzień po tym tragicznym wydarzeniu. I Janek Nowicki mi poradził: „Haniu, graj to ze złością! Z wściekłością na to, co się stało!".

No i tak grałam, ale jak doszło do III aktu, kiedy koledzy mówili: „A gdzie jest Konrad?", „A on zginie w dymie...", myślałam, że zemdleję. A kiedy usłyszałam od Jurka Treli: „Żegnaj, moja Muzo", ugięły się pode mną nogi i byłabym upadła, gdyby nie podtrzymał mnie Wiktor Sadecki.

Ten dramat nas ogromnie zjednoczył, staliśmy się przez to jeszcze silniejszą wspólnotą. Dopóki Konrad był między nami, żyliśmy jak zaczarowani, a kiedy go zabrakło, poczuliśmy się osieroceni i zagubieni. Nagle zostaliśmy z tego zaczarowanego kręgu przez los wykopani. Jego tragiczna śmierć rozbiła wewnętrznie nie tylko grono najbliższych, ale cały zespół aktorski Starego Teatru. Zintegrował nas dopiero Andrzej Wajda swoim wielkim przedsięwzięciem *Z biegiem lat, z biegiem dni...*, które później zyskało także wersję telewizyjną.

B.G. Z różnych krążących opinii słyszę jednak, że Wasza relacja nie zawsze była bezkonfliktowa?

A.P. Jurek był związany z partią, ja – przeciwnie. A ponieważ oboje nie przebieramy w słowach, ja mu wymyślałam od komuchów, a on mi od dewotek.

Mówiąc poważnie, to Jurek w latach siedemdziesiątych chyba się wahał (może chciał odejść z partii?) Ale nawet Konrad mu mówił, żeby w ten sposób, czyli będąc w partii, walczył o dobro i sprawy teatru. I Jurek to rzeczywiście robił, wykorzystywał swoją pozycję dla dobra zespołu, instytucji, nie dla siebie. On naprawdę w dobrej wierze robił pewne rzeczy, może nawet z naiwnością, której z latami się pozbył.

Kiedy zakładowa „Solidarność" w Starym Teatrze w 1980 roku chciała wyrzucić dyrektora Gawlika, byłam przeciw temu, Jurek też, bo Gawlik mimo wszystko dobrze sprawdzał się na tym stanowisku. Tylko że nie chciał w niczym ustąpić – wysuwano wobec niego postulaty „Solidarności", na które nie chciał się zgodzić. Moim zdaniem popełnił wielki błąd, który się zemścił na teatrze, na nas i na nim.

W stanie wojennym nastąpił pewien dramatyczny moment, kiedy odsłaniano pomnik Wyspiańskiego i my, aktorzy, mieliśmy coś recytować pod tym pomnikiem. A były to czasy bojkotu i oporu środowiska. Nie chcieliśmy wykonywać poleceń tej władzy. Ja odmówiłam występu, a Jurek uważał, że należy to zrobić. „Jak ty nie wystąpisz, to ja też nie mogę, a wtedy wiesz, co będzie", mówił. Ja się upierałam przy swoim, i tak trwała ta przepychanka. W końcu postanowiłam: „Dobrze, ale robię to tylko dla ciebie! I pod warunkiem, że Danusia Michałowska też wystąpi". (Danuta Michałowska była wówczas rektorem PWST i namawiała nas do wzięcia udziału w tej uroczystości, ponieważ uważała, że Wyspiańskiemu się to należy). Poszliśmy więc do niej i uzgodniliśmy, że wystąpimy w trójkę, tylko byliśmy wszyscy na czarno, jak w żałobie, ja w jakimś kapturze... Danuta Michałowska mówiła: „Niech nikt nad grobem mi nie płacze", a ja: „Ktokolwiek żyjesz w polskiej ziemi..." z *Wyzwolenia*, zaś Jerzy piękną modlitwę Konrada.

A potem jeszcze raz się pokłóciliśmy. Był chyba rok 1990, rektorem został Jerzy Stuhr. I zwołał zebranie wszystkich pedagogów, żeby ustalić nowe zasady pracy. Jurek Trela nie przyszedł. Zadzwoniłam do niego, okazało się, że śpi, telefon odebrała żona. A ja rozzłoszczona (wszyscy wiedzą, że jestem straszną choleryczką) krzyczę do tego telefonu, że dlaczego nie przyszedł, jak on mógł, co on sobie wyobraża! I za chwilę dzwoni do mnie Trela: „Nie życzę sobie, żebyś mordę darła na moją żonę!". No, my już tacy jesteśmy, wszystko od razu kawa na ławę. Strasznie się o tę mordę obraziłam, nie odzywaliśmy się do siebie bardzo długo.

Graliśmy wtedy w *Fantazym* w reżyserii Bradeckiego, ja hrabinę Respektową, on Majora Wołdemara Hawryłowicza. Major przyjeżdża, a Hrabina mówi: „Witam pana... Kogóż mam zaszczyt?". On na to: „Pani nie poznała?". Ja odpowiadam: „Ach, pan Wołdemar!" i biegnę do niego. Jurek wchodził od strony widowni, ja byłam na scenie. I na jednym z przedstawień po tej awanturze biegnę, żeby go przywitać, a on nagle wyjął zza pleców wielki bukiet żółtych tulipanów i wręczył mi, patrząc w oczy. I już oczywiście nie mogłam się na niego gniewać!

No, co tu mówić, Jurek Trela to kawał mojego życia.

B.G. Zaczynaliście Państwo grać razem w roku 1971, ale niedawno na scenie Starego Teatru można było oglądać Wasz wspaniały duet w *Damach i huza-*

rach, Król umiera, czyli ceremonie, a ostatnio występowaliście w *Chłopcach* Grochowiaka. Ponad czterdzieści lat razem na scenie – miejmy nadzieję, że to nie koniec!

A.P. Być może coś nam się jeszcze przydarzy – chciałabym, ale wszystko w rękach Jurka, no i Opatrzności!

Kalendarium

1961–1964

Praca w Teatrze Lalkowym Miś – udział w spektaklach dla dzieci, opracowania plastyczne oraz rola Krawca w spektaklu *Płaszcz* Mikołaja Gogola w reżyserii Zbigniewa Poprawskiego (1963).

Role teatralne

1964 **Sarka-Farka** | Jan Drda, *Igraszki z diabłem*
REŻYSERIA Władysław Jarema, Państwowy Teatr Lalek Groteska w Krakowie
PREMIERA wrzesień 1952 [zastępstwo od 1964 roku]

obsada aktorska | Sławomir Mrożek, *Męczeństwo Piotra Ohey'a*
REŻYSERIA Zofia Jaremowa, Państwowy Teatr Lalek Groteska w Krakowie
PREMIERA 20.12.1959 [zastępstwo od 1964 roku]

Zegar Tissot | Zbigniew Wojciechowski, *Która godzina*
REŻYSERIA Zofia Jaremowa, Państwowy Teatr Lalek Groteska w Krakowie
PREMIERA 24.11.1964

1965 **Herkules** | Jerzy Jesionowski, *Siódma wyprawa*
REŻYSERIA Franciszek Puget, Państwowy Teatr Lalek Groteska w Krakowie
PREMIERA 11.09.1965

1966 **Popryszczyn** | Mikołaj Gogol, *Pamiętnik wariata*
REŻYSERIA Jan Łukowski, Teatr STU w Krakowie PREMIERA kwiecień 1966 (także opracowanie plastyczne)

Urzędnik imigracyjny | Arthur Miller, *Widok z mostu*
REŻYSERIA Eugeniusz Fulde, PWST w Krakowie PREMIERA 11.12.1966

1967 **obsada aktorska** | *Człowiek gorejący* (oratorium rewolucyjne na podstawie tekstów m.in. Krzysztofa Kamila Baczyńskiego, Pabla Nerudy, Tadeusza Różewicza, muzyka Tomasz Stańko)
REŻYSERIA Krzysztof Jasiński PREMIERA październik 1967

Milicjant, Strażak | Włodzimierz Majakowski, *Pluskwa*
REŻYSERIA Jerzy Jarocki, PWST w Krakowie PREMIERA 30.11.1967

1968 obsada aktorska | Leopold von Sacher-Masoch, *Kobieta-demon*
REŻYSERIA Jan Łukowski, Teatr STU w Krakowie PREMIERA luty 1968

Cyryl | Bohdan Drozdowski, *Klatka czyli zabawa rodzinna*
REŻYSERIA Jerzy Kaliszewski, PWST w Krakowie PREMIERA 9.12.1968

Sadyban | Bohdan Drozdowski, *Kondukt*
REŻYSERIA Jerzy Kaliszewski, PWST w Krakowie PREMIERA 9.12.1968

1969 **Samuel, Wójt** | Stanisław Wyspiański, *Sędziowie*
REŻYSERIA Tadeusz Burnatowicz, PWST w Krakowie PREMIERA marzec 1969

Płaton Kowalew | Mikołaj Gogol, *Nos*
REŻYSERIA Jan Łukowski, Teatr Rozmaitości w Krakowie PREMIERA 18.10.1969

Sergiusz Gołubkow | Michaił Bułhakow, *Ucieczka*
REŻYSERIA Halina Gryglaszewska, Teatr Rozmaitości w Krakowie PREMIERA 31.10.1969

1970 **Obywatel III** | Jan Łukowski, Jan Polewka, *Sól*
REŻYSERIA Jan Łukowski, Teatr Rozmaitości w Krakowie PREMIERA 14.02.1970

obsada aktorska | Andrzej Jarecki, *Wódko, wódeczko*
REŻYSERIA Ryszard Smożewski, Teatr Rozmaitości w Krakowie PREMIERA 28.02.1970

Golz | Ernest Hemingway, *Komu bije dzwon*
REŻYSERIA Jerzy Goliński, Teatr Rozmaitości w Krakowie PREMIERA 19.04.1970

Spodek | William Shakespeare, *Sen nocy letniej*
REŻYSERIA Konrad Swinarski, Stary Teatr im. Heleny Modrzejewskiej w Krakowie PREMIERA 22.07.1970

Filip | Jarosław Marek Rymkiewicz, *Król Mięsopust*
REŻYSERIA Bogdan Hussakowski, Stary Teatr im. Heleny Modrzejewskiej w Krakowie PREMIERA 11.10.1970

1971 **Aleksander, Korneliusz, Przewodnik gry** | Christopher Marlowe, *Tragiczne dzieje Doktora Fausta*
REŻYSERIA Bohdan Korzeniewski, Stary Teatr im. Heleny Modrzejewskiej w Krakowie PREMIERA 7.02.1971

Piotr | Ireneusz Iredyński, *Żegnaj, Judaszu*
REŻYSERIA Konrad Swinarski, Stary Teatr im. Heleny Modrzejewskiej w Krakowie PREMIERA 14.03.1971

Czeladnik I | Stanisław Ignacy Witkiewicz, *Szewcy*
REŻYSERIA Jerzy Jarocki, Stary Teatr im. Heleny Modrzejewskiej w Krakowie
PREMIERA 13.06.1971

Pan G. Dumain | William Shakespeare, *Wszystko dobre, co się dobrze kończy*
REŻYSERIA Konrad Swinarski, Stary Teatr im. Heleny Modrzejewskiej w Krakowie PREMIERA 3.10.1971

Jean-Jacques | Jean-Claude Carrière, *Notatnik*
REŻYSERIA Ewa Kołogórska, Stary Teatr im. Heleny Modrzejewskiej w Krakowie
PREMIERA 12.11.1971

1972 **Alexanderson** | August Strindberg, *Silniejsza*
REŻYSERIA Jitka Stokalska, Stary Teatr im. Heleny Modrzejewskiej w Krakowie
PREMIERA 25.03.1972

Antoni Murdel-Bęski | Stanisław Ignacy Witkiewicz, *Matka*
REŻYSERIA Jerzy Jarocki, Stary Teatr im. Heleny Modrzejewskiej w Krakowie
PREMIERA 7.07.1972

Janota | Stanisław Przybyszewski, *Gody życia*
REŻYSERIA Wanda Laskowska, Stary Teatr im. Heleny Modrzejewskiej w Krakowie PREMIERA 18.11.1972

1973 **Gustaw-Pustelnik, Konrad** | Adam Mickiewicz, *Dziady*
REŻYSERIA Konrad Swinarski, Stary Teatr im. Heleny Modrzejewskiej w Krakowie PREMIERA 18.02.1973

Generał | Mieczysław Piotrowski, *Marsz*
REŻYSERIA Jerzy Grzegorzewski, Stary Teatr im. Heleny Modrzejewskiej w Krakowie PREMIERA 29.06.1973

Spadochroniarz | Adam Kreczmar, *Hyde Park*
REŻYSERIA Jerzy Markuszewski, Stary Teatr im. Heleny Modrzejewskiej w Krakowie PREMIERA 26.10.1973

1974 **Konrad** | Stanisław Wyspiański, *Wyzwolenie*
REŻYSERIA Konrad Swinarski, Stary Teatr im. Heleny Modrzejewskiej w Krakowie PREMIERA 30.05.1974

1975 **Jasza** | Antoni Czechow, *Wiśniowy sad*
REŻYSERIA Jerzy Jarocki, Stary Teatr im. Heleny Modrzejewskiej w Krakowie
PREMIERA 1.03.1975

Bimber | Stanisław Tym, *Rozmowy przy wycinaniu lasu*
REŻYSERIA Jerzy Markuszewski, Stary Teatr im. Heleny Modrzejewskiej w Krakowie PREMIERA 19.10.1975

gen. Jarosław Dąbrowski | Bohdan Urbankowski, *Białe ogrody*
REŻYSERIA Romana Próchnicka, Stary Teatr im. Heleny Modrzejewskiej w Krakowie PREMIERA 17.12.1975

1976 **Stary Wiarus** | Stanisław Wyspiański, *Warszawianka. Pieśń z 1831 roku*
REŻYSERIA Henryk Tomaszewski, Stary Teatr im. Heleny Modrzejewskiej w Krakowie PREMIERA 26.06.1976

1977 **Raskolnikow** | Fiodor Dostojewski, *Zbrodnia i kara*
REŻYSERIA Maciej Prus, Stary Teatr im. Heleny Modrzejewskiej w Krakowie PREMIERA 5.02.1977

Jasiek | Stanisław Wyspiański, *Wesele*
REŻYSERIA Jerzy Grzegorzewski, Stary Teatr im. Heleny Modrzejewskiej w Krakowie PREMIERA 12.06.1977

Gralak | Krzysztof Kieślowski, *Życiorys*
REŻYSERIA Krzysztof Kieślowski, Stary Teatr im. Heleny Modrzejewskiej w Krakowie PREMIERA 27.11.1977

1978 **Marcin** | Joanna Olczak Ronikier, *Z biegiem lat, z biegiem dni...*
REŻYSERIA Andrzej Wajda, Anna Polony, Stary Teatr im. Heleny Modrzejewskiej w Krakowie PREMIERA 29.03.1978

1979 **Chochoł, Konrad** | *Sen o Bezgrzesznej. Rzecz dla teatru w dwóch częściach ułożona przez Jerzego Jarockiego i Józefa Opalskiego na podstawie tekstów Stefana Żeromskiego, dokumentów epoki i cytatów literackich*
REŻYSERIA Jerzy Jarocki, Stary Teatr im. Heleny Modrzejewskiej w Krakowie PREMIERA 21.01.1979

Dyrektor | Jan Paweł Gawlik, *Egzamin*
REŻYSERIA Edward Lubaszenko, Stary Teatr im. Heleny Modrzejewskiej w Krakowie PREMIERA 20.03.1979

Pan Henryk | Apollo Korzeniowski, *Dla miłego grosza*
REŻYSERIA Agnieszka Holland, Stary Teatr im. Heleny Modrzejewskiej w Krakowie PREMIERA 17.10.1979

obsada aktorska | Krzysztof Miklaszewski (scenariusz), *Głosy przeszłości*
REŻYSERIA Jerzy Trela, Stary Teatr im. Heleny Modrzejewskiej w Krakowie PREMIERA grudzień 1979

1980 **Parobek S** (*Zabawa*) | Sławomir Mrożek, *Zabawa. Na pełnym morzu*
REŻYSERIA Tadeusz Lis, Stary Teatr im. Heleny Modrzejewskiej w Krakowie PREMIERA 19.04.1980

Artiemij Filipowicz Ziemlanika | Mikołaj Gogol, *Rewizor*
REŻYSERIA Jerzy Jarocki, Stary Teatr im. Heleny Modrzejewskiej w Krakowie
PREMIERA 28.11.1980

1981 obsada aktorska | Zbigniew Herbert, *Powrót pana Cogito*
REŻYSERIA Tadeusz Malak, Stary Teatr im. Heleny Modrzejewskiej w Krakowie
PREMIERA 11.04.1981

Odys | Stanisław Wyspiański, *Powrót Odysa*
REŻYSERIA Krystian Lupa, Stary Teatr im. Heleny Modrzejewskiej w Krakowie
PREMIERA 1.06.1981

Claudius | William Shakespeare, *Aktorzy Starego Teatru w scenach i monologach z „Hamleta"*
REŻYSERIA Andrzej Wajda, Stary Teatr im. Heleny Modrzejewskiej w Krakowie
PREMIERA 19.06.1981

Claudius | William Shakespeare, *Tragiczna historia Hamleta księcia Danii*
REŻYSERIA Andrzej Wajda, Stary Teatr im. Heleny Modrzejewskiej w Krakowie
PREMIERA 28.11.1981

1982 **Rycerz III** | Thomas Stearns Eliot, *Mord w katedrze*
REŻYSERIA Jerzy Jarocki, Stary Teatr im. Heleny Modrzejewskiej w Krakowie
PREMIERA 1.04.1982

1983 **Clarin** | Pedro Calderón de la Barca, *Życie jest snem*
REŻYSERIA Jerzy Jarocki, Stary Teatr im. Heleny Modrzejewskiej w Krakowie
PREMIERA 30.04.1983

Steinbauer | Tadeusz Malak, *Wit Stwosz*
REŻYSERIA Tadeusz Malak, Stary Teatr im. Heleny Modrzejewskiej w Krakowie
PREMIERA 9.06.1983

Masynissa | Zygmunt Krasiński, *Irydion*
REŻYSERIA Mikołaj Grabowski, Teatr im. Juliusza Słowackiego w Krakowie
PREMIERA 12.11.1983

1984 **Wielki Inkwizytor Hiszpanii** | Friedrich Schiller, *Don Carlos infant Hiszpanii*
REŻYSERIA Laco Adamik, Stary Teatr im. Heleny Modrzejewskiej w Krakowie
PREMIERA 13.09.1984

1985 **Ojciec** | Pier Paolo Pasolini, *Affabulazione*
REŻYSERIA Krzysztof Babicki, Stary Teatr im. Heleny Modrzejewskiej w Krakowie PREMIERA 17.02.1985

1986 **Książę Józef Poniatowski** | Tadeusz Miciński, *Termopile polskie*
REŻYSERIA Krzysztof Babicki, Stary Teatr im. Heleny Modrzejewskiej w Krakowie PREMIERA 21.01.1986

Rejent Milczek | Aleksander Fredro, *Zemsta*
REŻYSERIA Andrzej Wajda, Stary Teatr im. Heleny Modrzejewskiej w Krakowie PREMIERA 21.06.1986

1988 **Anatol** | Sławomir Mrożek, *Portret*
REŻYSERIA Jerzy Jarocki, Stary Teatr im. Heleny Modrzejewskiej w Krakowie PREMIERA 29.01.1988

Aktor I, Meszułach | Szymon An-ski, *Dybuk*
REŻYSERIA Andrzej Wajda, Stary Teatr im. Heleny Modrzejewskiej w Krakowie PREMIERA 12.03.1988

1989 **Bartz** | Jerzy S. Sito, *Słuchaj, Izraelu!*
REŻYSERIA Jerzy Jarocki, Stary Teatr im. Heleny Modrzejewskiej w Krakowie PREMIERA 11.06.1989

Aktor I, Grabarz | William Shakespeare, *Hamlet (IV)*
REŻYSERIA Andrzej Wajda, Stary Teatr im. Heleny Modrzejewskiej w Krakowie PREMIERA 30.06.1989

1991 **Wołdemar Hawryłowicz** | Juliusz Słowacki, *Fantazy*
REŻYSERIA Tadeusz Bradecki, Stary Teatr im. Heleny Modrzejewskiej w Krakowie PREMIERA 9.02.1991

Ignacy (Ojciec i Król) | Witold Gombrowicz, *Ślub*
REŻYSERIA Jerzy Jarocki, Stary Teatr im. Heleny Modrzejewskiej w Krakowie PREMIERA 20.04.1991

Poeta | Stanisław Wyspiański, *Wesele*
REŻYSERIA Andrzej Wajda, Stary Teatr im. Heleny Modrzejewskiej w Krakowie PREMIERA 1.06.1991

1992 **Pułkownik Abłoputo** | Jerzy Grzegorzewski wg Stanisława Ignacego Witkiewicza, *Tak zwana ludzkość w obłędzie*
REŻYSERIA Jerzy Grzegorzewski, Stary Teatr im. Heleny Modrzejewskiej w Krakowie PREMIERA 17.05.1992

Ciotka Getty Cimiento, Diego Hervas, Zoto | Jan Potocki, *Rękopis znaleziony w Saragossie*
REŻYSERIA Tadeusz Bradecki, Stary Teatr im. Heleny Modrzejewskiej w Krakowie PREMIERA 12.12.1992

1993 **Gruszczyński** | Juliusz Słowacki, *Sen srebrny Salomei*
REŻYSERIA Jerzy Jarocki, Stary Teatr im. Heleny Modrzejewskiej w Krakowie PREMIERA 29.06.1993

Rupert Grace | Ronald Harwood, *Zatrute pióro*
REŻYSERIA Krzysztof Orzechowski, Stary Teatr im. Heleny Modrzejewskiej w Krakowie PREMIERA 4.12.1993

1994 **Iwan Nikołajewicz Zachedryński** | Sławomir Mrożek, *Miłość na Krymie*
REŻYSERIA Maciej Wojtyszko, Stary Teatr im. Heleny Modrzejewskiej w Krakowie PREMIERA 25.03.1994

Bimber | Stanisław Tym, *Rozmowy przy wycinaniu lasu*
REŻYSERIA Krzysztof Jasiński, Teatr STU w Krakowie PREMIERA 25.04.1994

głos | Władysław Ludwik Anczyc, *Przysięga Kościuszki*
REŻYSERIA Jerzy Zoń, przedstawienie impresaryjne PREMIERA 10.06.1994

1995 **Małachij Mynowicz Stakanczyk** | Mykoła Kulisz (Hurewycz), *Reformator*
REŻYSERIA Rudolf Zioło, Stary Teatr im. Heleny Modrzejewskiej w Krakowie PREMIERA 7.01.1995

Adolf, Pustelnik, Zesłaniec | Adam Mickiewicz, *Dziady – dwanaście improwizacji*
REŻYSERIA Jerzy Grzegorzewski, Stary Teatr im. Heleny Modrzejewskiej w Krakowie PREMIERA 24.06.1995

1997 **Stephano** | William Shakespeare, *Burza*
REŻYSERIA Rudolf Zioło, Stary Teatr im. Heleny Modrzejewskiej w Krakowie PREMIERA 15.01.1997

Mefistofeles | Johann Wolfgang Goethe, *Faust*
REŻYSERIA Jerzy Jarocki, Stary Teatr im. Heleny Modrzejewskiej w Krakowie PREMIERA 29.09.1997

1998 **Joachim von Pasenov** | Hermann Broch, *Lunatycy (Huguenau, czyli Rzeczowość)*
REŻYSERIA Krystian Lupa, Stary Teatr im. Heleny Modrzejewskiej w Krakowie PREMIERA 23.10.1998

Kapral | Adam Mickiewicz, *Dziady cz. III. Cela Konrada*
REŻYSERIA Łukasz Kos, Marek Wrona, Teatr Ludowy w Krakowie PREMIERA 29.10.1998

1999 **Samuel** | Stanisław Wyspiański, *Sędziowie*
REŻYSERIA Jerzy Grzegorzewski, Teatr Narodowy w Warszawie PREMIERA 29.01.1999

Ernesto Roma | Bertolt Brecht, *Kariera Artura Ui*
REŻYSERIA Tadeusz Bradecki, Stary Teatr im. Heleny Modrzejewskiej w Krakowie PREMIERA 20.11.1999

2000 **Czepiec** | Stanisław Wyspiański, *Wesele*
REŻYSERIA Jerzy Grzegorzewski, Teatr Narodowy w Warszawie
PREMIERA 30.01.2000

Duch Ojca (głos) | William Shakespeare, *Hamlet*
REŻYSERIA Krzysztof Jasiński, Krakowski Teatr Scena STU
PREMIERA 1.12.2000

2001 **Adam** | William Shakespeare, *Jak wam się podoba*
REŻYSERIA Andrzej Wajda, PWST w Krakowie PREMIERA 19.02.2001

Jasiek | Stanisław Wyspiański, *Serce moje gram*
REŻYSERIA Krzysztof Orzechowski, Teatr im. Juliusza Słowackiego w Krakowie
PREMIERA 16.03.2001

obsada aktorska | wg Józefa Tischnera, *Pan z wami...*
REŻYSERIA Ewa Kutryś, PWST w Krakowie PREMIERA 1.06.2001

Major | Aleksander Fredro, *Damy i huzary*
REŻYSERIA Kazimierz Kutz, Narodowy Stary Teatr im. Heleny Modrzejewskiej w Krakowie PREMIERA 16.12.2001

2002 **Głos Chochoła** | Stanisław Wyspiański, *Wesele. Sceny*
REŻYSERIA Jerzy Trela, PWST w Krakowie PREMIERA 18.03.2002

Hiper-robociarz | Stanisław Ignacy Witkiewicz, *Trzeci akt wg „Szewców"*
REŻYSERIA Jerzy Jarocki, Narodowy Stary Teatr im. Heleny Modrzejewskiej w Krakowie PREMIERA 19.04.2002

Prospero | Wystan Hugh Auden, *Morze i zwierciadło*
REŻYSERIA Jerzy Grzegorzewski, Teatr Narodowy w Warszawie
PREMIERA 21.12.2002

2003 **Gombrowicz** | *Tango Gombrowicz* (wg *Dzienników* i *Trans-Atlantyku* Witolda Gombrowicza)
REŻYSERIA Mikołaj Grabowski, Narodowy Stary Teatr im. Heleny Modrzejewskiej w Krakowie PREMIERA 11.01.2003

głos | Stanisław Radwan, *Opera mleczana*
REŻYSERIA Mikołaj Grabowski, Narodowy Stary Teatr im. Heleny Modrzejewskiej w Krakowie PREMIERA 9.03.2003

Ojciec | Sławomir Mrożek, *Pieszo*
REŻYSERIA Kazimierz Kutz, Narodowy Stary Teatr im. Heleny Modrzejewskiej w Krakowie PREMIERA 12.04.2003

2004 **Kreon** | Sofokles, *Król Edyp*
REŻYSERIA Gustaw Holoubek, Teatr Ateneum im. Stefana Jaracza w Warszawie
PREMIERA 14.03.2004

Stary Aktor | Stanisław Wyspiański, *Wyzwolenie*
REŻYSERIA Mikołaj Grabowski, Narodowy Stary Teatr im. Heleny Modrzejewskiej w Krakowie PREMIERA 30.05.2004

2005 **Świadek dziejów; Jezus** | Agnieszka Mandat, Mieczysław Grąbka, *Prorok miłosierdzia: rzecz o św. siostrze Faustynie w 15 obrazach*
REŻYSERIA Agnieszka Mandat, Mieczysław Grąbka, PWST w Krakowie PREMIERA 25.08.2005

obsada aktorska | Marek Miller, *Dwóch na słońcach swych przeciwnych Bogów, czyli uczta grudniowa 1840 r.*
REŻYSERIA Mikołaj Grabowski, Narodowy Stary Teatr im. Heleny Modrzejewskiej w Krakowie PREMIERA 25.11.2005

2006 **ksiądz Bernard** | Leszek Kołakowski, *Rozmowy z diabłem. Wielkie kazanie księdza Bernarda*
REŻYSERIA Krzysztof Jasiński, Krakowski Teatr Scena STU PREMIERA 19.02.2006

Vladimir | Sylviane Dupuis, *Drugi upadek albo Godot, akt III*
REŻYSERIA Jacek Jabrzyk, PWST w Krakowie PREMIERA 28.11.2006

2007 **Willie** | Samuel Beckett, *Szczęśliwe dni*
REŻYSERIA Piotr Cieplak, Teatr Polonia w Warszawie PREMIERA 12.01.2007

Wawrzek | Józef Tischner, *Kabaret filozoficzny, czyli wariacje Tischnerowskie*
REŻYSERIA Artur „Baron" Więcek, PWST w Krakowie PREMIERA maj 2007

Ksiądz | Petr Zelenka, *Oczyszczenie*
REŻYSERIA Petr Zelenka, Narodowy Stary Teatr im. Heleny Modrzejewskiej w Krakowie PREMIERA 27.10.2007

obsada aktorska | Ewa Miodońska-Brookes (scen.), *Piszę do Pana... Listy Stanisława Wyspiańskiego do Stanisława Lacka*
REŻYSERIA Ewa Kutryś, PWST w Krakowie PREMIERA 14.11.2007

Konrad | *Zaduszki – Wyspiański*
REŻYSERIA Krzysztof Orzechowski, Teatr im. Juliusza Słowackiego w Krakowie PREMIERA 28.11.2007

2008 **Milton** | Krzysztof Penderecki, *Raj utracony*
REŻYSERIA Waldemar Zawodziński, Opera Wrocławska PREMIERA 9.05.2008

Król | Eugène Ionesco, *Król umiera, czyli ceremonie*
REŻYSERIA Piotr Cieplak, Narodowy Stary Teatr im. Heleny Modrzejewskiej w Krakowie PREMIERA 29.11.2008

2009 **Wawrzek – Stary Góral** | Józef Tischner, *Wariacje Tischnerowskie. Kabaret filozoficzny*
REŻYSERIA Artur „Baron" Więcek, Krakowski Teatr Scena STU
PREMIERA 20.04.2009

obsada aktorska | Tadeusz Malak, Jacek Popiel (scen.), *Tryptyk Stanisławowy*
REŻYSERIA Tadeusz Malak, przedstawienie impresaryjne PREMIERA 4.09.2009

głos narratora | Jeremi Przybora, Jerzy Wasowski, *Do ciebie szłam... z Kabaretu Starszych Panów*
REŻYSERIA Janusz Szydłowski, Teatr Bagatela im. Tadeusza Boya-Żeleńskiego w Krakowie PREMIERA 13.11.2009

2010 **Żeleznow** | Maksym Gorki, *Wassa Żeleznowa*
REŻYSERIA Waldemar Raźniak, OCH-Teatr w Warszawie PREMIERA 16.01.2010

Stary Wiarus, Leon Szypowski | Paweł Miśkiewicz, Dorota Sajewska (scen.), *Klub Polski*
REŻYSERIA Paweł Miśkiewicz, Teatr Dramatyczny im. Gustawa Holoubka w Warszawie PREMIERA 10.11.2010

2011 **Ojciec** | Rodrigo Muñoz Avia, *O psychiatrach, psychologach i innych psycholach*
REŻYSERIA Artur „Baron" Więcek, Krakowski Teatr Scena STU PREMIERA 16.01.2011

Głos Przewodnika | Rada Moskowa, *Dokąd pędzisz, koniku?*
REŻYSERIA Grzegorz Kwieciński, Teatr Lalki, Maski i Aktora Groteska w Krakowie PREMIERA 26.02.2011

Geniusz | Stanisław Wyspiański, *Wyzwolenie*
REŻYSERIA Piotr Jędrzejas, Teatr Na Woli im. Tadeusza Łomnickiego w Warszawie PREMIERA 7.10.2011

2012 **Beverly Weston** | Tracy Letts, *Sierpień*
REŻYSERIA Grzegorz Bral, Teatr Studio im. Stanisława Ignacego Witkiewicza w Warszawie PREMIERA 2.02.2012

Duch ojca Hamleta | William Shakespeare, *Hamlet*
REŻYSERIA Krzysztof Jasiński, Krakowski Teatr Scena STU PREMIERA 27.02.2012

Kalmita | Stanisław Grochowiak, *Chłopcy*
REŻYSERIA Adam Nalepa, Narodowy Stary Teatr im. Heleny Modrzejewskiej w Krakowie PREMIERA 29.09.2012

2013 **Barrymore** | Wiliam Luce, *Wielki John Barrymore*
REŻYSERIA Krzysztof Jasiński, Krakowski Teatr Scena STU PREMIERA 16.05.2013

Chochoł (głos) | Stanisław Wyspiański, *Wędrowanie według Stanisława Wyspiańskiego. Część I. Wesele*
REŻYSERIA Krzysztof Jasiński, Krakowski Teatr Scena STU PREMIERA 18.12.2013

2014 **recytator** | Prasqual, *Pięć śpiewów z klatki*
Opera Wrocławska PREMIERA 12.10.2014

2015 **Chochoł (głos)** | Stanisław Wyspiański, *Wesele*
REŻYSERIA Krzysztof Jasiński, Teatr Polski im. Arnolda Szyfmana w Warszawie
PREMIERA 29.01.2015

Lear | *Kto wyciągnie kartę wisielca, kto błazna?* wg Williama Shakespeare'a
REŻYSERIA Paweł Miśkiewicz, Małopolski Ogród Sztuki w Krakowie
PREMIERA 27.06.2015

Spektakle Teatru Telewizji

1971 **Płaton Kowalew, asesor** | Mikołaj Gogol, *Nos*
REŻYSERIA Jan Łukowski

Rustam | N. Anar Christołazow, *Pewnego razu...*
REŻYSERIA Irena Wollen

1972 **Villon** | François Villon, *Wielki testament*
REŻYSERIA Irena Wollen

Doktor Burdygiel | Stanisław Ignacy Witkiewicz, *Wariat i zakonnica*
REŻYSERIA Bogdan Hussakowski

1973 obsada aktorska | *Psalmy-Tryptyk* (utwory Tadeusza Nowaka)
REŻYSERIA Irena Wollen

Al, podróżny I | Henryk Zawadzki, *Szach – mat*
REŻYSERIA Mieczysław Górkiewicz

Erazm | Cyprian Kamil Norwid, *Miłość czysta u kąpieli morskich*
REŻYSERIA Andrzej Wasylewski

Ichariew | Mikołaj Gogol, *Gracze*
REŻYSERIA Bogdan Hussakowski

Paratow | Aleksander Ostrowski, *Panna bez posagu*
REŻYSERIA Irena Wollen

1974 **Prokurator** | *Bunt na U.S.S. Caine* wg Hermana Wouka
REŻYSERIA Irena Wollen

Faust / A. Radziwiłł, *Faust* (opera)
reżyseria Ewa Bonacka

1975 **obsada aktorska** | Francesco Petrarca, *Sonety do Laury*
REŻYSERIA Tadeusz Malak

1976 **Płatonow** | Antoni Czechow, *Płatonow*
REŻYSERIA Bogdan Hussakowski

Antoni Murdel-Bęski | Stanisław Ignacy Witkiewicz, *Matka*
REŻYSERIA Jerzy Jarocki, (telewizyjna rejestracja spektaklu Starego Teatru w Krakowie)

obsada aktorska | *Dialog* (utwory Wisławy Szymborskiej)
REŻYSERIA Adam Wierzba

Sergiusz | Rustan Ibrahimbekow, *Spotkanie*
REŻYSERIA Irena Wollen

1977 **Christian Melrose** | John Whiting, *Urodziny*
REŻYSERIA Tadeusz Lis

Burda | Ladislav Smoček, *Piknik*
REŻYSERIA Tadeusz Lis

1979 **Chłop** | Tadeusz Różewicz, *Kartoteka*
REŻYSERIA Krzysztof Kieślowski

Michał | William Butler Yeats, *Cathlen, córka Houlihana*
REŻYSERIA Andrzej Maj

1980 **Konrad** | Stanisław Wyspiański, *Wyzwolenie*
REŻYSERIA Konrad Swinarski (rejestracja spektaklu Starego Teatru w Krakowie)

Młodzieniec | William Saroyan, *Jest tam kto?*
REŻYSERIA Stanisław Zajączkowski

obsada aktorska | *Rozmowa z ojczyzną* (utwory Juliana Tuwima)
REŻYSERIA Irena Wollen

Iwan Iljicz | *Śmierć Iwana Iljicza* wg Lwa Tołstoja
REŻYSERIA Bogdan Hussakowski

Marco | Arthur Miller, *Widok z mostu*
REŻYSERIA Jan Błeszyński

Judasz | Ireneusz Iredyński, *Żegnaj, Judaszu*
REŻYSERIA Jolanta Słobodzian

1981 **Basmanow** | Aleksander Puszkin, *Borys Godunow*
REŻYSERIA Laco Adamik

obsada aktorska | *Kocham cię za to, że cię kochać muszę* (utwory Kazimierza Przerwy-Tetmajera)
REŻYSERIA Andrzej Maj

obsada aktorska | *Mówię do ciebie po latach...* (utwory Czesława Miłosza)
REŻYSERIA Stanisław Zajączkowski

obsada aktorska | *Popiół i kwiat* (utwory Jana Lechonia)
REŻYSERIA Stanisław Zajączkowski

obsada aktorska | *My wciąż spieszący* (utwory Rainera Marii Rilkego)
REŻYSERIA Andrzej Maj

1982 **Książę** | Aleksiej N. Tołstoj, *Kulawy książę*
REŻYSERIA Ryszard Smożewski

Mefisto | Zygmunt Krasiński, *Nie-Boska komedia*
REŻYSERIA Zygmunt Hübner

1983 **Doktor Stockmann** | Henryk Ibsen, *Wróg ludu*
REŻYSERIA Jan Błeszyński

Gustaw-Pustelnik, Konrad | Adam Mickiewicz, *Dziady*
REŻYSERIA Konrad Swinarski (rejestracja spektaklu Starego Teatru w Krakowie)

Ignacy Daszyński | Franciszek Ziejka, *Polski listopad*
REŻYSERIA Stanisław Zajączkowski

obsada aktorska | Konstanty Ildefons Gałczyński, *Wit Stwosz*
REŻYSERIA Irena Wollen

1984 **Adam Brant** | Eugene O'Neill, *Żałoba przystoi Elektrze*
REŻYSERIA Jan Błeszyński

obsada aktorska | *Przyjdzie do ciebie* (utwory Zygmunta Krasińskiego)
REŻYSERIA Tadeusz Lis

Karol | *Granica* wg Zofii Nałkowskiej
REŻYSERIA Jan Błeszyński

1985 **Czeladnik I** | Stanisław Ignacy Witkiewicz, *Szewcy*
REŻYSERIA Marcel Kochańczyk
Narcyz | Jean Racine, *Brytanik*
REŻYSERIA Jan Błeszyński

obsada aktorska | *Nad wodą wielką i czystą* (utwory Adama Mickiewicza)
REŻYSERIA Andrzej Maj

1986 obsada aktorska | Ireneusz Iredyński, *Okno*
REŻYSERIA Jerzy Jogałła

Jakub Łomachin | Christopher Hampton, *Opowieści Hollywoodu*
REŻYSERIA Kazimierz Kutz

obsada aktorska | *Twarze Witkacego, czyli regulamin firmy portretowej* (utwory Stanisława Ignacego Witkiewicza)
REŻYSERIA Andrzej Maj

1987 obsada aktorska | Leo Perutz, *Mistrz Sądu Ostatecznego*
REŻYSERIA Krzysztof Nazar

1988 **Allende** | Ernesto Sabato, *Tunel*
REŻYSERIA Andrzej Maj

1989 **Aristarch Dominikowicz Grand-Skubik** | Nikołaj Erdman, *Samobójca*
REŻYSERIA Kazimierz Kutz

obsada aktorska | *Umieranie wieku* (utwory Osipa Mandelsztama)
REŻYSERIA Krzysztof Orzechowski

Wartownik | August Strindberg, *Taniec śmierci*
REŻYSERIA Wojciech Szulczyński

Eugeniusz | Jean Cau, *Litość Boga*
REŻYSERIA Maciej Englert

Stalin | *Dzieci Arbatu* wg Anatolija Rybakowa
REŻYSERIA Kazimierz Kutz

Henryk, hrabia Richmond, później Henryk VII | William Shakespeare, *Ryszard III*
REŻYSERIA Feliks Falk

Komendant | Tadeusz Różewicz, *Do piachu...*
REŻYSERIA Kazimierz Kutz

1990 obsada aktorska | Franciszek Ziejka, *Traugutt*
REŻYSERIA Stanisław Zajączkowski

Jan Krzysztof Schmidt | Paul Barz, *Kolacja na cztery ręce*
REŻYSERIA Kazimierz Kutz

1991 **Burłak** | Jerzy Przeździecki, *Garść piasku*
REŻYSERIA Wacław Florkowski

Gurowicz | Wieniedikt Jerofiejew, *Noc Walpurgii albo Kroki Komandora*
REŻYSERIA Kazimierz Kutz

1992 obsada aktorska | Samuel Beckett, *Katastrofa – Co gdzie*
REŻYSERIA Antoni Libera

Józef Stalin | Gaston Salvatore, *Stalin*
REŻYSERIA Kazimierz Kutz

Król Ferdynand VII | Antonio Buero Vallejo, *Gdy rozum śpi*
REŻYSERIA Piotr Mikucki

Georges Pitou | John Murrell, *Wspomnienie*
REŻYSERIA Irena Wollen

Kreon | Sofokles, *Król Edyp*
REŻYSERIA Laco Adamik

Głagoljew | Antoni Czechow, *Płatonow*
REŻYSERIA Andrzej Domalik

Ignacy, Ojciec i Król | Witold Gombrowicz, *Ślub*
REŻYSERIA Jerzy Jarocki (telewizyjna wersja spektaklu Starego Teatru w Krakowie)

1993 obsada aktorska | *Obywatel Cz. w podróży* wg *Martwych dusz* Mikołaja Gogola
REŻYSERIA Ewa Markowska

Gyubal Wahazar | Stanisław Ignacy Witkiewicz, *Gyubal Wahazar*
REŻYSERIA Jacek Bunsch

1994 **Grabarz** | Tadeusz Różewicz, *Wyszedł z domu*
REŻYSERIA Stanisław Różewicz

Rejent Milczek | Aleksander Fredro, *Zemsta*
REŻYSERIA Olga Lipińska

Rektor Kroll | Henryk Ibsen, *Rosmersholm*
REŻYSERIA Jan Maciejowski

obsada aktorska | *Spadkobiercy* (Mikołaj Gogol, *Proces*; Thornton Wilder, *Królowa Francji*)
REŻYSERIA Ireneusz Engler

Kazimierz Pużak „Bazyli" | Jerzy Stefan Stawiński, *Ziarno zroszone krwią*
REŻYSERIA Kazimierz Kutz

Ilja | Tadeusz Słobodzianek, *Prorok Ilja*
REŻYSERIA Tadeusz Słobodzianek

Kret | *Calineczka* wg Hansa Christiana Andersena
REŻYSERIA Artur Hofman

Humkoke | *Paternoster* wg Heinricha Bölla
REŻYSERIA Cezary Nowicki

obsada aktorska | Andrzej Maj, *Abbadon. Anioł zagłady*
REŻYSERIA Andrzej Maj

1995 **Marchocki, ojciec Stasika** | Ilia Ilf i Jewgienij Pietrow, *Gorące uczucie*
REŻYSERIA Mikołaj Grabowski

Hrabia Talbot | Friedrich Schiller, *Maria Stuart*
REŻYSERIA Robert Gliński

Sasza | Janusz Głowacki, *Antygona w Nowym Jorku*
REŻYSERIA Kazimierz Kutz

Wernyhora | Juliusz Słowacki, *Sen srebrny Salomei*
REŻYSERIA Krzysztof Nazar

Prezydent | Rocco Familiari, *Prezydent*
REŻYSERIA Grzegorz Braun

Gąska | Pierre de Beaumarchais, *Wesele Figara*
REŻYSERIA Andrzej Łapicki

Łuka Łukicz | Muza Pawłowa, *Małe sztuki dla sceny jarmarcznej* (*Nieboszczyk, Idiota, Z życia pewnego księcia, Potęga sztuki*)
REŻYSERIA Agnieszka Glińska

Ogrodnik | August Strindberg, *Biały łabędź*
REŻYSERIA Krzysztof Babicki

Ilja | Tadeusz Słobodzianek, *Car Mikołaj*
REŻYSERIA Tadeusz Słobodzianek

Samuel | Stanisław Wyspiański, *Sędziowie*
REŻYSERIA Cezary Nowicki

Dog Sebastian – głos | *Zwierzoczłekoupiór* wg Tadeusza Konwickiego
REŻYSERIA Mikołaj Grabowski

Brutus | William Shakespeare, *Koriolan*
REŻYSERIA Mirosław Bork

1996 Axel Oxenstjerna | August Strindberg, *Krystyna*
REŻYSERIA Piotr Mikucki

Oficer | Ignacy Szczepański, *Patrzyłem na zachód w stronę Polski*
REŻYSERIA Ignacy Szczepański

Tomasz Lekcicki | Antoni Słonimski, *Rodzina*
REŻYSERIA Kazimierz Kutz

obsada aktorska | *Towarzystwo pana Brzechwy* wg Jana Brzechwy
REŻYSERIA Jan Polewka

Anioł | Pierre Gripari, *Anioł*
REŻYSERIA Andrzej Maj

Główny | Aleksander Szargorodski, Lew Szargorodski, *Bal błaznów*
REŻYSERIA Waldemar Krzystek

Prezydent | *Czytadło* wg Tadeusza Konwickiego
REŻYSERIA Jerzy Markuszewski

Schwarz | Friedrich Schiller, *Zbójcy*
REŻYSERIA Krzysztof Babicki

1997 **Kartezjusz** | Jean-Claude Brisville, *Rozmowa Pana Kartezjusza z...*
REŻYSERIA Teresa Kotlarczyk

Laudański | Włodzimierz Odojewski, *Tu się urodziłem*
REŻYSERIA Jan Maciejowski

Biskup Dytmar | Krzysztof Zaleski, *Legenda o świętym Wojciechu*
REŻYSERIA Krzysztof Zaleski

Strażnik Strawiński | *Listopad* wg Henryka Rzewuskiego
REŻYSERIA Mikołaj Grabowski

obsada aktorska | Tadeusz Różewicz, *Cztery wiersze i jeden poemat*
REŻYSERIA Jerzy Krysiak

Żukowskij | Jarosław Iwaszkiewicz, *Maskarada*
REŻYSERIA Andrzej Łapicki

Fulbert | Roger Vailland, *Heloiza i Abelard*
REŻYSERIA Agnieszka Glińska

Kucharz | Bertolt Brecht, *Matka Courage i jej dzieci*
REŻYSERIA Laco Adamik

Stary Mahon | John Millington Synge, *Bohater naszego świata*
REŻYSERIA Ryszard Ber

obsada aktorska | Tadeusz Różewicz, *Teatr niekonsekwencji*
REŻYSERIA Tadeusz Malak

Pan Huczek | Hannu Makela, *Pan Huczek*
REŻYSERIA Wiesław Hołdys

1998 **Dziadek** | Alejandro Casona, *Biała dama*
REŻYSERIA Natalia Koryncka-Gruz

Adam | Andrzej Kijowski, *Czyściec*
REŻYSERIA Janusz Kijowski

Bohater I | Tadeusz Różewicz, *Kartoteka rozrzucona*
REŻYSERIA Kazimierz Kutz

Pułkownik Abłoputo | *Tak zwana ludzkość w obłędzie* wg Stanisława Ignacego Witkiewicza
REŻYSERIA Jerzy Grzegorzewski (telewizyjna wersja spektaklu Starego Teatru w Krakowie)

Strach | *Strach na strychu* wg *Stracha na wróble* Alexandru Popescu
REŻYSERIA Sławomir Kryński

1999 **Akakij Akakjewicz Baszmaczkin** | Mikołaj Gogol, *Płaszcz*
REŻYSERIA Andrzej Domalik

Słuczański | Zofia Nałkowska, *Niedobra miłość*
REŻYSERIA Andrzej Łapicki

Łyniajew | Aleksander Ostrowski, *Wilki i owce*
REŻYSERIA Stanisław Zajączkowski

Mitas | Jerzy Jarocki, *Grzebanie*
REŻYSERIA Jerzy Jarocki

2000 **Anthony Oliver** | Lucy Maud Montgomery, *Przylądek Czterech Wiatrów*
REŻYSERIA Agnieszka Glińska

Tom | David Hare, *Prześwit*
REŻYSERIA Maria Zmarz-Koczanowicz

Henryk | Tadeusz Różewicz, *Moja córeczka*
REŻYSERIA Andrzej Barański

2001 **Croz** | Ugo Betti, *Trąd w pałacu sprawiedliwości*
REŻYSERIA Janusz Morgenstern

Andrew Jorgenson | Jerry Sterner, *Pieniądze innych ludzi*
REŻYSERIA Maciej Englert

Żewakin | Mikołaj Gogol, *Ożenek*
REŻYSERIA Jerzy Stuhr

Wiernicki | Wojciech Bogusławski, *Szkoła obmowy*
REŻYSERIA Piotr Mikucki

2002 **obsada aktorska** | Michał Komar, *Opowieści dworcowe*
REŻYSERIA Michał Komar

Sam, mąż Moniki | Michael Jacobs, *Oszuści*
REŻYSERIA Jan Englert

Stary Czeczen | Tomasz Wiszniewski, Robert Brutter, *Krótki kurs medialny*
REŻYSERIA Tomasz Wiszniewski

2004 **Dan** | Don Nigro, *Gry miłosne*
REŻYSERIA Barbara Sass

Przyjaciel | Jerzy Szaniawski, *Adwokat i róże*
REŻYSERIA Jan Englert

Judasz | Michał Walczak, *Podróż do wnętrza pokoju*
REŻYSERIA Paweł Miśkiewicz

Luka Laban | Dusan Kovacević, *Profesjonalista*
REŻYSERIA Ryszard Bugajski

głos | Stanisław Radwan, *Opera mleczana*
REŻYSERIA Mikołaj Grabowski (przeniesienie spektaklu Starego Teatru w Krakowie)

2005 **Kreon** | Sofokles, *Król Edyp*
REŻYSERIA Gustaw Holoubek (przeniesienie spektaklu z Teatru Ateneum w Warszawie)

Homeless | Biljana Srbljanović, *Ameryka, część druga*
REŻYSERIA Agnieszka Lipiec-Wróblewska

2006 **Hryńko** | Łukasz Wylężałek, *Zorka*
REŻYSERIA Łukasz Wylężałek

Corbaccio | Ben Jonson, *Volpone albo lis*
REŻYSERIA Grzegorz Warchoł

Ksiądz Bernard | Leszek Kołakowski, *Wielkie kazanie księdza Bernarda*
REŻYSERIA Krzysztof Jasiński (transmisja spektaklu z Teatru STU w Krakowie)

2007 **Bednarz Griffy** | Edgar Lee Masters, *Umarli ze Spoon River*
REŻYSERIA Jolanta Ptaszyńska

Reżyser | Stanisław Wyspiański, *Wyzwolenie*
REŻYSERIA Maciej Prus

Samuel | Stanisław Wyspiański, *Sędziowie*
REŻYSERIA Jerzy Grzegorzewski (przeniesienie spektaklu Teatru Narodowego w Warszawie)

2008 **Ojciec Pawłowskiego** | Agnieszka Lipiec-Wróblewska, *Kryptonim „Gracz"*
REŻYSERIA Agnieszka Lipiec-Wróblewska

2009 **Pan Wincenty** | *Kwatera bożych pomyleńców* wg Władysława Zambrzyckiego
REŻYSERIA Jerzy Zalewski

2010 **Kulawiec** | *Psie Głowy* wg Marka Nowakowskiego
REŻYSERIA Jerzy Zalewski

2012 **Fierapont** | Antoni Czechow, *Trzy siostry*
REŻYSERIA Agnieszka Glińska

2013 **Lokaj** | Aleksander Fredro, *Trzy razy Fredro* (*Świeczka zgasła, Zrzędność i przekora, Nikt mnie nie zna*)
REŻYSERIA Mikołaj Grabowski

Ojciec | Andrzej Bart, *Bezdech*
REŻYSERIA Andrzej Bart

Filmy fabularne

1969 **powstaniec** | *Sól ziemi czarnej*
REŻYSERIA Kazimierz Kutz

1969 **Kuba, członek oddziału majora „Dziadka"** | *Dzień oczyszczenia*
REŻYSERIA Jerzy Passendorfer

1972 **dworzanin** | *Kopernik*
REŻYSERIA Ewa i Czesław Petelscy

1973 **wesołek** | *Sanatorium pod Klepsydrą*
REŻYSERIA Wojciech Jerzy Has

1974 **zbójnik** | *Janosik*
REŻYSERIA Jerzy Passendorfer

1975 **porucznik Jerzy „Groźny", dowódca oddziału** | *Znikąd donikąd*
REŻYSERIA Kazimierz Kutz

nieznajomy | *W środku lata*
REŻYSERIA Feliks Falk

porucznik MO Węglewski | *Strach*
REŻYSERIA Antoni Krauze

1978 **Zygmunt Gawlik, brat Ani** | *Do krwi ostatniej...*
REŻYSERIA Jerzy Hoffman

1980 **Winkler, ojciec Antka** | *Wizja lokalna 1901*
REŻYSERIA Filip Bajon

malarz, przyjaciel „Koraba" | *W biały dzień*
REŻYSERIA Edward Żebrowski

redaktor, przyjaciel Jana | *Ćma*
REŻYSERIA Tomasz Zgadło

1981 **Samuel Obiedziński** | *Znachor*
REŻYSERIA Jerzy Hoffman

Antoniak, działacz opozycji | *Człowiek z żelaza*
REŻYSERIA Andrzej Wajda

porucznik Szłapowicz, członek grupy dochodzeniowej | *„Anna" i wampir*
REŻYSERIA Janusz Kidawa

1982 **„Hiszpan"** | *Matka Królów*
REŻYSERIA Janusz Zaorski

„Kapitan", wuj Romana | *Karate po polsku*
REŻYSERIA Wojciech Wójcik

Mikołaj Radziwiłł „Czarny", brat Barbary | *Epitafium dla Barbary Radziwiłłówny*
REŻYSERIA Janusz Majewski

Varenne Billaud | *Danton*
REŻYSERIA Andrzej Wajda

1983 **kolejarz Ochalski** | *Wedle wyroków twoich...*
REŻYSERIA Jerzy Hoffman

Tężel | *Przeznaczenie*
REŻYSERIA Jacek Koprowicz

ksiądz | *Nie było słońca tej wiosny*
REŻYSERIA Juliusz Janicki

mężczyzna załatwiający Rosenbergowi pigułki | *Kartka z podróży*
REŻYSERIA Waldemar Dziki

1984 **Cyril** | *Noc smaragdoveho mesice*
REŻYSERIA Vaclav Matejka

1985 **„Winko"** | *Tanie pieniądze*
REŻYSERIA Tomasz Lengren

burmistrz R. | *Sceny dziecięce z życia prowincji*
REŻYSERIA Tomasz Zgadło

kapitan, oficer polityczny pułku | *Sam pośród swoich*
REŻYSERIA Wojciech Wójcik

dyrektor więzienia | *Ga, ga. Chwała bohaterom*
REŻYSERIA Piotr Szulkin

1986 **kapitan** | *Prywatne śledztwo*
REŻYSERIA Wojciech Wójcik

sztygar Grela; także jego syn | *Magnat*
REŻYSERIA Filip Bajon

1987 **Jan** | *Anioł w szafie*
REŻYSERIA Stanisław Różewicz

Karoly Gerencser | *Kialtas es kialtas (Krzyk i krzyk)*
REŻYSERIA Zsolt Kezdi-Kovacs

Jarecki, wielbiciel Marii | *Kocham kino*
REŻYSERIA Piotr Łazarkiewicz

Jerzy | *Na srebrnym globie*
REŻYSERIA Andrzej Żuławski (film kręcony w latach 1976–1978 i 1986–1987)

1989 **Thevenin** | *Nocny gość*
REŻYSERIA Stanisław Różewicz

1992 **oficer Armii Czerwonej wkraczający do Warszawy** | *Pierścionek z orłem w koronie*
REŻYSERIA Andrzej Wajda

1993 **pan Bronek, kierowca Karola** | *Trzy kolory: biały*
REŻYSERIA Krzysztof Kieślowski

1994 **górnik Skarga** | *Śmierć jak kromka chleba*
REŻYSERIA Kazimierz Kutz

Mudroń | *Legenda Tatr*
REŻYSERIA Wojciech Solarz

1996 **Józef Mitura, ojciec Kuby** | *Autoportret z kochanką*
REŻYSERIA Radosław Piwowarski

1997 **generał** | *Historie miłosne*
REŻYSERIA Jerzy Stuhr

Zenek Nowak, ojciec Agnieszki | *Kochaj i rób co chcesz*
REŻYSERIA Robert Gliński

1999 **ojciec Arka** | *Krugerandy*
REŻYSERIA Wojciech Nowak

Podkomorzy | *Pan Tadeusz*
REŻYSERIA Andrzej Wajda

2000 **ojciec księdza Stanisława** | *Prymas. Trzy lata z tysiąca*
REŻYSERIA Teresa Kolarczyk

2001 **Stefan, drugi „ojciec" Anety** | *Córa marnotrawna*
REŻYSERIA Andrzej Kondratiuk

Chilon Chilonides | *Quo vadis*
REŻYSERIA Jerzy Kawalerowicz

2002 **kloszard, „tatko" Hanki** | *Anioł w Krakowie*
REŻYSERIA Artur „Baron" Więcek

2003 **ojciec** | *Bez końca*
REŻYSERIA Paweł Wysoczański

Wizun | *Stara baśń*
REŻYSERIA Jerzy Hoffman

car Aleksy | *Ubu król*
REŻYSERIA Piotr Szulkin

2004 **Grzegorz, ojciec Aurela** | *Cud w Krakowie*
REŻYSERIA Diana Groo

2005 **notariusz** | *Lawstorant*
REŻYSERIA Mikołaj Haremski

dziadek Wojtka | *Z odzysku*
REŻYSERIA Sławomir Fabicki

kloszard „Szajbusek" | *Zakochany anioł*
REŻYSERIA Artur „Baron" Więcek

2006 **właściciel komisu mięsa** | *Czeka na nas świat*
REŻYSERIA Robert Krzempek

prokurator Wacław | *Fundacja*
REŻYSERIA Filip Bajon

Józef, ojciec Sygity | *Jasne błękitne okna*
REŻYSERIA Bogusław Linda

pracownik aeroklubu | *Nadzieja*
REŻYSERIA Stanisław Mucha

2008 **„Cygaro"** | *Skorumpowani*
REŻYSERIA Jarosław Żamojda

2010 **dziadek „Kitki"** | *Cudowne lato*
REŻYSERIA Ryszard Brylski

Bąk, wiceminister MSWiA | *Trick*
REŻYSERIA Jan Hryniak

2011 **właściciel księgarni** | *Zniknięcie*
REŻYSERIA Adam Uryniak

2012 **dziadek Kazika** | *Być jak Kazimierz Deyna*
REŻYSERIA Anna Wieczur-Bluszcz

stary taksówkarz | *Wszystkie kobiety Mateusza*
REŻYSERIA Artur „Baron" Więcek

2013 **Szymon Skiba** | *Ida*
REŻYSERIA Paweł Pawlikowski

2014 **dziadek Tadeusz** | *Karolina*
REŻYSERIA Dariusz Regucki

2015 **Leon Wilczur** | *Ziarno prawdy*
REŻYSERIA Borys Lankosz

ojciec | *Król życia*
REŻYSERIA Jerzy Zieliński

Filmy telewizyjne

1969 **lektor** | *Podróżni jak inni*
REŻYSERIA Wojciech Marczewski

1971 **porucznik Prałat** | *Złote koło*
REŻYSERIA Stanisław Wohl

porucznik Gerhard | *Kocie ślady*
REŻYSERIA Paweł Komorowski

1974 **Natan, syn Samuela** | *Sędziowie. Tragedya*
REŻYSERIA Konrad Swinarski

1976 **Zenek, kierownik budowy** | *Spokój*
REŻYSERIA Krzysztof Kieślowski

1981 **mąż Ireny, ojciec Bogusia** | *Kobieta samotna*
REŻYSERIA Agnieszka Holland

1984 **kaznodzieja** | *Jeździec na siwym koniu*
REŻYSERIA Klaus Gendries

1985 **profesor** | *Kronika wypadków (cykl): Przez dotyk*
REŻYSERIA Magdalena Łazarkiewicz

1993 **Karol, szef Katarzyny** | *Tylko strach*
REŻYSERIA Barbara Sass

2002 **członek rady parafialnej** | *Święta polskie (cykl): Miss mokrego podkoszulka*
REŻYSERIA Witold Adamek

Seriale telewizyjne

1968 **Romek** | *Stawka większa niż życie*
ODC. 10 *W imieniu Rzeczypospolitej*
REŻYSERIA Andrzej Konic, Janusz Morgenstern

1970 **bracia Władysław i Jerzy Jagiełło** | *Kolumbowie*
ODC. 4 *Oto dziś...*, ODC. 5 *Śmierć po raz drugi*
REŻYSERIA Janusz Morgenstern

1972 **dworzanin** | *Kopernik*
REŻYSERIA Ewa Petelska, Czesław Petelski

1973 **zbójnik Bacuś** | *Janosik*
ODC. 2 *Zbójnickie prawa*, ODC. 6 *Worek talarów*, ODC. 7 *Beczka okowity*, ODC. 9 *Pobór*
REŻYSERIA Jerzy Passendorfer

1977 **mężczyzna na ulicy Kalińca** | *Noce i dnie*
ODC. 12 *A potem nastąpi noc*
REŻYSERIA Jerzy Antczak

1978 **kapitan MO prowadzący śledztwo w sprawie śmierci Tomala** | *Układ krążenia*
ODC. 2 *Obwiniony*, ODC. 3 *Proszę czekać*, ODC. 6 *Huśtawka*, ODC. 7 *Doktor Bognar*
REŻYSERIA Andrzej Titkow

1979 **Zygmunt Karski, brat Anny** | *Do krwi ostatniej*
REŻYSERIA Jerzy Hoffman

1980 **socjalista Marcin** | *Z biegiem lat, z biegiem dni...*
ODC. 6 *Kraków 1905*, ODC. 7 *Kraków 1907*, ODC. 8 *Kraków 1914*
REŻYSERIA Andrzej Wajda, Edward Kłosiński

Mikołaj Radziwiłł „Czarny", brat Barbary Radziwiłłówny | *Królowa Bona* ODC. 7, 8, 9, 10, 11
REŻYSERIA Janusz Majewski

1982 **Wojciech Korfanty** | *Blisko, coraz bliżej*
ODC. 8 *Niepokój i gniew. Rok 1919*, ODC. 9 *Stąd mój ród. Rok 1920*, ODC. 10 *Witajcie w domu. Rok 1921/22*
REŻYSERIA Zbigniew Chmielewski

1984 **Kilian Boratyński** | *Rycerze i rabusie*
ODC. 4 *Uczeń mistrza Rumianka*
REŻYSERIA Tadeusz Junak

1985 **brat Erazm** | *Przyłbice i kaptury*
ODC. 3 *Pożoga*, ODC. 5 *W gnieździe wroga*, ODC. 6 *W cudzej skórze*, ODC. 7 *Zemsta boga Kurho*, ODC. 9 *Jutro bitwa*
REŻYSERIA Marek Piestrak

1986 **sztygar Grela** | *Biała wizytówka*
ODC. 1 *Szyb nad lasem*, ODC. 2 *Sweet Home*, ODC. 3 *Pojednanie*, ODC. 4 *Spółka Ruberg*, ODC. 6 *Zarząd przymusowy*
REŻYSERIA Filip Bajon

1988 **Aleksander** | *Pole niczyje*
REŻYSERIA Jan Błeszyński

lekarz Mikołaj, kolega Romana | *Dekalog*
ODC. 9 *Dekalog, Dziewięć*
REŻYSERIA Krzysztof Kieślowski

1995 **tajniak Bretschneider** | *Opowieść o Józefie Szwejku i jego najjaśniejszej epoce*
ODC. 1 *Wy mnie jeszcze nie znacie!*, ODC. 2 *Lojalni aż do obrzydzenia*, ODC. 4 *Pożarci przez własne psy*
REŻYSERIA Włodzimierz Gawroński

1996 **audytor Bernis** | *Opowieść o Józefie Szwejku i jego drodze na front*
ODC. 1 *Ciernista droga grzechu*, ODC. 2 *Dzisiaj znowu byłem uczciwy*, ODC. 9 *Posłusznie melduję, jestem niewinny*, ODC. 10 *Do zupy z nim*
REŻYSERIA Włodzimierz Gawroński

Gundis, szef mafii łotewskiej | *Ekstradycja 2*
ODC. 1, 2, 4, 5, 6, 7, 8
REŻYSERIA Wojciech Wójcik

2002 **Chilon Chilonides** | *Quo vadis*
REŻYSERIA Jerzy Kawalerowicz

2004 **Wizun** | *Stara Baśń*
REŻYSERIA Jerzy Hoffman

Szczapek | *Stacyjka*
ODC. 1 *Przeklęte miejsce*, ODC. 2 *Wizyta noblisty*, ODC. 3 *Rekordzista*, ODC. 5 *Bunt Teresy*, ODC. 6 *Ludzie telewizji*, ODC. 8 *Premiera*, ODC. 9 *Powrót taty*, ODC. 10 *Rycerze i dziewice*, ODC. 11 *Kosmitki i ziemianie*, ODC. 12 *Milczenie krów*, ODC. 13 *Czy Mickiewicz był Polakiem?*
REŻYSERIA Radosław Piwowarski

2008 **„Cygaro"** | *Skorumpowani*
REŻYSERIA Jarosław Żamojda

2012 **Bąk, wiceminister MSWiA** | *Trick*
REŻYSERIA Jan Hryniak

2013 **Kazimierz Potocki** | *Lekarze*
ODC. 21 *Druga szansa*
REŻYSERIA Filip Zylber

Filmy dokumentalne o Jerzym Treli

1998 *Jest taki człowiek...*
REŻYSERIA Andrzej Maj

2014 *Jerzy Trela, człowiek o chmurnych oczach i uśmiechniętej* duszy
REŻYSERIA Marta Węgiel

Przypisy

ROZDZIAŁ PIERWSZY

Paradoksy Jerzego Treli

1 William Szekspir, *Hamlet*, przeł. Józef Paszkowski, akt II, scena 2.

2 Cyt. za: *Przeciąg*, z Jerzym Trelą rozmawiała Bożena Winnicka. „Wiadomości Kulturalne" 1995, nr 41.

3 *Uodporniona nadwrażliwość*, z Jerzym Trelą rozmawiali Renata Kijowska i Paweł Piotrowski, „Dziennik Polski", 8–9.01.2000.

4 *Pomiędzy prorokiem a błaznem*, z Jerzym Trelą rozmawiała Jolanta Ciosek, „Dziennik Polski", 16.04.2004.

5 *Uodporniona nadwrażliwość*, dz. cyt.

6 *Punkt zerowy przedstawienia*, z Jerzym Trelą rozmawiała Bożena Winnicka, „Życie Literackie" 1984, nr 27.

7 *Nie można poddać się teatrowi do końca*, z Jerzym Trelą rozmawiał Łukasz Drewniak, „Dziennik", 8.12.2008.

8 Wypowiedź Stanisława Zajączkowskiego, w: *Jerzy Trela 65-latkiem*, opracowali Wacław Krupiński i Jolanta Ciosek, „Dziennik Polski", 14.03.2007.

9 Wypowiedź Kazimierza Kutza, tamże.

10 Wypowiedź z filmu *Jest taki człowiek*, scen. i real. Andrzej Maj, TVP Kraków, 1998.

11 *Jak grzechotnik*, z Jerzym Trelą rozmawiała Donata Subbotko, „Gazeta Wyborcza", „Magazyn Świąteczny", 15–16.03.2014.

12 W filmie dokumentalnym *Jerzy Trela. Człowiek o chmurnych oczach i uśmiechniętej duszy*, scen. i real. Marta Węgiel, TVP Ośrodek Telewizyjny, Kraków 2014.

13 Wypowiedź Jerzego Bińczyckiego była wielokrotnie cytowana w różnych publikacjach, tu podana za wywiadem *Są anioły w Krakowie*, „Viva" 2002, nr 20.

14 Wypowiedź Konrada Swinarskiego w filmie dokumentalnym Krzysztofa Miklaszewskiego z cyklu *Twarze teatru*, w odcinku poświęconym Jerzemu Treli, TVP OTV, Kraków 1974.

ROZDZIAŁ DRUGI

Ta nasza młodość...

1 *Mistrz iluzji*, z Jerzym Trelą rozmawiała Joanna Nojszewska, „Twój Styl" 2015, nr 1.

2 *Jak grzechotnik*, dz. cyt.

3 Rozmowa autorki z Tadeuszem Nyczkiem, czerwiec 2015.

4 Tamże.
5 Tamże.
6 tp, *Teatr barytonem opisany*, „Gazeta Wyborcza", dodatek regionalny „Gazeta w Częstochowie", 16.11.1994.
7 *Kilka centymetrów nad ziemią*, z Jerzym Trelą rozmawiała Bożena Gierat-Bieroń, „Tygodnik Powszechny", 15.12.1996.
8 *Jak grzechotnik*, dz. cyt.
9 Jerzy Święch, *Na trzecim piętrze*, w: *Krakowska szkoła teatralna. 50 lat PWST im. L. Solskiego w Krakowie*, red. Jacek Popiel, Kraków 1998, cz. 1, s. 48.
10 Z rozmów autorki z Jerzym Trelą, czerwiec–wrzesień 2015. Wszystkie kolejne cytowane wypowiedzi Jerzego Treli nieopatrzone przypisem pochodzą z tego źródła.
11 *Porozmawiajmy o aktorstwie*, rozmowa Jana Englerta, Krzysztofa Globisza, Jerzego Radziwiłowicza, Jerzego Treli i Andrzeja Wanata, „Teatr" 1994, nr 9. Wszystkie cytaty w powyższych dwóch akapitach pochodzą z tego źródła.
12 Wojciech Pszoniak, wypowiedź w: Krzysztof Jasiński, *Rodzina STU. Pokrewieństwa z wyboru*, red. Edward Chudziński, Krzysztof Jasiński, Franciszek Muła, Anna Stafiej, Kraków 2006, s. 186.
13 Jerzy Trela, w: Krzysztof Jasiński, *Rodzina STU. Pokrewieństwa z wyboru*, dz. cyt., s. 251.
14 Krzysztof Miklaszewski, *Jan Łukowski*, w: tamże, s. 148.
15 Wypowiedź Krzysztofa Jasińskiego w poświęconym Jerzemu Treli programie z cyklu *Twarze teatru*, cyt. za: Krzysztof Miklaszewski, *Twarze teatru. Jerzy Trela*, Kraków 1985, s. 11–12.
16 XII Internationale Theaterwoche der Studentenbühne, Erlangen 1966.
17 Wojciech Pszoniak, w: Krzysztof Jasiński, *Rodzina STU. Pokrewieństwa z wyboru*, dz. cyt., s. 186.
18 VII Internacjonalni Festival Studenckih Kazalista, Zagrzeb 1967.
19 Krzysztof Miklaszewski, *Jan Łukowski*, w: Krzysztof Jasiński, *Rodzina STU. Pokrewieństwa z wyboru*, dz. cyt., s. 149.
20 Rozmowa Autorki z Tadeuszem Nyczkiem, czerwiec 2015.
21 Jerzy Trela, *Dwa wspomnienia*, w: *Krakowska Szkoła Teatralna. 50 lat PWST im. L. Solskiego w Krakowie*, dz. cyt., cz. 2, s. 61.
22 Krzysztof Jasiński, *Piramida Słońca*, w: *Rodzina STU. Pokrewieństwa z wyboru*, dz. cyt., s. 10.
23 *Kilka centymetrów nad ziemią*, dz. cyt.
24 Krzysztof Miklaszewski, *Jan Łukowski*, w: Krzysztof Jasiński, *Rodzina STU. Pokrewieństwa z wyboru*, dz. cyt., s. 149.

ROZDZIAŁ TRZECI

Trzy razy Konrad

1 Józef Opalski, *Rozmowy o Konradzie Swinarskim i „Hamlecie"*, Kraków 1988, s. 27.
2 Zygmunt Hübner, *Reżyseruję, bo tęsknię*, „Teatr" 1975, nr 21.
3 Józef Opalski, *Swinarski – opowieść kierownika literackiego*, rozmowa z Janem Błońskim, dz. cyt., s. 91.

4 *Znam ten zapach*, z Jerzym Trelą rozmawiał Łukasz Maciejewski, „Teatr" 2012, nr 4.
5 *Każdy nosi w sobie swój obraz Konrada*, z Jerzym Trelą rozmawiała Elżbieta Morawiec, „Teatr" 1975, nr 21.
6 *Punkt zerowy przedstawienia*, dz. cyt.
7 Krzysztof Miklaszewski, *Trela u Swinarskiego*, „Życie Literackie" 1983, nr 34.
8 *„Dziady" Adama Mickiewicza w realizacji Konrada Swinarskiego*, scen. i real. Joanna Chlebowicz, Kraków 1973 (film funkcjonuje także pod tytułem *Anatomia spektaklu*).
9 Wypowiedź Swinarskiego w filmie Joanny Chlebowicz, dz. cyt.
10 *Wbić z powrotem w ciało*, z Konradem Swinarskim rozmawiał Jan Błoński, „Dialog" 1978, nr 1.
11 Jerzy Trela, wypowiedź w książce *Stary Teatr. Album wspomnień*, red. Dariusz Domański, Kraków 1997, s. 169.
12 Tamże.
13 Por. Marek Halberda, Piotr Łaguna, Wojciech Szulczyński, Joanna Walaszek, *„Dziady" Adama Mickiewicza w inscenizacji Konrada Swinarskiego. Opis przedstawienia*, Kraków 1998.
14 *Jak grzechotnik*, dz. cyt.
15 *Pomiędzy prorokiem a błaznem*, dz. cyt.
16 *Jak grzechotnik*, dz. cyt.
17 Marta Fik, *„I ma wyjść Edyp"*, „Kultura" 1974, nr 24.
18 Maciej Szybist, *Wyzwolenie*, „Echo Krakowa", 4.06.1974.
19 Stanisław Wyspiański, *Wyzwolenie*, akt II.
20 Maciej Szybist, *Wyzwolenie*, dz. cyt.
21 Elżbieta Wysińska, *Sam już na wielkiej, pustej scenie*, „Literatura" 1974, nr 24.
22 *Kilka centymetrów nad ziemią*, dz. cyt.
23 Por. Krzysztof Miklaszewski, *Twarze teatru. Jerzy Trela*, dz. cyt.
24 Józef Opalski, *Rozmowy o Konradzie Swinarskim i „Hamlecie"*, dz. cyt.; rozmowa z Jerzym Trelą, *Swinarski i Klaudiusz*, s. 131.
25 Tamże, dz. cyt., rozmowa z Janem Pawłem Gawlikiem, *Hamlet Swinarskiego – relacja dyrektora*, s. 99.
26 Tamże, rozmowa z Jerzym Trelą, *Swinarski i Klaudiusz*, s. 133.
27 Tamże, s. 132.
28 Stanisław Wyspiański, *Wyzwolenie*, akt III.

ROZDZIAŁ CZWARTY — **Stary Teatr**

1 Jan Maciejowski, *Miłość i gniew*, w: *Stary Teatr. Album wspomnień*, dz. cyt., s. 153–154.
2 Konstanty Puzyna, *Oklaski dla Starego Teatru*, w: tegoż, *Półmrok*, Warszawa 1982, s. 82.
3 Jerzy Fedorowicz, *Malicka, Markuszewski i role*, w: *Stary Teatr. Album wspomnień*, dz. cyt., s. 157.
4 Elżbieta Morawiec, *Paradoksy Witkacego*, „Życie Literackie", 10.07.1971.
5 *Nie można poddać się teatrowi do końca*, dz. cyt.
6 *Jest taki człowiek*, scen. i real. Andrzej Maj, dz. cyt.

7 *Teatr żywego człowieka*, z Konradem Swinarskim rozmawiała Anna Schiller, „Kultura" 1973, nr 31.
8 *Jak grzechotnik*, dz. cyt.
9 *Są anioły w Krakowie*, dz. cyt.
10 Elżbieta Morawiec, *Chochole dusze*, „Życie Literackie" 1977, nr 28.
11 Maciej Szybist, *Wesele*, „Echo Krakowa", 20.06.1977.
12 Elżbieta Morawiec, *Chochole dusze*, dz. cyt.
13 Maciej Szybist, *Wesele*, dz. cyt.
14 *Siedź w kącie, a cię znajdą*, z Jerzym Trelą rozmawiał Jacek Wakar, „Dziennik Gazeta Prawna", 15.01.2010.
15 Józef Opalski, *Rzecz o emigracji*, „Życie Literackie" 1981, nr 40.
16 *Wajda i „Hamlet" w Starym Teatrze*, w: Józef Opalski, *Rozmowy o Konradzie Swinarskim i „Hamlecie"*, dz. cyt., s. 128.
17 Jerzy Stuhr, *Sercowa choroba, czyli moje życie w sztuce*, Kraków 2008, s. 318.
18 Józef Opalski, *Rozmowy o Konradzie Swinarskim i „Hamlecie"*, dz. cyt., s. 139.
19 Zob. Joanna Walaszek, *Teatr Wajdy. W kręgu arcydzieł: Dostojewski, „Hamlet", „Wesele"*, Kraków 2003.
20 Tadeusz Nyczek, *Teatr jaki jest: łódka „Hamlet"*, „Dialog" 1982, nr 1.
21 Andrzej Żurowski, *Rozbite zwierciadło*, „Fakty" 1982, nr 2.
22 Małgorzata Dzieduszycka, *„Hamlet" Andrzeja Wajdy*, „Odra" 1982, nr 10; cyt. za: Joanna Walaszek, *Teatr Wajdy*, dz. cyt., s. 365.
23 Maciej Szybist, *Rewizor*, „Echo Krakowa" 1980, nr 261.
24 *Nie można poddać się teatrowi do końca*, dz. cyt.
25 Joanna Walaszek, *Dziady*, „Didaskalia" 1995, nr 8–9.
26 Jerzy Trela, *Przerwa na olśnienie*, notowała Agnieszka Fryz-Więcek, „Didaskalia" 2005, nr 67–68.
27 Tomasz Kubikowski, *Każdy w swoją drogę*, „Odra" 1996, nr 4.
28 Małgorzata Ruda, *Król umiera*, „Dekada Literacka" 2008, nr 5–6.
29 *Uodporniona nadwrażliwość*, dz. cyt.
30 *Artystą zostaje się później*, z Jerzym Trelą rozmawiała Beata Matkowska-Święs, „Gazeta Wyborcza", 9.05.2000.
31 Jerzy Trela, *W sprawie reportażu „Psy na Klacie"*, „Gazeta Wyborcza", „Duży Format", 10.07.2014. Chodziło o dwa performance, które zaprezentowano w Starym Teatrze późną jesienią 2013: *Zamach na Swinarskiego?* oraz *Transmigracje Konrada Swinarsky'ego*.
32 *Jak grzechotnik*, dz. cyt.
33 *Nie można poddać się teatrowi do końca*, dz. cyt.
34 William Szekspir, *Tragiczna historia Hamleta, księcia Danii*, akt II, scena 2, przeł. Maciej Słomczyński, Kraków 1978.

ROZDZIAŁ PIĄTY

Aktor

1 Constant Coquelin, *Sztuka aktora*, przeł. Józef Mikulski, Warszawa 1913, s. 11.
2 Halina Mikołajska, *Aktor jako osoba publiczna i aktor jako osoba prywatna*, w: *Świadomość teatru. Polska myśl teatralna drugiej połowy XX wieku*, red. Wojciech Dudzik, Warszawa 2007, s. 410–411.
3 Tamże, s. 413
4 Paweł Głowacki, *Powroty pana Jerzego*, „Dziennik Polski", 14.03.2007.
5 Tadeusz Łomnicki, *Z notatnika aktora*, w: tegoż, *Spotkania teatralne*, Warszawa 1984, s. 76.
6 Wypowiedź Anny Dymnej w filmie dokumentalnym.
7 *Siedź w kącie, a cię znajdą*, dz. cyt.
8 *Nie uznaję gry solo*, z Jerzym Trelą rozmawiał Wacław Krupiński, „Dziennik Polski", 30.03.2001.
9 *Aktor – nie misja a powinność*, z Jerzym Trelą rozmawiał Łukasz Maciejewski, „Dziennik Polski", 3.06.1997.
10 *Nazywało się ich mistrzami*, z Jerzym Trelą rozmawiała Barbara Henkel, „Radar" 1985, nr 41.
11 *Nie można poddać się teatrowi do końca*, dz. cyt.
12 *Ale Bonda jeszcze nie grałeś! Nadrobię!* Z Jerzym Trelą rozmawiała Maria de Hernandez-Paluch, „Dziennik Polski", 23.06.2000.
13 *Porozmawiajmy o aktorstwie*, dz. cyt.
14 *Każdy nosi w sobie swój obraz Konrada*, dz. cyt.
15 *Uodporniona nadwrażliwość*, dz. cyt.
16 *Kilka centymetrów nad ziemią*, dz. cyt.
17 Tamże.
18 *Jerzy Trela 65-latkiem*, dz. cyt., wypowiedź Stanisława Zajączkowskiego.
19 *Kilka centymetrów nad ziemią*, dz. cyt.
20 *Tamże*.
21 *Aktor jest jak ścierwojad. Karmi się wszystkim*, z Jerzym Trelą rozmawiał Wacław Krupiński, „Dziennik Polski", 10.05.2013.
22 *Jerzy Trela 65-latkiem*, dz. cyt., wypowiedź Anny Polony.
23 *Jerzy Trela*, scenariusz Andrzej Warchił, reportaż TVP KULTURA, 2010.
24 *Mistrz iluzji*, dz. cyt.
25 *Jerzy Trela*, scen. Andrzej Warchił, dz. cyt.

ROZDZIAŁ SZÓSTY

Partnerzy

1 Józef Opalski, *Rozmowy o Konradzie Swinarskim i „Hamlecie"*, dz. cyt., s. 167.
2 *Punkt zerowy przedstawienia*, dz. cyt.
3 Tamże.
4 *Pomiędzy prorokiem a błaznem*, dz. cyt.
5 *Nie można poddać się teatrowi do końca*, dz. cyt.

6 Jerzy Trela, *Przerwa na olśnienie*, dz. cyt.
7 Tamże.
8 *Nie można poddać się teatrowi do końca*, dz. cyt.
9 Barbara Hanicka, *Po co Wyspiański Grzegorzewskiemu*, w: *Wyspiański badany teatrem*, Kraków 2008, s. 57.
10 Wypowiedź Jerzego Treli o Kazimierzu Kutzu w: Elżbieta Baniewicz, *Kazimierz Kutz*, Warszawa 1999, s. 237.
11 Kazimierz Kutz, *Klapsy i ścinki*, Kraków 1999.
12 *Jerzy Trela 65-latkiem*, dz. cyt.
13 *Pomiędzy prorokiem a błaznem*, dz. cyt.
14 Wystan Hugh Auden, *Morze i zwierciadło*, przeł. Stanisław Barańczak.
15 Elżbieta Baniewicz, *Labirynt i zwierciadło*, „Twórczość" 2003, nr 5.
16 Stanisław Wyspiański, *Wyzwolenie*.

ROZDZIAŁ SIÓDMY **Film**

1 Informacja jest chyba nieprecyzyjna, musiało to być później – Marlena Dietrich wystąpiła we Wrocławiu w lutym 1966, kiedy Jerzy Trela był na pierwszym roku studiów.
2 *Teatr, moja pasja*, z Jerzym Trelą rozmawiał Jacek Cieślak, „Rzeczpospolita", 18.06.2011.
3 *Znam ten zapach*, dz. cyt.
4 Wypowiedź Jerzego Treli w: Elżbieta Baniewicz, *Kazimierz Kutz*, dz. cyt., s. 240.
5 Tamże, wypowiedź Kazimierza Kutza, s. 191
6 *Dwie godziny jazdy*, z Andrzejem Żuławskim rozmawiał Aleksander Ledóchowski, „Film na Świecie" 1986, nr 334–335; cyt. za: Tadeusz Lubelski, *Historia kina polskiego*, Katowice 2009, s. 432.
7 *Szukając w sobie*, z Jerzym Trelą o filmie *Do krwi ostatniej* rozmawiał Oskar Sobański, „Film" 1979, nr 1.
8 Tamże.
9 Piotr Śmiałowski, *Kłamstwo i prawda*, „Kino" 2007, nr 4.
10 *Każdy nosi w sobie swój obraz Konrada*, dz. cyt.
11 *Wybrałem teatr*, z Jerzym Trelą rozmawiała Mira Faber, „Echo Krakowa", 17.11.1996.
12 *Aktor – nie misja a powinność*, dz. cyt.
13 Tamże.
14 *Aktor jest jak ścierwojad. Karmi się wszystkim*, dz. cyt.
15 *Aktor – nie misja a powinność*, dz. cyt.
16 Jerzy Bajdor, *Złożoność ludzkich losów*, „Trybuna Ludu" 1978, nr 34.
17 *Aktor jest jak ścierwojad. Karmi się wszystkim*, dz. cyt.
18 Wiesław Chełminiak, *Zimne ognie Kawalerowicza*, „Nowe Państwo" 2001, nr 36.
19 *Ale Bonda jeszcze nie grałeś! Nadrobię!*, dz. cyt.

ROZDZIAŁ ÓSMY

Teatr Telewizji

1 Kazimierz Kutz, „Antena" 1988, nr 11; cyt. za: Elżbieta Baniewicz, *Kazimierz Kutz*, dz. cyt., s. 114.
2 *Wybrałem teatr*, dz. cyt.
3 *Psikusy wielkiego Binia*, wypowiedź Jerzego Treli, oprac. Maria Mazurek, „Polska Gazeta Krakowska", 21.04.2013.
4 Krzysztof Miklaszewski, *Twarze teatru. Jerzy Trela*, Kraków 1985, s. 17.
5 Krzysztof Miklaszewski, *Twarze teatru. Jerzy Trela*, dz. cyt., s. 42.
6 *Zazdroszczę ludziom, którzy nie mają wątpliwości*, z Jerzym Trelą rozmawiała Rita Gołębiowska, „Tygodnik Kulturalny", 18.01.1976.
7 Krzysztof Miklaszewski, *Jerzego Treli „bycie sobą"*, „Teatr" 1980, nr 1.
8 Por. Janusz Majcherek, *Do piachu z Różewiczem!*, „Teatr" 1990, nr 12.
9 Elżbieta Baniewicz, *Dymna*, Warszawa 2014, s. 236.
10 Andrzej Żurowski, *Sztuka o rozpaczy*, „Wiadomości Kulturalne" 1995, nr 9.

ROZDZIAŁ DZIEWIĄTY

Lata osiemdziesiąte

1 Elżbieta Baniewicz, *Gajos*, Warszawa 2014, s. 368.
2 Jerzy Stuhr, *Sercowa choroba, czyli moje życie w sztuce*, dz. cyt., s. 77.
3 *Jak grzechotnik*, dz. cyt.
4 Kazimierz Andrzej Wysiński, *Związek Artystów Scen Polskich 1950–1998*, Warszawa 1998, s. 68; cyt. za: Daniel Przastek, *Środowisko teatru w okresie stanu wojennego*, Warszawa 2005, s. 25.
5 Jerzy Trela, *Polskę można powiększyć tylko kulturą*, wypowiedź w ramach ankiety „Kultury" *Jakie powinno być autonomiczne życie kulturalne? Jak ma funkcjonować? Czego trzeba, by się rozwijało?*, „Kultura" 1980, nr 49.
6 *Jak grzechotnik*, dz. cyt.
7 *Nowa rola*, z Jerzym Trelą rozmawiała Urszula Orman, „Gazeta Krakowska", 3.10.1984
8 *Lucek bił na moje nazwisko*, z Jerzym Trelą rozmawiała Temida Stankiewiczówna, „Sztandar Młodych" 1985, nr 77.
9 *Jak grzechotnik*, dz. cyt.
10 *Konrad, który uderzy w ścianę*, z Jerzym Trelą rozmawiała Urszula Biełous, „Kultura" 1988, nr 29.
11 Gustaw Holoubek został odwołany z funkcji dyrektora Teatru Dramatycznego w styczniu 1983 roku. W kwietniu powołano na to stanowisko Jana Pawła Gawlika, jednocześnie tworząc przy Teatrze Dramatycznym instytucję Teatru Rzeczypospolitej.
12 Daniel Passent, *Pałeczka z celuloidu*, „Polityka" 1983, nr 45.
13 ktt [Krzysztof Teodor Toeplitz] *Jak daleko od teatru?*, „Polityka" 1983, nr 45.
14 Agnieszka [Elżbieta Morawiec], *List o teatrze*, „Miesięcznik Małopolski" 1985, nr 7–8; cyt. za: Daniel Przastek, *Środowisko teatru w okresie stanu wojennego*, dz. cyt., s. 172.
15 Daniel Przastek, *Środowisko teatru w okresie stanu wojennego*, dz. cyt., s. 172.

16 *Chcę nadziei!* Z Jerzym Trelą rozmawia Tomasz Raczek, „Polityka" 1983, nr 53. Ów „wybitny aktor", o którym mowa, to Zbigniew Zapasiewicz.
17 *Jak grzechotnik*, dz. cyt.
18 *Nie mam programu – mam poglądy*, z Jerzym Trelą rozmawiała Elżbieta Grzegorczyk, „Echo Krakowa", 8.10.1985.
19 Tamże.
20 *Jak grzechotnik*, dz. cyt.
21 Tamże.
22 Tamże.
23 *Konrad który uderzy w ścianę*, dz. cyt.
24 *Jak grzechotnik*, dz. cyt.

ROZDZIAŁ DZIESIĄTY **Szekspir i Wyspiański**

1 *Aktor jest jak ścierwojad. Karmi się wszystkim, czego go przez lata nauczono*, dz. cyt.
2 *Pół prorok, pół błazen*, z Jerzym Trelą rozmawiała Katarzyna Janowska, „Polityka" 2002, nr 38.
3 *Nie gram króla w koronie, lecz człowieka, który koronę zdjął*, z Jerzym Trelą rozmawiała Jolanta Ciosek, „Dziennik Polski", 26.06.2015.
4 *Punkt zerowy przedstawienia*, dz. cyt.
5 Krystian Lupa, *Powroty Odysa*, w: *Wyspiański badany teatrem*, Kraków 2008, s. 79.
6 Jerzy Trela, *Aktor Wyspiańskiego*, w: *Wyspiański badany teatrem*, dz. cyt., s. 29.
7 Joanna Walaszek, *„Sądźcie sami"*, „Didaskalia" 1999, nr 29.
8 Tamże.
9 Magdalena Mijalska, *Rozmowa, której nie było*, „Didaskalia" 2000, nr 40.
10 Krzysztof Miklaszewski, *Twarze teatru*, dz. cyt., s. 17.

ROZDZIAŁ JEDENASTY **Pedagog, rektor, mistrz**

1 Jerzy Trela, *Dwa wspomnienia*, w: *Krakowska Szkoła Teatralna, 50 lat PWST im. L. Solskiego w Krakowie*, dz. cyt., cz. 2, s. 62.
2 Tamże, str. 63.
3 *Nauka partnerstwa*, z Jerzym Trelą rozmawiała Dorota Krzywicka, „Echo Krakowa", 5.04.1987.
4 Marta Stebnicka, *Raptularz z „Balu w Operze"*, w: *Krakowska Szkoła Teatralna. 50 lat PWST im. L. Solskiego w Krakowie*, dz. cyt., cz. 1, s. 50–53.
5 Jerzy Trela, *Dwa wspomnienia*, w: *Krakowska Szkoła Teatralna. 50 lat PWST im. L. Solskiego w Krakowie*, dz. cyt., cz. 2, s. 62.
6 *Nazywało się ich mistrzami*, dz. cyt.
7 Paweł Głowacki, *Wesoły pasztet magisterski*, „Dziennik Polski", 2.05.1998.
8 Michał Chołka, *Jerzy Trela. Człowiek – aktor – mistrz*, praca magisterska napisana na Wydziale Aktorskim PWST w Krakowie, Kraków 2010. W zbiorach Archiwum PWST.

ROZDZIAŁ DWUNASTY

Leńcze – to, co najważniejsze

1 *Nie urodziłem się w domu malarza,* z Jerzym Trelą rozmawiała Beata Maciejkiewicz, „Kwartalnik Filmowy" 1994, nr 5.
2 *Jak grzechotnik*, dz. cyt.
3 *Nie urodziłem się w domu malarza*, dz. cyt.
4 Jerzy Trela, *Notacje*, TVP Kultura 2012.
5 *Jak grzechotnik*, dz. cyt.
6 Tamże.
7 Tamże.
8 *Nie mam czasu na nudę!*, notowała Halina Kwiatkowska, „Przyjaciółka" 1997, nr 20.
9 *Zwyczajne życie* Konrada, notowała Elżbieta Morawiec, „Tygodnik Studencki" 1976, nr 2.
10 *Jerzy Trela. Człowiek o chmurnych oczach i uśmiechniętej duszy*, scen. i real. Marta Węgiel, dz. cyt.
11 *Jak grzechotnik*, dz. cyt.
12 Tamże.
13 Tamże.
14 Tamże.

Źródła ilustracji

strona

6 Ze zbiorów Pracowni Dokumentacji Teatru Instytutu Teatralnego
9 Fot. Wojciech Plewiński
15 PO LEWEJ „Życie Literackie" 1975, nr 30 / Z archiwum Krzysztofa Tomasika
PO PRAWEJ Jerzy Troszczyński / Filmoteka Narodowa
20 Z archiwum Jerzego Treli
23 Z archiwum Jerzego Treli
24 Z archiwum Jerzego Treli
25 Z archiwum Jerzego Treli
27 Z archiwum PWST
31 Z archiwum PWST
34 Fot. Paweł Nowosławski / Z archiwum Teatru STU
35 Fot. Jacek Stokłosa / Z archiwum Teatru STU
40 Fot. Wojciech Plewiński
42 Fot. Stanisław Boczar / Z archiwum Teatru STU
44 Z archiwum Jerzego Treli
46 Z archiwum Jerzego Treli
47 Fot. Wojciech Plewiński
51 PO LEWEJ „Teatr" 1975, nr 21
W ŚRODKU „Teatr" 1983, nr 12
PO PRAWEJ „Teatr" 1973, nr 9
52 Fot. Wojciech Plewiński
53 PO LEWEJ „Zwierciadło" 1980, nr 30
PO PRAWEJ „Teatr" 1973
54–55 „Scena" 1976, nr 1
57 Ze zbiorów Archiwum Dokumentacji Artystycznej Narodowego Starego Teatru im. Heleny Modrzejewskiej w Krakowie
59 Ze zbiorów Archiwum Dokumentacji Artystycznej Narodowego Starego Teatru im. Heleny Modrzejewskiej w Krakowie
60 „Teatr" 1975, nr 21
63 Z archiwum Jerzego Treli

65 „Panorama Polska" 1985, nr 2 / Ze zbiorów Pracowni Dokumentacji Teatru Instytutu Teatralnego
66 „Teatr" 1974, nr 15
68 „Teatr" 1977, nr 24
69 „Teatr" 1973, nr 9
71 „Film" 1975, nr 49 / Z archiwum Krzysztofa Tomasika
72 PO LEWEJ „Teatr" 1975, nr 21
PO PRAWEJ „Teatr" 1974, nr 14
73 „Ekran" 1974, nr 2 / Z archiwum Krzysztofa Tomasika
74 Fot. Jan Styczyński
79 Plakat autorstwa Tomka Szkodzińskiego
80 Z archiwum Jerzego Treli
82 „Polityka" 1974, nr 11
85 PO LEWEJ Ze zbiorów Archiwum Dokumentacji Artystycznej Narodowego Starego Teatru im. Heleny Modrzejewskiej w Krakowie
PO PRAWEJ Fot. Wojciech Plewiński
86 Fot. Wojciech Plewiński
87 Ze zbiorów Archiwum Dokumentacji Artystycznej Narodowego Starego Teatru im. Heleny Modrzejewskiej w Krakowie
88 Ze zbiorów Archiwum Dokumentacji Artystycznej Narodowego Starego Teatru im. Heleny Modrzejewskiej w Krakowie
89 „Teatr" 1971, nr 17
90–91 Plakat autorstwa Lecha Przybylskiego / Ze zbiorów Archiwum Dokumentacji Artystycznej Narodowego Starego Teatru im. Heleny Modrzejewskiej w Krakowie
92–93 Fot. Wojciech Plewiński
94 Fot. Wojciech Plewiński
95 Z archiwum Jerzego Treli
97 „Teatr" 1988, nr 5
98–99 Fot. Wojciech Plewiński
100 „Teatr" 1971, nr 14
101 „Teatr" 1980, nr 1
103 Fot. Zbigniew Łagocki
104 Fot. Wojciech Plewiński
107 Fot. Marek Gardulski
109 Fot. Wojciech Plewiński
110 Z archiwum Jerzego Treli
112 Fot. Wojciech Plewiński
113 „Teatr" 1981, nr 5
115 „Teatr" 1983, nr 8
117 Fot. Wojciech Plewiński
119 Fot. Wojciech Plewiński
121 Fot. Wojciech Plewiński

123 Fot. Wojciech Plewiński
127 Fot. Ryszard Kornecki
128 „Razem" 1979, nr 27 / Ze zbiorów Pracowni Dokumentacji Teatru Instytutu Teatralnego
130–131 Fot. Ryszard Kornecki
132 Fot. ZORKA PROJECT
135 Fot. ZORKA PROJECT
143 Fot. ZORKA PROJECT
144 Fot. ZORKA PROJECT
153 Fot. ZORKA PROJECT
154 Fot. ZORKA PROJECT
158 Ze zbiorów Archiwum Dokumentacji Artystycznej Narodowego Starego Teatru im. Heleny Modrzejewskiej w Krakowie
160 Z archiwum Jerzego Treli
161 Fot. Piotr Augustyniak / Agencja Gazeta
163 PO LEWEJ Fot. Wojciech Plewiński / Ze zbiorów Archiwum Artystycznego Teatru Studio im. Stanisława Ignacego Witkiewicza w Warszawie
PO PRAWEJ Fot. Stefan Okołowicz
165 Z archiwum Jerzego Treli
167 Fot. Andrzej Tarasewicz
169 Fot. Wojciech Plewiński
170–171 Fot. Stefan Okołowicz
172–173 Fot. Ryszard Kornecki
175 Z archiwum Jerzego Treli
177 Fot. M. Wachowicz
178 Z archiwum Jerzego Treli
179 PO LEWEJ Z archiwum Jerzego Treli
PO PRAWEJ Fot. Wojciech Plewiński
182–183 Fot. Wojciech Plewiński
184–185 Fot. Ryszard Kornecki
186–187 Z archiwum Jerzego Fedorowicza
188 Fot. Roman Sumik / Filmoteka Narodowa
191 „Film" 1990, nr 32
193 Filmoteka Narodowa
195 Fot. Polfilm / East News; kadr z filmu *Znikąd donikąd*, reż. Kazimierz Kutz, 1975
197 Z archiwum Jerzego Treli
198 „Film" 1987, nr 4
203 PO LEWEJ „Film" 1979, nr 23 / Z archiwum Krzysztofa Tomasika
PO PRAWEJ „Film" 1979, nr 27 / Z archiwum Krzysztofa Tomasika
204–205 „Film" 1979, nr 1 / Ze zbiorów Pracowni Dokumentacji Teatru Instytutu Teatralnego
206 „Film" 1978, nr 30 / Z archiwum Krzysztofa Tomasika
212–213 Z archiwum Jerzego Treli

214 Filmoteka Narodowa
216 „Film" 1975, nr 35 / Z archiwum Krzysztofa Tomasika
217 Filmoteka Narodowa
218 „Ekran" 1980, nr 10 / Z archiwum Krzysztofa Tomasika
219 „Film" 1982, nr 27 / Z archiwum Krzysztofa Tomasika
220 „Nowa wieś" 1987, nr 25 / Ze zbiorów Pracowni Dokumentacji Teatru Instytutu Teatralnego
223 Filmoteka Narodowa
224–225 Z archiwum Jerzego Treli
226 Fot. Tricolors / East News
227 Fot. Roman Sumik / Filmoteka Narodowa
228 Fot. Roman Sumik / Filmoteka Narodowa
231 Fot. Aleksander Keplicz / REPORTER
232 Fot. K. Wojciewski
236–237 Z archiwum Jerzego Treli
238 PAP / Jacek Bednarczyk
243 Z archiwum Jerzego Treli
245 „Ekran" 1974, nr 28 / Ze zbiorów Pracowni Dokumentacji Teatru Instytutu Teatralnego
248 „Teatr" 1980, nr 1
249 Fot. Jerzy Drużkowski
252 „Teatr" 1987, nr 5
256–257 Fot. Tomasz Nastreski
258 Fot. Bogumił Opioła
267 Fot. Ireneusz Sobieszczuk / FORUM
269 Z archiwum Jerzego Treli
270 TVP / PAP / Ryszard Kornecki
272 „Film" 1990, nr 32 / Ze zbiorów Pracowni Dokumentacji Teatru Instytutu Teatralnego
277 „Echo Kraków" 8.10.1985, nr 196
278 „Echo Kraków" 26–28.05.1989
279 „Dziennik Polski" 2.06.1989
281 Z Archiwum Państwowej Wyższej Szkoły Teatralnej w Krakowie
284 „Teatr" 1983, nr 12
289 Z archiwum Jerzego Treli
290 Z Archiwum Państwowej Wyższej Szkoły Teatralnej w Krakowie
291 Z Archiwum Państwowej Wyższej Szkoły Teatralnej w Krakowie
294 Fot. Paweł Nowosławski / Z archiwum Teatru STU
295 Fot. J. Zych
296 Ze zbiorów Archiwum Dokumentacji Artystycznej Narodowego Starego Teatru im. Heleny Modrzejewskiej w Krakowie
300–301 Fot. Maciej Sachor
305 Fot. Wojciech Plewiński

306 Z Archiwum Państwowej Wyższej Szkoły Teatralnej w Krakowie
307 Fot. Wojciech Plewiński
309 Z archiwum Jerzego Treli
314 Z archiwum Jerzego Treli
316–317 Z archiwum Jerzego Treli
318–319 Z archiwum Jerzego Treli
320 Fot. Maciej Sachor
321 Z Archiwum Państwowej Wyższej Szkoły Teatralnej w Krakowie
322–323 „Panorama" 1987, nr 13
325 PO LEWEJ Z archiwum Doroty Segdy
PO PRAWEJ Z archiwum Jerzego Treli
326–327 Z Archiwum Państwowej Wyższej Szkoły Teatralnej w Krakowie
329 Z Archiwum Państwowej Wyższej Szkoły Teatralnej w Krakowie
330 Z archiwum Jerzego Treli
332 Z archiwum Jerzego Treli
333 Z archiwum Jerzego Treli
334 Z archiwum Jerzego Treli
335 Z archiwum Jerzego Treli
336 Z archiwum Jerzego Treli
337 Z archiwum Jerzego Treli
338 Z archiwum Jerzego Treli
339 Z archiwum Jerzego Treli
340 Z archiwum Jerzego Treli
341 Z archiwum Jerzego Treli
342–343 Z archiwum Jerzego Treli
345 Z archiwum Jerzego Treli
347 Fot. Grzegorz Mart / Ze zbiorów Teatru im. Juliusza Słowackiego w Krakowie
355 Z archiwum Jerzego Treli
359 Z Archiwum Państwowej Wyższej Szkoły Teatralnej w Krakowie
366 Fot. Tomasz Żurek / Inimage / REPORTER
373 Z archiwum Doroty Segdy
381 Z Archiwum Państwowej Wyższej Szkoły Teatralnej w Krakowie

Podziękowania

Przygotowanie książki, obejmującej tak obszerny materiał faktograficzny i ilustracyjny, nie byłoby możliwe bez wsparcia i życzliwości wielu osób.

Pragnę podziękować przede wszystkim panu Jerzemu Treli, który zechciał spotykać się ze mną i z wielką życzliwością opowiadać o różnych istotnych momentach swojej pracy na scenie i w filmie. Żałuję, że nie mogłam skorzystać z niektórych barwnych opowieści...

Bardzo dziękuję osobom, które udzieliły mi wielu cennych informacji na temat różnorodnej aktywności twórczej Jerzego Treli: Annie Dymnej, Ewie Kutryś, Annie Polony, Dorocie Segdzie, Franciszkowi Gałuszce, Tadeuszowi Nyczkowi, Józefowi Opalskiemu, Stanisławowi Radwanowi.

Gorąco dziękuję Koleżankom i Kolegom z krakowskiej PWST, którzy pomagali mi w przygotowaniu książki w bardzo różny sposób: Magdzie Krawczyk, Ewie Gawłowskiej, Czarkowi Rzęchowskiemu, Iwonie Kołodziejczyk. Wycinki prasowe i zdjęcia, skany i anegdoty, rozmaite informacje – wszystko było absolutnie niezbędne.

Na koniec podziękowanie najważniejsze: Krzysztofowi, za czytanie i poprawianie, odwożenie i odbieranie, skanowanie i wsparcie w kryzysach. Bez tego nic by się nie udało.

Beata Guczalska

Autorka i Wydawnictwo Marginesy serdecznie dziękują:

Pani Elżbiecie Baniewicz za wsparcie i rekomendację;

Pani Dorocie Buchwald, dyrektorce Instytutu Teatralnego im. Zbigniewa Raszewskiego w Warszawie za zgodę na objęcie patronatem tej książki;

Pani Monice Krawul, kierowniczce Pracowni Dokumentacji Teatru Instytutu Teatralnego w Warszawie za udostępnienie materiałów archiwalnych i wszelką pomoc;

Pani Elżbiecie Wrzesińskiej z Archiwum Dokumentacji Artystycznej Narodowego Starego Teatru w Krakowie za nieustającą pomoc i konsultacje w wyborze zdjęć do książki;

Pani Annie Litak, kierowniczce Muzeum Starego Teatru w Krakowie za udostępnienie projektów Krystyny Zachwatowicz;

Pani Krystynie Zachwatowicz za zgodę na publikację projektów kostiumów;

Panu dyrektorowi Krzysztofowi Jasińskiemu za zgodę na wykorzystanie zdjęć z archiwum Teatru STU w Krakowie;

Pani Jadwidze Rożek-Sieraczyńskiej z Teatru STU za życzliwość i pomoc w wyszukaniu zdjęć;

Pani Ewie Bułhak z Archiwum Artystycznego Teatru Studio w Warszawie za udostępnienie zdjęcia Jerzego Grzegorzewskiego autorstwa Wojciecha Plewińskiego;

Paniom: Katarzynie Mykietyn i Monice Rędzisz z ZORKA PROJECT za możliwość publikacji tak wielu pięknych portretów Jerzego Treli;

Pani Marii Pyrlik, właścicielce spuścizny artystycznej profesora Zbigniewa Łagockiego, za zgodę na publikację fotografii;

Panu Krzysztofowi Orzechowskiemu, dyrektorowi Teatru im. Juliusza Słowackiego w Krakowie za zgodę na bezpłatną publikację fotografii;

Panu Tomkowi Szkodzińskiemu za zgodę na publikację plakatu do spektaklu *Wielkie monologi*;

Panu Krzysztofowi Tomasikowi za nieustającą pomoc, życzliwość i współpracę, a także zgodę na wykorzystanie wycinków prasowych z Jego prywatnego archiwum;

Panu Stanisławowi Zajączkowskiemu za wskazanie właściwych kierunków w Krakowie i zrozumienie dla sprawy.